MÉMOIRES

DU

GÉNÉRAL BARON DE MARBOT

.....J'engage le colonel Marbot à continuer à écrire pour la défense de la gloire des armées françaises et à en confondre les calomniateurs et les apostats. (TESTAMENT DE NAPOLÉON.)

L'auteur et les éditeurs déclarent réserver leurs droits de traduction et de reproduction à l'étranger.

Ce volume a été déposé au ministère de l'intérieur (section de la librairie) en juin 1891.

DU MÊME AUTEUR :

Mémoires du général baron de Marbot. I. *Gênes, Austerlitz, Eylau.* Un vol. in-8°, avec portrait en héliogravure. Prix... 7 fr. 50

PARIS. — TYP. DE E. PLON, NOURRIT ET Cⁱᵉ, RUE GARANCIÈRE, 8.

Saint pinx.   Héliog Dujardin.

Le Général de division
BARON de MARBOT
1840

Imp Wittmann   E Plon Nourrit & Cie Edit.

MÉMOIRES

DU GÉNÉRAL

B^{on} DE MARBOT

II

MADRID · ESSLING · TORRÈS-VÉDRAS

Ouvrage orné d'un portrait en héliogravure

PARIS

LIBRAIRIE PLON

E. PLON, NOURRIT ET Cie, IMPRIMEURS-ÉDITEURS

RUE GARANCIÈRE, 10

1891

Tous droits réservés

MÉMOIRES
DU
GÉNÉRAL BARON DE MARBOT

CHAPITRE PREMIER

État du Portugal. — Marche de Junot sur Lisbonne. — La famille royale d'Espagne. — Toute-puissance de Godoy. — Intrigues de Napoléon.

Pour l'intelligence de ce que je vais raconter, il est indispensable de jeter un coup d'œil rapide sur la position dans laquelle se trouvaient le Portugal et l'Espagne à l'époque du traité de Tilsitt.

La couronne de Portugal était, en 1807, sur la tête de dona Maria, veuve de Pierre III; mais comme cette princesse était en démence, son fils, qui régna depuis et porta le nom de Jean VI, gouvernait pour elle avec le titre de régent. Le Portugal, pays généralement rocailleux, ayant fort peu de grandes routes, est séparé de l'Espagne par des montagnes stériles, habitées par des pâtres à demi sauvages. Ce n'est qu'au revers méridional, sur les rivages de la mer, dans les vallées du Tage, du Mondego, du Douro et du Minho, que l'on trouve un terrain fertile et des populations civilisées. Toutefois, cette région, riche en produits du sol, n'ayant pas une seule fabrique, était devenue un vaste champ ouvert au commerce et à l'industrie des Anglais. Ils en faisaient une sorte de colonie et en exploitaient les richesses, sans avoir les charges du gouvernement : *de fait,* sinon de droit, ce pays leur appartenait.

Napoléon attendait depuis longtemps l'occasion de les en chasser et d'y ruiner leur commerce. Il crut l'avoir trouvée après la paix de Tilsitt. Pour compléter le blocus continental, il enjoignit au Portugal d'interdire ses ports aux Anglais. L'exécution de cette mesure était très difficile, car la nation portugaise ne vivait que de l'échange de ses produits naturels avec ceux de l'industrie anglaise. Vous verrez, par la suite de ces *Mémoires,* que je suis loin d'approuver en tout la politique de Napoléon; cependant, je dois dire que la mesure était politiquement excusable, parce qu'elle devait contraindre l'Angleterre d'adhérer à la paix générale.

L'Empereur réunit donc à Bayonne, au mois de septembre 1807, une armée de vingt-cinq mille hommes destinée à envahir le Portugal. Mais il commit alors deux fautes graves : la première, de former le corps expéditionnaire avec des régiments nouvellement organisés; la seconde, de donner au général Junot le commandement de cette armée.

Napoléon tomba dans plus d'une erreur sur le choix des personnes, parce qu'il écoutait plutôt ses affections que la voix publique. L'armée voyait en Junot un homme très brave, plutôt qu'un véritable capitaine. La première fois que je l'aperçus, je fus frappé et inquiété par ses yeux hagards; sa fin justifia mes appréhensions. On connaît l'origine de sa fortune, alors que simple fourrier du bataillon de la Côte-d'Or, il gagna par un bon mot l'affection du capitaine d'artillerie Bonaparte, dans la tranchée de Toulon. Il le suivit en Égypte, commanda à Paris, et devint ambassadeur à Lisbonne. Sa gaieté, sa franchise militaire, sa réputation de bravoure, enfin sa prodigalité, lui conquirent l'amitié des grands et la sympathie populaire. Ses succès en Portugal déterminèrent sans doute l'Empereur à le choisir pour commander l'armée d'occupation, et c'eût été en effet un avantage, si Junot se fût montré moins imprévoyant comme général.

L'Espagne, alors notre alliée, devait fournir à nos troupes sur leur passage le logement et les vivres. Le devoir d'un général en chef était de s'assurer de l'exécution de cette promesse; mais Junot, négligeant cette précaution, fit entrer son armée en Espagne le 17 octobre, et lança ses colonnes sur les routes, où rien n'était prêt pour les recevoir. Nos troupes couchèrent à la belle étoile et ne reçurent qu'une demi-ration de vivres.

On était à la fin de l'automne; l'armée traversait les contreforts des Pyrénées dont le climat était très rude, et nos malheureux soldats couvrirent bientôt la route de malades et de traînards. Quel spectacle pour les populations espagnoles qui accouraient de toutes parts pour contempler les vainqueurs de Marengo, d'Austerlitz et de Friedland, et ne voyaient que de chétifs conscrits, pouvant à peine porter leurs sacs et leurs armes, et dont la réunion ressemblait plutôt à l'évacuation d'un hôpital qu'à une armée marchant à la conquête d'un royaume!... Ce triste spectacle donna aux Espagnols une fort mauvaise impression de nos troupes, et entraîna l'année suivante des effets désastreux.

Napoléon méprisa trop les nations de la Péninsule, et crut qu'il suffirait de montrer des troupes *françaises* pour obtenir d'elles tout ce qu'on voudrait. Ce fut une grande erreur! Il faut dire aussi que, n'étant pas mis au courant des difficultés qui s'opposaient à la marche des troupes, l'Empereur réitérait l'ordre d'avancer promptement. Junot abusa de ces injonctions, et son armée, composée de soldats enfants, se trouva bientôt disséminée par petits détachements sur un espace de plus de deux cents lieues de route, entre Bayonne et Salamanque. Heureusement que les Espagnols n'étaient pas encore en guerre avec la France; cependant, pour *s'entretenir la main,* ils assassinèrent une cinquantaine de nos soldats.

Arrivé à Ciudad-Rodrigo, une des dernières villes d'Espagne, Junot fit faire à sa tête de colonne une halte de quelques jours. Il avait laissé plus de quinze mille hommes en arrière. Dès qu'un tiers l'eut rejoint, il traversa les montagnes de Penha-Parda, qui le séparaient de la vallée du Tage, en n'emportant qu'une demi-ration de pain par homme!... Ces montagnes, que j'ai traversées, sont incultes et habitées par des populations pauvres et barbares. Les troupes les franchirent à travers toutes les difficultés, au prix des plus grandes fatigues, sans logements et sans vivres, ce qui les força à s'emparer de quelques troupeaux appartenant aux habitants, et ceux-ci en tirèrent vengeance par l'assassinat d'une centaine de traînards français. Enfin, l'armée atteignit la ville d'Alcantara, et fit son entrée en Portugal par la ville de Castello-Branco. Ce ne fut qu'après beaucoup d'efforts, et en souffrant de toutes les intempéries, qu'on parvint à Abrantès avec cinq ou six mille hommes exténués de fatigue et presque tous nu-pieds. C'est à Abrantès que commence la belle partie de la vallée du Tage. Les traînards et les malades, encore engagés dans les montagnes, informés du bien-être qui les attendait à Abrantès, s'empressèrent d'arriver, et l'armée se rallia peu à peu.

Un général prévoyant lui eût donné le temps de se réunir; mais Junot, sous prétexte que l'Empereur lui avait ordonné de saisir toutes les marchandises appartenant aux Anglais, et pour les empêcher de les enlever en arrivant promptement à Lisbonne, réunit quatre mille hommes des moins fatigués, et se porta sur la capitale avec cette faible colonne, laissant à ses généraux le soin de ramasser le surplus de son armée et de venir le joindre. Cette audacieuse entreprise pouvait perdre son armée, car Lisbonne contenait une garnison de douze à quinze mille hommes, et une flotte anglaise stationnait à l'embouchure du Tage : c'était plus qu'il n'en fallait pour repousser les quatre mille hommes de troupes conduits par Junot. Mais l'effet magique que produisaient les victoires de Napoléon était si grand, que le gouvernement portugais, accédant à toutes les demandes de l'Empereur, s'empressa de déclarer la guerre aux Anglais, dans l'espoir que Junot arrêterait sa marche. Mais l'avant-garde du général français, continuant d'avancer, jeta dans la capitale une confusion inexprimable. Le régent, ne sachant d'abord quel parti prendre, finit par se décider à transporter au Brésil le siège du gouvernement. La reine folle, le régent, la famille royale, les grandes familles, en tout neuf à dix mille individus, s'embarquèrent sur une flotte considérable, emportant avec eux d'immenses richesses, et le 28 novembre firent voile vers le Brésil.

Ce même jour, Junot attaquait Santarem; mais la petite colonne ayant dû traverser la plaine de Golegan couverte de deux pieds d'eau, un si grand nombre de soldats furent pris de fièvre, qu'il ne se trouva plus le lendemain que quinze cents hommes en état de suivre Junot, qui n'en continua pas moins sa marche avec cette faible escorte, et fit audacieusement son entrée à Lisbonne. On doit rendre à Junot la justice de convenir qu'après avoir rallié ses troupes, il pourvut avec zèle à tous leurs besoins; aussi, dans le courant de décembre, l'armée présentait un effectif de vingt-trois mille hommes en assez bon état. Junot, embarrassé des troupes portugaises, licencia les soldats indigènes qui voulurent rester dans leurs foyers, et forma des autres une division qu'il envoya en France. Elle servit assez bien, et fit la campagne de Russie.

Laissons Junot s'organiser en Portugal, et jetons un coup d'œil sur l'état où se trouvait la cour de Madrid à l'époque du traité de Tilsitt.

Le roi Charles IV, prince nul, ennemi des affaires, n'ayant de passion que pour la chasse, régnait alors sur l'Espagne, et laissait à la Reine le soin de gouverner. La reine Marie-Charlotte, princesse de Parme, cousine du Roi, femme de moyens et aimant le pouvoir, dominait complètement son époux. Vers 1788, un très pauvre gentillâtre, nommé Emmanuel Godoy, entré nouvellement aux gardes du corps, s'étant fait remarquer dans la société de Madrid par son talent sur la guitare, la Reine voulut l'entendre. C'était un homme de petite taille, très bien fait, d'une figure agréable, ayant de l'esprit, de l'ambition et beaucoup d'audace. Il plut à la Reine, qui en fit son favori. Telle fut la cause première des malheurs de l'Espagne, qui ont si grandement contribué à ceux de la France.

Les courtisans pensèrent que la faveur dont jouissait Godoy ne serait que passagère; mais celui-ci, prenant pour modèle le célèbre Potemkin, qui, de simple garde de Catherine II, était devenu son amant et son premier ministre, sut si bien gagner la confiance de la Reine, que celle-ci le fit nommer par le Roi commandant en chef des gardes, membre du conseil, officier général, et enfin premier ministre !

La Révolution française ayant amené la guerre entre la France et l'Espagne, nos troupes s'étaient emparées de plusieurs provinces au delà des Pyrénées, lorsqu'en 1795 Godoy obtint de la France un traité des plus honorables, par lequel les conquêtes faites sur l'Espagne lui étaient rendues. La nation lui en fut reconnaissante, et le Roi lui donna d'immenses dotations avec le titre de *prince de la Paix;* enfin la Reine lui fit épouser une princesse du sang royal!... Dès ce moment, la puissance de Godoy ne connut plus de bornes, et le nouveau prince de la Paix régna tranquillement sur la monarchie espagnole.

Mais à l'époque de la bataille d'Iéna, Godoy ayant imprudemment publié un manifeste qui pouvait être considéré comme une menace à l'adresse de Napoléon, celui-ci lui demanda des explications et exigea l'envoi en Allemagne d'un corps d'armée de vingt-cinq mille hommes, sous les ordres du général marquis de La Romana. Plus encore, Godoy dut bientôt fournir un corps de même importance pour soutenir Junot en Portugal; il est vrai que par le traité secret de Fontainebleau, l'Empereur lui assurait le titre de prince des Algarves et donnait à la reine d'Étrurie, fille de Charles IV, la province de Beira.

L'insolence dont Godoy avait toujours fait preuve à l'égard de Ferdinand, prince des Asturies, ne fit alors qu'augmenter. Ferdinand avait vingt-trois ans; il était veuf et sans enfants, et, naturellement grave, il avait contracté, au milieu d'une situation de famille des plus pénibles, l'habitude de la solitude. Mais la nation espagnole, généralement hostile au prince de la Paix, semblait vouloir protester par son affection pour Ferdinand contre la haine dont il était l'objet : fondant sur lui toutes ses espérances, elle attendait impatiemment son arrivée au trône comme un véritable soulagement et y voyait la fin de toutes ses misères.

Une cause imprévue précipita les événements. Vers

la fin de 1807, à l'époque où Junot se dirigeait vers le Portugal à la tête d'une armée française, le roi d'Espagne tomba très gravement malade. Le prince des Asturies, croyant voir dans les manœuvres de la Reine l'intention de l'éloigner du trône, consulta trois personnes sur lesquelles il pouvait compter; et d'après le conseil des ducs de l'Infantado, de San Carlos, et du chanoine Escoïquiz, son ancien précepteur, il recourut à Napoléon, en lui demandant la main d'une princesse de sa famille. La lettre fut remise à notre ambassadeur à Madrid, le comte de Beauharnais. Mais le brouillon en ayant été indignement soustrait et porté à la Reine, celle-ci poussa Charles IV à agir avec la dernière violence. Ferdinand fut arrêté, privé de son épée et mis en accusation pour avoir voulu attenter à la *vie* du Roi!... Ses conseillers furent également saisis et mis en jugement comme complices. Cependant, il faut reconnaître que si Ferdinand avait eu des torts, le besoin de défendre ses droits à la couronne, et même peut-être sa vie, les atténua bien grandement.

Ces faits étaient trop graves pour que le roi d'Espagne n'en informât pas les souverains et surtout l'empereur des Français, son puissant voisin. On a dit, et malheureusement avec raison, que l'ambition de Napoléon l'avait perdu. Mais on a généralement mal compris cette ambition, qui se rapportait surtout à la France. Napoléon voulait la voir si grande et si puissante de son vivant qu'elle fût inattaquable après lui : d'abord, en abaissant la puissance de l'Angleterre; en second lieu, en ne laissant subsister dans l'Europe centrale et méridionale que des États ayant les mêmes intérêts que la France, la considérant comme leur appui, et toujours prêts à la soutenir. Ce projet gigantesque eût exigé le travail lent et méthodique de deux règnes et de deux souverains comme Napoléon. La précipitation le perdit, et ses premiers succès l'aveuglèrent. Il crut ne pas trouver plus de résistance en Espagne qu'il n'en avait éprouvé en Hollande, en Westphalie, à Naples, où il avait établi ses frères, non plus que dans le Portugal, si facilement conquis.

En apprenant les scènes de l'Escurial, l'Empereur crut le moment favorable et voulut profiter de l'occasion. Il espérait que la nation espagnole, lasse de tant de turpitudes, se jetterait dans ses bras. Il ne connaissait pas ce peuple qui pousse jusqu'à la frénésie la haine de l'étranger. Mais en admettant, ce qui est vrai, que beaucoup d'Espagnols éclairés portassent leurs yeux sur Napoléon pour régénérer leur pays, il faut convenir que sa conduite fut bien faite pour détruire leurs illusions.

En effet, sous prétexte qu'il fallait garantir les côtes de la Péninsule d'une invasion anglaise, l'Empereur, au lieu de rendre à l'Espagne l'armée du marquis de La Romana qui lui avait été prêtée pour la guerre du Nord, et dont il n'avait plus besoin depuis la paix de Tilsitt, fit entrer en Espagne un corps de vingt-cinq mille hommes commandé par Dupont, qui fut bientôt suivi de trente-quatre mille soldats conduits par le maréchal Moncey. L'arrivée de ce grand nombre de troupes étrangères fut considérée comme une réponse à la demande de secours adressée par le prince des Asturies. Napoléon pouvait en ce moment s'attacher pour toujours la nation espagnole, en donnant à ce dernier la fille de son frère Lucien, qui fût devenue un trait d'union entre les deux peuples. Malheureusement, l'Empereur ne crut pas ce moyen d'une efficacité suffisante.

L'arrestation et la mise en jugement de Ferdinand avaient produit dans toutes les parties du royaume une telle irritation et soulevé à un si haut degré l'indignation publique contre la Reine et Godoy, que celui-ci, n'osant poursuivre ses projets, se décida à jouer le rôle de médiateur entre le Roi et son fils; toutefois personne n'en fut dupe.

Bientôt survint une préoccupation plus grave. Un agent, M. Yzquierdo, que le prince de la Paix entretenait à Paris, arriva à conclure du silence de l'Empereur et de la marche constante des troupes vers la Péninsule, que le vrai projet de Napoléon n'était pas de rétablir le bon accord entre Charles IV et son fils, mais bien de profiter de leurs dissensions pour les chasser l'un et l'autre du trône afin d'y placer un prince de la famille impériale. L'avis qu'il donna à ce sujet jeta la Reine dans la consternation, et elle résolut de suivre l'exemple de la famille royale de Portugal, en transportant le siège du gouvernement en Amérique.

Ce fut un grand malheur pour la France que ce projet n'ait pas été exécuté; car la nation espagnole, abandonnée par ses princes, aurait accepté, faute de mieux, un roi de la main de Napoléon, ou du moins eût opposé à ses armées une moins vive résistance. Le Roi se refusa à prendre le parti de fuir, et se décidant à demander à Napoléon la main d'une princesse de sa famille, il en écrivit directement à l'Empereur. Cependant, voulant gagner du temps, et poussé par son mauvais génie, Napoléon faisait avancer de nouvelles troupes sur l'Espagne, dans l'espoir, sans doute, d'effrayer la famille royale et de la décider à lui abandonner la Péninsule.

Pendant que ce royaume était ainsi agité, je continuais à vivre paisiblement auprès de ma mère, à Paris, où je passai une partie de l'hiver et assistai aux fêtes nombreuses qui s'y donnèrent. La plus belle fut celle offerte par la ville, à l'occasion du retour de la garde impériale.

Ainsi se termina pour moi l'année 1807, pendant laquelle j'avais couru de si grands dangers et éprouvé tant de vicissitudes. Je ne me doutais point que dans le cours de l'année que nous commencions, je verrais encore la mort de bien près! Mais revenons aux affaires de la Péninsule, dont l'historique se trouve lié à ce qui m'advint en 1808 et dans les années suivantes.

CHAPITRE II

1808. Je suis nommé aide de camp de Murat. — Nouvelles intrigues de Napoléon. — Révolution d'Aranjuez. — Abdication de Charles IV. — Je sauve Godoy du massacre. — Entrée de Ferdinand VII à Madrid et départ pour Bayonne.

Dans le courant de janvier, Napoléon répondit enfin au roi d'Espagne, mais d'une façon évasive; car, sans refuser positivement de donner au prince des Asturies la main d'une de ses nièces, il ajournait indéfiniment l'époque de ce mariage. La réception de cette réponse augmenta d'autant plus les craintes de la cour de Madrid, qu'elle apprit la marche de nouvelles troupes françaises vers la Catalogne et l'Aragon, ce qui, en comptant l'armée de Portugal, porterait à cent vingt-cinq mille hommes les forces que l'Empereur allait avoir dans la Péninsule.

Enfin, Napoléon souleva une grande partie du voile qui avait caché ses projets. Sous prétexte d'envoyer des troupes sur la flotte française stationnée à Cadix, il fit avancer, en février, un nombreux corps d'armée vers Madrid, par où passe la route qui conduit de Bayonne à Cadix, et nomma le prince Murat généralissime de toutes les forces françaises qui se trouvaient en Espagne.

Je venais de passer plus de six mois à Paris, et bien que le maréchal Augereau, dont j'étais toujours aide de camp, fût loin de prévoir la guerre qui allait éclater dans la Péninsule, il ne jugea pas convenable, ni favorable à mon avancement, que je restasse à Paris, du moment qu'une nombreuse armée se réunissait au delà des Pyrénées. Se voyant retenu en France par les suites de sa blessure, il me conduisit chez le prince Murat, pour le prier de m'attacher provisoirement à son état-major. J'ai déjà dit que mon père, compatriote de Murat, lui avait rendu plusieurs services. Murat, qui s'en était toujours montré reconnaissant, consentit de fort bonne grâce à me prendre auprès de lui, jusqu'au moment où le maréchal Augereau aurait un commandement. Je fus très satisfait de cette décision, malgré les désagréments attachés à la position d'officier *à la suite* : mais je tenais à faire preuve de zèle, je comptais sur la bienveillance de l'Empereur, et j'étais aussi bien aise de revoir l'Espagne et d'être témoin des grands événements qui s'y préparaient. Il fallait faire des dépenses considérables pour paraître convenablement à l'état-major de Murat, alors le plus brillant de l'armée ; ces dépenses me furent facilitées par ce qui me restait des splendides frais de poste touchés pendant et après la campagne de Friedland. J'achetai donc trois bons chevaux, avec lesquels mon domestique Woirland alla m'attendre à Bayonne, où je me rendis après avoir renouvelé mes uniformes.

C'était la troisième fois qu'en changeant de position je me trouvais à Bayonne. Le prince Murat m'y reçut parfaitement bien ; ses aides de camp firent de même. Je fus bientôt au mieux avec tous, bien que je résistasse aux instances qu'ils ne cessaient de me faire pour que je jouasse avec eux. Ces messieurs avaient toute la journée les cartes ou les dés en main, gagnant ou perdant plusieurs milliers de francs avec la plus grande indifférence. Mais, outre que j'ai toujours détesté le jeu, je comprenais que je devais conserver ce que j'avais pour subvenir au renouvellement de mes équipages en cas d'accidents, et que l'honneur m'imposait de ne pas risquer ce que je ne pourrais peut-être pas payer.

Une partie des troupes que Murat devait commander se trouvant déjà en Castille, ce prince entra en Espagne le 10 mars 1808, et nous fûmes en cinq jours à Burgos, où le quartier général fut établi. Murat, réglant ensuite sa marche sur celle des colonnes, se transporta successivement à Valladolid et à Ségovie. Les Espagnols, se flattant toujours que les Français venaient pour protéger le prince des Asturies, reçurent fort bien nos troupes, dont l'extrême jeunesse et la faiblesse renouvelèrent chez eux l'étonnement qu'ils avaient éprouvé en voyant l'armée de Junot; car, par suite d'une aberration incompréhensible, Napoléon s'était obstiné à n'envoyer dans la Péninsule que des régiments de nouvelle formation.

Nous n'occupions en Espagne que des villes ouvertes, et seulement deux places fortes, Barcelone et Pampelune; mais, comme les citadelles et les forts étaient entre les mains des troupes espagnoles, l'Empereur prescrivit aux généraux de tâcher de s'en emparer. On employa, à cet effet, une ruse vraiment indigne. Le gouvernement espagnol, tout en défendant à ses généraux de laisser occuper les citadelles et les forts, avait prescrit de recevoir les troupes françaises en amies et de tout faire pour contribuer à leur bien-être. Les commandants de nos corps demandèrent qu'on leur permit d'installer leurs malades et leurs magasins dans les citadelles, ce qui leur fut accordé. Ils firent alors déguiser leurs grenadiers en malades et cacher des armes dans les sacs de distribution de plusieurs compagnies qui, sous prétexte d'aller chercher du pain dans les magasins, pénétrèrent dans la place et désarmèrent les Espagnols. C'est ainsi que le général Duhesme, qui n'avait que cinq mille hommes, s'empara de la citadelle de Barcelone et du fort Mont-Jouy. La citadelle de Pampelune et presque toutes celles de la Catalogne eurent le même sort.

Cette conduite produisit un très fâcheux effet et remplit d'effroi la Reine et le prince de la Paix, qui se trouvaient déjà à Aranjuez. Comprenant les intentions de Napoléon, ils résolurent de se retirer d'abord en Andalousie et de gagner ensuite Cadix et l'Amérique, si les circonstances s'aggravaient. Cependant, Ferdinand, entretenu par le comte de Beauharnais, notre ambassadeur, dans l'espoir d'obtenir la main d'une nièce de Napoléon, ne voyait en nous que des libérateurs. Appuyé par les membres de la famille royale, par les grands, par plusieurs ministres et surtout par le Conseil des Indes, Ferdinand refusa de suivre la Reine et Godoy en Amérique. Ceux-ci prétextèrent d'une visite au port de Cadix et aux troupes du camp de Saint-Roch, près de Gibraltar, et ordonnèrent de commencer les préparatifs de voyage. En voyant charger sur les voitures et fourgons de la Cour les caisses du trésor, l'argenterie et les meubles les plus riches, les nobles, le peuple et la garnison d'Aranjuez comprirent la vérité! L'indignation fut générale et s'étendit à Madrid.

Malgré tout, le Roi allait partir le 16 mars au matin, lorsqu'une émeute populaire, soutenue par les troupes, et surtout par les gardes du corps, ennemis de Godoy et dévoués au prince des Asturies, vint s'opposer au départ de la famille royale. Charles IV, comprenant la vérité, déclare alors qu'il ne partira pas. Une proclamation, publiée dans ce sens, parut calmer la multitude; mais, pendant la nuit, la garnison et une partie de la population de Madrid s'étant rendues à Aranjuez, qui n'est qu'à huit lieues de la capitale, s'y réunirent à l'émeute, qu'augmentait une foule de paysans accourus des environs, et, tous ensemble, ils se portèrent au palais en criant : « Vive le Roi! Mort à Godoy! » Le torrent populaire, se dirigeant ensuite vers l'hôtel du prince de la Paix, l'enfonce, le saccage et, pénétrant jusqu'à l'appartement de sa femme, princesse de sang royal, l'environne de respect et la reconduit au palais du Roi. Les housards dont se composait la garde récemment donnée au prince de la Paix, s'étant présentés devant son hôtel, pour favoriser au moins son évasion, les gardes du corps du Roi les attaquèrent, et les ayant dispersés à coups de sabre, autorisèrent la foule à chercher Godoy, dont chacun demandait la mort.

Les ministres, pour sauver la vie du favori, en donnant satisfaction au peuple, firent signer au Roi un décret par lequel le prince de la Paix était déchu de tous ses titres, grades et dignités. Cette nouvelle remplit la foule d'une joie délirante, à laquelle Ferdinand eut l'inconvenance de s'associer.

Godoy, qu'on avait inutilement cherché dans les réduits les plus obscurs de son palais, n'en était cependant pas sorti, car dès les premiers moments de l'émeute, il était monté dans un grenier rempli d'un grand nombre de nattes de jonc. Elles étaient toutes roulées : il en déploya une, s'y roula lui-même, et la laissa ensuite tomber au milieu des autres, dont elle avait à peu près la dimension. Aucun des assassins, entrés dans le grenier, n'avait découvert le prince, qui passa péniblement quarante-huit heures dans cette retraite. Enfin, vaincu par la faim et la soif, il en sortit; mais en voulant gagner la rue, il fut arrêté par un factionnaire, qui eut l'indignité de le livrer à la populace, laquelle, se ruant sur Godoy, lui fit de nombreuses blessures.

Déjà ce malheureux avait la cuisse percée par une

broche de cuisine, un œil presque crevé, la tête fendue, et allait être assommé, lorsqu'un piquet de gardes du corps, commandé par un estimable officier et composé d'hommes moins cruels que la majorité de leurs camarades, arracha le prince de la Paix à ses bourreaux et parvint, non sans peine, à le jeter dans la caserne, sur le fumier d'une écurie!... Chose remarquable, c'était dans cette même caserne d'Aranjuez qu'Emmanuel Godoy avait été reçu simple garde du corps vingt ans avant, en 1788.

En apprenant l'arrestation de leur favori, le Roi et la Reine, craignant pour sa vie, firent appel à la générosité du prince des Asturies et le supplièrent d'user de son influence pour aller arracher Godoy des mains des révoltés. Ferdinand arriva à la caserne au moment où la populace en enfonçait les portes. A la voix du prince des Asturies, la foule, à laquelle il promit la mise en jugement de Godoy, s'écarta respectueusement. Celui-ci attendait courageusement la mort, lorsque dans l'écurie où il gisait tout sanglant il vit entrer l'héritier du trône... A l'aspect de son ennemi personnel, il retrouva toute son énergie, et Ferdinand lui ayant dit, avec une véritable ou feinte générosité : « Je te fais grâce!... » Godoy lui répondit, avec une fierté toute castillane, dont sa triste position rehaussait encore la valeur : « Il n'y a que le Roi qui ait le droit de faire grâce, et tu ne l'es pas encore! » On prétend que Ferdinand aurait répondu : « Cela ne tardera pas!... » Mais le fait n'est pas prouvé. Quoi qu'il en soit, la couronne était, une demi-heure après, sur la tête du prince des Asturies.

En effet, Ferdinand retournait au palais au milieu des acclamations de la populace et des troupes, lorsque le Roi et la Reine, entendant ces cris, et tremblant pour la vie de leur favori et peut-être aussi pour la leur, cédèrent à la terreur et aux mauvais conseils de quelques âmes timorées. Pensant que le meilleur moyen de calmer la multitude était de déposer l'autorité royale entre les mains de leur fils, ils signèrent l'acte de leur abdication !

Dès que cet acte fut publié, une joie frénétique s'empara de la population d'Aranjuez et gagna bientôt Madrid, ainsi que toute l'Espagne, sans qu'il vînt à personne la pensée que l'arrivée des Français pourrait venir troubler ce bonheur, tant on était aveuglé sur les projets de l'Empereur. Cependant, ses troupes descendaient en ce moment les hauteurs de Somo-Sierra et de la Guadarrama, marchant sur deux colonnes, dont l'une était à Buitrago et l'autre auprès de l'Escurial, c'est-à-dire à une journée de Madrid, où le prince Murat pouvait entrer le lendemain avec trente mille hommes que suivaient de très nombreux renforts !

Le prince des Asturies, que je nommerai désormais Ferdinand VII, n'était cependant pas sans inquiétudes sur l'effet que son avènement illicite à la couronne produirait sur l'esprit de Napoléon et de Murat. Il s'empressa donc d'envoyer plusieurs grands seigneurs vers l'Empereur pour lui demander derechef son amitié et la main d'une de ses nièces, et dépêcha le duc del Parque vers Murat pour lui expliquer, à sa manière, les faits importants qui venaient de s'accomplir à Aranjuez. Ces premières dispositions prises, Ferdinand VII organisa son ministère, rappela ses amis, les ducs de San Carlos, de l'Infantado et le chanoine Escoïquiz, et les combla tous trois de faveurs.

Ce fut le 19 mars, au moment où l'état-major de Murat traversait les monts de Guadarrama, que nous eûmes les premières nouvelles du soulèvement d'Aranjuez. Le 20 mars, nous apprîmes l'abdication de Charles IV et l'avènement de Ferdinand VII. Murat hâta sa marche, et le 21 son quartier général fut établi au bourg d'El Molar, à quelques lieues de Madrid.

Un tumulte affreux régnait dans cette ville, dont la population, dans sa joie féroce, brûla et pilla les hôtels du prince de la Paix, celui de sa mère, de sa famille et de ses amis; on les eût même massacrés, sans l'énergie du comte de Beauharnais, qui leur offrit à l'ambassade de France un asile que personne n'osa violer.

En apprenant la révolution d'Aranjuez, le prince Murat, ordinairement si expansif, devint sombre, préoccupé, et fut plusieurs jours sans adresser la parole à aucun de nous; il est certain qu'à sa place, au milieu d'un pays bouleversé, tout autre maréchal eût trouvé la tâche fort difficile. Mais la position personnelle de Murat la compliquait encore, car en voyant trois des frères de l'Empereur déjà pourvus de couronnes et le quatrième, Lucien, ayant refusé d'en accepter une, Murat pouvait se flatter que l'intention de Napoléon fût de lui donner le trône d'Espagne, si la famille royale, abandonnant la patrie, s'enfuyait en Amérique. Il apprenait donc à très grand regret l'avènement de Ferdinand, autour duquel la nation espagnole, dont il était adoré, allait se presser. Aussi Murat, se fondant sur ce qu'il n'avait pas d'ordre de l'Empereur pour reconnaître la royauté de Ferdinand VII, continua à lui donner dans ses lettres le titre de prince des Asturies, et fit conseiller à Charles IV de protester contre une abdication qui lui avait été arrachée par la révolte et la menace.

Le vieux roi et la Reine, qui regrettaient le pouvoir, écrivirent à Napoléon pour se plaindre amèrement de leur fils, dont ils représentèrent la conduite à Aranjuez comme une sorte de *parricide,* ce qui n'était pas dénué de fondement. Le 23, Murat fit son entrée à Madrid à la tête du corps d'armée du maréchal Moncey. Le nouveau roi avait invité la population à bien recevoir les troupes de son *ami* Napoléon. Il fut obéi ponctuellement, car nous ne vîmes que des figures bienveillantes, au milieu de cette foule immense et curieuse ; mais il était facile de reconnaître combien leur étonnement était grand à l'aspect de nos jeunes soldats d'infanterie.

L'effet moral fut tout à notre désavantage ; aussi, en comparant les larges poitrines et les membres robustes des Espagnols qui nous entouraient, à ceux de nos faibles et chétifs fantassins, mon amour-propre national fut-il humilié, et, sans prévoir les malheurs qu'amènerait la mauvaise opinion que les Espagnols allaient concevoir de nos troupes, je regrettai vivement que l'Empereur n'eût pas envoyé dans la Péninsule quelques-uns des vieux corps de l'armée d'Allemagne. Cependant, notre cavalerie, surtout les cuirassiers, arme inconnue des modernes Espagnols, excita enfin leur admiration. Il en fut de même de l'artillerie. Mais un cri d'enthousiasme s'éleva à l'arrivée de plusieurs régiments de cavalerie et d'infanterie de la garde impériale qui fermaient la marche. La vue des mameluks étonna beaucoup les Espagnols, qui ne concevaient pas que des Français *chrétiens* eussent admis des *Turcs* dans leurs rangs, car, depuis l'invasion des Maures, les peuples de la Péninsule exècrent les musulmans, tout en redoutant d'avoir à combattre contre eux ; quatre mameluks feraient fuir vingt Castillans. Nous ne tardâmes pas à en avoir la preuve.

Murat alla s'établir dans un des palais du prince de la Paix, le seul que la populace eût épargné, croyant qu'il appartenait encore à la couronne. On me logea près de ce palais, chez un respectable conseiller de la Cour des Indes. J'avais à peine mis pied à terre, que le prince Murat, apprenant que les ennemis de Godoy l'envoyaient dans les prisons de Madrid, sans doute pour l'y faire massacrer, et que ce malheureux était déjà aux portes de la ville, m'ordonna de partir avec un escadron de dragons et d'empêcher *à tout prix* l'entrée du prince de la Paix dans la capitale, en signifiant aux chefs de ceux qui le conduisaient que lui, Murat, les rendait *responsables* de la vie du prisonnier.

Je rencontrai Godoy à deux lieues du faubourg de Madrid. Bien que cet infortuné fût horriblement blessé et tout couvert de sang, les gardes du corps qui l'escortaient avaient eu la cruauté de lui mettre des fers aux pieds et aux mains, et de l'attacher par le corps sur une mauvaise charrette découverte, où il était exposé aux brûlants rayons du soleil et à des milliers de mouches qu'attirait le sang de ses plaies à peine recouvertes de lambeaux de toile grossière!... Ce spectacle m'indigna, et je vis avec plaisir qu'il produisait le même effet sur l'escadron français qui m'accompagnait.

Les gardes du corps chargés de conduire le prince de la Paix étaient au nombre d'une centaine et soutenus par un demi-bataillon d'infanterie. J'expliquai poliment au chef des gardes quel était le but de ma mission; mais cet officier m'ayant répondu, avec une arrogance extrême, qu'il n'avait pas d'ordre à recevoir du commandant de l'armée française, et qu'il allait continuer sa marche sur la ville, je lui dis sur le même ton que moi, qui devais exécuter les ordres de mon chef, le prince Murat, j'allais m'opposer par tous les moyens à ce que le prisonnier allât plus loin!... Mes dragons n'étaient pas des conscrits, mais de vieux et braves soldats d'Austerlitz, dont les mâles figures annonçaient la résolution. Je les plaçai en bataille, de manière à barrer le passage de la charrette, et dis au chef des gardes du corps que j'attendais qu'il fît tirer le premier coup de feu, mais qu'aussitôt je fondrais sur sa troupe et sur lui, suivi de tout mon escadron; j'étais bien résolu à le faire, certain d'être approuvé par le prince Murat.

Les officiers de mes dragons leur avaient déjà fait mettre le sabre hors du fourreau, ce qui paraissait calmer un peu l'ardeur des gardes du corps, lorsque le commandant du demi-bataillon qui se trouvait derrière eux ayant gagné la tête de leur colonne pour savoir quel était le sujet de ce tumulte, je reconnus en lui don Miguel Rafaël Cœli, ce jovial officier avec lequel j'avais voyagé de Nantes à Salamanque en 1802, lors de ma première entrée en Espagne. C'était un homme modéré; il comprit les raisons qui portaient le maréchal Murat à s'opposer à ce qu'on fît entrer dans Madrid le prince de la Paix, dont le massacre certain couvrirait d'opprobre l'armée française si elle ne l'empêchait pas, et amènerait une collision sanglante si elle voulait repousser les assassins. Don Rafaël Cœli, en sa qualité de commandant en second de l'escorte, avait le droit d'émettre son avis; il parla dans le même sens que moi au chef des gardes du corps, et il fut convenu que Godoy serait provisoirement détenu dans la prison du bourg de Pinto. Ce pauvre malheureux, témoin de ce qui venait de se passer, était resté impassible, et lorsqu'il fut dans la prison où je l'accompagnai, il m'adressa des remerciements en très bon français, en me chargeant d'exprimer sa reconnaissance au prince Murat.

Je me permis alors de faire observer aux gardes du corps ce qu'il y avait d'atrocement barbare dans la manière dont ils traitaient leur prisonnier; qu'il était honteux pour l'uniforme espagnol que quatre cents militaires armés jusqu'aux dents ne se crussent pas assez forts pour garder un homme désarmé et eussent recours à des chaînes pour s'assurer de lui!... Le bon Rafaël

Cœli, qui n'eût certainement pas pris de telles mesures s'il eût été commandant supérieur de l'escorte, ayant appuyé ce que je disais, nous obtînmes qu'on débarrasserait le prince de la Paix de son collier de fer, ainsi que de ses menottes et des entraves qu'il avait aux pieds : il ne fut plus attaché que par le milieu du corps. Je ne pus gagner qu'on le laissât libre dans sa prison, mais du moins il pouvait se mouvoir un peu, et coucher sur des matelas que je lui fis donner. Depuis cinq jours que Godoy avait été blessé, on ne l'avait même pas pansé!... Sa chemise, imbibée de sang coagulé, était collée à sa peau; il n'avait qu'un soulier, pas de mouchoir, était à demi nu, et la fièvre le dévorait!... Le chirurgien de nos dragons visita ses plaies; des officiers, des sous-officiers et jusqu'à de simples cavaliers français apportèrent du linge et furent touchés de la manière digne et cependant reconnaissante dont le prisonnier recevait leurs offrandes.

Bien que je comptasse sur la loyauté du commandant de l'infanterie, don Rafaël Cœli, j'étais néanmoins peu rassuré sur ce qui arriverait au prince de la Paix dès que je l'aurais quitté, en le laissant aux mains de ses cruels ennemis les gardes du corps; je pris donc sur moi de faire loger l'escadron français dans le bourg et convins avec le capitaine qu'il aurait constamment un poste dans l'intérieur de la prison, pour surveiller celui que les gardes du corps y avaient placé. Je retournai ensuite à Madrid. Non seulement le prince Murat approuva tout ce que j'avais fait, mais pour assurer plus efficacement encore la vie de Godoy, il envoya sur-le-champ un bataillon cantonner à Pinto, en lui donnant l'ordre de veiller à ce que les gardes du corps n'entreprissent rien contre le prince de la Paix. Au surplus, Ferdinand VII étant passé le lendemain par le bourg de Pinto, en se rendant à Madrid, et le chef des gardes du corps lui ayant rendu compte de la scène de la veille, le nouveau roi et ses ministres, qui redoutaient par-dessus tout de se compromettre avec les Français, le louèrent fort d'avoir évité d'en venir aux mains avec nos dragons, et ordonnèrent de laisser Godoy dans la prison de Pinto, d'où, quelques jours après, ils le firent transporter dans celle du vieux château fort de Villaviciosa, qui se trouve plus éloigné de la capitale.

Le 24 mars, Ferdinand VII fit son entrée royale dans Madrid, sans autre escorte que ses gardes du corps. Il y fut reçu aux acclamations de tout le peuple : ce fut une joie *délirante,* dont aucune description ne pourrait donner une idée !... Les rues, les balcons, les fenêtres, les toits même, étaient garnis d'une foule immense, accueillant par de nombreux vivat le nouveau souverain dont elle avait si impatiemment attendu l'avènement !... Les femmes jonchaient de fleurs le passage du Roi, et les hommes étendaient leurs manteaux sous les pieds de son cheval !... Un grand nombre de Français assistèrent comme curieux à cette cérémonie, mais aucune de nos troupes n'y parut officiellement; le prince Murat n'alla même pas rendre visite à Ferdinand, et véritablement il ne le devait pas, avant que l'Empereur se fût prononcé, en faisant savoir lequel, du père ou du fils, il reconnaissait pour souverain des Espagnes. Il était probable que si Napoléon avait l'intention de s'emparer de la couronne, il préférerait qu'elle fût momentanément restituée au faible et vieux Charles IV, plutôt que de la laisser à Ferdinand VII, entre les mains duquel l'amour de la nation la rendrait beaucoup plus difficile à prendre. Murat ne mit donc pas en doute que l'Empereur ne se refusât à reconnaître le nouveau roi.

Cependant, Ferdinand, inquiet sur la manière dont

Napoléon apprécierait son avènement, ayant fait part de ses craintes à M. de Beauharnais, qui lui avait toujours témoigné beaucoup d'attachement, ce dernier, dont l'honnêteté était incapable de s'arrêter à la pensée que Napoléon pût attenter à la liberté d'un prince qui venait réclamer son arbitrage, conseilla à Ferdinand VII de se rendre auprès de l'Empereur, dont on annonçait l'arrivée prochaine à Bayonne. Les amis du nouveau roi, consultés par lui, hésitaient, lorsque le général Savary, premier aide de camp et confident de Napoléon, arrivant inopinément à Madrid, remit à Ferdinand VII des lettres de l'Empereur qui déterminèrent d'autant plus facilement ce roi à se rendre à Bayonne, qu'ayant appris que son père et sa mère allaient plaider leur cause auprès de Napoléon, il croyait utile de les devancer.

Le prince Murat et le général Savary, connaissant la confiance que Ferdinand avait en M. de Beauharnais, soufflèrent à cet ambassadeur les conseils qu'il devait donner au nouveau roi, et celui-ci, résolu à faire le voyage, envoya l'infant don Carlos, son frère, au-devant de Napoléon. L'Empereur avait quitté Paris le 2 avril pour se rendre à Bayonne, mais il marchait lentement, afin de donner aux événements le temps de se dessiner.

CHAPITRE III

Ferdinand au pouvoir de Napoléon. — Charles IV et Godoy à Bayonne. — Émeute et bataille dans les rues de Madrid.

Ferdinand VII partit de Madrid le 10 avril, allant à la rencontre de l'Empereur, que le général Savary annonçait devoir être déjà à Bayonne. Le peuple de la capitale, quoiqu'il ne soupçonnât point encore le sort qu'on réservait à son souverain, mais guidé par une sorte d'instinct, le vit avec regret s'éloigner. Ferdinand VII, toujours accompagné du général Savary, s'avança jusqu'à Burgos au milieu des acclamations des populations accourues sur son passage. Toutefois, ne trouvant pas Napoléon, qu'on leur avait dit être à Burgos, et voyant les nombreuses colonnes de troupes françaises dont les routes étaient couvertes, le nouveau roi et ses confidents commencèrent à craindre quelque guet-apens et refusèrent d'aller plus loin. Le général Savary calma leurs appréhensions par l'assurance que Napoléon était à Vitoria. Ferdinand se rendit dans cette ville, où il apprit avec une surprise mêlée d'un mécontentement qu'il ne put cacher, que non seulement l'Empereur n'avait pas encore passé la frontière, mais qu'il n'était même pas arrivé à Bayonne!... L'orgueil espagnol se trouva blessé; les conseillers de Ferdinand VII pensèrent que la dignité de leur roi ne permettait pas qu'il allât plus loin au-devant d'un souverain étranger, si peu empressé à le voir. Il fut donc résolu qu'on resterait à

Vitoria, malgré les instances de Savary, qui, furieux de voir sa proie sur le point de lui échapper, se rendit à franc étrier à Bayonne, où l'Empereur venait enfin d'arriver le 14 avril.

Le lendemain de ce jour, Ferdinand, qui se croyait encore libre, ne l'était déjà plus, car le maréchal Bessières, commandant un corps d'armée établi dans Vittoria, avait reçu l'ordre secret d'*arrêter* le nouveau roi, dans le cas où il voudrait rétrograder vers le centre de l'Espagne, et le vigilant Savary, qui avait arraché cet ordre à l'Empereur, arrivait pour en assurer l'exécution. Mais il ne fut pas besoin d'employer la violence. En effet, pendant la courte absence de Savary, Ferdinand apprit que sa sœur, l'ancienne reine d'Étrurie, avec laquelle il était au plus mal, avait déterminé son père et sa mère à aller sans retard implorer l'appui de Napoléon, et que les vieux souverains, auxquels l'Empereur avait donné des escortes et des relais avec des chevaux de trait des équipages français, avaient déjà quitté Madrid et s'avançaient à très grandes journées vers Bayonne. A cette nouvelle, Ferdinand et ses conseillers éperdus, craignant de trouver l'Empereur prévenu contre eux s'ils se laissaient devancer par Charles IV et la Reine mère, demandèrent à partir sur-le-champ, malgré les protestations du peuple et les sages avis d'un vieux ministre, M. d'Urquijo, qui prédisait tout ce qui se vérifia depuis.

Le 20 avril, Ferdinand traversa la Bidassoa. Il s'attendait à y être reçu en souverain, mais il ne trouva pas au delà du pont un seul piquet d'infanterie française pour lui rendre les honneurs, ni un cavalier pour l'escorter... Enfin, les officiers de la maison de l'Empereur qui vinrent à sa rencontre, à quelques lieues de Bayonne, ne lui donnèrent que le titre de prince des

Astúries!... Le voile était déchiré et les prédictions d'Urquijo accomplies!... Mais il était trop tard, Ferdinand se trouvait en *France* au pouvoir de Napoléon.

Celui-ci occupait aux portes de Bayonne le fameux château de Marac, dans lequel j'avais logé en 1803 avec le maréchal Augereau. L'Empereur se rendit en ville, fit une première visite à Ferdinand, le combla de politesses, l'emmena dîner avec lui, mais sans lui donner le titre de *roi*... Le lendemain, sans plus attendre, Napoléon, se démasquant complètement, annonça à Ferdinand et à ses ministres que, chargé par la Providence de créer un grand Empire, en abaissant la puissance de l'Angleterre, et le passé lui ayant démontré qu'il ne pouvait compter sur l'Espagne tant que la famille de Bourbon gouvernerait ce pays, il avait pris la ferme résolution de n'en rendre la couronne ni à Ferdinand ni à Charles IV, mais de la placer sur la tête d'un membre de sa famille; que, du reste, il assurerait au Roi ainsi qu'aux princes d'Espagne une existence des plus honorables, conforme au rang qu'ils avaient occupé. Ferdinand VII et ses conseillers, atterrés par cette déclaration, refusèrent d'abord d'y adhérer, répondant avec raison que dans tous les cas aucun membre de la famille impériale de France n'avait droit à la couronne d'Espagne. Bientôt la présence du vieux roi et de la Reine vint apporter un nouvel intérêt à cette scène mémorable.

Avant de quitter Madrid, Charles IV et la Reine ayant eu une entrevue avec Murat, qui les reçut comme s'ils n'eussent jamais cessé de régner, réclamèrent son intervention pour mettre en liberté le prince de la Paix, au sort duquel ils portaient toujours le plus vif intérêt. Les instructions données par l'Empereur à son beau-frère portant qu'il fallait à tout prix sauver la vie de Godoy, le prince Murat s'adressa d'abord à la Junte, ou gouvernement provisoire, à qui Ferdinand avait confié le gouvernement des affaires pendant son absence. Mais cette Junte, présidée par l'infant don Antonio, oncle de Ferdinand et ennemi du prince de la Paix, ayant répondu qu'elle n'avait pas le pouvoir de relâcher un prisonnier de cette importance, Murat, agissant militairement, fit cerner pendant la nuit le château de Villaviciosa par une brigade française, dont le général avait l'ordre de ramener le prince de la Paix, de gré ou de force. Mais comme on savait que les gardes du corps préposés à sa garde avaient déclaré qu'ils le *poignarderaient* plutôt que de le rendre vivant, et que le marquis de Chasteler, Belge au service de l'Espagne, commandant de Villaviciosa, avait exprimé la même intention, Murat fit prévenir ces forcenés que, s'ils exécutaient leur horrible projet, ils seraient tous fusillés sans aucune rémission, sur le cadavre du prince de la Paix!... Cette menace les fit réfléchir; ils en référèrent à la Junte, qui, apprenant la résolution de Murat, donna enfin l'ordre de lui remettre le prince de la Paix. Ce malheureux nous arriva au camp sous Madrid, malade, sans habit, ayant une longue barbe, enfin dans un état pitoyable, mais enchanté de se trouver au milieu des Français et loin de ses implacables ennemis.

Le maréchal Murat lui fit l'accueil que réclamait son infortune, et, après l'avoir généreusement pourvu de tout ce dont il avait besoin, il le fit monter en voiture avec un de ses aides de camp, qui reçut l'ordre de le faire constamment escorter par des piquets de cavalerie française, en marchant jour et nuit jusqu'à ce qu'il fût à Bayonne, tant il craignait que la populace ne se portât aux derniers excès contre Godoy!... Celui-ci, m'ayant reconnu au milieu de l'état-major, vint me serrer la main, en me remerciant affectueusement de ce que j'avais fait pour lui au bourg de Pinto. Il aurait bien désiré être conduit par moi jusqu'à Bayonne, et j'aurais reçu cette mission avec plaisir; mais, ainsi que je l'ai déjà dit, les aides de camp *auxiliaires* n'ont jamais que les mauvaises missions; ce fut donc à un des aides de camp en pied que le prince Murat confia celle-ci, et je ne tardai pas à en avoir une fort dangereuse.

Cependant, les vieux souverains approchaient de Bayonne. Ils y entrèrent le 20 avril. Napoléon leur fit une réception royale, envoya sa garde et sa cour au-devant d'eux : les troupes se formèrent en haie, l'artillerie fit les saluts d'usage; l'Empereur se rendit avec le Roi et la Reine à l'hôtel préparé pour ces anciens souverains de l'Espagne et les conduisit dîner au château de Marac, où ils trouvèrent leur cher Emmanuel Godoy, dont ils étaient séparés depuis la révolution d'Aranjuez. Pendant cette touchante entrevue, Ferdinand VII s'étant présenté pour rendre ses devoirs à son père, Charles IV le reçut avec indignation, et l'aurait chassé de sa présence s'il n'eût été dans le palais de l'Empereur.

Dès le lendemain de son arrivée à Bayonne, Charles IV, informé des projets de Napoléon, ne parut y mettre aucune opposition, la Reine et le prince de la Paix lui ayant persuadé que, puisqu'il lui était désormais impossible de régner sur l'Espagne, il fallait qu'il acceptât la position que l'Empereur lui offrait en France et qui lui procurerait le double avantage d'assurer le repos de ses vieux jours et de punir l'odieuse conduite de Ferdinand. Ce raisonnement d'une mauvaise mère était faux, en ce qu'il privait tous ses enfants de leurs droits à la couronne pour les faire passer dans la famille de Napoléon.

Tandis que de grands événements se préparaient à Bayonne, le prince Murat, resté provisoirement maître du gouvernement à Madrid, avait fait publier la protestation de Charles IV, et supprimer sur tous les actes publics le nom de Ferdinand VII. Ces mesures mécontentèrent infiniment le peuple et les grands, dont l'agitation s'accrut par l'arrivée des nouvelles de Bayonne, qu'apportaient des émissaires secrets déguisés en paysans et envoyés par les amis de Ferdinand VII. L'orage grondait autour de nous; il ne tarda pas à éclater à Madrid; voici à quelle occasion.

Charles IV, la Reine, Ferdinand et son frère don Carlos se trouvant à Bayonne, il ne restait plus en Espagne des membres de la famille royale que l'ex-reine d'Étrurie, son fils, le vieil infant don Antonio et le plus jeune des fils du roi Charles IV, don Francisco de Paolo, qui n'avait alors que douze à treize ans. Murat ayant reçu l'ordre d'envoyer à Bayonne ces membres de la famille de Bourbon, la reine d'Étrurie et l'infant don Antonio déclarèrent qu'ils étaient prêts à s'éloigner de l'Espagne; le jeune don Francisco, qui n'était pas majeur, se trouvait sous la tutelle de la Junte, qui, alarmée de voir enlever successivement tous les princes de la maison royale, s'opposa formellement au départ de cet enfant. L'agitation populaire devint alors extrême, et, dans la journée du 1er mai, des rassemblements nombreux se formèrent dans les principales rues de Madrid et surtout à la *Puerta del Sol*, immense place située au centre de Madrid. Quelques-uns de nos escadrons parvinrent cependant à les dissiper; mais le 2 au matin, au moment où les princes allaient monter en voiture, quelques domestiques de la maison du Roi sortent du palais en s'écriant que le jeune don Francisco pleure à chaudes larmes et se cramponne aux meubles, déclarant qu'étant né en Espagne, il ne veut pas quitter ce pays... Il est facile de comprendre l'effet que produisirent sur l'esprit d'un peuple fier et libre des sentiments aussi généreux, exprimés par un enfant royal, que l'absence de ses deux frères rendait l'espoir de la nation !...

En un instant, la foule court aux armes et massacre impitoyablement tous les Français qui se trouvent isolés dans la ville !... Presque toutes nos troupes étant campées hors de Madrid, il fallait les prévenir, et cela n'était pas facile.

Dès que j'entendis les premiers coups de fusil, je voulus me rendre à mon poste auprès du maréchal Murat, dont l'hôtel était voisin de mon logement. Je montai donc précipitamment à cheval et j'allais sortir, lorsque mon hôte, le vénérable conseiller à la Cour des Indes, s'y opposa, en me montrant la rue occupée par une trentaine d'insurgés armés, auxquels je ne pouvais évidemment pas échapper ; et comme je faisais observer à ce digne homme que l'honneur exigeait que je bravasse tous les périls pour me rendre auprès de mon général, il me conseilla de sortir à pied, me mena au bout de son jardin, ouvrit une petite porte et eut l'extrême obligeance de me conduire lui-même, par des ruelles détournées, jusque sur les derrières de l'hôtel du prince Murat, où je trouvai un poste français. Ce respectable conseiller, auquel je dus probablement la vie, se nommait don Antonio Hernandès ; je ne l'oublierai jamais...

Je trouvai le quartier général dans une agitation extrême, car bien que Murat n'eût encore auprès de lui que deux bataillons et quelques escadrons, il se préparait à marcher résolument au-devant de l'émeute ; chacun montait à cheval, et j'étais à pied !... Je me désolais... Mais bientôt, le général Belliard, chef d'état-major, ayant ordonné d'envoyer des piquets de grenadiers pour repousser les tirailleurs ennemis qui occupaient déjà les abords du palais, je m'offris pour en diriger un à travers la rue dans laquelle se trouvait l'hôtel de don Hernandès, et dès que la porte fut dégagée, je pris mon cheval et me joignis au prince Murat qui sortait en ce moment.

Il n'y a pas de fonctions militaires plus dangereuses que celles d'un officier d'état-major dans un pays, et surtout dans une ville en insurrection, parce que, marchant presque toujours seul au milieu des ennemis pour porter des ordres aux troupes, il est exposé à être assassiné sans pouvoir se défendre. A peine en dehors de son palais, Murat expédia des officiers vers tous les camps dont Madrid était entouré, avec ordre de prévenir et d'amener les troupes par toutes les portes à la fois. La cavalerie de la garde impériale, ainsi qu'une division de dragons, étaient établies au *Buen retiro;* c'était un des camps les plus voisins du quartier général, mais aussi le trajet était des plus périlleux, car, pour s'y rendre, il fallait traverser les deux plus grandes rues de la ville, celles d'Alcala et de San Geronimo, dont presque toutes les croisées étaient garnies de tireurs espagnols. Il va sans dire que cette mission étant celle qui présentait le plus de difficultés, le général en chef ne la donna pas à l'un de ses aides de camp *titulaires;* ce fut à moi qu'elle fut dévolue, et je partis au grand trot sur un pavé que le soleil rendait fort glissant.

A peine étais-je à cent toises de l'état-major, que je fus accueilli par de nombreux coups de fusil; mais l'émeute ne faisant que commencer, le feu était tolérable, d'autant plus que les hommes placés aux fenêtres étaient des marchands et des ouvriers de la ville, peu habitués à manier le fusil; cependant, le cheval d'un de mes dragons ayant été abattu par une balle, la populace sortit des maisons pour égorger le pauvre soldat; mais ses camarades et moi fondîmes à grands coups de sabre sur le groupe d'émeutiers, et, en ayant couché au moins une douzaine sur le carreau, tous les autres s'enfuirent, et le dragon, donnant la main à l'un de ses camarades, put suivre en courant, jusqu'au moment où nous atteignîmes enfin les avant-postes du camp de notre cavalerie.

En défendant le dragon démonté, j'avais reçu un coup de stylet dans la manche de mon dolman, et deux de mes cavaliers avaient été légèrement blessés. J'avais ordre de conduire les divisions sur la place de la *Puerta del Sol*, centre de l'insurrection. Elles se mirent en mouvement au galop. Les escadrons de la garde, commandés par le célèbre et brave Daumesnil, marchaient en tête, précédés par les mameluks. L'émeute avait eu le temps de grossir; on nous fusillait de presque toutes les maisons, surtout de l'hôtel du duc de Hijar, dont toutes les croisées étaient garnies de plusieurs adroits tireurs; aussi perdîmes-nous là plusieurs hommes, entre autres le terrible Mustapha, ce brave mameluk qui, à Austerlitz, avait été sur le point d'atteindre le grand-duc Constantin de Russie. Ses camarades jurèrent de le venger; mais il n'était pas possible pour le moment de s'arrêter; la cavalerie continua donc de défiler rapidement, sous une grêle de balles, jusqu'à la *Puerta del Sol*. Nous y trouvâmes le prince Murat aux prises avec une foule immense et compacte d'hommes armés, parmi lesquels on remarquait quelques milliers de soldats espagnols avec des canons tirant à mitraille sur les Français.

En voyant arriver les mameluks qu'ils redoutaient beaucoup, les Espagnols essayèrent néanmoins de faire résistance; mais leur résolution ne fut pas de longue durée, tant l'aspect des *Turcs* effrayait les plus braves!... Les mameluks, s'élançant le cimeterre à la main sur cette masse compacte, firent en un instant voler une centaine de têtes, et ouvrirent passage aux chasseurs de la garde, ainsi qu'à la division de dragons, qui se mit à sabrer avec furie. Les Espagnols, refoulés de la place, espéraient échapper par les grandes et nombreuses rues qui y aboutissent de toutes les parties de la ville ; mais ils furent arrêtés par d'autres colonnes françaises, auxquelles Murat avait indiqué ce point de réunion. Il y eut aussi dans d'autres quartiers plusieurs combats partiels, mais celui-ci fut le plus important et décida la victoire en notre faveur. Les insurgés eurent douze à quinze cents hommes tués et beaucoup de blessés, et leur perte eût été infiniment plus considérable, si le prince Murat n'eût fait cesser le feu.

Comme militaire, j'avais dû combattre des hommes qui attaquaient l'armée française ; mais je ne pouvais m'empêcher de reconnaître, dans mon for intérieur, que notre cause était mauvaise, et que les Espagnols avaient raison de chercher à repousser des étrangers qui, après s'être présentés chez eux en *amis*, voulaient détrôner leur souverain et s'emparer du royaume par la force! Cette guerre me paraissait donc impie, mais j'étais soldat et ne pouvais refuser de marcher sans être taxé de lâcheté!... La plus grande partie de l'armée pensait comme moi, et cependant obéissait de même!...

Les hostilités ayant cessé presque partout, et la ville étant occupée par nos troupes d'infanterie, la cavalerie qui encombrait les rues reçut l'ordre de rentrer dans ses camps. Les insurgés qui, du haut de l'hôtel du duc de Hijar, avaient tiré si vivement sur la garde impériale à son premier passage, avaient eu l'imprudente audace de rester à leur poste et de recommencer le feu au retour de nos escadrons ; mais ceux-ci, indignés à la vue des cadavres de leurs camarades, que les habitants avaient eu la barbarie de hacher en petits morceaux, firent mettre pied à terre à un bon nombre de cavaliers, qui, après avoir escaladé les fenêtres du rez-de-chaussée, pénétrèrent dans l'hôtel et coururent à la vengeance!... Elle fut terrible!... Les mameluks, sur lesquels avait porté la plus grande perte, entrèrent dans les appartements, le cimeterre et le tromblon à la main, et massacrèrent impitoyablement tous les révoltés qui s'y trouvaient; la plupart étaient des domestiques du duc de Hijar. Pas un seul n'échappa, et leurs cadavres, jetés par-dessus les balcons, mêlèrent leur sang à celui des mameluks qu'ils avaient égorgés le matin.

CHAPITRE IV

Mission à Bayonne auprès de l'Empereur. — Abdication de Charles IV. — Joseph est nommé roi. — Soulèvement général de l'Espagne.

Le combat ainsi terminé et la victoire assurée, Murat s'occupa de deux choses importantes : rendre compte à l'Empereur de ce qui venait de se passer à Madrid et faire partir la reine d'Étrurie, le vieux prince Antonio et surtout le jeune infant don Francisco, qui, effrayé par le bruit du canon et de la fusillade, consentait à présent à suivre sa sœur et son oncle. Mais ce convoi ne pouvait aller qu'à petites journées, tandis qu'il était fort important que les dépêches de Murat parvinssent au plus tôt à l'Empereur.

Vous prévoyez ce qui advint. Tant que l'Espagne avait été paisible, le prince Murat avait confié à ses aides de camp *titulaires* les nombreux rapports qu'il envoyait à l'Empereur; mais maintenant qu'il s'agissait de traverser une grande partie du royaume, au milieu des populations que la nouvelle du combat de Madrid devait porter à assassiner les officiers français, ce fut le rôle d'un aide de camp *auxiliaire,* et l'on me confia cette périlleuse mission. Je m'y attendais, et, bien qu'en suivant la liste des tours de service, ce ne fût pas à moi à marcher, je ne fis aucune observation.

Murat, appréciant fort mal le caractère de la nation castillane, s'imaginait que, terrifiée par la répression de la révolte de Madrid, elle n'oserait plus prendre les armes et se soumettrait entièrement. Comme il se flattait que Napoléon lui destinait le trône de Charles IV, il était radieux, et me dit plusieurs fois en me remettant ses dépêches : « Répétez à l'Empereur ce que je lui mande dans cette lettre : la victoire que je viens de remporter sur les révoltés de la capitale *nous* assure la paisible possession de l'Espagne !... » Je n'en croyais rien, mais me gardai bien de le dire, et me bornai à demander au prince Murat la permission de profiter, jusqu'à Buitrago, de l'escorte qui devait accompagner la voiture des princes espagnols, car je savais qu'un grand nombre de paysans des environs de Madrid, étant venus prendre part à l'insurrection, s'étaient, après leur défaite, dispersés et cachés dans les villages et campagnes du voisinage, d'où ils pouvaient fondre sur moi si je sortais de la ville. Murat ayant reconnu la justesse de mon observation, je pris un cheval de poste, et, marchant avec le régiment qui escortait les Infants, j'arrivai le soir même à Buitrago, où les princes espagnols devaient coucher; ainsi, à partir de ce bourg, plus d'escorte pour moi, j'allais m'élancer dans l'inconnu !...

Buitrago est situé au pied d'une des ramifications des monts Guadarrama; les officiers de nos dragons, me voyant prêt à partir à l'entrée de la nuit pour traverser ces montagnes, m'engageaient à attendre le jour; mais, d'une part, je savais que ces dépêches étaient pressées et ne voulais pas que l'Empereur et le prince Murat pussent m'accuser d'avoir ralenti ma course par *peur;* en second lieu, je comprenais que plus je m'éloignerais rapidement des environs de la capitale et devancerais la nouvelle du combat qui s'y était livré, moins j'aurais à craindre l'exaspération des populations que j'allais traverser. Je fus confirmé dans cette pensée par l'ignorance où je trouvai les habitants de Buitrago au sujet des événements qui avaient eu lieu le matin même à Madrid, et qu'ils n'apprirent que par les muletiers conducteurs des voitures des princes ; mais comme le postillon que je venais de prendre à Buitrago avait probablement appris la nouvelle de celui qui m'avait conduit, je résolus de m'en débarrasser par une ruse. Après avoir parcouru deux lieues, je dis à cet homme que j'avais oublié dans l'écurie de sa poste un mouchoir contenant 20 douros (100 francs), et que tout en considérant cet argent comme à peu près perdu, je croyais cependant encore possible que personne ne l'eût trouvé ; qu'il lui fallait donc retourner sur-le-champ à Buitrago, et que s'il me rapportait le mouchoir et son contenu au relais prochain où j'allais l'attendre, il y aurait cinq douros pour lui... Le postillon, enchanté de cette bonne aubaine, tourna bride à l'instant, et je continuai jusqu'au prochain relais. On n'y avait encore aucun avis du combat ; j'étais en uniforme, mais, pour mieux écarter les soupçons que le maître de poste et ses gens pourraient avoir en me voyant arriver seul, je me hâtai de leur dire que le cheval du postillon qui m'accompagnait s'étant abattu et fortement blessé, j'avais engagé cet homme à le reconduire au pas à Buitrago. Cette explication paraissait fort naturelle ; on me donna un nouveau cheval, un autre postillon, et je repartis au galop, sans m'inquiéter du désappointement qu'éprouverait le postillon de Buitrago. L'essentiel, c'est que j'étais désormais maître de mon secret, et en ne m'arrêtant nulle part, j'avais la certitude d'arriver à Bayonne avant que la voix publique eût fait connaître les événements de Madrid.

Je marchai toute la nuit dans les montagnes ; le chemin y est fort beau, et j'entrai au point du jour à l'Herma. Il y avait garnison française dans cette ville, ainsi que dans toutes celles que j'avais à traverser pour me rendre à Bayonne. Partout nos généraux et nos officiers m'offraient des rafraîchissements, en me demandant ce qu'il y avait de nouveau; mais je tenais bouche close, de crainte qu'un accident me forçant à m'arrêter quelque part, je ne fusse devancé par les nouvelles que j'aurais moi-même répandues, ce qui m'aurait exposé aux attaques des paysans.

Il y a de Madrid à Bayonne la même distance que de cette dernière ville à Paris, c'est-à-dire deux cent vingt-cinq lieues, trajet bien long, surtout lorsqu'on le parcourt à franc étrier, le sabre au côté, sans prendre un seul quart d'heure de repos et par une chaleur brûlante... Aussi étais-je exténué!... Le besoin de sommeil m'accablait, mais je n'y cédai pas une seule minute, tant je comprenais la nécessité d'avancer rapidement. Pour me tenir éveillé, j'augmentais le pourboire des postillons, à condition qu'ils me chanteraient, tout en galopant, ces chansons espagnoles que j'aime tant, à cause de leur naïveté romantique et du charme de leurs airs expressifs, empruntés aux Arabes... Enfin je vis la Bidassoa et entrai en France!...

Marac n'est plus qu'à deux relais de Saint-Jean de Luz; j'y arrivai tout couvert de poussière, le 5 mai, au moment où l'Empereur, sortant de dîner, se promenait dans le parc en donnant le bras à la reine d'Espagne et ayant à côté de lui Charles IV. L'impératrice Joséphine, les princes Ferdinand et don Carlos les suivaient; le maréchal du palais, Duroc, et plusieurs dames venaient après.

Dès que l'aide de camp de service eut prévenu l'Empereur de l'arrivée d'un officier expédié en courrier par le prince Murat, il s'avança vers moi suivi des membres de la famille royale d'Espagne et me demanda à haute voix : « Qu'y a-t-il de nouveau à Madrid? » Embarrassé par la présence des personnages qui nous écoutaient, et pensant que Napoléon serait sans doute bien aise d'avoir les prémices des nouvelles que j'apportais, j'eus la prudence de me borner à présenter mes dépêches à l'Empereur en le regardant *fixement* sans répondre à sa question..... Sa Majesté me comprit et s'éloigna de quelques pas pour lire ce que Murat lui annonçait.

Cette lecture terminée, Napoléon, m'appelant, se dirigea vers une allée isolée en me faisant de nombreuses questions sur le combat de Madrid, et il me fut aisé de voir qu'il partageait l'opinion de Murat, et qu'il considérait la victoire du 2 mai comme devant éteindre toute résistance en Espagne. Je croyais le contraire; et si Napoléon m'eût demandé ma façon de penser, j'aurais cru manquer à l'honneur en la dissimulant; mais je devais respectueusement me borner à répondre aux questions de l'Empereur, et je ne pouvais lui faire connaître mes tristes pressentiments que d'une manière indirecte. Aussi, en racontant la révolte de Madrid, je peignis des couleurs les plus vives le désespoir du peuple, en apprenant qu'on voulait conduire en France les membres de la famille royale qui se trouvaient encore en Espagne, le courage féroce dont les habitants, et même les femmes, avaient fait preuve pendant l'action, l'attitude sombre et menaçante qu'avait conservée la population de Madrid et des environs après notre victoire... J'allais peut-être me laisser aller à dévoiler toute ma pensée, lorsque Napoléon me coupa la parole en s'écriant : « Bah! bah!... ils se calmeront et me béniront
« lorsqu'ils verront leur patrie sortir de l'opprobre et
« du désordre dans lesquels l'avait jetée l'administra-
« tion la plus faible et la plus corrompue qui ait jamais
« existé!... » Après cette boutade, prononcée d'un ton

sec; Napoléon m'ordonna de retourner au bout du jardin, afin de prier le roi Charles IV et la Reine de venir le joindre, et pendant que je hâtais le pas, il me suivit lentement en relisant les dépêches de Murat.

Les anciens souverains de l'Espagne s'étant avancés seuls vers l'Empereur, celui-ci leur annonça probablement la révolte et le combat de Madrid, car Charles IV s'approchant vivement de son fils Ferdinand, lui dit à haute voix avec l'accent de la plus grande colère : « Misérable! sois satisfait; Madrid vient d'être baigné « dans le sang de mes sujets, répandu par suite de ta « criminelle rébellion contre ton père!..... Que ce sang « retombe sur ta tête!... » La Reine, se joignant au Roi, accabla son fils des plus aigres reproches et leva même la main sur lui!... Alors les dames et les officiers s'éloignèrent par convenance de cette scène dégoûtante, à laquelle Napoléon vint mettre un terme. Ferdinand, qui n'avait pas répondu un seul mot aux remontrances sévères de ses parents, résigna le soir même la couronne à son père; il le fit moins par repentir que par crainte d'être traité comme l'auteur de la conspiration qui avait renversé Charles IV.

Le lendemain, le vieux roi, cédant à un ignoble désir de vengeance que fomentaient la Reine et le prince de la Paix, fit à l'Empereur l'abandon de tous ses droits à la couronne d'Espagne, moyennant quelques conditions, dont la principale lui conférait la propriété du château et de la forêt de Compiègne, ainsi qu'une pension de sept millions et demi de francs. Ferdinand eut la lâcheté de se désister aussi de ses droits héréditaires en faveur de Napoléon, qui lui accorda un million de traitement et le beau château de Navarre, en Normandie. Ce château, ainsi que celui de Compiègne, se trouvant alors en réparation, le roi Charles IV, la reine d'Espagne, celle d'Étrurie et le prince de la Paix allèrent habiter provisoirement Fontainebleau, tandis que Ferdinand, ses deux frères et son oncle furent envoyés à Valençay, fort belle terre du Berry appartenant à M. de Talleyrand. Ils y furent bien traités, mais exactement surveillés par la garnison que commandait le colonel Bertemy, ancien officier d'ordonnance de l'Empereur. Ainsi se trouva consommée la spoliation la plus inique dont l'histoire moderne fasse mention.

De tout temps, la victoire a donné au vainqueur le droit de s'emparer des États du vaincu à la suite d'une guerre franche et loyale; mais disons-le sincèrement, la conduite de Napoléon dans cette scandaleuse affaire fut indigne d'un grand homme tel que lui. S'offrir comme médiateur entre le père et le fils pour les attirer dans un piège, les dépouiller ensuite l'un et l'autre... ce fut une atrocité, un acte odieux, que l'histoire a flétri et que la Providence ne tarda pas à punir, car ce fut la guerre d'Espagne qui prépara et amena la chute de Napoléon.

Il faut cependant être juste : tout en manquant de probité politique, l'Empereur ne se faisait pas d'illusions sur ce qu'il y avait de répréhensible dans sa conduite, et je tiens de M. le comte Defermont, l'un de ses ministres, qu'il en fit l'aveu en plein conseil; mais il ajouta qu'en politique il ne fallait jamais oublier ce grand axiome : « Le bon résultat et la nécessité justifient les moyens. » Or, à tort ou à raison, l'Empereur avait la ferme conviction que, pour contenir le Nord, il fallait fonder sous la protection de la France un grand empire dans le midi de l'Europe, ce qu'on ne pouvait exécuter sans posséder l'Espagne. Napoléon, ainsi mis en mesure de disposer de ce beau royaume, l'offrit à Joseph, son frère aîné, alors à Naples.

Plusieurs historiens ont blâmé l'Empereur de n'avoir

pas mis sur le trône d'Espagne son beau-frère Murat, qui, habitué au commandement des troupes, ainsi qu'aux périls de la guerre, paraissait bien mieux convenir au gouvernement d'une nation ardente et fière, que le timide et nonchalant Joseph, ami des arts, totalement étranger aux occupations militaires, et récemment amolli par les délices de Naples. Il est certain que dès l'entrée de Murat en Espagne, sa réputation guerrière, sa haute stature, sa belle prestance martiale, ses manières, tout enfin, jusqu'à son costume bizarre, toujours empanaché et bariolé, partie à l'espagnole, partie à la française, plurent infiniment à la nation castillane, et je suis convaincu que si elle eût cru devoir accepter un roi pris dans la famille de Napoléon, elle aurait à cette époque préféré le chevaleresque Murat au faible Joseph. Mais depuis le combat de Madrid, dont la voix publique avait infiniment exagéré les résultats, l'admiration que le peuple espagnol avait eue d'abord pour Murat s'était changée en haine implacable !...

Je crois être certain que l'Empereur avait d'abord jeté les yeux sur Murat pour le faire roi des Espagnols, mais qu'informé plus tard de la répulsion que la nation avait conçue contre ce prince, il regarda la chose comme impossible et l'envoya régner à Naples en remplacement de Joseph, auquel il donna la couronne d'Espagne. Ce fut un grand malheur, car Murat eût été fort utile pour la guerre qui éclata bientôt dans la Péninsule, tandis que le roi Joseph ne fut qu'un embarras.

Pour donner une couleur de légalité à l'avènement de son frère au trône d'Espagne, Napoléon avait invité toutes les provinces de ce royaume à nommer des députés qui devaient se réunir à Bayonne pour rédiger une Constitution. Beaucoup s'abstinrent, mais le plus grand nombre se rendit à l'appel, les uns par curiosité, les autres par patriotisme, espérant qu'on leur rendrait l'un de leurs deux rois. Ils se formèrent en assemblée, mais bientôt ils s'aperçurent que leurs délibérations ne seraient pas libres. Cependant, les uns, guidés par la conviction qu'un frère du puissant empereur des Français pouvait seul rendre l'Espagne heureuse, les autres, poussés par le désir de sortir de la souricière dans laquelle ils se voyaient pris, tous reconnurent la royauté de Joseph, mais fort peu restèrent avec lui ; la plupart s'empressèrent de rentrer en Espagne, où, dès leur arrivée, ils protestèrent contre le vote qu'ils prétendaient leur avoir été arraché.

J'avais quitté Bayonne le 11 mai pour retourner à Madrid auprès de Murat, auquel je portais les dépêches de l'Empereur. Je trouvai dans toutes les provinces que je traversai les esprits fort agités, car on y connaissait l'abdication forcée de Ferdinand VII, l'idole du peuple, et l'on comprenait que Napoléon allait s'emparer du trône d'Espagne; aussi l'insurrection s'organisait-elle de toutes parts. Heureusement, nos troupes occupaient toutes les villes et bourgs situés entre la France et Madrid, sans quoi j'eusse été certainement assassiné. On m'escortait d'un poste à l'autre, ce qui ne m'empêcha point d'être attaqué plusieurs fois : un cavalier fut même tué auprès de moi au passage du célèbre défilé de Pancorbo, et je trouvai deux cadavres de nos fantassins dans la montagne de Somo-Sierra. C'étaient les prémices de ce que les Espagnols nous préparaient!

Les dépêches que je portais au prince Murat contenaient la lettre par laquelle l'Empereur lui annonçait officiellement son élévation au trône de Naples, car il fut très sombre pendant quelques jours et tomba enfin si gravement malade que Napoléon, prévenu par le chef d'état-major Belliard, dut envoyer le général Savary pour prendre la direction des mouvements de l'armée, ce qui était au-dessus de ses talents militaires, surtout dans les circonstances difficiles qui allaient se présenter.

La maladie dont Murat venait d'être atteint mit sa vie en danger; aussi, dès qu'il fut convalescent, il s'empressa de quitter l'Espagne, où il n'avait plus l'espoir de régner, et se fit transporter en France. Avant son départ, il me fit appeler dans son cabinet pour me demander si je voulais rester à Madrid auprès du général Belliard, qui désirait me garder. J'avais prévu cette question, et comme il ne me convenait nullement, après avoir servi plusieurs maréchaux et un prince, d'aller obscurément me confondre dans la foule des nombreux officiers de l'état-major général, pour y faire à peu près le métier de courrier au milieu des coups de fusil, sans gloire ni espoir d'avancement, je répondis que le maréchal Augereau, dont j'étais l'aide de camp, avait consenti à ce que j'allasse servir auprès du prince Murat, mais que, du moment que ce prince quittait l'Espagne, je considérais ma mission comme terminée et demandais à retourner auprès du maréchal Augereau.

Je partis donc de Madrid le 17 juin, avec Murat. Il était porté en litière; ses officiers et une nombreuse escorte l'accompagnaient : nous voyagions à petites journées et arrivâmes le 3 juillet à Bayonne, où se trouvaient encore l'Empereur et le nouveau roi d'Espagne.

Ce fut là que le prince Murat prit le titre de roi de Naples. Les officiers de son état-major ayant été le complimenter à ce sujet, il nous proposa de le suivre en Italie, promettant un avancement rapide à ceux qui passeraient à son service. Tous acceptèrent, excepté le chef d'escadron Lamothe et moi, qui avais bien résolu de ne jamais porter d'autre uniforme que celui de l'armée française. Je laissai mes chevaux en pension à Bayonne, et je me rendis à Paris auprès de ma mère et du maréchal Augereau, où je passai trois mois fort heureux.

Le combat du 2 mai et l'enlèvement de la famille royale avaient exaspéré la nation ; toutes les populations se mirent en insurrection contre le gouvernement du roi Joseph, qui, bien qu'arrivé et *proclamé* à Madrid le 23 juillet, n'avait aucune autorité sur le pays. L'Espagne offre cela de particulier que Madrid, résidence habituelle des souverains, n'a aucune influence sur les provinces, dont chacune, ayant formé jadis un petit royaume séparé, en a conservé le titre. Chacun de ces anciens États a sa capitale, ses usages, ses lois et son administration particulières, ce qui lui permet de se suffire à lui-même lorsque Madrid est au pouvoir de l'ennemi. C'est ce qui arriva en 1808. Chaque province eut sa *Junte*, son armée, ses magasins et ses finances. Cependant la Junte de Séville fut reconnue comme pouvoir dirigeant central.

CHAPITRE V

Capitulation de Baylen et ses conséquences. — Nos troupes se retirent sur l'Èbre. — Évacuation du Portugal. — Je suis décoré et attaché à l'état-major du maréchal Lannes.

L'Espagne se levant alors comme un seul homme contre l'armée française, celle-ci se fût trouvée dans une position critique, lors même que, dirigée par un général habile, sa composition eût été aussi forte qu'elle était faible. Nous essuyâmes des revers sur terre comme sur mer, car une escadre fut forcée de se rendre en rade de Cadix, en même temps que le maréchal Moncey dut se retirer du royaume de Valence. La Junte souveraine de Séville déclara la guerre à la France au nom de Ferdinand VII. Le général Dupont, que Savary avait imprudemment lancé sans soutien en Andalousie, au delà des montagnes de la Sierra-Morena, voyant au commencement de juillet toutes les populations s'insurger autour de lui, et apprenant que les dix mille hommes du camp de Saint-Roch, les seules troupes de ligne espagnoles qui fussent réunies en corps d'armée, s'avançaient sous les ordres du général Castaños, résolut de se retirer vers Madrid et envoya à cet effet la division Vedel pour s'emparer de la Sierra-Morena et rouvrir les communications. Mais au lieu de suivre promptement cette avant-garde, le général Dupont, qui d'excellent divisionnaire était devenu un fort mauvais général en chef, prit la résolution de combattre où il se trouvait, et donna ordre à la division Vedel, déjà éloignée de plus de dix lieues, de revenir sur ses pas!... A cette première faute, Dupont joignit celle d'éparpiller les troupes qui restaient auprès de lui et de perdre un temps précieux à Andujar, sur les rives du Guadalquivir.

Les Espagnols, renforcés de plusieurs régiments suisses, profitèrent de ce retard pour envoyer une partie de leurs forces sur la rive opposée à celle qu'occupait notre armée, qui se trouva ainsi prise entre deux feux!... Rien, cependant, n'était encore perdu, si l'on eût combattu courageusement et avec ordre; mais Dupont avait si mal organisé ses troupes que, arrivées devant le défilé de Baylen, la queue de la colonne se trouvait à trois lieues de la tête!... Alors le général Dupont, au lieu de réunir ses forces, engagea successivement tous ses régiments, à mesure qu'ils arrivaient. Il en fit de même des pièces d'artillerie. Nos jeunes et faibles soldats, exténués par quinze heures de marche et huit heures de combat, tombaient de fatigue sous les rayons brûlants du soleil d'Andalousie; la plupart ne pouvaient plus ni marcher ni porter les armes, et se couchaient au lieu de combattre encore... Alors Dupont demanda une suspension d'armes, que les Espagnols acceptèrent avec d'autant plus d'empressement qu'ils craignaient un prochain changement à leur désavantage.

En effet, la division Vedel, qui la veille avait reçu l'ordre de joindre le général en chef, arrivait en ce moment derrière le corps espagnol qui barrait le passage à Dupont. Le général Vedel attaquant les Espagnols avec succès, ceux-ci envoyèrent un parlementaire le prévenir qu'ils étaient convenus d'un armistice avec le général Dupont. Vedel n'en tint aucun compte et continua vigoureusement le combat. Déjà deux régiments espagnols avaient mis bas les armes, plusieurs autres fuyaient, et le général Vedel n'était plus qu'à une petite lieue des troupes de Dupont qu'il allait dégager complètement, lorsque arrive un aide de camp de ce dernier qui, après avoir traversé l'armée ennemie, apporte à Vedel l'ordre de ne *rien entreprendre, parce que l'on traite d'un armistice*. Le général Vedel, au lieu de persister dans la bonne inspiration qui l'avait porté peu d'instants avant à refuser de reconnaître l'autorité d'un chef entouré d'ennemis, et obligé de faire passer par leurs mains les ordres qu'il donnait à ses subordonnés, Vedel s'arrête au milieu de sa victoire et ordonne de cesser le feu. Les Espagnols n'avaient cependant plus que huit cartouches par homme, mais il leur arrivait des renforts, et ils voulaient gagner du temps. Le général Dupont demanda au général Reding, Suisse au service de l'Espagne, la *permission* de passer avec son armée pour retourner à Madrid!... Reding, après y avoir consenti, déclara ne pouvoir rien faire sans l'autorisation du général Castaños, son supérieur, qui se trouvait à plusieurs lieues de là; celui-ci voulut à son tour en référer à la Junte supérieure, qui éleva toutes sortes de difficultés.

Pendant ce temps-là, les jeunes conscrits de Dupont étaient dans la plus pénible position. Dupont donnait des ordres contradictoires, ordonnant tour à tour à Vedel d'attaquer ou de ramener sa division sur Madrid. Vedel, prenant ce dernier parti, se trouvait le lendemain 21 juillet au pied de la Sierra-Morena, hors de l'atteinte de Castaños.

Mais, malheureusement, le général Dupont s'était décidé à *capituler*, et, par une faiblesse vraiment inqualifiable, il avait compris dans cette capitulation les troupes du général Vedel, auxquelles il donna l'ordre de *revenir* à Baylen. Ces dernières, mises désormais en position de regagner Madrid, s'y refusèrent avec tumulte. Leur général, au lieu de profiter de cet enthousiasme, leur fit comprendre à quelles représailles elles exposaient les huit mille hommes de Dupont, ajoutant que la capitulation n'avait rien de rigoureux, puisqu'elle stipulait leur transport en France, où leurs armes leur seraient rendues. Les officiers et soldats déclarèrent que mieux valait alors se retirer immédiatement tout armés sur Madrid ; mais à force de prêcher l'obéissance *passive*, le général Vedel parvint à ramener sa division à Baylen, où elle mit bas les armes.

Le fait d'avoir compris dans la capitulation une division déjà hors d'atteinte de l'ennemi, fut de la part du général Dupont un acte des plus blâmables; mais que penser du général Vedel, obéissant aux ordres de Dupont qui n'était plus libre, et remettant aux Espagnols toute sa division d'un effectif de près de dix mille hommes? Dupont poussa l'égarement jusqu'à comprendre dans son traité toutes les troupes de son corps d'armée et même celles qui n'avaient pas passé la Sierra-Morena !

Le géneral Castaños exigea que ces détachements feraient vingt-cinq lieues pour venir rendre les armes ! Entraînés par l'exemple, les commandants des corps isolés se conformèrent aux ordres du général Dupont. *Un seul*, il faut le citer, un seul, le brave chef de bataillon de Sainte-Église, répondit qu'il n'avait plus d'ordre à recevoir d'un général prisonnier de guerre, et marchant rapidement, malgré l'attaque des paysans insurgés, il parvint avec peu de pertes à rejoindre les avant-postes du camp français qui couvrait Madrid. L'Empereur donna à ce courageux et intelligent officier le grade de colonel.

A l'exception du bataillon de M. de Sainte-Église, toute l'armée du général Dupont, forte de 25,000 hommes, se trouva ainsi désarmée. Alors, les Espagnols, n'ayant plus rien à craindre, refusèrent de tenir les articles de la capitulation qui stipulaient le retour des troupes françaises dans leur patrie, et non seulement ils les déclarèrent prisonnières de guerre, mais, les maltraitant indignement, laissèrent égorger plusieurs milliers de soldats par les paysans !

Dupont, Vedel et quelques généraux obtinrent seuls la permission de retourner en France. Les officiers et les soldats furent d'abord entassés sur des pontons stationnés sur la rade de Cadix ; mais une fièvre épidémique fit de tels ravages parmi eux, que les autorités espagnoles, craignant que Cadix n'en fût infesté, reléguèrent les survivants dans l'île déserte de Cabrera, qui ne possède ni eau ni maisons ! Là, nos malheureux Français, auxquels on apportait toutes les semaines quelques tonnes d'eau saumâtre, du biscuit de mer avarié et un peu de viande salée, vécurent presque en sauvages, manquant d'habits, de linge, de médicaments, ne recevant aucune nouvelle de leurs familles et même de la France, et étant obligés, pour s'abriter, de creuser des tanières comme des bêtes fauves !... Cela dura six ans, jusqu'à la paix de 1814; aussi, presque tous les prisonniers moururent de misère et de chagrin. M. de Lasalle, qui devint officier d'ordonnance du roi Louis-Philippe, était du nombre de ces malheureux Français, et lorsqu'on le délivra, il était, comme la plupart de ses camarades, presque entièrement nu depuis plus de six ans !... Les Espagnols, lorsqu'on leur faisait observer que la violation du traité de Baylen était contraire au *droit des gens*, admis chez tous les peuples civilisés, répondaient que l'arrestation de Ferdinand VII leur roi n'avait pas été plus légale, et qu'ils ne faisaient que suivre l'exemple que Napoléon leur avait donné !... Il faut convenir que ce reproche ne manquait pas de fondement.

Lorsque l'Empereur apprit le désastre de Baylen, sa colère fut d'autant plus terrible, que jusque-là il avait considéré les Espagnols comme aussi lâches que les Italiens, et pensé que leur levée de boucliers ne serait qu'une révolte de paysans, que la présence de quelques bataillons français disperserait en peu de jours; aussi versa-t-il des larmes de sang en voyant ses aigles humiliées et le prestige d'invincibles s'éloigner des troupes françaises !... Combien il devait regretter d'avoir composé ses armées d'Espagne de jeunes et inhabiles conscrits, au lieu d'y envoyer les vieilles bandes qu'il avait laissées en Allemagne ! Mais rien ne saurait peindre sa colère contre les généraux Dupont et Vedel, qu'il eut le tort d'enfermer pour éviter le scandale d'une procédure retentissante, et qui furent désormais considérés comme victimes du pouvoir arbitraire. On ne les traduisit en conseil de guerre que cinq ans après : c'était trop tard.

Il est facile de concevoir l'effet que la capitulation de Baylen produisit sur l'esprit d'un peuple orgueilleux et aussi exalté que le peuple espagnol !... L'insurrection prit un immense développement. En vain le maréchal Bessières avait-il battu l'armée des Asturies dans les plaines de Miranda de Rio-Seco ; rien ne pouvait arrêter l'incendie.

La Junte de Séville correspondit par l'entremise de l'Angleterre avec le général La Romana, commandant les 25,000 hommes fournis par l'Espagne à Napoléon en 1807. Ce corps, placé maladroitement sur les côtes par Bernadotte, fut ramené dans sa patrie et augmenta le nombre de nos ennemis. Les places fortes encore occupées par les Espagnols se défendaient avec vigueur, et plusieurs villes ouvertes se transformèrent en places fortes. Saragosse avait donné l'exemple, et bien qu'atta=

quée depuis quelque temps, elle se défendait avec un acharnement qui tenait de la rage.

La capitulation de Baylen allait permettre à l'armée espagnole d'Andalousie de marcher sur Madrid, ce qui contraignit le roi Joseph à s'éloigner le 31 juillet de sa capitale, dans laquelle il n'avait passé que huit jours ! Il se retira avec un corps d'armée derrière Miranda del Ebro, où le fleuve offre une bonne ligne de défense. Nos troupes abandonnèrent le siège de Saragosse, ainsi que celui de plusieurs places fortes de la Catalogne, et le rendez-vous général fut sur l'Èbre. Telle était la position de notre armée en Espagne au mois d'août. On ne tarda pas à être informé d'un nouveau malheur : le Portugal venait de nous être enlevé !... L'imprudent général Junot avait tellement disséminé ses troupes, qu'il occupait tout le royaume avec sa petite armée et faisait, par exemple, garder l'immense province des Algarves, située à plus de quatre-vingts lieues de lui, par un simple détachement de 800 hommes. Il y avait vraiment folie !

Aussi, on apprit que les Anglais, après avoir débarqué un corps nombreux au portes de Lisbonne, et s'être donné pour auxiliaire la population révoltée contre les Français, avaient attaqué Junot avec des forces tellement supérieures que celui-ci, après avoir combattu toute une journée, avait été obligé de capituler à Vimeira, devant le général Arthur Wellesley, qui fut depuis le célèbre lord Wellington. Ce général, alors le plus jeune de l'armée anglaise, n'eut ce jour-là le commandement que par suite du retard apporté au débarquement de ses chefs. Sa réputation et sa fortune datent de cette journée. La capitulation portait que l'armée française évacuerait le Portugal et serait transportée en France par mer, sans être prisonnière de guerre ni déposer les armes. Les Anglais exécutèrent fidèlement ces traités; mais comme ils prévoyaient que l'Empereur se hâterait d'envoyer en Espagne les troupes que Junot ramènerait de Lisbonne, ils les conduisirent à Lorient, à trente jours de marche de Bayonne, au lieu de les débarquer à Bordeaux.

En effet, Napoléon dirigeait vers la Péninsule des forces immenses; mais cette fois ce n'étaient plus de jeunes et faibles conscrits auxquels les Espagnols allaient avoir affaire, car l'Empereur fit venir d'Allemagne trois corps d'armée d'infanterie et plusieurs de cavalerie, tous composés de vieilles bandes qui avaient combattu à Iéna, Eylau, Friedland, et il y joignit une grande partie de sa garde; puis il se prépara à se rendre lui-même en Espagne à la tête de ces troupes, dont l'effectif s'élevait à plus de 100,000 hommes, sans compter les divisions de jeunes soldats restés sur la ligne de l'Èbre et dans la Catalogne, ce qui devait porter l'armée à 200,000 hommes!

Quelques jours avant son départ, l'Empereur, qui avait l'intention d'emmener Augereau avec lui, si sa blessure reçue à Eylau lui permettait d'accepter un commandement, l'avait fait venir à Saint-Cloud. J'accompagnais le maréchal auprès duquel j'étais de service, et me tenais à l'écart avec les aides de camp de Napoléon pendant que celui-ci se promenait avec Augereau. Il paraît qu'après avoir traité du sujet qui motivait cette démarche, leur conversation étant tombée sur la bataille d'Eylau et sur la conduite glorieuse du 14e de ligne, Augereau parla du dévouement avec lequel j'avais été porter des ordres à ce régiment, en traversant des milliers de Cosaques, et entra dans les plus grands détails sur les dangers que j'avais courus en remplissant cette périlleuse mission, ainsi que sur la manière vraiment miraculeuse dont j'avais échappé à la mort, après avoir été dépouillé et laissé tout nu sur la neige. L'Empereur lui répondit : « La conduite de Marbot est fort belle; aussi lui ai-je donné la croix ! » Le maréchal lui ayant déclaré avec raison que je n'avais reçu aucune récompense, Napoléon soutint ce qu'il avait avancé, et pour le prouver, il fit appeler le major général prince Berthier. Celui-ci alla compulser ses registres, et le résultat de cet examen fut que l'Empereur, informé de ce que j'avais fait à Eylau, avait bien porté le nom de Marbot, aide de camp du maréchal Augereau, parmi les officiers qu'il voulait décorer, mais sans ajouter mon prénom, parce qu'il ignorait que mon frère fût à la suite de l'état-major du maréchal; de sorte qu'au moment de délivrer les brevets, le prince Berthier, toujours très occupé, avait dit pour tirer son secrétaire d'embarras : « Il faut donner la croix à l'aîné. » Mon frère avait donc été décoré, bien que ce fût la première affaire à laquelle il assistât et que, récemment arrivé des Indes, par suite d'un congé temporaire, il ne fît même pas partie officiellement de la grande armée, son régiment étant à l'île de France. Ainsi se trouva vérifiée la prédiction qu'Augereau avait faite à Adolphe, lorsqu'il lui dit : « En vous plaçant dans le même état-major que votre frère, vous vous nuirez mutuellement. »

Quoi qu'il en soit, l'Empereur, après avoir un peu grondé Berthier, se dirigea vers moi, me parla avec bonté, et prenant la croix d'un de ses officiers d'ordonnance, il la plaça sur ma poitrine !... C'était le 29 octobre 1808. Ce fut l'un des plus beaux jours de ma vie, car, à cette époque, la Légion d'honneur n'avait point encore été prodiguée, et on y attachait un prix qu'elle a malheureusement bien perdu depuis... Être décoré à vingt-six ans !... Je ne me sentais pas de joie !... La satisfaction du bon maréchal égalait la mienne, et pour la faire partager à ma mère, il me conduisit auprès d'elle. Aucun de mes grades ne me causa un tel bonheur. Mais ce qui mit le comble à ma satisfaction, c'est que le maréchal du palais, Duroc, envoya chercher le chapeau qu'un boulet avait troué sur ma tête à la bataille d'Eylau : Napoléon voulait le voir!...

Sur le conseil même de Napoléon, Augereau ne pouvait faire campagne; il pria donc le maréchal Lannes, qui avait un commandement en Espagne, de vouloir bien me prendre avec lui, non plus comme aide de camp *auxiliaire,* tel que je l'avais été auprès du même maréchal pendant la campagne de Friedland, mais comme aide de camp en pied, ce qui fut fait. Toutefois je devais retourner auprès d'Augereau s'il reprenait du service.

Je partis donc en novembre pour Bayonne, qui, pour la quatrième fois, était mon point de rendez-vous avec le nouveau chef auprès duquel je devais servir. Mes équipages, laissés à Bayonne, se trouvèrent tout préparés, et il me fut possible de prêter un cheval au maréchal Lannes, les siens n'étant pas encore arrivés lorsque l'Empereur passa la frontière. Je connaissais parfaitement le pays que nous devions parcourir, ses usages et un peu sa langue; je pus donc rendre quelques services au maréchal, qui n'était jamais venu dans cette partie de l'Europe.

Presque tous les officiers que le maréchal Lannes avait eus près de lui pendant les campagnes précédentes ayant obtenu de l'avancement dans divers régiments à la paix de Tilsitt, ce maréchal s'était trouvé en 1808 dans la nécessité de former un nouvel état-major pour aller en Espagne, et bien que Lannes fût un homme des plus fermes, diverses considérations l'avaient déterminé à prendre des officiers dont les uns, faute de goût pour le métier, les autres par jeunesse et inexpérience, n'avaient aucune connaissance de la guerre. Aussi, quoiqu'à l'exemple du maréchal chacun fût très brave, c'était le moins militaire des états-majors dans lesquels j'ai servi.

Le premier aide de camp était le colonel O'Meara, descendant de l'un de ces Irlandais ramenés en France par Jacques II. Le général Clarke, duc de Feltre, son beau-frère, l'avait fait admettre auprès de Lannes; il était brave, mais pouvait rendre peu de services; il fut préposé dans la suite au commandement d'une petite place forte de Belgique, où il mourut.

Le second aide de camp était le chef d'escadron Guéhéneuc, beau-frère du marchal Lannes, homme fort instruit et aimant l'étude; devenu colonel du 26° léger, il se fit bravement blesser à la Bérésina. Il commanda en dernier lieu à Bourges, en qualité de lieutenant général.

Le troisième aide de camp, le chef d'escadron Saint-Mars, excellent homme, ancien ingénieur auxiliaire, devint colonel du 3° de chasseurs et fut fait prisonnier en Russie. Comme général de brigade, il finit par remplir les fonctions de secrétaire général de l'ordre de la Légion d'honneur.

J'étais le quatrième aide de camp du maréchal Lannes.

Le cinquième était le marquis Seraphino d'Albuquerque, grand seigneur espagnol, bon vivant et fort brave. Il avait eu de nombreux démêlés avec le prince de la Paix et finit par entrer dans la compagnie des gendarmes d'ordonnance, d'où il passa à l'état-major du maréchal Lannes. Un boulet lui brisa les reins à la bataille d'Essling et le jeta raide mort sur la poussière!

Le sixième aide de camp était le capitaine Watteville, fils du grand landmann de la République helvétique et représentant la nation suisse auprès du maréchal Lannes, qui avait le titre de colonel des troupes suisses au service de la France. Il fit la campagne de Russie comme chef d'escadron des lanciers rouges de la garde, et je le retrouvai un bâton à la main au passage de la Bérésina. J'eus beau lui offrir l'un des onze chevaux que je ramenais dans cette retraite, je ne pus l'empêcher de succomber au froid et à la fatigue en approchant de Vilna.

Le septième aide de camp était le célèbre Labédoyère, qui sortait des gendarmes d'ordonnance. Labédoyère était beau, grand, spirituel, brave, instruit, parlant bien, quoique bredouillant un peu. Devenu aide de camp du prince Eugène de Beauharnais, il était colonel en 1814. On sait comment il amena son régiment à l'Empereur au retour de l'île d'Elbe. La Restauration le fit juger et fusiller.

Le huitième aide de camp se nommait de Viry, fils du sénateur de ce nom, appartenant à une très ancienne famille de Savoie, alliée aux rois de Sardaigne. Je ne lui connaissais que des qualités; aussi m'étais-je lié intimement avec lui. Je l'aimais comme un frère. Élève de l'École militaire, il devint capitaine en Espagne en 1808 et fut grièvement blessé à Essling l'année suivante; il mourut dans mes bras à Vienne.

Outre les huit aides de camp *titulaires*, le maréchal avait attaché à son état-major deux officiers *auxiliaires* : le capitaine Dagusan, compatriote et ami de Lannes, qui se retira comme chef de bataillon, et le sous-lieutenant Le Couteulx de Canteleu, fils du sénateur de ce nom, sortant de l'école, très bien élevé, intelligent, brave et actif. Il suivit le prince Berthier en Russie, où il faillit périr pour s'être vêtu à la russe. Un grenadier à cheval lui enfonça la lame de son sabre à travers la poitrine! L'Empereur le ramena dans ses voitures. Il devint colonel aide de camp du Dauphin et mourut en me recommandant son fils.

CHAPITRE VI

Marche sur l'Èbre. — Bataille de Burgos. — Le maréchal Lannes remplace Moncey dans le commandement de l'armée de l'Èbre. — Bataille de Tudela.

Dès mon arrivée à l'état-major, le maréchal Lannes me prévint qu'il comptait beaucoup sur moi, tant à cause de ce qu'Augereau lui avait dit sur mon compte, que pour la manière dont j'avais déjà servi auprès de lui-même pendant la campagne de Friedland. « Si vous n'êtes pas tué », me dit-il, « je vous ferai avancer très rapidement. » Le maréchal ne promettait jamais en vain, et la haute faveur dont il jouissait auprès de l'Empereur lui rendait tout possible. Je me promis donc de servir avec le courage et le zèle les plus soutenus.

En quittant Bayonne, nous marchâmes avec les colonnes de troupes jusque sur l'Èbre, où nous joignîmes le roi Joseph et la jeune armée qui avait fait la dernière campagne. Le repos et l'habitude des camps avaient donné à ces jeunes conscrits des forces et un air militaire qu'ils étaient loin d'avoir au mois de juillet précédent. Mais ce qui relevait surtout leur moral, c'était de se voir commandés par l'Empereur en personne et d'apprendre l'arrivée des anciens corps de la grande armée. Les Espagnols furent saisis d'étonnement et de crainte à l'aspect des vieux grenadiers de la *véritable* grande armée, et comprirent que les choses allaient changer de face.

En effet, à peine arrivé sur l'Èbre, l'Empereur lança au delà de ce fleuve de nombreuses colonnes. Tout ce qui voulut tenir devant elles fut exterminé ou ne dut son salut qu'à une fuite rapide. Cependant, les Espagnols, étonnés, mais non découragés, ayant réuni plusieurs de leurs corps d'armée sous les murs de Burgos, osèrent attendre la bataille. Elle eut lieu le 9 novembre et ne fut pas longue, car les ennemis, enfoncés dès le premier choc, s'enfuirent dans toutes les directions, poursuivis par notre cavalerie qui leur fit éprouver des pertes immenses.

Il arriva pendant cette bataille un fait extraordinaire, et heureusement fort rare. Deux jeunes sous-lieutenants de l'infanterie du maréchal Lannes, s'étant querellés, se battirent en duel devant le front de leur bataillon, sous une grêle de boulets ennemis... L'un d'eux eut la joue fendue d'un coup de sabre. Le colonel les fit arrêter et conduire devant le maréchal, qui les envoya dans la citadelle de Burgos et en rendit compte à l'Empereur. Celui-ci augmenta la punition, en interdisant à ces officiers de suivre leur compagnie au combat avant un mois. Ce laps de temps écoulé, le régiment de ces deux étourdis se trouvait à Madrid, lorsque l'Empereur, le passant en revue, ordonna au colonel de lui présenter, selon l'usage, les sujets qu'il proposait pour remplacer les officiers tués. Le sous-lieutenant qui avait eu la joue fendue était un excellent militaire. Son colonel ne crut pas devoir le priver d'avancement pour une faute qui, bien que grave, n'avait cependant rien de déshonorant; il le proposa donc à l'Empereur, qui, en apercevant une balafre de fraîche date sur la figure du jeune homme, se rappela le duel de Burgos et demanda d'un ton sévère à cet officier : « Où avez-vous reçu cette blessure? » Alors le sous-lieutenant, qui ne voulait ni mentir, ni avouer sa faute, tourna fort habilement la difficulté, car, plaçant son doigt sur sa joue, il répondit : « Je l'ai reçue *là*, Sire!... » L'Empereur comprit, et comme il aimait les hommes d'un esprit prompt, loin d'être choqué de cette originale repartie, il sourit et dit à l'officier : « Votre colonel vous propose pour le grade de lieute-« nant, je vous l'accorde; mais, à l'avenir, soyez plus « sage, ou je vous casserai!... »

Je trouvai à Burgos mon frère qui faisait la campagne à l'état-major du prince Berthier, major général. Les talents militaires du maréchal Lannes grandissant tous les jours, l'Empereur, qui en avait une très haute opinion, ne lui donnait plus de commandement *fixe*, voulant le réserver auprès de sa personne pour l'envoyer partout où les affaires se trouveraient compromises, certain qu'il les rétablirait promptement. Aussi Napoléon, prêt à continuer sa marche sur Madrid, considérant qu'il avait laissé à sa gauche la ville de Saragosse occupée par les insurgés d'Aragon et soutenue par l'armée de Castaños, victorieuse de Dupont, et que le vieux maréchal Moncey tâtonnait, Napoléon, dis-je, ordonna au maréchal Lannes de se rendre à Logroño, centre de l'armée de l'Èbre, d'en prendre le commandement et d'attaquer Castaños. Moncey se trouva ainsi sous les ordres de Lannes; ce fut le premier exemple d'un maréchal de l'Empire commandant à son égal : Lannes méritait cette marque de confiance et de distinction. Il partit avec son état-major seulement. Nous prîmes la poste pour éviter les lenteurs qu'aurait entraînées le transport de nos équipages et de nos chevaux dans un trajet de cinquante kilomètres, et leur retour sur Burgos et Madrid : le capitaine Dagusan fut chargé de les conduire à la suite de Napoléon.

Vous savez qu'à cette époque, les relais espagnols

n'avaient pas de chevaux de trait, mais qu'ils possédaient les meilleurs *bidets* de l'Europe. Le maréchal et nous, partîmes donc à franc étrier, escortés de poste en poste par des détachements de cavalerie. Nous rétrogradâmes ainsi jusqu'à Miranda del Ebro, d'où nous parvînmes à Logroño en longeant le fleuve. Le maréchal Moncey se trouvait dans cette ville et parut fort mécontent de ce que l'Empereur le plaçât sous les ordres du plus jeune des maréchaux, lui qui en était le doyen; mais force lui fut d'obéir.

Voyez ce que peut la présence d'un seul homme capable et énergique! Cette armée de *conscrits*, que Moncey n'osait mener à l'ennemi, mise en mouvement par le maréchal Lannes le jour de son arrivée, se porta avec ardeur contre l'ennemi, que nous joignîmes le lendemain 23, en avant de Tudela, où, après trois heures de combat, les fiers vainqueurs de Baylen furent enfoncés, battus, mis en pleine déroute, et s'enfuirent précipitamment vers Saragosse, en laissant des milliers de cadavres sur le champ de bataille!... Nous prîmes un grand nombre d'hommes, plusieurs drapeaux et toute l'artillerie... La victoire fut complète!

Dans cette affaire, une balle perça ma sabretache. J'avais eu au début de l'affaire une vive altercation avec Labédoyère. Voici à quel sujet. Ce dernier venait d'acheter un cheval fort jeune et peu dressé, qui, au premier bruit du canon, se cabra et refusa absolument d'avancer. Furieux, Labédoyère s'élança à terre, tira son sabre et coupa les jarrets du malheureux cheval, qui tomba tout sanglant sur l'herbe, où il se traînait en rampant. Je ne pus retenir mon indignation et la lui exprimai vivement. Mais Labédoyère prit très mal la chose, et nous en serions venus aux mains, si nous n'avions été en présence de l'ennemi. Le bruit de l'aventure s'étant répandu dans l'état-major, le maréchal Lannes, indigné, déclara que Labédoyère ne compterait plus au nombre de ses aides de camp. Désespéré, ce dernier saisissait déjà ses pistolets pour se brûler la cervelle, quand notre ami de Viry lui fit comprendre qu'il serait plus honorable d'aller chercher la mort dans les rangs ennemis que de se la donner lui-même. Précisément, de Viry, qui s'était rapproché du maréchal, reçut l'ordre de conduire un régiment de cavalerie contre une batterie espagnole. Labédoyère rejoint le régiment qui allait à la charge et s'élance un des premiers sur la batterie, qui fut enlevée, et nous vîmes de Viry et Labédoyère ramenant un canon qu'ils avaient pris ensemble!... Aucun d'eux n'était blessé, mais ce dernier avait reçu un biscaïen dans son colback, à deux doigts de la tête! Le maréchal fut d'autant plus touché du trait de courage que venait d'accomplir Labédoyère, que celui-ci, après lui avoir remis le canon, se préparait à se précipiter de nouveau sur les baïonnettes ennemies! Le maréchal le retint, et, lui pardonnant sa faute, il lui rendit sa place dans son état-major. Le soir même, Labédoyère vint noblement me serrer la main, et nous vécûmes depuis en bonne intelligence. Labédoyère et de Viry furent cités dans le bulletin de la bataille et nommés capitaines quelque temps après.

CHAPITRE VII

Mission périlleuse de Tudela à Aranda. — Incidents de route. — Je suis attaqué et grièvement blessé à Agreda. — Retour à Tudela.

Nous voici arrivés à l'une des phases les plus terribles de ma carrière militaire. Le maréchal Lannes venait de remporter une grande victoire, et, le lendemain, après avoir reçu les rapports de tous les généraux, il dicta le bulletin de la bataille qui devait être porté à l'Empereur par l'un de ses officiers. Or, comme Napoléon accordait habituellement un grade à l'officier qui venait lui annoncer un important succès, les maréchaux, de leur côté, donnaient ces missions à celui qu'ils désiraient faire avancer promptement. C'était une sorte de proposition à laquelle Napoléon ne manquait pas de faire droit. Le maréchal Lannes m'ayant fait l'honneur de me désigner pour aller informer l'Empereur de la victoire de Tudela, je pus me livrer à l'espoir d'être bientôt chef d'escadron; mais, hélas! mon sang devait encore couler bien des fois avant que j'obtinsse ce grade!...

La grande route de Bayonne à Madrid par Vitoria, Miranda del Ebro, Burgos et Aranda, se bifurque à Miranda avec celle qui conduit à Saragosse par Logroño et Tudela. Un chemin allant de Tudela à Aranda, au travers des montagnes de Soria, les unit et détermine un immense triangle. L'Empereur s'était avancé de Burgos jusqu'à Aranda, pendant le temps qu'il avait fallu au maréchal Lannes pour aller à Tudela et y livrer bataille; il était donc beaucoup plus court, pour aller le joindre, de se rendre directement de Tudela à Aranda que de revenir sur Miranda del Ebro. Mais cette dernière route avait l'immense avantage d'être couverte par les armées françaises, tandis que l'autre devait être remplie de fuyards espagnols, qui, échappés à la déroute de Tudela, pouvaient s'être réfugiés dans les montagnes de Soria. Cependant, comme l'Empereur avait prévenu le maréchal Lannes qu'il dirigeait le corps du maréchal Ney, d'Aranda sur Tudela par Soria, Lannes, qui croyait Ney peu éloigné, et avait envoyé le lendemain de la bataille une avant-garde à Tarazone, pour communiquer avec lui, pensait que cette réunion me garantirait de toute attaque jusqu'à Aranda; il m'ordonna donc de prendre la route la plus courte, celle de Soria. J'avouerai franchement que si l'on m'eût laissé le choix, j'aurais préféré faire le grand détour par Miranda et Burgos; mais l'ordre du maréchal étant positif, pouvais-je exprimer des craintes pour ma personne, devant un homme qui, ne redoutant jamais rien pour lui, était de même pour les autres?...

Le service des aides de camp des maréchaux fut terrible en Espagne!... Jadis, pendant les guerres de la Révolution, les généraux avaient des courriers payés par l'État pour porter leurs dépêches; mais l'Empereur, trouvant que ces hommes étaient incapables de donner aucune explication sur ce qu'ils avaient vu, les réforma, en ordonnant qu'à l'avenir les dépêches seraient portées par des aides de camp. Ce fut très bien tant qu'on fit la guerre au milieu des bons Allemands, qui n'eurent jamais la pensée d'attaquer un Français courant la poste; mais les Espagnols leur firent une guerre acharnée, ce qui fut très utile aux insurgés, car le contenu de nos dépêches les instruisait du mouvement de nos armées. Je ne crois pas exagérer en portant à plus de deux cents le nombre d'officiers d'état-major qui furent tués ou pris pendant la guerre de la Péninsule, depuis 1808 jusqu'en 1814. Si la mort d'un simple courrier était regrettable, elle devait l'être moins que la perte d'un officier d'espérance, exposé d'ailleurs aux risques du champ de bataille, ajoutés à ceux des voyages en poste. Un grand nombre d'hommes robustes et sachant bien leur métier demandèrent à faire ce service, mais l'Empereur n'y consentit jamais.

Au moment de mon départ de Tudela, le bon commandant Saint-Mars ayant hasardé quelques observations pour détourner le maréchal Lannes de me faire passer par les montagnes, celui-ci lui répondit : « Bah ! « bah ! il va rencontrer cette nuit l'avant-garde de Ney, « dont les troupes sont échelonnées jusqu'au quartier « impérial d'Aranda !... » Je ne pouvais rien opposer à une telle décision. Je partis donc de Tudela le 24 novembre, à la chute du jour, avec un peloton de cavalerie, et arrivai sans encombre jusqu'à Tarazone, à l'entrée des montagnes. Je trouvai dans cette petite ville l'avant-garde du maréchal Lannes, dont le commandant, n'ayant aucune nouvelle du maréchal Ney, avait poussé un poste d'infanterie à six lieues en avant, vers Agreda, par où l'on attendait ce maréchal. Mais comme ce détachement se trouvait éloigné de tout secours, il avait reçu l'ordre de se replier et de rentrer à Tarazone, si la nuit se passait sans qu'il vît les éclaireurs du maréchal Ney.

A partir de Tarazone, il n'y a plus de grands chemins ; on marche constamment dans des sentiers montueux, couverts de cailloux et d'éclats de rochers. Le commandant de notre avant-garde n'avait donc que de l'infanterie et une vingtaine de housards du 2e régiment (Chamborant). Il me fit donner un cheval de troupe, deux ordonnances, et je continuai mon chemin par un clair de lune des plus brillants. J'avais fait deux ou trois lieues, lorsque nous entendîmes plusieurs coups de fusil dont les balles sifflèrent très près de nous; nous ne vîmes pas ceux qui venaient de tirer; ils étaient cachés dans les rochers. Un peu plus loin, nous trouvâmes les cadavres de deux fantassins français nouvellement assassinés; ils étaient entièrement dépouillés, mais leurs shakos étant auprès d'eux, je pus lire les numéros gravés sur les plaques et reconnaître que ces infortunés appartenaient à l'un des régiments du corps du maréchal Ney. Enfin, à quelque distance de là, nous aperçûmes, chose horrible à dire!... un jeune officier du 10e de chasseurs à cheval, encore revêtu de son uniforme, cloué par les mains et les pieds à la porte d'une grange!... Ce malheureux avait la tête en bas, et l'on avait allumé un petit feu dessous!... Heureusement pour lui, ses tourments avaient cessé; il était mort!... Cependant, comme le sang de ses plaies coulait encore, il était évident que son supplice était récent et que les assassins n'étaient pas loin! Je mis donc le sabre à la main, et mes deux housards la carabine au poing.

Bien nous en prit d'être sur nos gardes, car peu d'instants après, sept ou huit Espagnols, dont deux montés, firent feu sur nous d'un buisson derrière lequel ils étaient blottis. Aucun de nous n'étant blessé, nos deux housards ripostèrent avec leurs carabines et tuèrent chacun un ennemi, puis, mettant le sabre à la main, ils fondirent rapidement sur les autres. J'aurais bien voulu les suivre, mais le cheval que je montais, s'étant déferré sur les cailloux, boitait si fortement qu'il me fut impossible de le mettre au galop. J'enrageais d'autant plus que je craignais que les housards, se laissant emporter à la poursuite des ennemis, n'allassent se faire tuer dans quelque embuscade. Je les appelai pendant cinq minutes; enfin, j'entendis la voix de l'un d'eux qui disait avec un accent fortement alsacien : « Ah ! les brigands !... Vous ne connaissez pas encore les housards de Chamborant ! Vous verrez qu'ils ne plaisantent pas !... » Mes cavaliers venaient encore d'abattre deux Espagnols, savoir : un Capucin, monté sur le cheval du pauvre lieutenant de chasseurs, dont il s'était passé la giberne autour du cou, et un paysan placé sur une mule, dont le dos portait aussi les habits des malheureux fantassins que j'avais trouvés morts. Il était évident que nous tenions les assassins !... Un ordre de l'Empereur prescrivait *formellement* de fusiller sur-le-champ tout Espagnol *non militaire* pris les armes à la main. Que faire d'ailleurs de ces deux brigands déjà grièvement blessés et qui venaient de tuer trois Français d'une façon si barbare ?... Je poussai donc mon cheval en avant, afin de ne pas être témoin de l'exécution, et les housards passèrent le moine et le paysan par les armes, en répétant : « Ah ! vous ne connaissez pas les Chamborant ! »

Je ne pouvais comprendre comment un officier de chasseurs et deux fantassins du corps du maréchal Ney se trouvaient aussi près de Tarazone, lorsque leurs régiments n'y étaient point encore passés; mais il est probable que ces malheureux, pris ailleurs, étaient dirigés sur Saragosse, lorsque les Espagnols qui les conduisaient, ayant su la défaite de leurs compatriotes à Tudela, s'en étaient vengés en massacrant les prisonniers.

Je continuai ma route, dont le début était fort peu encourageant ! Enfin, après quelques heures de marche, nous aperçûmes, en plein champ, un feu de bivouac. C'était celui du poste détaché par l'avant-garde française que j'avais laissée à Tarazone. Le sous-lieutenant qui commandait ce détachement, n'ayant aucune nouvelle du maréchal Ney, se disposait à retourner vers Tarazone au point du jour, ainsi qu'il en avait reçu l'ordre. Il savait que nous n'étions qu'à deux petites lieues d'Agreda, mais ignorait si ce bourg était occupé par des troupes de l'une ou de l'autre nation. Je me trouvai alors dans une bien grande perplexité, car le détachement d'infanterie devait s'éloigner dans quelques heures, et si je retournais avec lui, quand je n'avais peut-être qu'une lieue à faire pour rencontrer la tête des colonnes du maréchal Ney, c'était faire preuve de peu de courage et m'exposer aux reproches du maréchal Lannes. D'un autre côté, si les troupes du maréchal Ney se trouvaient encore à un ou deux jours de marche, il était à peu près certain que je serais massacré par les paysans de ces montagnes ou par les soldats qui s'y étaient réfugiés, d'autant plus que je serais obligé de voyager *seul*. En effet, les deux braves housards qui avaient reçu l'ordre de m'accompagner jusqu'à ce que nous trouvions le peloton d'infanterie, devaient retourner à Tarazone.

N'importe!... Je me décidai à pousser en avant; mais, cette détermination prise, il restait encore une grande difficulté à vaincre : c'était de trouver une monture. Il n'y avait dans cette solitude ni ferme, ni village où je pusse me procurer un cheval; celui que je montais boitait horriblement; ceux des housards étaient très fatigués; d'ailleurs, aucun de ces hommes n'aurait pu me prêter le sien, sans être sévèrement puni par ses chefs, les règlements étant formels à ce sujet; enfin, le cheval de l'officier de chasseurs, ayant reçu pendant le combat une balle dans la cuisse, ne pouvait me servir. Il ne restait donc plus que la mule du paysan. Elle était magnifique et appartenait, d'après les lois de la guerre, aux deux housards, qui comptaient bien la vendre à leur retour au corps d'armée ; cependant, ces deux bons soldats n'hésitèrent pas à me la prêter, et placèrent ma selle sur son dos. Mais cette maudite bête, plus habituée à porter le bât qu'à être montée, se montra tellement rétive et si entêtée que, dès que je voulus lui faire quitter le groupe des chevaux, elle se mit à ruer et ne voulut jamais marcher seule !... Je fus obligé d'en descendre, sous peine d'être jeté dans quelque précipice.

Je me décidai donc à partir à pied. J'avais déjà pris congé de l'officier d'infanterie, lorsque cet excellent jeune homme, nommé M. Tassin, ancien élève de l'École militaire de Fontainebleau, où il avait été lié avec mon malheureux frère Félix, courut après moi, en disant qu'il avait trop de regret de me voir ainsi m'exposer tout seul, et que, bien qu'il n'eût pas d'ordres à ce sujet, et que ses voltigeurs improvisés fussent tous des conscrits inhabiles et fort peu aguerris, il voulait m'en donner un, afin que j'eusse au moins un fusil et quelques cartouches en cas d'attaque. J'acceptai, et il fut convenu que je renverrais le fantassin avec le corps du maréchal Ney.

Je me mis donc en route avec le soldat qui devait m'accompagner. C'était un bas Normand, au parler lent, et cachant beaucoup de malice sous une apparente bonhomie. Les Normands sont généralement braves ; j'en ai eu la preuve lorsque je commandais le 23º de chasseurs, dans lequel il y en avait 5 à 600 ; cependant, pour savoir jusqu'à quel point je pouvais compter sur celui qui me suivait, je causai avec lui chemin faisant, et lui demandai s'il tiendrait ferme dans le cas où nous serions attaqués. Mais lui, sans dire ni oui ni non, me répondit : « Dam... il faudra *vouèr!...* » D'où je conclus que mon nouveau compagnon pourrait bien, au moment du danger, aller voir ce qui se passait en arrière.

La lune venait de terminer son cours; le jour ne paraissait point encore, l'obscurité était devenue profonde, et nous trébuchions à chaque pas sur les gros cailloux dont les sentiers de ces montagnes sont couverts. La situation était pénible, mais j'avais l'espérance de trouver sous peu de temps les troupes du maréchal Ney, espérance qu'augmentait encore la rencontre que nous venions de faire des cadavres de soldats appartenant à son corps. J'avançai donc résolument, tout en écoutant, pour charmer mon ennui, les récits que le Normand faisait sur son pays. Enfin, l'aube commençant à paraître, j'aperçus les premières maisons d'un gros bourg : c'était Agreda.

Je fus consterné de ne pas trouver de postes avancés, car cela dénotait non seulement qu'aucune troupe du maréchal n'occupait ce lieu, mais encore que son corps d'armée était à une demi-journée au delà, puisque la carte n'indiquait de village qu'à cinq ou six lieues d'Agreda, et il n'était pas possible qu'on eût établi les régiments dans les montagnes, loin de toute habitation. Je me tins donc sur mes gardes, et avant de pénétrer plus avant, j'examinai la position.

Agreda, situé dans un vallon assez large, est bâti au pied d'une colline élevée, très escarpée des deux côtés. Le revers méridional, qui touche au bourg, est couvert de vignobles importants, la crête est hérissée de rochers et le revers nord garni de taillis fort épais, au bas desquels coule un torrent. On aperçoit au delà de hautes montagnes incultes et inhabitées. Agreda est traversé dans toute sa longueur par une principale rue, à laquelle viennent aboutir des ruelles fort étroites, que prennent les paysans pour se rendre à leurs vignes. En entrant dans le bourg, je laissai ces ruelles et les collines à ma droite. Pénétrez-vous bien de cette position, car c'est important pour comprendre mon récit.

Tout dormait dans Agreda; c'était un moment favorable pour le traverser; j'avais d'ailleurs l'espoir, bien faible il est vrai, qu'arrivé à l'autre extrémité, j'apercevrais peut-être les feux de l'avant-garde du maréchal Ney. J'avance donc, après avoir mis le sabre à la main et ordonné au fantassin d'armer son fusil. La grande rue était couverte d'une épaisse couche de feuilles mouillées, que les habitants y placent pour les convertir en fumier; nos pas ne faisaient donc aucun bruit, ce dont j'étais très satisfait...

Je marchais au milieu de la rue, ayant le soldat à ma droite; mais celui-ci, se trouvant sans doute trop en évidence, obliqua insensiblement jusqu'aux maisons, dont il rasait les murs, afin d'être moins en vue en cas d'attaque, ou plus à portée de gagner une des ruelles qui donnent dans la campagne. Cela me prouva combien je devais peu compter sur cet homme. Je ne lui fis néanmoins aucune observation.

Le jour commençait à poindre. Nous parcourûmes toute la grande rue sans rencontrer personne. Je m'en félicitais déjà, lorsque arrivé aux dernières maisons du bourg, je me trouve face à face à vingt-cinq pas de quatre carabiniers royaux espagnols à cheval, ayant le sabre à la main !... J'aurais pu, en toute autre circonstance, prendre ces cavaliers pour des gendarmes français, leurs uniformes étant absolument semblables; mais les gendarmes ne marchent pas à l'extrême avant-garde; ces hommes ne pouvaient donc appartenir au corps du maréchal Ney, et je compris tout de suite que c'étaient des ennemis. Je fis donc sur-le-champ demi-tour; mais, au moment où je le terminais pour faire face au côté par lequel j'étais venu, je vis briller une lame à six pouces de ma figure... Je portai vivement la tête en arrière, cependant je reçus au front un terrible coup de sabre, dont je porte encore la cicatrice au-dessus du sourcil gauche!... Celui qui venait de me blesser était le brigadier des carabiniers qui, ayant laissé ses quatre cavaliers en dehors du bourg, avait été, selon les usages militaires, reconnaître s'il ne contenait pas d'ennemis. Cet homme, que je n'avais pas rencontré, probablement parce qu'il se trouvait dans quelque ruelle, pendant que je parcourais la grande rue, venait de la reprendre pour rejoindre ses cavaliers, quand, m'apercevant, il s'était approché de moi sans bruit, sur l'épaisse couche de feuilles mouillées; il allait me fendre la tête par derrière, lorsque mon demi-tour m'ayant fait lui présenter la figure, je reçus le coup sur le front.

A l'instant même, les quatre carabiniers, qui n'avaient pas bougé, parce qu'ils voyaient ce que leur brigadier me préparait, vinrent le joindre au trot, et tous les cinq fondirent sur moi! Je courus machinalement vers les maisons qui étaient à ma droite, afin de m'adosser contre un mur; mais, par bonheur, une de ces ruelles étroites et escarpées qui montaient dans les vignes, se trouve à deux pas de moi. Le fantassin l'avait déjà gagnée; je m'y élance aussi, et les cinq carabiniers m'y suivent; mais du moins, ils ne pouvaient m'attaquer tous à la fois, car il n'y avait place que pour un seul cheval de front. Le brigadier marchait en tête; les quatre autres avançaient à la file. Bien que ma position ne fût pas aussi défavorable qu'elle eût pu l'être dans la grande rue, où j'eusse été entouré, elle demeurait néanmoins terrible. Le sang abondant qui sortait de ma blessure avait à l'instant même couvert mon œil gauche, dont je ne voyais plus du tout, et je sentais qu'il gagnait l'œil droit; j'étais donc forcé, de crainte d'être aveuglé, de tenir ma tête penchée sur l'épaule gauche, pour entraîner le sang de ce côté ; il m'était impossible de l'étancher, étant obligé de me défendre contre le brigadier ennemi, qui me portait de grands coups de sabre! Je les parais de mon mieux, tout en montant à reculons, après m'être débarrassé du fourreau, ainsi que de mon colback, dont le poids me gênait.

N'osant tourner la tête, afin de ne pas perdre de vue mon adversaire avec lequel j'avais l'arme croisée, je dis au voltigeur, que je croyais derrière moi, de placer son fusil sur mon épaule, d'ajuster le brigadier espagnol et de faire feu... mais ne voyant pas passer le canon, je tourne vivement la tête, en rompant d'une semelle, et qu'aperçois-je?... Mon vilain soldat normand qui fuyait à toutes jambes vers le haut de la colline!... Le brigadier espagnol redoublant alors la vigueur de ses attaques, et voyant qu'il ne peut m'atteindre, enlève son cheval, dont les pieds de devant me frappent plusieurs fois en pleine poitrine ; heureusement, ce ne fut pas avec force, parce que le terrain allant en montant, le cheval était mal assuré sur ses jambes de derrière, et chaque fois qu'il retombait à terre, je lui campais un coup de sabre sur le nez, si bien que l'animal ne voulut bientôt plus s'enlever contre moi.

Alors le brigadier exaspéré cria au cavalier qui marchait après lui : « Prends ta carabine, le terrain va en montant, je vais me baisser, et tu ajusteras ce Français par-dessus mes épaules... » Je compris que cet ordre était le signal de ma mort! Mais comme pour l'exécuter il fallait que le cavalier mît son sabre au fourreau, décrochât sa carabine, et que, pendant ce temps, le brigadier ne cessait de me porter de grands coups de pointe, en avançant le corps jusque sur l'encolure de sa monture, je me déterminai à tenter un acte de désespoir, qui devait me sauver ou me perdre!... Ayant l'œil fixé sur l'Espagnol, et lisant dans les siens qu'il allait se courber encore sur son cheval pour m'atteindre, je ne bougeai pas, mais à la seconde même où le haut de son corps se baissait vers moi, je fais un pas à droite, et portant vivement mon buste de ce côté, en me penchant, j'esquive le coup de mon adversaire et lui plonge plus de la moitié de la lame de mon sabre dans le flanc gauche!... Le brigadier, poussant un cri affreux, tomba à la renverse sur la croupe de son cheval! Il allait probablement rouler à terre, si le cavalier qui le suivait n'eût poussé en avant pour le recevoir dans ses bras...

Le mouvement rapide que je venais de faire en me baissant ayant fait sortir de la poche de ma pelisse les dépêches que je portais à l'Empereur, je les ramassai promptement et montai aussitôt au bout de la ruelle où commençaient les vignes. Là je me retournai, et vis les carabiniers espagnols s'empresser autour de leur brigadier blessé, et paraissant fort embarrassés de lui, ainsi que de leurs chevaux, dans cet étroit et rapide défilé.

Ce combat eut lieu dans bien moins de temps qu'il n'en faut pour le raconter. Me voyant débarrassé de mes ennemis, au moins momentanément, je traversai les vignes et gagnai la crête de la colline; alors je considérai qu'il me serait impossible de remplir ma mission et d'aller joindre l'Empereur à Aranda. Je résolus donc de retourner auprès du maréchal Lannes, en regagnant d'abord le lieu où j'avais laissé M. Tassin et son piquet d'infanterie. Je n'avais plus l'espoir de les y retrouver, mais enfin c'était la direction dans laquelle était l'armée que j'avais quittée la veille. Je cherchai vainement des yeux mon voltigeur et ne l'aperçus pas, mais je vis quelque chose de plus utile pour moi, une source fort limpide. Je m'y arrêtai un moment, et déchirant un coin de ma chemise, j'en fis une compresse que je fixai sur ma blessure au moyen de mon mouchoir. Le sang jaillissant de mon front avait taché les dépêches que je tenais à la main; je ne m'en inquiétai pas, tant j'étais préoccupé de la fâcheuse position dans laquelle je me trouvais.

Les émotions de cette nuit agitée, la marche à pied que j'avais faite au milieu des cailloux, avec des bottes éperonnées, le combat que je venais de soutenir, les douleurs que j'éprouvais à la tête, le sang que j'avais perdu, tout cela avait épuisé mes forces... Je n'avais pris aucune nourriture depuis mon départ de Tudela et je ne trouvais que de l'eau pour me réconforter!... J'en bus à longs traits et me serais reposé plus longtemps auprès de cette charmante fontaine, si je n'eusse aperçu trois des carabiniers espagnols qui, sortant à cheval d'Agreda, se dirigeaient vers moi par les sentiers des vignes. Si ces hommes eussent eu le bon esprit de mettre pied à terre et d'ôter leurs bottes fortes, il est probable qu'ils seraient arrivés à me joindre; mais leurs chevaux, ne pouvant passer au milieu des ceps de vigne, gravissaient très péniblement les sentiers étroits et rocailleux; ils ne purent même plus monter, lorsque, arrivés à l'extrémité supérieure des vignobles, ils se trouvèrent arrêtés par les énormes rochers sur lesquels je m'étais réfugié.

Les cavaliers, longeant alors le bas de ces blocs de pierre, marchèrent parallèlement à la même direction que moi, à une grande portée de carabine, en me criant de me rendre; qu'étant militaires, ils me traiteraient en prisonnier de guerre, tandis que si les paysans me prenaient, je serais infailliblement égorgé. Ce raisonnement ne manquait pas de justesse; aussi, j'avoue que si je n'eusse pas été chargé de dépêches pour l'Empereur, je me serais peut-être rendu, car j'étais exténué!

Cependant, désirant conserver, autant qu'il me serait possible, le précieux dépôt que le maréchal avait confié à ma valeur, je continuai à marcher sans répondre; alors les trois cavaliers, prenant leurs carabines, firent feu sur moi. Leurs balles frappèrent les rochers à mes pieds, aucune ne m'atteignit, la distance étant trop grande pour que le tir pût être juste; je n'en fus pas ému, mais je m'effrayai en pensant que le bruit produit par les détonations des armes à feu allait attirer les paysans, que le soleil levant appelait d'ailleurs à leurs travaux. Je m'attendais donc à être assailli par les hordes des féroces habitants de ces montagnes. Ce triste pressentiment parut se vérifier, car j'aperçus, à une demi-lieue, une quinzaine d'hommes s'avançant au pas de course dans la vallée, en se dirigeant sur moi!... Ils portaient dans leurs mains quelque chose qui brillait au soleil; je ne doutai pas que ce fussent des paysans armés de leurs bêches, dont le fer reluisait ainsi. Je me considérais déjà comme perdu, et, dans mon désespoir, j'allais me laisser glisser le long des rochers du versant nord de la colline, afin de descendre dans le torrent, le traverser comme je le pourrais et aller me cacher dans quelque fondrière des grandes montagnes qui s'élèvent au delà de cette profonde gorge; puis, si je n'étais pas découvert, je me mettrais en route pendant la nuit, en me dirigeant vers Tarazone, si j'en avais la force...

Ce projet présentait bien des chances de perte, mais enfin c'était mon dernier espoir. J'allais le mettre à exécution, lorsque je m'aperçois que les trois carabiniers cessent de tirer sur moi et se portent en avant, pour reconnaître le groupe que je prenais pour des paysans. A leur approche, les instruments de fer, que je croyais être des bêches ou des pioches, s'abaissent, et j'ai la joie inexprimable de voir un feu de peloton dirigé contre les carabiniers espagnols, qui, tournant bride aussitôt, s'enfuirent rapidement vers Agreda, bien que deux d'entre eux parussent blessés!... Les arrivants sont donc des Français! m'écriai-je... Allons vers eux!... Et le bonheur de me voir délivré me rendant un peu de force, je descendis en m'appuyant sur la lame de mon sabre. Les Français m'avaient aperçu; ils gravirent la colline, et je me trouvai dans les bras du brave lieutenant Tassin!... Voici quelles circonstances m'avaient valu ce secours providentiel.

Le soldat qui m'avait abandonné pendant que j'étais aux prises avec les carabiniers dans les rues d'Agreda, avait promptement gagné les vignes, d'où, bondissant comme un chevreuil à travers les ceps, les fossés, les rocs et les haies, il avait parcouru en fort peu de temps les deux lieues qui le séparaient du point où nous avions laissé le poste de M. Tassin. Le détachement allait se mettre en route pour Tarazone et mangeait la soupe, lorsque mon voltigeur normand, arrivant tout essoufflé, mais ne voulant pas perdre un coup de dent, s'assoit auprès d'une gamelle et se met à déjeuner fort tranquillement, sans dire un mot de ce qui venait de se passer à Agreda!... Fort heureusement, il fut aperçu par M. Tassin, qui, étonné de le voir de retour, lui demanda où il avait quitté l'officier qu'il était chargé d'escorter. « Ma foi! répondit le Normand, je l'ai laissé dans le gros village, la tête à moitié fendue et se battant avec des cavaliers espagnols qui lui donnaient de grands coups de sabre. » A ces mots, le lieutenant Tassin fait prendre les armes à son détachement, choisit les quinze plus lestes et s'élance au pas de course vers Agreda. Cet officier et sa petite troupe avaient déjà fait une lieue, lorsque, entendant des coups de feu, ils en conclurent que je vivais encore, mais avais besoin d'un très prompt secours. Stimulés par l'espoir de me sauver, ces braves gens redoublent la vitesse de leur marche, et m'aperçoivent enfin sur la crête de la colline, servant de point de mire aux balles de trois cavaliers espagnols!...

M. Tassin et sa troupe étaient harassés; moi-même je n'en pouvais plus; on fit donc une petite halte, pendant laquelle vous pensez bien que j'exprimai ma vive reconnaissance au lieutenant ainsi qu'à ses voltigeurs, dont la joie égalait presque la mienne. Nous regagnâmes le bivouac, où M. Tassin avait laissé la moitié de son monde; la cantinière de la compagnie s'y trouvait; son mulet portait deux outres de vin, du pain, du jambon : je les achetai pour les donner aux voltigeurs, et on fit un déjeuner dont j'avais bien besoin et auquel participèrent les deux housards laissés dans ce poste la nuit précédente. L'un d'eux, montant la mule du moine, me prêta un cheval, et nous partîmes pour Tarazone. Je souffrais horriblement, parce que le sang durci formait une croûte sur ma blessure. Arrivé à Tarazone, je retrouvai l'avant-garde du maréchal Lannes. Le général qui la commandait me fit panser, puis me donna un cheval et deux housards pour m'escorter jusqu'à Tudela, où j'arrivai au milieu de la nuit.

Le maréchal, bien que malade, me reçut aussitôt et parut fort touché de ma mésaventure. Il fallait cependant que le bulletin de la bataille de Tudela fût promptement transmis à l'Empereur, qui devait attendre avec impatience des nouvelles du corps d'armée de l'Èbre. J'aurais d'autant plus désiré les lui porter que le maréchal, éclairé par ce qui venait de m'arriver dans les montagnes de Soria, consentait à ce que l'officier chargé de se rendre auprès de Napoléon, passât par Miranda et Burgos, dont les routes couvertes de troupes françaises ne présentaient aucun danger; mais j'étais tellement souffrant et harassé, qu'il m'eût été physiquement impossible de courir la poste à franc étrier. Le maréchal confia donc cette mission au commandant Guéhéneuc, son beau-frère. Je lui remis les dépêches : elles étaient rougies de mon sang. Le commandant Saint-Mars, chargé du secrétariat, voulait les recopier et changer l'enveloppe : « Non! non! s'écria le maréchal, il est bon que l'Empereur voie combien le capitaine Marbot les a défendues vaillamment!... » Il expédia donc le paquet tel qu'il se trouvait, en y joignant un billet pour expliquer à Sa Majesté la cause du retard, faire mon éloge et demander une récompense pour le lieutenant Tassin et les hommes qui étaient accourus avec tant de zèle à mon secours, sans calculer les dangers auxquels ils pouvaient s'exposer si les ennemis eussent été nombreux.

Effectivement, l'Empereur accorda quelque temps après la croix à M. Tassin ainsi qu'à son sergent, et une gratification de 100 francs à chacun des voltigeurs qui les avaient accompagnés. Quant au soldat normand, traduit devant un conseil de guerre, pour avoir abandonné son poste devant l'ennemi, il fut condamné à traîner le boulet pendant deux ans et à achever son temps de service dans une compagnie de pionniers.

CHAPITRE VIII

Nous rejoignons Napoléon. — Somo-Sierra. — Marche sur le Portugal. — Passage du Guadarrama. — Benavente. — Échec de Benavente. — Marche sur Astorga.

Le maréchal Lannes poussa ses troupes jusqu'aux portes de Saragosse; mais comme il manquait de grosse artillerie pour faire le siège de cette ville, dans laquelle s'étaient renfermés plus de soixante mille militaires, soldats et paysans, il se contenta pour le moment d'en faire garder les principales avenues, et remettant le commandement au maréchal Moncey, il partit pour aller rejoindre l'Empereur, ainsi que le portaient ses instructions. J'ai dit que le maréchal Lannes était tombé malade; il ne pouvait donc voyager à franc étrier, ainsi qu'il l'avait fait en venant. On trouva une voiture à Tudela, et l'on établit des relais avec les chevaux du train de l'armée.

Bien que je susse que le maréchal, voulant coucher tous les soirs, ne ferait qu'une vingtaine de lieues par jour, je prévoyais que le voyage serait très pénible pour moi, car les aides de camp doivent suivre à franc étrier la voiture du maréchal, et je sentais que le mouvement d'un cheval au galop, que j'allais subir plusieurs heures pendant sept à huit jours, aggraverait les douleurs affreuses que me faisait éprouver ma blessure; mais le maréchal eut la bonté de me donner une place dans sa voiture, où se trouvaient aussi les généraux Pouzet et Frère, ses deux amis. Ceux-ci aimaient beaucoup à causer, et même à s'égayer aux dépens du prochain, et comme ils ne me connaissaient que depuis quelque temps, ma présence les embarrassa d'abord; mais le maréchal leur ayant dit : « C'est un brave garçon, vous pouvez parler devant lui... », ils profitèrent largement de cet avis.

Ce voyage fut pour moi bien pénible, bien qu'on se reposât toutes les nuits. Nous revîmes Logroño, Miranda, Burgos, et montâmes à pied le célèbre défilé de Somo-Sierra, enlevé quelques jours avant sous les yeux de l'Empereur par les lanciers polonais de sa garde, qui, ce jour-là, virent le feu pour la première fois. Ce combat donna au général Montbrun, devenu célèbre depuis, l'occasion de se signaler.

Montbrun suivait le quartier général, lorsque l'Empereur, marchant d'Aranda sur Madrid, et devançant de quelques heures son infanterie, arriva au pied du Somo-Sierra, n'ayant avec lui que les lanciers polonais. La grande route, très escarpée sur ce point, et resserrée entre deux montagnes, se trouvait barrée par un petit retranchement de campagne, défendu par quelques milliers d'Espagnols. Napoléon qui voulait arriver ce jour-là même à Buitrago, se voyant arrêté dans sa marche et calculant que l'infanterie ne pourrait arriver de longtemps, ordonna aux Polonais de forcer le passage du défilé.

Les Polonais n'ont qu'une qualité, mais ils la possèdent au plus haut degré : ils sont généralement très braves. Leurs chefs, n'ayant aucune connaissance de la guerre qu'ils n'avaient jamais faite, ignoraient que pour passer un défilé il est nécessaire de laisser entre les escadrons un espace vide égal à la profondeur de chacun d'eux, afin que si les premiers sont repoussés, ils trouvent en arrière un terrain libre pour se reformer et ne se jettent pas sur les escadrons qui suivent. Les chefs polonais lancèrent donc à l'étourdie le régiment dans le défilé sans prendre les dispositions convenables. Mais, accueillis sur les deux flancs par une grêle de balles et trouvant la route barrée au sommet, ils éprouvèrent des pertes d'autant plus sensibles, que le premier escadron se jeta en désordre sur le deuxième, celui-ci sur le troisième, et ainsi de suite ; de sorte que le régiment, ne formant plus qu'une masse informe sur une route encaissée, ne pouvait faire demi-tour et se trouvait fusillé presque à bout portant par les Espagnols placés sur les rochers voisins !

Il était fort difficile de débrouiller cette cohue. Enfin on y parvint, et les Polonais allèrent se reformer dans la plaine sous les yeux de l'Empereur, qui loua leur courage, en blâmant le peu de méthode qu'ils avaient mis dans l'attaque. Les chefs en convinrent, en exprimant le regret de n'avoir pas été conduits par un général expérimenté. Alors le major général Berthier, voulant du bien à Montbrun en ce moment peu en faveur, mais qu'il connaissait pour un excellent et très brave officier de cavalerie, informa Napoléon de la présence de ce général. L'Empereur le fit appeler et lui donna le commandement des lanciers, en lui ordonnant de recommencer l'attaque.

Montbrun était un homme superbe, dans le genre de Murat : haute taille, figure balafrée, barbe noire, attitude des plus militaires et excellent écuyer. Il plut aux Polonais, et ceux-ci ayant promis de se conformer à ses instructions, Montbrun, après avoir espacé leurs escadrons et pris toutes les dispositions nécessaires, se met fièrement à leur tête. Il s'élance dans le défilé... Quelques escadrons sont d'abord ébranlés par la fusillade ; mais les diverses parties de la colonne ayant assez d'espace entre elles pour qu'il n'en résultât aucun désordre grave, on se remet et l'on parvient enfin au sommet de la montagne.

Le général Montbrun met pied à terre et court le premier aux retranchements pour arracher les palissades sous une grêle de balles. Les Polonais suivent son exemple; les retranchements sont enlevés; on remonte à cheval, et le régiment fond sur les Espagnols, dont il fait un massacre d'autant plus grand que le terrain, s'élargissant et allant en descendant jusqu'à Buitrago, permettait aux lanciers de joindre les fantassins ennemis qui fuyaient dans le plus grand désordre. Le défilé enlevé, l'Empereur le franchit, et arrivé au sommet, non seulement il voit le drapeau français flottant sur Buitrago, mais aperçoit à une lieue au delà de cette ville la cavalerie de Montbrun poursuivant les Espagnols en déroute!... Le soir, Napoléon félicita les Polonais, nomma Montbrun général de division et l'emmena quelques mois après en Autriche, où il commanda si bien une division que l'Empereur le nomma, en 1810, général en chef de toute la cavalerie de son armée de Portugal et lui confia un corps de la même arme pendant la campagne de Russie. Il fut tué à la bataille de la Moskowa.

Le maréchal Lannes ayant examiné la position dont je viens de parler, nous descendîmes le Somo-Sierra et allâmes coucher à Buitrago, d'où nous gagnâmes Madrid le lendemain. L'Empereur était depuis quelques jours dans cette ville, dont il n'avait pu se rendre maître qu'après un combat sérieux. Il y avait établi son frère, le roi Joseph. Le maréchal Lannes me présenta à Napoléon, qui me reçut avec bonté, en me disant que sous peu il récompenserait la conduite que j'avais tenue à Agreda. Nous trouvâmes M. Guéhéneuc à Madrid. Il portait les insignes de colonel dont l'Empereur lui avait conféré le grade, en recevant de sa main le bulletin de la bataille de Tudela, teint de mon sang. Guéhéneuc était un brave garçon; il vint à moi et me dit : « C'est vous qui avez couru les dangers et reçu le coup de sabre, et c'est moi qui ai obtenu le grade; mais j'espère que vous ne tarderez pas à être avancé. » Je l'espérais aussi; cependant j'avouerai franchement que j'en voulais un peu au maréchal pour l'obstination qu'il avait mise à me faire passer par Agreda; mais il fallait se soumettre à sa destinée!

Le maréchal Lannes fut logé à Madrid dans l'hôtel qu'avait occupé Murat. J'y trouvai le bon conseiller Hernandez, qui, sachant mon arrivée, était venu m'offrir d'habiter chez lui, ce que j'acceptai avec d'autant plus de reconnaissance que ma blessure s'était envenimée, et que de bons soins m'étaient nécessaires. Mon hôte me les prodigua, et j'étais en voie de guérison, lorsque de nouveaux événements me forcèrent à rentrer en campagne au milieu de l'hiver.

En effet, nous étions à peine depuis une semaine à Madrid, lorsque, le 21 décembre, l'Empereur apprenant que l'armée de Portugal osait marcher contre la capitale de l'Espagne, dont elle n'était plus qu'à quelques journées, fit à l'instant même battre la générale et sortit de la ville à la tête de sa garde et de plusieurs corps d'armée, pour se porter dans la direction de Valladolid, par où arrivaient les Anglais commandés par le général Moore. Le maréchal Lannes, étant rétabli, devait suivre l'Empereur, non plus en voiture, mais à cheval. Il me le fit observer, en me proposant de rester à Madrid jusqu'à ce que ma blessure fût complètement guérie. Mais deux motifs m'en empêchaient : d'abord, je voulais assister à la bataille qu'on allait livrer aux Anglais; en second lieu, je savais que l'Empereur ne donnait presque jamais d'avancement aux *absents*, et je tenais à obtenir le grade de chef d'escadron qui m'avait été promis. Je fis donc mes préparatifs de départ.

Une seule chose m'embarrassait : je ne pouvais, à cause de ma blessure au front, porter ni chapeau ni colback ; ma tête était enveloppée avec des mouchoirs blancs, mais c'était une coiffure peu militaire pour figurer dans un état-major qui devait marcher constamment avec celui de l'Empereur ! Pendant que cette pensée me tourmentait, j'aperçus un mameluk de la garde, coiffé de son turban à calotte rouge. J'avais un charmant képi de cette couleur brodé en or ; je fis tortiller et coudre alentour un joli foulard, ce qui produisit une espèce de turban, que je plaçai au-dessus des bandes et des compresses qui couvraient ma blessure.

Nous sortîmes de Madrid à la chute du jour pour aller coucher au pied du mont Guadarrama, que l'Empereur voulait traverser le lendemain. Il gelait très fort ; la route était couverte de verglas, les troupes, et surtout la cavalerie, marchaient péniblement. Le maréchal envoyait fréquemment des officiers pour s'assurer que les colonnes étaient en bon ordre pendant cette marche de nuit ; mais comprenant ce que je devais souffrir, il eut l'attention de m'exempter des courses.

Pendant que tous mes camarades étaient à porter des ordres, N... et moi nous trouvâmes seuls auprès du maréchal. N... me fait signe qu'il veut me parler et me présente une bouteille de kirsch. Je le remercie sans accepter, mais mon homme embouche le goulot du flacon dont, en moins d'un quart d'heure, il absorbe tout le contenu ! Tout à coup, il roule à terre comme un colosse qu'on abat ! Le maréchal n'ayant pu contenir son indignation, N... lui répondit : « Ce n'est pas ma faute, car il y a du verglas entre ma selle et mes cuisses ! » Le maréchal trouva l'excuse si nouvelle et si bizarre que, malgré sa mauvaise humeur, il ne put s'empêcher d'en rire, puis il me dit : « Faites-le jeter dans un de mes fourgons. » J'exécutai l'ordre, et notre compagnon s'endormit sur les sacs de riz, au milieu des jambons et des casseroles.

Nous arrivâmes au pied du Guadarrama pendant la nuit; nous n'y trouvâmes qu'un très pauvre village où l'on s'établit comme l'on put. Le froid avait gagné ma blessure, et je souffrais beaucoup. Au point du jour, l'armée allait se mettre en marche, lorsque les bataillons d'avant-garde déjà engagés dans la montagne rétrogradèrent, et l'on vint prévenir l'Empereur et le maréchal qu'une tourmente affreuse empêchait d'avancer. La neige aveuglait hommes et chevaux; un vent des plus impétueux venait même d'en enlever plusieurs et de les jeter dans un précipice. Tout autre que Napoléon se fût arrêté; mais voulant joindre les Anglais à tout prix, il parla aux soldats et ordonna que ceux d'un même peloton se tiendraient par les bras afin de ne pas être emportés par le vent. La cavalerie, mettant pied à terre, dut marcher dans le même ordre, et pour donner l'exemple, l'Empereur forma l'état-major en plusieurs pelotons, se plaça entre Lannes et Duroc, auprès desquels nous nous rangeâmes en entrelaçant nos bras; puis, au commandement fait par Napoléon lui-même, la colonne se porta en avant, gravit la montagne, malgré le vent impétueux qui nous refoulait, la neige qui nous fouettait au visage et le verglas qui nous faisait trébucher à chaque pas. Je souffris cruellement pendant les quatre mortelles heures que dura cette ascension.

Arrivés à mi-côte, les maréchaux et les généraux qui portaient de grandes bottes à l'écuyère ne purent plus avancer... Napoléon se fit alors hisser sur un canon où il se mit à califourchon; les maréchaux et généraux firent de même; nous continuâmes à marcher dans ce grotesque équipage, et nous parvînmes enfin au couvent situé sur le sommet de la montagne. L'Empereur s'y arrêta pour rallier l'armée; on trouva du vin et du bois qu'on fit distribuer aux troupes. Le froid était des plus vifs; tout le monde grelottait; cependant, au bout de quelques heures, on se remit en route. La descente, quoique très pénible, le fut beaucoup moins que la montée. Nous parvînmes à la nuit tombante dans une petite plaine, où se trouve le gros bourg de Saint-Raphaël, et plusieurs villages qui procurèrent à l'armée des vivres, du vin et des abris. Ma blessure, déjà un peu cicatrisée à notre départ de Madrid, s'était rouverte, et comme mon turban ne me garantissait que le haut de la tête, la neige avait pénétré dans le cou et la nuque, et s'y était fondue; j'avais le corps tout mouillé, et nos équipages n'étaient pas arrivés; je passai donc une bien cruelle nuit.

Les jours suivants, l'armée continua sa marche sur Espinar, Villacastin, Arevalo et Medina del Campo. Plus nous nous éloignions des monts Guadarrama, plus la température s'adoucissait. Bientôt de grandes pluies succédèrent à la gelée, et les chemins devinrent des bourbiers. Nous passâmes le Douro à Tordesillas, où nous joignîmes enfin les traînards de l'armée anglaise qui s'enfuyait à notre approche vers le port de la Corogne. L'Empereur, désirant la joindre avant qu'elle pût s'embarquer, pressa la marche des troupes, auxquelles il fit faire dix à douze lieues par jour, malgré le mauvais temps et des routes affreuses. Cette précipitation donna lieu à un échec, qui fut d'autant plus sensible à Napoléon qu'il fut éprouvé par un corps de sa garde. Voici le fait.

L'armée couchait à Villapanda, lorsque l'Empereur, furieux de courir toujours après les Anglais, apprit que leur arrière-garde était à quelques lieues de nous dans la ville de Benavente, derrière la petite rivière d'Esla. Il fit partir dès le point du jour une colonne d'infanterie, précédée par les mameluks et les chasseurs de la garde, sous les ordres du général Lefebvre-Desnouettes, officier très brave, mais très imprudent. Ce général, parvenu avec sa cavalerie sur les rives de l'Esla, en face de Benavente, situé à une demi-lieue au delà de ce cours d'eau, n'apercevant aucun ennemi, veut faire reconnaître la ville : c'était militaire; mais un peloton suffisait pour cela, car vingt-cinq hommes voient tout aussi loin que deux mille, et, s'ils donnent dans une embuscade, la perte est du moins peu importante. Le général Desnouettes devait donc attendre l'infanterie avant de s'engager à l'étourdie au milieu de l'Esla. Cependant, sans écouter aucune observation, il fait passer la rivière à gué à *tout* le régiment des chasseurs, et s'avance vers la ville, qu'il fait fouiller par les mameluks. Ceux-ci n'ayant même pas rencontré un seul habitant, c'était un indice presque certain que l'ennemi préparait une embuscade; le général français aurait dû prudemment rétrograder, puisqu'il n'était pas en force pour lutter contre une nombreuse arrière-garde ennemie. Au lieu de cela, Desnouettes pousse toujours en avant; mais, pendant qu'il traverse la ville, quatre à cinq mille cavaliers anglais la tournent, en masquant leur mouvement par les maisons des faubourgs, et tout à coup ils fondent sur les chasseurs de la garde impériale, qui, se hâtant de sortir de la ville, se défendirent si vaillamment qu'ils firent une large trouée au milieu des Anglais, regagnèrent la rivière et la repassèrent sans grande perte. Mais lorsque, arrivé sur la rive gauche, le régiment se reforma, on s'aperçut que le général Desnouettes n'était plus présent. Un parlementaire ennemi vint annoncer que le cheval de Lefebvre-Desnouettes ayant été tué pendant le combat, ce général était prisonnier de guerre!...

L'Empereur arrivait en ce moment. Jugez de son courroux, lorsqu'il apprit que non seulement son régiment favori venait d'essuyer un échec, mais que le chef était resté au pouvoir des Anglais!... Bien que Napoléon fût très mécontent de l'imprudence de Lefebvre-Desnouettes, il fit cependant proposer au général en chef ennemi de l'échanger contre un officier du même grade détenu en France. Mais le général Moore était trop fier de pouvoir montrer au peuple anglais un des chefs de la garde de l'empereur des Français, prisonnier de guerre, pour consentir à cet échange. En conséquence, il refusa. Le général Desnouettes fut traité avec beaucoup d'égards, mais on l'envoya à Londres comme un trophée, ce qui augmenta encore la colère de Napoléon!

Malgré le petit succès que les Anglais venaient de remporter sur les chasseurs à cheval de la garde impériale, ils continuèrent leur retraite. Nous traversâmes l'Esla et occupâmes Benavente. De cette ville à Astorga, la distance est au moins de quinze à seize lieues de France, et il faut traverser plusieurs cours d'eau. Cependant, l'Empereur était si impatient d'atteindre les ennemis, qu'il voulut que son armée fît ce trajet en un seul jour, bien que les jours fussent alors très courts : nous étions au 31 décembre. J'ai rarement fait de marche aussi pénible; une pluie glaciale perçait nos vêtements, les hommes et les chevaux enfonçaient dans un terrain marécageux; on n'avançait qu'avec les plus grands efforts, et comme tous les ponts avaient été coupés par les Anglais, nos fantassins furent obligés de se déshabiller cinq ou six fois, de placer leurs armes et leurs effets sur leur tête, et d'entrer tout nus dans l'eau glaciale des ruisseaux qu'il nous fallut traverser.

Je le dis à regret, je vis trois vieux grenadiers de la garde qui, se trouvant dans l'impossibilité de continuer cette pénible marche, et ne voulant pas rester en arrière de crainte d'être torturés et massacrés par les paysans, se brûlèrent la cervelle avec leurs propres fusils!... Une nuit des plus sombres et toujours pluvieuse vint augmenter la fatigue des troupes; les soldats, exténués, se couchaient dans la boue... Un très grand nombre s'arrêta au village de Bañeza; les têtes des régiments seules arrivèrent à Astorga, le surplus resta sur les chemins. La nuit était déjà fort avancée, lorsque l'Empereur et le maréchal Lannes, n'ayant pour toute escorte que leurs états-majors et quelques centaines de cavaliers, entrèrent dans Astorga, qu'on visita à peine, tant chacun était harassé et désireux de trouver un abri pour se réchauffer! Si les ennemis, prévenus de cela, fussent revenus sur leurs pas, ils auraient peut-être enlevé l'Empereur; mais heureusement ils étaient trop pressés, et nous n'en trouvâmes pas un seul dans cette ville. A chaque instant, du reste, arrivait une partie des soldats français restés en arrière, ce qui assurait la défense du quartier impérial.

Astorga est une assez grande ville : chacun s'y logea à la hâte. Nous plaçâmes le maréchal Lannes dans une maison d'assez belle apparence, voisine de celle où s'établit l'Empereur. Nous étions trempés jusqu'aux os, et il faisait très froid, car nous étions auprès des montagnes des Asturies. Nos domestiques et les bagages n'arrivaient pas; il fallait cependant trouver un moyen de se réchauffer. Les grands feux que nous fîmes ne pouvaient suffire; le maréchal grelottait; je l'engageai à quitter tous ses vêtements, même sa chemise, à se rouler dans une couverture de laine et à se placer ensuite entre deux matelas, ce qu'il fit, ainsi que nous tous, car les maisons, dont tous les habitants avaient pris la fuite, étaient très bien garnies de lits. Nous terminâmes ainsi l'année 1808.

CHAPITRE IX

1809. Bataille de la Corogne. — Napoléon quitte l'armée. — Lannes est dirigé sur Saragosse. — Siège et prise de cette ville. — Je suis grièvement blessé.

Le lendemain 1er janvier 1809, le mauvais temps continuant, et l'Empereur sentant d'ailleurs la nécessité de réunir son armée, on fit séjour à Astorga, où les troupes se groupèrent successivement. Elles trouvèrent en abondance des vivres, dont elles purent disposer avec d'autant plus de liberté qu'il n'y avait plus un seul habitant dans la ville. L'Empereur avait été vivement affecté en apprenant que trois grenadiers de sa garde s'étaient suicidés; aussi, malgré la pluie et la boue, il visita successivement toutes les maisons dans lesquelles les soldats s'étaient mis à l'abri; il leur parla, releva leur moral; et l'on s'attendait à partir le lendemain à la poursuite des Anglais, lorsque Napoléon reçut par un aide de camp du ministre de la guerre des lettres qui le déterminèrent à ne pas aller plus loin en personne. C'était probablement l'annonce des mouvements hostiles que faisait déjà l'Autriche pour attaquer l'Empire français, pendant que Napoléon et une partie de la grande armée étaient au fond de l'Espagne. L'Empereur résolut donc de retourner en France avec sa garde, afin de se préparer à la nouvelle guerre dont les Autrichiens le menaçaient; mais ne voulant cependant pas perdre l'occasion de punir les Anglais, il les fit poursuivre par les corps des maréchaux Ney et Soult, qui, en partant, défilèrent devant lui.

Les troupes anglaises sont excellentes; mais comme elles ne se recrutent que par des engagements volontaires qui deviennent fort difficiles en temps de guerre, on est obligé d'admettre les hommes mariés, auxquels on permet de se faire suivre par leurs familles; aussi les régiments traînent-ils à leur suite un nombre considérable de femmes et d'enfants. C'est là un grave inconvénient, auquel la Grande-Bretagne n'a jamais pu remédier. Or, il advint qu'au moment où l'Empereur faisait défiler devant lui les corps de Soult et Ney, hors des murs d'Astorga, on entendit des cris dans une immense grange... on l'ouvrit... elle contenait mille à douze cents femmes et enfants anglais qui, accablés par la longue marche des jours précédents, faite sous une pluie glaciale, au milieu des boues et des torrents débordés, n'avaient pu suivre l'armée du général Moore et s'étaient réfugiés dans cette vaste grange où, depuis quarante-huit heures, ils vivaient d'orge crue!... Presque toutes ces femmes et ces enfants étaient beaux, malgré les guenilles fangeuses qui les couvraient. Ils entourèrent bientôt l'Empereur, qui, touché de leur triste position, les fit loger en ville, où ils reçurent des vivres, et Napoléon envoya un parlementaire avertir le général anglais que, dès que le temps le permettrait, les femmes et les enfants de ses soldats lui seraient rendus.

Le maréchal Soult joignit l'armée ennemie dans les montagnes de Léon et battit son arrière-garde à Villafranca, où nous perdîmes le général Colbert et son aide de camp Latour-Maubourg. L'armée anglaise gagna en toute hâte le port de la Corogne; mais une tempête horrible rendant son embarquement très difficile, elle fut dans l'obligation de livrer bataille aux troupes du maréchal Soult qui la suivaient de très près. Le général en chef sir John Moore fut tué, et son armée ne parvint à gagner ses vaisseaux qu'après des pertes immenses. Cependant, cet événement, que les Français considérèrent d'abord comme un avantage, leur devint bien fatal, car le général Moore fut remplacé par Wellington, qui nous fit depuis tant de mal.

Ce fut à Astorga que mon frère, attaché à l'état-major du prince Berthier, ayant été chargé de passer des dépêches à Madrid, fut pris par les guérillas, ce dont je ne fus informé que longtemps après. J'aurai l'occasion de revenir sur cet événement.

Pendant que le maréchal Soult poursuivait les ennemis dans leur retraite vers la Corogne, l'Empereur, accompagné du maréchal Lannes, partit d'Astorga avec sa garde pour rétrograder sur Valladolid, afin d'y joindre la route de France. Napoléon séjourna deux jours dans cette ville, où il ordonna au maréchal Lannes d'aller prendre le commandement des deux corps d'armée qui faisaient le siège de Saragosse, et de venir le retrouver à Paris après avoir pris cette place. Mais avant de se séparer de nous, l'Empereur voulant donner à l'état-major du maréchal Lannes un témoignage de satisfaction, invita celui-ci à lui remettre l'état des propositions d'avancement qu'il avait à faire pour les officiers. J'y fus compris pour le grade de chef d'escadron, et je me préparais à le recevoir, surtout en apprenant que le maréchal, sortant du cabinet de l'Empereur, me faisait demander; mais mon espoir fut cruellement déçu!... Le maréchal me dit avec bonté qu'en demandant un grade pour moi, il avait cru devoir proposer aussi le vieux capitaine Dagusan, son ancien *ami* ; mais que l'Empereur l'avait prié de choisir entre Dagusan et moi :
« Je n'ai pu me décider encore, dit le maréchal, car la

blessure que vous avez reçue à Agreda, et la conduite que vous avez tenue dans cette circonstance difficile, mettent le *droit* de votre côté; mais Dagusan est vieux et fait sa dernière campagne. Cependant, aucune considération ne me porterait à commettre une injustice; je m'en rapporte à vous pour indiquer lequel des deux noms je dois faire inscrire sur le brevet que l'Empereur va signer... » Ma position était très embarrassante; j'avais le cœur bien gros... Cependant, je répondis qu'il fallait mettre sur le brevet le nom de M. Dagusan!... Le maréchal, les larmes aux yeux, m'embrassa, en me promettant qu'après le siège de Saragosse, je serais certainement nommé chef d'escadron. Le soir, le maréchal réunit ses officiers pour annoncer les promotions. Guéhéneuc était confirmé dans le grade de colonel; Saint-Mars, nommé lieutenant-colonel; Dagusan, chef de bataillon; d'Albuquerque et Watteville, légionnaires; de Viry et Labédoyère, capitaines... moi, rien!

Nous quittâmes Valladolid le lendemain, pour nous diriger à petites journées avec nos chevaux sur Saragosse, où le maréchal Lannes prit le commandement de toutes les troupes qui faisaient le siège et dont le nombre s'élevait à 30,000 hommes, savoir : le 5ᵉ corps de la grande armée, venu d'Allemagne, sous les ordres du maréchal Mortier, et l'ancien corps du maréchal Moncey, que Junot venait de remplacer. Ces dernières troupes étaient de nouvelle formation; mais n'ayant plus de longues marches à faire, et d'ailleurs aguerries par leur succès de la bataille de Tudela, elles combattirent avec beaucoup de courage.

Avant la grande insurrection amenée par la captivité de Ferdinand VII, la ville de Saragosse n'était pas fortifiée; mais en apprenant les événements de Bayonne et les violences que Napoléon voulait faire à l'Espagne pour placer son frère Joseph sur le trône, Saragosse donna le signal de la résistance. Sa nombreuse population se leva comme un seul homme; les moines, les femmes et même les enfants prirent les armes. D'immenses couvents, aux murailles épaisses et solides, entouraient la ville; on les fortifia, et des canons y furent placés; toutes les maisons furent crénelées, les rues barricadées; on fabriqua de la poudre, des boulets, des balles, et l'on réunit de très grands approvisionnements de bouche. Tous les habitants s'enrégimentèrent et prirent pour chef le comte Palafox, l'un des colonels des gardes du corps et ami dévoué de Ferdinand VII, qu'il avait suivi à Bayonne, d'où il s'était rendu en Aragon après l'arrestation de ce roi.

Ce fut pendant l'été de 1808 que l'Empereur apprit la révolte et les projets de défense de Saragosse, et comme il était encore dans l'illusion que les dépêches de Murat avaient fait naître dans son esprit, il considéra cette insurrection comme un feu de paille qui s'éteindrait à l'approche de quelques régiments français. Néanmoins, avant d'employer la force des armes, il voulut essayer de la persuasion. Il s'adressa au prince Pignatelli, le plus grand seigneur de l'Aragon, qui se trouvait alors à Paris, et l'engagea à user de son influence sur les Aragonais pour calmer leur effervescence. Le prince Pignatelli accepta cette mission pacifique et arriva à Saragosse. La population accourt au-devant de lui, ne doutant pas qu'à l'exemple de Palafox, il vienne combattre les Français; mais dès que Pignatelli parle de soumission, il se voit assailli par la foule, qui allait le pendre si Palafox ne l'avait fait conduire dans un cachot où il passa huit à neuf mois.

Cependant, plusieurs divisions françaises, conduites par le général Verdier, se présentèrent en juin 1808 devant Saragosse, dont les fortifications étaient encore très imparfaites. On voulut brusquer une attaque; mais à peine nos colonnes furent-elles dans les rues, qu'un feu meurtrier partant des fenêtres, des clochers, des toits et des soupiraux de caves, leur fit éprouver de telles pertes qu'elles furent obligées de battre en retraite. Nos troupes cernèrent alors la place, dont elles commencèrent le siège plus méthodiquement. Il aurait probablement réussi, si la retraite du roi Joseph n'eût contraint le corps français placé devant Saragosse à se retirer aussi, en abandonnant une partie de son artillerie.

Ce premier siège fut ainsi manqué; mais nos troupes étant rentrées victorieuses en Aragon, le maréchal venait en 1809 attaquer de nouveau Saragosse. Cette ville se trouvait alors dans de bien meilleures conditions de défense, car ses fortifications étaient achevées, et toute la population belliqueuse de l'Aragon s'était mise dans la place, dont la garnison avait été renforcée par une grande partie des troupes espagnoles de l'armée de Castaños, battues par nous à Tudela, de sorte que le nombre des défenseurs de Saragosse s'élevait à plus de 80,000 hommes, le maréchal n'en ayant que 30,000 pour en faire le siège; mais nous avions d'excellents officiers. L'ordre et la discipline régnaient dans nos rangs, tandis que dans la ville tout était inexpérience et confusion. Les assiégés n'étaient d'accord que sur un seul point : se défendre *jusqu'à la mort!*... Les paysans étaient les plus acharnés! Entrés dans la ville avec leurs femmes, leurs enfants et même leurs troupeaux, on avait assigné à chaque groupe le quartier ou la maison qu'il devait habiter, en jurant de le défendre. Là, les gens vivaient entassés pêle-mêle avec leur bétail et plongés dans la saleté la plus dégoûtante, car ils ne jetaient aucune ordure au dehors. Les entrailles des animaux pourrissaient dans les cours, dans les chambres, et les assiégés ne prenaient même pas la peine d'enlever les cadavres des hommes morts par suite de l'affreuse épidémie qu'une telle négligence ne tarda pas à développer.

Le fanatisme religieux et l'amour sacré de la patrie exaltant leur courage, ils s'abandonnèrent aveuglément à la *volonté de Dieu*... Les Espagnols ont beaucoup conservé du caractère des Arabes et sont fatalistes; aussi répétaient-ils sans cesse : « Lo que ha de ser no puede faltar... » (Ce qui doit être ne peut manquer.) En conséquence, ils ne prenaient aucune précaution.

Attaquer de pareils hommes de vive force, dans une ville où chaque habitation était une forteresse, c'eût été renouveler la faute commise pendant le premier siège et s'exposer à de grandes pertes, sans aucune chance de succès. Le maréchal Lannes et le général Lacoste, chef du génie, agirent donc avec une prudente méthode, qui, malgré sa lenteur, devait amener la reddition ou la destruction de la ville. On commença, selon l'usage, à établir des tranchées pour atteindre les premières maisons; arrivé là, ces maisons furent minées; on les faisait sauter avec leurs défenseurs; puis on minait les suivantes, et ainsi de suite. Mais ces travaux n'étaient pas sans de très grands dangers pour les Français, car dès que l'un d'eux paraissait, il était en butte aux coups de fusil tirés par les Espagnols cachés dans les bâtiments voisins. Ce fut ainsi que périt le général Lacoste, au moment où il se plaçait devant une lucarne pour examiner l'intérieur de la ville. L'acharnement des Espagnols était si grand que pendant qu'on minait une maison, et que le bruit sourd des coups de marteau les prévenait de l'approche de la mort, pas un ne quittait l'habitation qu'il avait juré de défendre... Nous les entendions chan-

ter les litanies ; puis, aussitôt que les murs, volant en l'air, retombaient avec fracas, en écrasant la plupart d'entre eux, tous ceux qui échappaient au désastre se groupaient sur les décombres et cherchaient à les défendre en se retranchant derrière le moindre abri, d'où ils recommençaient à tirailler !... Mais nos soldats, prévenus du moment où la mine devait jouer, se tenaient prêts, et dès que l'explosion s'était produite, ils s'élançaient rapidement sur les décombres, tuaient tout ce qu'ils rencontraient, s'établissaient derrière des pans de mur, élevaient des retranchements avec des meubles, des poutres, et pratiquaient au milieu de ces décombres des passages pour les sapeurs qui allaient miner la maison voisine... Un grand tiers de la ville ayant été détruit de la sorte, les communications établies dans cet amas de ruines formaient un dédale inextricable, où l'on ne pouvait se reconnaître qu'à l'aide de jalons placés par les officiers du génie. Outre la mine, les Français employèrent une nombreuse artillerie et jetèrent jusqu'à onze mille bombes dans la ville !...

Malgré cela, Saragosse tenait toujours !... En vain le maréchal, ému de pitié pour ces héroïques défenseurs, envoya un parlementaire pour leur proposer une capitulation honorable... elle ne fut pas acceptée. Le siège continua. Mais si la mine arrivait à détruire les maisons, il n'en fut pas de même des vastes couvents fortifiés, car cela eût exigé de grands travaux. On se bornait donc à faire sauter un pan de leurs épaisses murailles, et, dès que la brèche était faite, on y lançait une colonne à l'assaut. Les assiégés accouraient à la défense : elle était terrible ; aussi fut-ce dans ce genre d'attaques que nous perdîmes le plus de monde.

Les couvents les mieux fortifiés étaient ceux de l'Inquisition et de Santa-Engracia. Nos sapeurs, arrivés auprès

de ce dernier, avaient miné l'un des murs, lorsque le maréchal, me faisant appeler au milieu de la nuit, me dit que, pour me faire promptement avoir le grade de chef d'escadron, il m'a réservé une mission des plus importantes : « Au point du jour, on mettra le feu à la
« mine destinée à ouvrir le mur de Santa-Engracia; huit
« compagnies de grenadiers sont prêtes pour l'assaut;
« j'ai ordonné que tous les capitaines fussent pris parmi
« les moins anciens que vous; je vous donne le com-
« mandement de cette colonne; allez enlever le couvent,
« et je suis certain que l'un des premiers courriers de
« Paris m'apportera votre brevet de chef d'escadron ! »
J'acceptai avec reconnaissance, bien que je fusse, sur le moment, très souffrant de mon ancienne blessure. Les chairs avaient en se cicatrisant formé un bourrelet qui m'aurait empêché de porter une coiffure militaire; aussi le docteur Assalagny, chirurgien-major des chasseurs de la garde, les avait-il réduites avec la pierre infernale. Cette très douloureuse opération ayant été faite la veille, j'avais eu la fièvre toute la nuit, et me trouvais, par conséquent, dans d'assez mauvaises conditions pour monter à l'assaut. N'importe! il n'y avait pas à hésiter; du reste, j'avouerai que j'étais tout fier du commandement que le maréchal me confiait : huit compagnies de grenadiers, à moi simple capitaine, c'était magnifique!...

Je cours donc faire mes préparatifs, et, au jour naissant, je me rends à la tranchée, où je trouve le général Razout, qui, après m'avoir remis le commandement des grenadiers, me fait observer que le feu ne pouvant être mis aux poudres avant une heure, je ferais bien de profiter de ce temps pour aller examiner la muraille que la mine doit renverser, et calculer la largeur de la brèche qui en résultera, afin de préparer mon attaque. Je pars, accompagné d'un adjudant du génie qui devait me diriger au milieu des ruines d'un immense quartier déjà abattu, et j'arrive enfin au pied du mur du couvent. Là se terminait le terrain conquis par nous. Je me trouvai dans une petite cour; un piquet de voltigeurs, occupant une espèce de cave voisine, avait dans cette cour un factionnaire abrité contre les coups de fusil par un amas de planches et de portes. L'adjudant du génie, me montrant alors un gros mur placé en face de nous, me dit que c'était celui qu'on allait faire sauter dès que la mine serait chargée. Dans l'un des coins de la cour, où l'on avait arraché une pompe, la chute de quelques pierres avait laissé un vide; le factionnaire me fait observer qu'en se baissant, on aperçoit par cette ouverture les jambes d'une nombreuse troupe ennemie stationnée dans le jardin du couvent. Pour vérifier le fait, et reconnaître la configuration du terrain sur lequel j'allais combattre, je me baisse... mais, à l'instant, un Espagnol posté sur le clocher de Santa-Engracia me tire un coup d'arme à feu, et je tombe sur le pavé!...

Je n'éprouvai d'abord aucune douleur, et pensai que l'adjudant placé auprès de moi m'avait poussé par inadvertance; mais bientôt le sang sortit à gros bouillons; j'avais reçu une balle dans le côté gauche, à peu de distance du cœur!... L'adjudant m'aida à me relever, et nous entrâmes dans la cave où se trouvaient les voltigeurs. Je perdis tant de sang que je fus sur le point de m'évanouir. Il n'y avait pas de brancards; les soldats me passèrent donc un fusil sous les deux bras, un autre sous les jarrets, et m'emportèrent ainsi à travers les mille et un passages pratiqués dans les décombres de ce vaste quartier jusqu'au point où j'avais quitté le général Razout. Là, je repris mes sens. Le général voulait me faire panser, mais je préférais l'être par le docteur Assalagny, et comprimant ma plaie avec mon mouchoir, je me fis conduire au quartier général du maréchal Lannes, établi à une portée de canon de la ville, dans l'immense bâtiment d'une auberge abandonnée, au lieu dit des *Écluses du canal d'Aragon.*

En me voyant arriver tout couvert de sang, porté par des soldats dont l'un me soutenait la tête, le maréchal et mes camarades me crurent mort. Le docteur Assalagny assura le contraire et s'empressa de me panser ; mais on ne savait où me placer, car tous les meubles de l'hôtellerie ayant été brûlés pendant le siège, il n'y avait plus un seul lit; nous couchions sur les briques dont les chambres étaient pavées. Le maréchal et tous mes camarades donnèrent à l'instant leurs manteaux, dont on forma une pile, sur laquelle on me coucha. Le docteur visita ma blessure et reconnut que j'avais reçu dans le corps un projectile dont la forme devait être *plate*, puisqu'il avait passé entre deux côtes sans les briser, ce que n'aurait pu faire une balle ordinaire.

Pour trouver ce projectile, Assalagny enfonce une sonde dans la plaie... il ne trouve rien !... Sa figure devient soucieuse, et voyant que je me plains d'éprouver les plus vives douleurs dans les reins, il me place sur le ventre et visite mon dos... Mais à peine a-t-il touché le point où les côtes aboutissent à l'épine dorsale, que je ne pus retenir un cri : le projectile était là ! Assalagny, s'armant alors d'un bistouri, fait une grande incision, aperçoit un corps métallique se présentant entre deux côtes, et veut l'extraire avec des pinces. Mais ne pouvant y parvenir, malgré de violents efforts qui me soulevaient, il fait asseoir l'un de mes camarades sur mes épaules, un autre sur mes jarrets, et réussit enfin à arracher une balle de plomb du plus fort calibre, à laquelle les fanatiques Espagnols avaient donné la forme d'un petit écu, en l'aplatissant à coups de marteau. Une croix avait été gravée sur chaque face; enfin, des entailles pratiquées tout autour faisaient ressembler cette balle à la roue d'une montre. C'étaient ces espèces de dents qui, s'étant prises entre les muscles, avaient rendu l'extraction si difficile. La balle ainsi écrasée, présentant trop de surface pour entrer dans un fusil, avait dû être lancée par un tromblon; se présentant de biais, elle avait agi comme un instrument tranchant, passé entre deux côtes, contourné l'intérieur du coffre pour sortir de la même façon qu'elle était entrée, en conservant heureusement assez de force pour traverser les muscles et les chairs du dos.

Le maréchal, voulant faire connaître à l'Empereur avec quel fanatique acharnement les habitants de Saragosse se défendaient, lui fit passer la balle extraite de mon corps. Napoléon, après l'avoir examinée, la fit porter à ma mère, en lui annonçant que j'allais être nommé chef d'escadron.

Le docteur Assalagny était un des premiers chirurgiens de l'époque, et, grâce à lui, ma blessure, qui pouvait être mortelle, fut une de celles qui se guérissent le plus promptement. Le maréchal possédait un lit mécanique qui le suivait partout en campagne; il eut la bonté de me prêter un matelas et des draps; mon portemanteau servit d'oreiller, et le manteau de couverture; malgré cela, j'étais fort mal, car la chambre n'ayant ni portes ni fenêtres, le vent et même la pluie y pénétraient. Ajoutez à cela que le rez-de-chaussée de l'hôtellerie servant d'ambulance, j'avais au-dessous de moi un grand nombre de blessés, dont les gémissements aggravaient mes douleurs. L'odeur nauséabonde que répandait cet hôpital pénétrait jusqu'à moi; plus de deux cents cantiniers avaient établi leurs échoppes autour du quartier général; un camp était auprès de là; c'étaient donc des chants, des cris, des roulements de tambour continuels, et pour compléter cette musique infernale, la basse était faite par un très grand nombre de bouches à feu, tirant nuit et jour contre la ville !... Je ne pouvais dormir. Je passai quinze jours dans cette triste position ; enfin, ma forte constitution prit le dessus, et je pus me lever.

Le climat de l'Aragon étant fort doux, j'en profitai pour faire de petites promenades, appuyé sur le bras du bon docteur Assalagny ou de l'ami de Viry ; mais leurs devoirs les empêchaient de venir longtemps avec moi, et je m'ennuyais souvent. Mon domestique vint un jour m'annoncer qu'un vieux housard, baigné de larmes, demandait à me voir ; vous devinez que c'était mon ancien mentor, le maréchal des logis Pertelay, dont le régiment venait d'arriver en Espagne, et qui, en apprenant que j'étais blessé, était accouru vers moi. Je revis ce brave homme avec plaisir et le reçus à merveille ; aussi venait-il souvent me tenir compagnie et me distraire par ses interminables histoires et les conseils bizarres qu'il croyait encore pouvoir me donner. Ma convalescence fut courte, et vers le 15 mars je fus à peu près rétabli, quoique bien faible encore.

La mort faisait des ravages affreux parmi les habitants et la garnison de Saragosse, dont le typhus, la famine, le fer et le feu avaient fait périr près d'un grand tiers, sans que les autres pensassent à se rendre, et cependant les forts les plus importants avaient été pris, et la mine avait déjà détruit une partie très considérable de la ville. Les moines ayant persuadé à ces malheureux que les Français les égorgeraient, aucun n'osait sortir de la place, lorsque le hasard et la clémence du maréchal Lannes amenèrent la fin de ce siège mémorable.

Le 20 mars, les Français ayant pris d'assaut un couvent de religieuses, y trouvèrent non seulement les nonnes, mais plus de trois cents femmes de toutes conditions, qui s'étaient réfugiées dans l'église. Elles furent traitées avec beaucoup d'égards et conduites auprès du maréchal. Ces infortunées, s'étant trouvées cernées de toutes parts pendant plusieurs jours, n'avaient pu recevoir des vivres de la ville : elles mouraient de faim!... Le bon maréchal Lannes les conduisit lui-même au marché du camp, où, faisant appeler tous les cantiniers, il ordonna d'apporter à manger à ces femmes, en ajoutant qu'il se chargerait du payement. La générosité du maréchal ne se borna pas là ; il les fit toutes reconduire à Saragosse. A leur rentrée dans la ville, la population, qui du haut des toits et des clochers les avait suivies des yeux, se précipita au-devant d'elles pour entendre le récit de leur aventure. Toutes firent l'éloge du maréchal et des soldats français; aussi, dès ce moment, l'exaltation de cette malheureuse population s'apaisa, et il fut convenu qu'on se rendrait. Le soir même, Saragosse capitula.

Le maréchal Lannes, craignant qu'avant de rendre les armes quelques fanatiques n'égorgeassent le prince Fuentès Pignatelli, mit pour première condition qu'on le lui rendrait vivant. Nous vîmes donc arriver ce malheureux, conduit par un geôlier à figure atroce qui, après l'avoir très durement maltraité pendant sa longue captivité, eut l'effronterie de l'escorter, les pistolets à la ceinture, jusque dans la chambre du maréchal, voulant avoir, disait-il, un reçu de la propre main du chef de l'armée française. Le maréchal le fit mettre à la porte; mais cet homme ne voulant pas s'en aller sans un reçu, Labédoyère, fort peu endurant, se mit en fureur, et lui fit descendre les escaliers à grands coups de pied dans le derrière. Quant au prince Pignatelli, il faisait vraiment peine à voir, tant il avait souffert pendant son emprisonnement! La fièvre le dévorait, et on n'avait pas un seul lit à lui offrir; car, ainsi que je l'ai déjà dit, le maréchal s'était logé dans une maison entièrement nue, mais qui avait l'avantage d'être placée auprès du point d'attaque, tandis que le général Junot, bien moins consciencieux, s'était établi à une grosse lieue de la ville, dans un riche couvent. Il y menait très bonne vie et offrit l'hospitalité au prince, qui l'accepta. Elle lui devint funeste, car Junot lui fit faire une telle *bombance* que son estomac, délabré par le régime de la prison, ne put supporter ce brusque changement, et le prince Pignatelli mourut au moment où son retour à la liberté le rendait si heureux! Il laissa plus de 900,000 francs de rente à un collatéral qui n'avait presque rien!

Lorsqu'une place capitule, il est d'usage que les officiers gardent leurs épées. Il en fut ainsi pour ceux de la garnison de Saragosse, excepté pour le gouverneur Palafox, à l'égard duquel le maréchal avait reçu des instructions particulières de l'Empereur : en voici les motifs. Le comte Palafox, colonel dans les gardes du corps et ami dévoué de Ferdinand VII, l'avait suivi à Bayonne. L'abdication de ce prince et celle de Charles IV ayant jeté dans la consternation les seigneurs espagnols que Napoléon avait réunis en assemblée nationale, presque tous reconnurent Joseph pour leur roi, parce que, se voyant en France au pouvoir de l'Empereur, ils craignaient d'être arrêtés. Il paraît que le comte Palafox, ayant eu les mêmes craintes, avait aussi reconnu le roi Joseph ; mais, à peine rentré en Espagne, il s'empressa de protester contre la violence morale qu'il prétendait lui avoir été faite, et courut se mettre à la tête des insurgés de Saragosse.

L'Empereur considéra cette conduite comme une perfidie, et ordonna qu'après la prise de la ville, le comte Palafox serait traité, non en prisonnier de guerre, mais en prisonnier d'*État,* par conséquent désarmé et conduit au donjon de Vincennes. Le maréchal Lannes se vit donc obligé d'envoyer un officier pour arrêter le gouverneur de Saragosse et lui demander son épée. Ce fut à d'Albuquerque qu'il donna cette mission. Elle lui parut d'autant plus pénible que non seulement d'Albuquerque était Espagnol, mais parent, ancien compagnon et ami de Palafox. Je n'ai jamais pu me rendre compte des motifs qui portèrent le maréchal à faire un tel choix pour une telle mission. D'Albuquerque, forcé d'obéir, entra plus mort que vif dans Saragosse. Il se présenta chez Palafox, qui, en lui remettant son épée, dit avec une noble fierté : « Si vos aïeux, les illustres d'Albu« querque, revenaient au monde, il n'en est pas un qui
« ne préférât se trouver à la place du prisonnier qui
« rend cette épée couverte de gloire, plutôt qu'à celle
« du renégat qui vient la prendre au nom des ennemis
« de l'Espagne, sa patrie ! »

Le pauvre d'Albuquerque, terrifié et sur le point de tomber en défaillance, fut obligé de s'appuyer contre un meuble. La scène nous fut racontée par le capitaine Pasqual, qui, chargé par l'Empereur de recevoir Palafox après son arrestation, assistait à l'entrevue de ce général et de d'Albuquerque. Le comte Palafox fut conduit et demeura en France, depuis le mois de mars 1809 jusqu'en 1814.

Bizarrerie des choses humaines ! Palafox ayant été proclamé gouverneur de Saragosse au moment de l'insurrection, la renommée et l'histoire lui ont attribué le mérite de l'héroïque défense de cette ville, et il y a cependant fort peu contribué, car il tomba gravement malade dès les premiers jours du siège, et remit le commandement au général Saint-Marc, Belge au service de l'Espagne ; ce fut donc celui-ci qui soutint toutes nos attaques avec un courage et un talent remarquables. Mais, comme il était *étranger*, l'orgueil espagnol reporta toute la gloire de la défense sur Palafox, dont le nom passera à la postérité, tandis que celui du brave et modeste général Saint-Marc est resté ignoré, car aucune relation ne l'a mentionné.

Le jour qui suivit la capitulation, la garnison de Saragosse, après avoir défilé devant le maréchal Lannes, déposa les armes et fut dirigée sur la France comme prisonnière de guerre ; mais, comme elle était encore au nombre de 40,000 hommes, les deux tiers s'évadèrent pour recommencer à tuer des Français, en se joignant à divers partisans qui nous faisaient une guerre acharnée. Cependant, une très grande partie des hommes sortis de Saragosse moururent du typhus, dont ils avaient emporté le germe. Quant à la ville, ses rues, presque entièrement détruites, étaient de vrais charniers remplis de morts et de mourants ! La contagion s'étendit même sur les troupes françaises qui formèrent la nouvelle garnison.

CHAPITRE X

J'accompagne Lannes à Lectoure, Bordeaux et Paris, en faisant fonction de courrier. — Épisode. — Départ pour Augsbourg. — Mouton à Landshut.

Saragosse pris, la mission du maréchal Lannes était accomplie; il se mit donc en route pour rejoindre l'Empereur à Paris et l'accompagner en Allemagne, où la guerre avec l'Autriche paraissait imminente. Nous parcourûmes avec nos chevaux le trajet qui sépare l'Aragon de la Bidassoa. Le célèbre partisan Mina ayant attaqué notre escorte dans les Pyrénées, auprès de Pampelune, le domestique du maréchal, qui courait habituellement devant sa voiture, fut tué. Arrivé à Saint-Jean de Luz, le maréchal trouva sa berline et y offrit une place à MM. de Saint-Mars, Le Couteulx et moi. Je fis vendre mes chevaux, et de Viry ramena mon domestique. L'un des valets de chambre du maréchal ayant inutilement tenté de faire l'office de courrier, et les postillons manquant, nous nous dévouâmes, Le Couteulx, Saint-Mars et moi, à fournir chacun trois relais. J'avouerai qu'il m'en coûta beaucoup de courir la poste à franc étrier, lorsque j'étais à peine guéri de mes deux blessures; mais je comptais sur ma jeunesse et ma forte constitution. Je commençai mon service par une nuit des plus noires et sous un orage des plus violents; en outre, n'étant précédé d'aucun postillon, comme l'est d'habitude le courrier porteur de dépêches, je me jetais dans les mauvais pas et poussais mon cheval dans les trous; la berline me talonnait; enfin, je ne connaissais pas l'emplacement des maisons de poste, difficiles à trouver dans une nuit aussi obscure et par un temps pareil. Pour comble de malheur, je dus attendre longtemps le bac sur les rives de l'Adour, en face de Peyrehorade; aussi je me refroidis; je grelottais et je souffrais beaucoup de ma blessure, quand je pris place dans la berline. Vous voyez par ces détails que tout n'est pas rose dans la vie d'aide de camp. Nous passâmes quarante-huit heures à Lectoure, où le maréchal possédait les bâtiments de l'ancien évêché, qu'il avait transformés en château des plus confortables.

Nous reprîmes ensuite la route de Paris en courant chacun à notre tour. Comme le maréchal voyageait jour et nuit et ne pouvait supporter l'odeur des mets, nous étions obligés de jeûner à peu près pendant six relais et de ne manger qu'en galopant. Je fus donc bien surpris, lorsqu'un soir le maréchal me pria de l'attendre au relais de Pétignac ou du Roulet, et d'annoncer qu'il s'y arrêterait une heure pour souper. Je fus surtout très étonné, en voyant que la maison indiquée n'était pas une hôtellerie. Mais, à l'annonce de l'arrivée du maréchal, les habitants font éclater la joie la plus vive, dressent la table, la couvrent de mets succulents et s'élancent en pleurant de joie au-devant de sa voiture. Le maréchal, les larmes aux yeux, embrasse tout le monde, y compris les plus petits marmots, et comble le maître de poste des marques de la plus tendre amitié. Après dîner, il ordonne à Saint-Mars de tirer de son portefeuille une superbe montre en or et une chaîne de même métal fermée d'un gros diamant, offre ces bijoux au maître et à la maîtresse de poste, donne 3 ou 400 francs aux servantes, et s'éloigne au milieu des plus tendres embrassements.

Je crus que cette famille était alliée au maréchal; mais,

dès que nous fûmes en voiture, il nous dit : « Vous êtes
« sans doute étonnés des marques d'intérêt que je donne
« à ces braves gens; mais le mari m'a rendu un bien grand
« service, car il m'a sauvé la vie en Syrie! » Alors, le
maréchal nous raconta qu'étant général de division, il
dirigeait un nouvel assaut contre la tour de Saint-Jean
d'Acre, quand il reçut une balle au travers du cou et
tomba évanoui. Ses soldats, le croyant mort, se retirèrent en désordre devant des milliers de Turcs, qui
les poursuivaient en décapitant ceux qu'ils pouvaient
atteindre, et plaçaient leurs têtes sur la pointe des palissades! Un brave capitaine fait appel à ses soldats pour
ramener le corps de leur général, l'enlève, et bientôt,
épuisé, le traîne par une jambe jusqu'à la queue de la
tranchée. Le sol était sablonneux; la tête du général ne
reçut aucune meurtrissure, et les secousses l'ayant ranimé,
il fut soigné par Larrey, qui le rendit entièrement à la
vie. Le capitaine, ayant reçu une blessure grave, rentra
dans ses foyers, obtint une petite pension et se maria
avec une femme peu aisée; mais le maréchal devint une
seconde providence pour cette famille; il acheta pour
elle un relais de poste, des champs, des chevaux, une
maison, et faisait élever à ses frais le fils aîné, en attendant que les autres fussent en âge de quitter leurs
parents; aussi la reconnaissance de ces braves gens égalait-elle celle du maréchal pour son libérateur. Cet ancien
capitaine perdit sans doute beaucoup à la mort du maréchal Lannes, qu'il vit ce jour-là pour la dernière fois.

Nous continuâmes notre route par un froid toujours
croissant, qui rendit on ne peut plus pénible le trajet
d'Orléans à Paris, où j'arrivai enfin le 2 avril, horriblement fatigué et très souffrant.

Je retrouvai ma mère avec un bonheur mêlé d'amertume, car elle venait d'apprendre que mon frère avait été fait prisonnier par les guérillas espagnoles, et j'allais partir pour une nouvelle campagne!

A peine arrivé à Paris, le maréchal me conduisit chez le ministre de la guerre pour savoir ce qu'il avait fait pour moi. Il ne manquait à mon brevet de chef d'escadron que la sanction impériale; mais comme Napoléon était alors très préoccupé des mouvements de l'armée autrichienne, il ne demanda pas au ministre le travail préparé et ne fit aucune promotion. Un mauvais génie me poursuivait!

La capitale était très agitée; les Anglais, nous voyant engagés en Espagne, crurent l'heure venue de soulever contre Napoléon tout le nord de l'Europe : ce projet était prématuré, car l'Empereur disposait encore en Allemagne d'une influence immense et de forces considérables. La Prusse n'osa bouger; les princes et rois de la Confédération germanique mirent leurs armées au service de Napoléon, auquel la Russie même envoya un corps de vingt-cinq mille hommes. Malgré cela, les Autrichiens, soldés par l'Angleterre, venaient de nous déclarer la guerre. Leurs armées s'avançaient sur la Bavière notre alliée, et l'Empereur se préparait à se rendre en Allemagne, où le maréchal Lannes devait le suivre. Toutes les calèches étant retenues par des centaines d'officiers généraux ou autres, j'étais fort embarrassé, car l'Empereur, ainsi que le maréchal, devaient quitter Paris le 13 avril, et j'avais reçu l'ordre de partir un jour avant eux. Il fallut donc me résigner à courir encore une fois la poste à franc étrier, par un très mauvais temps!... Heureusement, une semaine de repos avait calmé l'irritation de ma blessure au côté; celle du front était cicatrisée, et je pris la précaution de remplacer mon lourd colback par un chapeau. Mon domestique Woirland me suivit, mais, fort mauvais écuyer, il roulait fréquemment à terre et se bornait à me dire en se relevant : « Comme vous êtes dur au mal!... Oh! oui, vous êtes dur!... »

Je parcourus en quarante-huit heures les cent douze lieues qui séparent Paris de Strasbourg, malgré la pluie et la neige. Woirland n'en pouvait plus ; il fallait changer notre manière d'aller. D'ailleurs, je savais qu'en Allemagne on ne courait pas la poste à franc étrier, et nous n'étions encore qu'à moitié chemin d'Augsbourg, notre lieu de réunion. Je pus enfin trouver une calèche, et par la forêt Noire, je gagnai Augsbourg, où je rejoignis plusieurs de mes camarades. L'Empereur, le maréchal, presque toutes les troupes étaient déjà en campagne. En courant la ville, je réussis à acheter un cheval; je troquai ma voiture contre une autre, et nous partîmes sur nos selles de voyage. Ainsi, en quelques semaines, nous avions vendu nos chevaux à vil prix, fait des déboursés considérables, et tout cela pour courir au-devant des balles et des boulets qui devaient ôter la vie à plusieurs d'entre nous!... Qu'on nomme amour de la gloire, ou bien *folie*, le sentiment qui nous excitait, il nous dominait impérieusement, et nous marchions sans regarder derrière nous!...

Nous joignîmes l'état-major impérial le 20 avril, pendant le combat d'Abensberg. Le maréchal Lannes, après nous avoir complimentés sur notre zèle, nous lança immédiatement au milieu des coups de fusil pour porter ses ordres. Les Autrichiens, commandés par le prince Charles, frère de l'Empereur, se retirèrent derrière le Danube, par Landshut, au delà de la rivière d'Isar, dont, selon leur habitude, ils négligèrent de détruire les ponts. Le lendemain, Napoléon fit attaquer Landshut par notre infanterie, qui traversa deux fois le pont sous une grêle de balles ; mais arrivée à l'autre extrémité, elle fut arrêtée devant une immense porte, que l'arrière-garde ennemie défendait du haut des murs de la ville par une vive fusillade, et deux fois nos colonnes furent repoussées avec perte!... Cependant, l'Empereur qui tenait infiniment à prendre Landshut, afin d'y passer l'Isar avant que le prince Charles pût y préparer de plus grands moyens de résistance, venait d'ordonner une troisième attaque, et les troupes commandées à cet effet se préparaient à marcher, lorsque Napoléon, apercevant le général Mouton, son aide de camp, venant rendre compte d'une mission qu'il lui avait donnée le matin, lui dit : « Vous arrivez fort à propos!... Placez-vous à la tête de cette colonne et enlevez la ville de Landshut! »

Une aussi périlleuse mission, donnée à l'improviste, aurait pu étonner un homme moins intrépide que le général Mouton. Celui-ci n'en fut nullement ému; il abandonne son cheval, et mettant bravement l'épée à la main, il fait battre la charge, et s'élance le premier sur le pont à la tête des grenadiers!... Mais se trouvant arrêté par la porte de Landshut, il la fait enfoncer à coups de hache, passe au fil de l'épée tout ce qui résiste, s'empare de la ville, et revient tranquillement rendre compte à l'Empereur de la mission dont il avait été chargé le matin!... Chose bizarre! dans la conversation qu'ils eurent ensemble, il ne fut pas dit un seul mot relatif à la prise de Landshut, et jamais l'Empereur n'en parla au général Mouton... Mais, après la campagne, il fit porter chez lui un remarquable tableau d'Hersent, dans lequel ce général est représenté marchant à la tête de sa colonne à l'attaque de Landshut. Ce souvenir de Napoléon valait mieux que les plus grands éloges.

CHAPITRE XI

Remonte improvisée. — Épisodes de la bataille d'Eckmühl. — Combat de cavalerie devant Ratisbonne. — Déroute de l'ennemi.

L'armée française, traversant l'Isar, se dirigea sur Eckmühl qu'occupait le gros des forces de l'armée autrichienne. L'Empereur et le maréchal Lannes passèrent la nuit à Landshut. Une bataille paraissait imminente pour le lendemain. La ville et ses environs étaient remplis de troupes et sillonnés en tous sens par des officiers d'état-major, allant porter des ordres ou revenant d'en porter. Mes camarades et moi eûmes de très nombreuses courses à faire, et comme, par suite de notre rapide voyage d'Espagne en Allemagne, nous ne possédions que de très médiocres chevaux achetés au hasard, et que ces animaux se trouvaient très fatigués, nous prévoyions avec peine combien il nous serait difficile de faire un bon service dans la bataille du jour suivant.

Je rentrais vers dix heures du soir, venant de remplir une mission à trois ou quatre lieues de Landshut, lorsque le maréchal Lannes m'ordonna d'aller porter un ordre au général Gudin, dont la division se trouvait fort éloignée ; je devais ensuite attendre près de ce général que le maréchal arrivât sur le champ de bataille. Mon embarras fut très grand alors, car le cheval que je venais de quitter était harassé; le maréchal n'avait pas de chevaux à me prêter, et il ne se trouvait pas à Landshut de cavalerie française à laquelle on pût ordonner de m'en fournir un. Je ne pouvais entrer chez l'Empereur pour dire au maréchal que j'étais à peu près démonté; cependant, sans un bon coursier, comment porter un ordre dont allait peut-être dépendre le salut de l'armée? Je me tirai de cet embarras par une assez mauvaise action, je l'avoue, mais que ma situation difficile rendait peut-être excusable. Vous en jugerez.

J'appelle Woirland, mon domestique, homme de sac et de corde, qui avait fait son apprentissage dans la légion noire d'Humbert, et n'était embarrassé *de rien*. Je lui fais part de mes perplexités et le charge de se procurer à tout prix un cheval... enfin il m'en faut un!... — Vous allez l'avoir, me répondit-il, et tout de ce pas Woirland, sortant de la ville qu'entouraient divers corps de troupes de la Confédération germanique, entre dans le camp de la cavalerie wurtembergeoise. Tous les hommes dormaient, les factionnaires comme les autres. Woirland passe tranquillement l'inspection des chevaux, en voit un qui lui convient, le détache, et au risque de se faire assommer, si quelqu'un l'apercevait, il le conduit hors du camp, jette tout l'équipage à bas, rentre en ville, place ma selle sur le dos de l'animal, et vient me prévenir que *tout est prêt!* Les chevaux de troupes de la cavalerie wurtembergeoise portent pour marque un bois de cerf imprimé sur la cuisse gauche; il me fut donc très facile de reconnaître d'où provenait la nouvelle monture qu'amenait mon *Figaro*. Il ne s'en défendit pas!... Ce cheval venait d'être maraudé, ou, pour parler franchement, *volé*. Mais voyez combien une situation difficile élargit la conscience! Pour faire taire la mienne, je me dis : « Si je ne prends pas cet animal qui appartient
« au roi de Wurtemberg, il me devient impossible de
« porter au général Gudin les ordres qu'il doit exécuter

« au point du jour, ce qui peut compromettre le gain de
« la bataille et amener la chute de la couronne du roi
« de Wurtemberg ; je lui rends donc un service *indirect*
« en me servant d'un cheval de son armée ; d'ailleurs,
« puisque l'Empereur a donné un royaume à ce prince,
« celui-ci peut bien lui *prêter* un cheval que je rendrai
« après m'en être servi dans leur intérêt commun ! » Je
ne sais, mes chers enfants, si un casuiste approuverait
ce raisonnement, mais, pressé par les circonstances, je
m'élançai en selle et partis au galop !

Maître Woirland avait choisi en connaisseur ; la bête
était excellente. Une seule chose me contrariait, c'était
que le maudit bois de cerf marqué sur la cuisse du cheval, indiquant sa provenance, m'exposait à le voir réclamer par quelque officier wurtembergeois. J'arrivai enfin
au point du jour auprès du général Gudin, dont les
troupes se mirent en marche. Je le suivis jusqu'à ce que
l'Empereur et le maréchal Lannes nous eussent rejoints
avec le gros de l'armée. La bataille s'engagea, la victoire
ne fut point un moment douteuse : le maréchal Davout
s'y distingua, ce qui lui valut plus tard le titre de prince
d'Eckmühl.

Mon cheval faisait merveille ; mais son dernier jour
était arrivé !... Au plus fort de l'action, le maréchal
Lannes ayant envoyé un de ses aides de camp les moins
expérimentés porter au général Saint-Sulpice l'ordre de
charger avec ses cuirassiers sur un corps de cavalerie
ennemi, cet aide de camp s'expliqua si mal que le général prenait une tout autre direction que celle indiquée
par le maréchal, lorsque celui-ci, s'en étant aperçu,
m'ordonna d'aller me placer à la tête de la division
Saint-Sulpice, et de la conduire à l'ennemi par la grande
route qui forme la principale rue du village d'Eckmühl.
Pendant que le maréchal Lannes m'expliquait ses inten-

tions, en examinant une carte que le général Cervoni, lui et moi, tenions chacun d'un côté, un boulet la traversa et étendit le général Cervoni raide mort sur l'épaule du maréchal, qui fut couvert du sang de son ami, arrivé la veille de Corse, tout exprès pour faire cette campagne avec lui !... Le maréchal, pénétré de douleur, n'en continua pas moins à me donner des ordres avec clarté, et je courus vers le général Saint-Sulpice, auprès duquel je marchai à la tête des cuirassiers sur Eckmühl.

Un régiment de Croates occupait les maisons de ce village ; mais, au lieu de tirer sur nous par les croisées où ils se trouvaient hors d'atteinte des sabres de notre cavalerie, ces hommes, quittant stupidement l'excellente position qu'ils occupaient, descendirent bravement dans la rue, où ils espéraient arrêter nos escadrons avec leurs baïonnettes, en se formant en colonne serrée. Les cuirassiers français ne leur en donnèrent pas le temps ; ils arrivèrent si rapidement que les Croates, surpris en désordre, au moment où ils sortaient des maisons, furent enfoncés, sabrés, et jonchèrent bientôt la rue de leurs cadavres ! Néanmoins, ils ne cédèrent pas sans se défendre vaillamment. Un de leurs bataillons surtout opposa une vigoureuse résistance, et mon cheval ayant reçu pendant la mêlée un coup de baïonnette dans le cœur, fit quelques pas et tomba mort contre une borne, de sorte qu'une de mes jambes restant prise sous le corps de ce pauvre animal, tandis que mon genou appuyait contre la borne, je ne pouvais faire le moindre mouvement ! En pareil cas, malheur au cavalier démonté ! car personne ne s'arrête pour le relever ; d'ailleurs, on ne le pourrait pas. Aussi le premier régiment de nos cuirassiers, après avoir haché tous les Croates qui ne s'empressaient pas de jeter leurs armes, continua la charge et traversa le village, suivi de toute la division au galop.

Il est fort rare que des chevaux, à moins qu'ils ne soient très fatigués, posent les pieds sur les corps des hommes étendus par terre; aussi toute la division de cuirassiers passa-t-elle sur moi sans que je reçusse la moindre atteinte. Cependant, je ne pouvais me dégager, et ma situation était d'autant plus pénible que, ayant aperçu, avant la charge, un très gros corps de cavalerie ennemie placé au delà d'Eckmühl, je prévoyais que nos cuirassiers seraient repoussés et ramenés à travers ce village, et je craignais que les cavaliers autrichiens, voulant venger les Croates, ne me fissent un mauvais parti !... Pendant le moment de calme qui succéda dans la rue au tumulte du combat et du passage de la cavalerie de la division Saint-Sulpice, j'aperçus non loin de moi deux grenadiers ennemis, qui, ayant posé leurs fusils, relevaient leurs camarades blessés. Je leur fais signe de venir à moi et de m'aider à dégager ma jambe; ils obéissent, soit par bonté, soit par crainte que je ne les fasse tuer, quoique je n'eusse en ce moment aucun Français à mes ordres. Les deux Croates, sachant nos cuirassiers en avant, se considéraient comme prisonniers; d'ailleurs, cette espèce de soldats réfléchit peu. Ils vinrent, et j'avoue qu'en voyant l'un d'eux tirer de sa poche un grand couteau pour couper la courroie de l'étrier qui retenait mon pied sous le cheval, je craignis qu'il ne lui prît la fantaisie de m'en plonger la lame dans le ventre, ce qu'il eût pu faire sans danger. Mais il fut loyal, et avec l'aide de son camarade il parvint à me remettre sur pied. Je leur fis prendre mon équipage et je sortis d'Eckmühl pour rejoindre notre infanterie restée en dehors.

Les deux Croates me suivirent très docilement, et bien

leur en prit; car à peine étions-nous hors du village, qu'un bruit affreux s'éleva derrière nous. Il était produit par le retour de nos escadrons, qui, selon mon attente, étaient ramenés par les forces supérieures des ennemis, et ceux-ci, à leur tour, sabraient tout ce qui restait en arrière. Nos cuirassiers, furieux de se voir repoussés, cherchaient, en passant au galop auprès de moi, à pointer les Croates qui portaient ma selle. Ces deux soldats m'avaient secouru; je m'opposai donc à ce qu'on les tuât et leur fis signe de se coucher dans un fossé, où les sabres ne pouvaient les atteindre. Je m'y serais placé moi-même, si je n'eusse vu en tête du corps autrichien des uhlans dont les lances auraient pu me percer. Heureusement pour nous, la division Saint-Sulpice n'avait que trois ou quatre cents pas à faire pour être secourue; car, en la voyant revenir, l'Empereur lança deux divisions de cavalerie qui accouraient rapidement au-devant de nous. Mais si courte que fût la distance que j'avais à parcourir pour ne pas tomber sous les lances autrichiennes, elle était immense pour un homme à pied!... Deux cuirassiers me placèrent alors entre eux, et me tendant chacun une main, ils m'enlevèrent si bien que, faisant de très grandes enjambées, je pus suivre pendant deux minutes le galop de leurs chevaux. C'était tout ce qu'il fallait; car le secours envoyé par l'Empereur arrivant promptement, les ennemis cessèrent leur poursuite, et furent même rejetés au delà d'Eckmühl, dont nos troupes rentrèrent en possession.

Il était temps que ma course extragymnastique eût un terme, car j'étais hors d'haleine et n'aurais pu la continuer. J'eus lieu de reconnaître en cette occasion combien les fortes et grosses bottes, telles qu'en portaient alors nos cuirassiers, sont défavorables à la guerre. Un jeune officier de l'escadron qui me sauva, ayant eu son cheval tué, deux de ses cuirassiers lui tendaient les mains pour l'aider à courir ainsi que je le faisais ; mais, bien qu'il fût grand, mince, et infiniment plus leste que moi, sa lourde et raide chaussure l'empêchant de remuer assez vivement les jambes, il ne put suivre le galop des chevaux, fut contraint d'abandonner les mains secourables qui lui étaient tendues, et lorsque nous revînmes sur le terrain parcouru si rapidement, nous trouvâmes le lieutenant tué d'un coup de lance; on voyait qu'il avait cherché à se débarrasser de ses grandes bottes, dont l'une était à demi tirée. Mes petites bottes à la housarde ne m'avaient nullement gêné, parce qu'elles étaient légères et flexibles.

Dans l'espoir de ravoir ma selle et ma bride, je retournai vers le fossé où j'avais caché les deux Croates; je les aperçus tranquillement couchés. Plusieurs charges avaient eu lieu au-dessus de leur gîte, sans qu'ils eussent reçu la moindre égratignure. Je leur donnai une récompense et les fis marcher devant moi jusqu'au mamelon qu'occupaient l'Empereur et le maréchal Lannes, bien certain que celui-ci, ne voulant pas se priver de mes services pendant le reste de la bataille, me ferait prêter un cheval par un des régiments français qui se trouvaient auprès de lui. En effet, il en donna l'ordre; mais comme il n'y avait en ce moment que des cuirassiers dans notre voisinage, on m'amena un animal énorme, lourd et incapable de porter rapidement un aide de camp d'un point à un autre. Le maréchal en ayant fait l'observation, un colonel des chevau-légers wurtembergeois qui se trouvait derrière l'Empereur s'empressa de faire sa cour en prescrivant à son ordonnance de mettre pied à terre, et me voilà de nouveau sur un excellent cheval marqué du bois de cerf!... L'obligeance de ce bon colonel renouvelait un peu mes remords pour la mauvaise action que j'avais commise le matin, mais je les faisais taire en répétant mon raisonnement un peu *jésuitique*. Le plaisant de l'affaire, c'est qu'en portant un ordre à la réserve, je rencontrai mon domestique Woirland, qui, s'étant approché de moi pour me donner des vivres dont ses sacoches étaient toujours amplement garnies, s'écria : « Mais ce cheval est donc le diable ! Ce matin il était gris, à présent il est noir !... »

La bataille d'Eckmühl avait commencé et se continua toute la journée sur un terrain accidenté, couvert de monticules et de bouquets de bois; mais à mesure qu'on avance dans la direction du Danube, le pays se découvre, s'aplatit, et l'on entre enfin dans une immense plaine qui s'étend jusqu'à Ratisbonne. Les Autrichiens ont une des meilleures cavaleries de l'Europe; mais, sous prétexte qu'il faut la réserver pour couvrir la retraite, dans le cas où ils seraient battus, ils ne l'emploient pas, ou du moins très peu, pendant le combat, ce qui amène leur défaite et nécessite une retraite qu'ils auraient pu éviter; mais alors leur cavalerie couvre admirablement bien leurs mouvements rétrogrades. C'est ce qui eut lieu à Eckmühl; car, dès que le prince Charles vit la bataille perdue pour lui, et son infanterie, repoussée du pays montueux, exposée à faire une retraite difficile en plaine devant les nombreux escadrons français, il fit prendre l'offensive à toute sa cavalerie, qui se présenta bravement pour nous arrêter, pendant que les fantassins, l'artillerie et les bagages autrichiens se retiraient sur Ratisbonne. L'Empereur, de son côté, fit avancer nos housards et chasseurs, soutenus par les fortes divisions de Saint-Sulpice et Nansouty, auxquelles les ennemis opposèrent deux divisions de même arme. Les cavaliers légers des divers partis se jetèrent promptement sur les flancs, pour éviter d'être écrasés par ces formidables masses couvertes de fer qui, s'avançant rapidement l'une sur l'autre, se choquèrent, se pénétrèrent et ne formèrent plus qu'une immense mêlée!

Ce combat, à la fois terrible et majestueux, n'était éclairé que par un faible crépuscule et la clarté de la lune naissante. Les cris des combattants étaient couverts par les sons que rendaient plusieurs milliers de casques et de cuirasses, frappés à coups redoublés par des sabres pesants, qui en faisaient jaillir de nombreuses étincelles!... Autrichiens et Français, chacun voulait rester maître du champ de bataille. Des deux côtés, même courage, même ténacité, forces pareilles, mais non pas égales armes défensives; car les Autrichiens n'étant cuirassés que par devant, leur dos ne se trouve nullement garanti dans une mêlée. Ils recevaient dans le dos de grands coups de pointe portés par les cavaliers français qui, ayant deux cuirasses, et ne craignant pas d'être blessés par derrière, ne s'occupaient qu'à frapper, tuaient un grand nombre d'ennemis et n'éprouvaient que de légères pertes. Ce combat inégal dura quelques minutes : enfin, les Autrichiens, dont le nombre de blessés et de morts était immense, furent contraints, malgré leur bravoure, de céder le terrain. Dès qu'ils eurent fait volte-face, ils comprirent encore mieux combien il est défavorable de ne pas être cuirassé par derrière comme par devant, car le combat ne fut plus qu'une *boucherie!*... Nos cuirassiers poursuivaient les ennemis en leur enfonçant leurs sabres dans les reins, et, sur l'espace d'une demi-lieue, le terrain fut jonché de cuirassiers autrichiens morts ou blessés. Il n'en serait échappé que fort peu, si les nôtres ne se fussent arrêtés pour charger plusieurs bataillons de grenadiers hongrois, qu'ils enfoncèrent et prirent presque en entier.

Ce combat décida sans appel une question débattue

depuis longtemps, celle de la nécessité des cuirasses *doubles;* car le nombre des blessés se trouva de *huit* Autrichiens pour un Français, et celui des morts de *treize* ennemis pour un Français!

Après cette terrible charge, les ennemis, n'ayant plus aucun moyen de résistance, s'éloignèrent dans le plus grand désordre, vivement poursuivis sur la chaussée, où les fuyards couraient pêle-mêle avec les vainqueurs. Le maréchal Lannes proposa à l'Empereur de profiter de la déroute des Autrichiens pour détruire complètement leur armée, en l'acculant au Danube, et en entrant avec elle dans Ratisbonne au milieu de la confusion; mais les autres maréchaux ayant fait observer que nous étions encore à trois lieues de cette place, que notre infanterie était harassée, enfin qu'il y aurait danger à s'exposer aux hasards d'un combat de nuit contre des ennemis qui venaient de faire preuve de tant de résolution, l'Empereur ordonna de faire cesser la poursuite, et l'armée bivouaqua dans la plaine. Les Autrichiens avouèrent avoir perdu cinq mille tués et quinze mille prisonniers, douze drapeaux et seize pièces de canon; ils ne nous prirent que quelques hommes et nous en tuèrent quinze cents. Les ennemis se retirèrent dans un tel désordre que, dans la nuit, un de leurs régiments de cavalerie errait autour de nos camps sans trouver aucune issue pour faire retraite, lorsque le colonel Guéhéneuc, allant porter un ordre, tomba dans ce corps, dont le chef, après s'être emparé de la personne de M. Guéhéneuc, lui dit : « Vous étiez mon prisonnier, à présent je suis le vôtre!... » En effet, nous vîmes arriver Guéhéneuc avec le régiment autrichien qui s'était rendu à lui. Cet épisode amusa beaucoup l'Empereur.

Vous concevez qu'après un tel succès remporté par l'armée française, les chevaux de prise étaient nombreux dans le camp ; j'en achetai trois excellents pour quelques louis, et me trouvant ainsi parfaitement monté pour le reste de la campagne, j'abandonnai les deux rosses provenant de mes acquisitions antérieures et renvoyai aux Wurtembergeois le cheval qu'on m'avait prêté.

CHAPITRE XII

L'Empereur est blessé devant Ratisbonne. — Je monte le premier
à l'assaut avec Labédoyère, et nous pénétrons dans la ville.

Le prince Charles avait profité de la nuit pour gagner
Ratisbonne, dont le pont lui servit à faire passer sur la
rive gauche du Danube ses bagages, ainsi que la meilleure partie de ses troupes. Ce fut alors qu'on reconnut
combien avait été grande la prévoyance de l'Empereur,
lorsque, dès l'ouverture de la campagne, il avait ordonné
au maréchal Davout, venant de Hambourg et de Hanovre, pour se réunir à la grande armée sur la rive droite
du Danube vers Augsbourg, de s'assurer la possession
de Ratisbonne et de son pont en y laissant un régiment.
Davout avait établi dans cette ville le 65ᵉ de ligne, commandé par le colonel Coutard, son parent, auquel il
voulait donner l'occasion de se distinguer par une belle
défense; mais Coutard ne put tenir et, après quelques
heures de combat, rendit aux Autrichiens la place
de Ratisbonne, dont le pont assura leur retraite après
notre victoire d'Eckmühl; autrement ils étaient forcés
de mettre bas les armes. Le colonel Coutard ayant stipulé que lui et les officiers du 65ᵉ de ligne seraient seuls
renvoyés en France, l'Empereur décréta qu'à l'avenir
les officiers d'un corps réduit à capituler suivraient le
sort de leurs soldats, ce qui devait porter les chefs à
faire une plus vive résistance.

Cependant, l'Empereur ne pouvait se porter sur Vienne

sans avoir repris Ratisbonne; autrement, dès qu'il s'en serait éloigné, le prince Charles, traversant le Danube sur le pont de cette ville, eût ramené son armée sur la rive droite et attaqué la nôtre *par derrière*. Il fallait donc à tout prix se rendre maître de la place.

Le maréchal Lannes fut chargé de cette mission difficile. Les ennemis avaient six mille hommes dans Ratisbonne et pouvaient, au moyen du pont, en augmenter le nombre à volonté. Ils placèrent beaucoup d'artillerie sur les remparts, tandis que les fantassins garnissaient les parapets. Les fortifications de Ratisbonne étaient fort anciennes, mauvaises, les fossés à sec et cultivés en légumes; cependant, bien que ces moyens de défense fussent insuffisants pour résister à un siège en règle, la ville était en état de repousser un coup de main, d'autant plus aisément que la garnison communiquait avec une armée de plus de quatre-vingt mille hommes, et que, pour pénétrer dans la place, il fallait descendre avec des échelles dans un fossé profond, le passer sous le feu des ennemis, escalader enfin le rempart, dont les angles flanqués de canons se commandaient réciproquement.

L'Empereur, ayant mis pied à terre, alla se poster sur un monticule situé à une petite portée de canon de la ville. Ayant remarqué près de la porte dite de Straubing une maison qu'on avait eu l'imprudence d'adosser au mur du rempart, il fit avancer les pièces de douze, ainsi que les obusiers de réserve, et ordonna de diriger tous les feux sur cette maison; en s'éboulant dans le fossé, elle devait le combler en partie et former au pied de la muraille une rampe par laquelle nos troupes pourraient monter à l'assaut.

Pendant que notre artillerie exécutait cet ordre, le maréchal Lannes fit approcher la division Morand auprès de la promenade qui contourne la ville, et pour mettre ses troupes à l'abri du feu de l'ennemi jusqu'au moment de l'attaque, il les plaça derrière une immense grange en pierre, qu'un hasard des plus heureux semblait avoir établie en ce lieu pour favoriser notre entreprise. Des chariots remplis d'échelles prises dans les villages voisins furent conduits sur ce point, où l'on était parfaitement garanti contre les projectiles que les Autrichiens lançaient à profusion.

En attendant que tout fût prêt pour l'assaut, le maréchal Lannes, s'étant rendu auprès de l'Empereur pour recevoir ses derniers ordres, causait avec lui, lorsqu'une balle ennemie, lancée probablement du haut des remparts par l'une de ces carabines à très longue portée dont se servent les Tyroliens, vint frapper Napoléon à la cheville du pied droit!... La douleur fut d'abord si vive que l'Empereur, ne pouvant plus se tenir debout, fut obligé de s'appuyer sur le maréchal Lannes. Le docteur Larrey accourut et reconnut que la blessure était fort légère. Si elle eût été assez grave pour nécessiter l'opération, on eût certainement considéré cet événement comme un très grand malheur pour la France; cependant, il lui eût peut-être évité bien des calamités!...

Cependant, le bruit se répand dans l'armée que l'Empereur vient d'être blessé; officiers et soldats accourent de toutes parts; en un instant, des milliers d'hommes entourent Napoléon, malgré les canons ennemis qui réunissent leurs feux sur cet immense groupe. L'Empereur voulut soustraire ses troupes à ce danger inutile, et tranquilliser l'inquiétude des corps éloignés qui s'ébranlaient déjà pour venir à lui; à peine pansé, il monte à cheval et parcourt le front de toutes les lignes, au milieu des acclamations de ces braves guerriers, qu'il avait si souvent conduits à la victoire!

Ce fut dans cette revue improvisée et passée en pré-

sence de l'ennemi, que Napoléon accorda pour la première fois des *dotations* à de simples soldats, en les nommant *chevaliers de l'Empire*, en même temps que membres de la Légion d'honneur. Les présentations étaient faites par les chefs de corps; mais l'Empereur permettait cependant que les militaires qui se croyaient des droits incontestables vinssent les faire valoir devant lui; puis il décidait et jugeait seul. Or, il advint qu'un vieux grenadier, qui avait fait les campagnes d'Italie et d'Égypte, ne s'entendant pas appeler, vint d'un ton flegmatique demander la croix : « Mais, lui dit Napoléon, qu'as-tu fait
« pour mériter cette récompense? — C'est moi, Sire, qui
« dans le désert de Jaffa, par une chaleur affreuse, vous
« présentai un melon d'eau.—Je t'en remercie de nouveau,
« mais le don de ce fruit ne vaut pas la croix de la Légion
« d'honneur. » Alors le grenadier, jusque-là froid comme glace, s'exaltant jusqu'au paroxysme, s'écrie avec la plus grande volubilité : « Eh! comptez-vous donc pour rien
« sept blessures reçues au pont d'Arcole, à Lodi, à Cas-
« tiglione, aux Pyramides, à Saint-Jean d'Acre, à Aus-
« terlitz, à Friedland... onze campagnes en Italie, en
« Égypte, en Autriche, en Prusse, en Pologne, en... »
Mais l'Empereur l'interrompant, et contrefaisant en riant la vivacité de son langage, s'écria : « Ta, ta, ta,
« comme tu t'emportes, lorsque tu arrives aux points
« essentiels! car c'est par là que tu aurais dû commencer,
« cela vaut bien mieux que ton melon!... Je te fais che-
« valier de l'Empire avec 1,200 francs de dotation... Es-tu
« content? — Mais, Sire, je préfère la croix!... — Tu as
« l'un et l'autre, puisque je te fais chevalier. — Moi, j'ai-
« merais mieux la croix!... » Le brave grenadier ne sortait pas de là, et l'on eut toutes sortes de peines à lui faire comprendre que le titre de chevalier de l'Empire entraînait avec lui celui de chevalier de la Légion d'hon-

neur. Il ne fut tranquillisé à ce sujet que lorsque l'Empereur lui eut attaché la décoration sur la poitrine, et il parut infiniment plus sensible à cela qu'au don de 1,200 francs de rente. Par cette familiarité, l'Empereur se faisait adorer du soldat; mais ce moyen ne peut être convenablement employé que par un chef d'armée illustré par de nombreuses victoires; il nuirait à tout autre général et le déconsidérerait.

Le maréchal Lannes ayant été prévenu que tout était prêt pour l'attaque, nous retournâmes vers Ratisbonne, pendant que l'Empereur remontait sur le monticule d'où il pouvait être témoin de l'assaut. Les divers corps d'armée rangés autour de lui attendaient en silence ce qui allait se passer...

Notre artillerie ayant complètement abattu la maison du rempart, ses débris tombés dans le fossé formaient un talus assez praticable, mais dont le sommet était encore de huit à dix pieds moins élevé que le mur du côté de la ville : il fallait donc placer des échelles sur ces décombres pour gagner le haut du rempart. Elles étaient aussi nécessaires pour descendre de la promenade dans le fossé, car il n'existait aucune rampe de ce côté. En arivant à la grange derrière laquelle la division Morand, commandée pour l'attaque, était abritée du feu de la place, le maréchal Lannes ayant demandé cinquante hommes de bonne volonté pour marcher à la tête de la colonne et planter les échelles, afin de monter les premiers à l'assaut, il s'en présenta un nombre infiniment supérieur, qu'il fallut réduire à celui prescrit par le maréchal. Ces braves, conduits par des officiers choisis, partent avec une ardeur admirable; mais à peine ont-ils dépassé les murs de la grange qui les abritait, qu'assaillis par une grêle de balles, ils furent presque tous couchés par terre!... Quelques-uns seulement parvinrent à descendre de la promenade dans le fossé, mais le canon les mit bientôt hors de combat, et les débris de cette première colonne vinrent, tout sanglants, rejoindre la division derrière la grange protectrice...

Cependant, à la voix du maréchal Lannes et du général Morand, cinquante nouveaux volontaires se présentent, prennent des échelles et marchent vers les fossés; mais dès que, arrivés sur la promenade, ils sont aperçus par l'ennemi, un feu plus terrible encore que le premier détruit presque entièrement cette seconde colonne!..... Ces deux échecs consécutifs ayant refroidi l'ardeur des troupes, personne ne bougea plus lorsque, pour la troisième fois, le maréchal demanda des hommes de *bonne volonté!* Il aurait pu commander à une ou plusieurs compagnies de marcher, et certainement elles eussent obéi; mais il savait par expérience l'énorme différence qui existe entre ce que le soldat fait par obéissance et ce qu'il fait par élan. Pour braver cet immense péril, des *volontaires* étaient infiniment préférables à une troupe *commandée*. Mais vainement le maréchal renouvelle son appel aux plus *braves* de la *brave* division Morand; vainement il leur fait observer que l'Empereur et toute la grande armée les contemplent; on ne lui répond que par un morne silence, tant chacun avait la conviction que dépasser les murs de la grange, sous les feux de l'ennemi, c'était courir à une mort *certaine!...* Alors l'intrépide Lannes s'écrie : « Eh bien! je vais vous faire voir « qu'avant d'être maréchal j'ai été grenadier et le suis « encore!... » Il saisit une échelle, l'enlève, et veut la porter vers la brèche... Ses aides de camp cherchent à l'en empêcher, mais il résiste et s'indigne contre nous!... Je me permis alors de lui dire : « Monsieur le maréchal, « vous ne voudriez pas que nous fussions déshonorés, et

« nous le serions si vous receviez la plus légère blessure
« en portant une échelle contre le rempart, avant que tous
« vos aides de camp aient été tués!... » Alors, malgré ses
efforts, je lui arrachai le bout de l'échelle qu'il tenait et
le plaçai sur mon épaule, pendant que de Viry prenait
l'autre extrémité et que nos camarades, se réunissant par
couples, prenaient aussi des échelles.

A la vue d'un maréchal de l'Empire disputant avec ses
aides de camp à qui monterait le premier à l'assaut, un
cri d'enthousiasme s'éleva dans toute la division! Officiers et soldats voulurent marcher en tête, et réclamant
cet honneur, ils nous poussaient, mes camarades et
moi, en cherchant à s'emparer des échelles; mais en les
cédant, nous aurions eu l'air d'avoir joué une comédie
pour exciter l'élan des troupes : *le vin était tiré, il fallait
le boire,* quelque amer qu'il pût être!... Le maréchal le
comprit, et nous laissa faire, bien qu'il s'attendît à voir
exterminer une grande partie de son état-major qui
devait marcher en tête de cette périlleuse attaque!...

Je vous ai déjà dit que mes camarades, quoique tous
fort braves, manquaient d'expérience et principalement
de ce qu'on nomme le *tact militaire*. Je m'emparai donc
sans façon du commandement de la petite colonne : la
gravité des circonstances m'y autorisait, et il ne me
fut refusé par personne. J'organisai derrière la grange
le détachement qui devait nous suivre. J'avais attribué
la destruction des deux premières colonnes à l'imprudence avec laquelle ceux qui la conduisaient avaient
aggloméré les soldats dont elles se composaient, circonstance qui présentait un double inconvénient : d'abord,
elle facilitait le tir des ennemis, toujours infiniment plus
meurtrier sur une masse que sur des hommes isolés; en
second lieu, nos grenadiers chargés d'échelles n'ayant
formé qu'un seul groupe, et s'étant embarrassés les uns

les autres, leur marche n'avait pu être assez rapide pour les soustraire promptement au feu des Autrichiens. En conséquence, je décidai que de Viry et moi, qui portions la première échelle, partirions d'abord seuls en courant; que la seconde échelle nous suivrait à vingt pas de distance, et ainsi de suite pour les autres; qu'arrivés sur la promenade, les échelles seraient placées à cinq pieds l'une de l'autre, afin d'éviter la confusion; que, descendus dans le fossé, on laisserait les échelles numéros *pairs* dressées contre le mur de la promenade, pour que les troupes pussent nous suivre sans retard; que les échelles numéros *impairs* seraient enlevées et portées rapidement sur la brèche, où nous les poserions seulement à un pied de distance entre elles, tant à cause du peu de largeur du passage que pour aborder avec plus d'ensemble le haut du rempart et repousser les assiégés qui voudraient nous précipiter en bas. Ces explications bien données et bien comprises, le maréchal Lannes, qui les approuvait, s'écria : « Partez, mes braves enfants, et Ratisbonne est enlevé!... »

A ce signal, de Viry et moi nous élançons, traversons la promenade en courant, et plongeons notre échelle dans le fossé, où nous descendons. Nos camarades et cinquante grenadiers nous suivent... En vain le canon de la place tonne, la fusillade roule, les biscaïens et les balles frappent les arbres et les murs; comme il est fort difficile d'ajuster des individus isolés, allant très rapidement, et espacés de vingt en vingt pas, nous arrivâmes dans le fossé sans qu'aucun des hommes de la petite colonne fût blessé!... Les échelles désignées d'avance étant enlevées, nous les portons au sommet des décombres de la maison abattue, et les appuyant contre le parapet, nous nous élançons vers le rempart!...

Je montais en tête d'une des premières échelles; Labédoyère, qui gravissait celle à côté de moi, sentant que la base en était mal assujettie sur les décombres, me prie de lui donner la main pour le soutenir, et nous parvenons enfin tous les deux sur le haut du rempart, à la vue de l'Empereur et de toute l'armée, qui nous salue d'une immense acclamation!... Ce fut un des plus beaux jours de ma vie!... MM. de Viry et d'Albuquerque nous joignirent en un instant, ainsi que les autres aides de camp et les cinquante grenadiers; enfin, un régiment de la division Morand se dirigeait vers le fossé au pas de course.

Les chances de la guerre sont parfois bien bizarres!... Les deux premières colonnes françaises avaient été détruites avant d'arriver au pied de la brèche, tandis que la troisième n'éprouva aucune perte; mon ami de Viry seul fut atteint par une balle qui enleva un bouton de sa pelisse. Cependant, si les ennemis placés sur le parapet eussent conservé assez de présence d'esprit pour fondre la baïonnette en avant sur Labédoyère et sur moi, il est plus que probable qu'ils nous eussent accablés par leur nombre et tués ou rejetés dans le fossé; mais les Autrichiens perdent très facilement la tête : notre audace et la vivacité de l'attaque les étonnèrent tellement, qu'en nous voyant courir sur la brèche, ils ralentirent d'abord leur feu et cessèrent bientôt de tirer. Non seulement pas une de leurs compagnies ne marcha contre nous, mais toutes s'éloignèrent dans la direction opposée au point que nous venions d'enlever!...

Vous savez que l'attaque avait lieu près de la porte de Straubing. Le maréchal Lannes m'avait ordonné de la faire ouvrir ou enfoncer, afin qu'il pût pénétrer dans la ville avec la division Morand; aussi, dès que je vis sur le rempart mes cinquante grenadiers qu'allait bientôt joindre le régiment envoyé pour nous soutenir, et dont la tête arrivait déjà dans le fossé où de plus nombreuses échelles assuraient le passage, je descendis dans la ville sans plus attendre. Les moments étaient précieux. Nous marchons donc résolument vers la porte de Straubing, située à cent pas de la brèche, et là, mon étonnement est grand, en voyant un bataillon autrichien massé sous l'immense voûte qui précède cette porte vers laquelle tous les hommes faisaient face pour être plus à même de la défendre si les Français l'enfonçaient. Uniquement préoccupé de la mission qu'on lui avait confiée, le chef de bataillon ennemi, ne tenant pas compte du bruit qu'on entendait sur le rempart voisin, n'avait pas même placé un factionnaire en dehors de la voûte, pour le prévenir de ce qui se passait, tant il se croyait certain que les Français échoueraient dans leurs attaques; aussi fut-il stupéfait en nous voyant arriver *par derrière!*... Il était placé à la queue de sa troupe, de sorte que, ayant fait demi-tour en nous voyant approcher, il se trouva face à face avec la petite colonne française, dont il lui était impossible de juger la force, car je l'avais formée en deux pelotons qui, s'appuyant aux côtés de la voûte, la barraient complètement!... Aux cris de surprise que fit le commandant ennemi, tout son bataillon se retourna, et les dernières sections, devenues les premières, nous couchèrent en joue!... Nos grenadiers les ajustèrent aussi, et comme on n'était qu'à un pas les uns des autres, jugez quel horrible massacre eût suivi le premier coup de fusil tiré!... La situation des deux partis était très périlleuse; cependant, le grand nombre des Autrichiens leur donnait un immense avantage, car si le feu s'engageait à brûle-pourpoint, notre petite colonne était détruite, ainsi que la compagnie des ennemis que nous tenions au bout de nos fusils; mais le surplus de leur bataillon était dégagé. Nous fûmes donc très heureux que nos adversaires ne pussent connaître notre petit nombre, et je m'empressai de dire au chef de bataillon que, la ville étant prise d'assaut et occupée par nos troupes, il ne lui restait plus qu'à mettre bas les armes, sous peine d'être passé au fil de l'épée!

Le ton d'assurance avec lequel je parlais intimida d'autant plus facilement cet officier qu'il entendait le tumulte produit par l'arrivée successive des soldats du régiment français qui, nous ayant suivis par la brèche, accouraient se former devant la voûte. Le commandant ennemi harangua son bataillon, et après lui avoir expliqué la situation dans laquelle il se trouvait, il ordonna de déposer les armes. Les compagnies placées au bout de nos fusils obéirent, mais celles qui, réunies près de la porte, à l'autre extrémité de la voûte, étaient à l'abri de nos coups, se mirent à vociférer, refusèrent de se rendre et poussèrent la masse du bataillon qui faillit nous renverser. Cependant les officiers parvinrent à calmer leur troupe, et tout paraissait s'arranger, lorsque le fougueux Labédoyère, impatienté de cette lenteur, fut sur le point de tout perdre par un accès de colère; car saisissant le commandant autrichien à la gorge, il allait lui plonger son sabre dans le corps, si mes camarades et moi n'eussions détourné le coup. Les soldats ennemis reprirent alors leurs armes, et une sanglante mêlée allait s'engager, lorsque la porte de la ville retentit extérieurement sous les violents coups de hache que lui portaient les sapeurs de la division Morand, conduite par le maréchal Lannes en personne. Les soldats ennemis, comprenant alors qu'ils allaient se trouver entre deux feux, se rendirent, et nous les fîmes sortir sans armes de la voûte, en les dirigeant vers la ville, afin de dégager la porte, que nous ouvrîmes au maréchal, dont les troupes se précipitèrent comme un torrent dans la place.

Le maréchal, après nous avoir complimentés, ordonna de marcher vers le pont du Danube pour couper toute retraite aux régiments ennemis qui se trouvaient dans Ratisbonne, et empêcher le prince Charles de leur envoyer des renforts. Mais à peine fûmes-nous entrés dans la grande rue, qu'un nouveau danger vint nous menacer : nos obus avaient incendié plusieurs maisons, et le feu allait se communiquer à une trentaine de voitures que les ennemis avaient abandonnées après en avoir emmené les chevaux. L'incendie de ces chariots eut certainement embarrassé le passage de nos troupes; mais, en se glissant le long des murs, on espérait éviter cet obstacle, lorsque tout à coup le chef de bataillon ennemi, que je présentai au maréchal, s'écrie avec l'accent du plus profond désespoir : « Vainqueurs et vaincus, nous sommes tous perdus; ces chariots sont remplis de poudre! » Le maréchal pâlit, ainsi que nous tous; mais reprenant bientôt son calme, en présence de la mort que nous avions sous les yeux, le maréchal fait ouvrir les rangs de la colonne française, poser les fusils contre les maisons, et ordonne aux soldats de pousser à bras ces voitures, en se les passant de mains en mains, jusqu'à ce qu'elles aient traversé la voûte et soient hors de la ville. Le maréchal donnant l'exemple, officiers, généraux et soldats, chacun se mit à l'œuvre. Les prisonniers autrichiens firent comme les Français, car il y allait aussi pour eux de la vie!... Une grande quantité de charbons ardents tombait déjà sur les fourgons, et si l'un d'eux se fût enflammé, nous aurions tous été broyés et la ville entièrement détruite!... Mais on travailla avec tant d'ardeur, qu'en peu de minutes toutes les voitures de poudre furent poussées hors de la place, d'où on les fit traîner par des prisonniers jusqu'au grand parc de notre artillerie.

CHAPITRE XIII

Une Française nous dirige vers le pont du Danube. — Récits erronés au sujet du siège de Ratisbonne. — Masséna à Ébersberg. — Incertitudes de Napoléon. — Arrivée à Mölk.

Le terrible danger que nous venions de courir s'étant dissipé par l'éloignement des caissons, le maréchal fit avancer la division d'infanterie jusqu'au centre de la ville. Arrivé sur ce point, et voulant assurer contre des retours offensifs les quartiers qu'il avait déjà pris, il fit, à l'exemple des Espagnols, occuper toutes les croisées des principales rues. Ces sages dispositions prises, le maréchal prescrivit de continuer à diriger la colonne vers le pont, m'ordonna de me placer en tête pour la conduire. J'obéis, quoique la chose me parût fort difficile, car c'était la première fois que je me trouvais dans Ratisbonne, dont je ne connaissais par conséquent aucune rue.

Cette ville appartenant au roi de Bavière, notre allié, les habitants dévoués à notre cause auraient dû nous indiquer le chemin du pont; mais la crainte les retenait chez eux, et l'on n'en voyait aucun. Toutes les portes et les fenêtres étaient closes, et nous étions trop pressés pour les enfoncer, car de chaque carrefour sortaient des groupes d'Autrichiens, qui faisaient feu sur nous tout en se retirant. Les ennemis n'avaient d'autre retraite que le pont du Danube; je pensais donc que j'y arriverais en les suivant; mais il régnait si peu d'ensemble parmi les

Autrichiens, que la plupart de leurs pelotons de tirailleurs placés devant nous s'enfuyaient à notre approche dans des directions différentes. Ainsi égaré au milieu de ce dédale de rues inconnues, je ne savais par où diriger la colonne, lorsque, tout à coup, une porte s'ouvre, une jeune femme pâle, les yeux hagards, s'élance tout éperdue vers nous en criant : « Je suis Française, sauvez-moi ! » C'était une marchande de modes parisienne qui, établie à Ratisbonne et craignant que sa qualité de Française ne la fît maltraiter par les Autrichiens, était venue se jeter à l'étourdie dans les bras de ses compatriotes, dès qu'elle avait entendu parler français.

En voyant cette femme, une idée lumineuse m'éclaira sur le parti que nous pouvions tirer de sa rencontre. — « Vous savez où est le pont? lui dis-je. — Certai-
« nement. — Eh bien, conduisez-nous. — Mon grand
« Dieu! au milieu des coups de fusil! Je meurs de
« frayeur et venais vous supplier de me donner quelques
« soldats pour défendre ma maison dans laquelle je
« rentre à l'instant!... — J'en suis bien fâché, mais vous
« n'y rentrerez qu'après m'avoir montré le pont. Que
« deux grenadiers prennent madame sous les bras et la
« fassent marcher en tête de la colonne!... » Ainsi fut fait, malgré les pleurs et les cris de la belle Française, qu'à chaque angle de rue je questionnais sur la direction qu'il fallait prendre. Plus nous avancions vers le Danube, plus le nombre des tirailleurs augmentait. Les balles sifflaient aux oreilles de la craintive marchande de modes, qui, ne sachant ce que c'était, paraissait bien moins touchée de ce petit sifflement que des détonations des fusils. Mais tout à coup, un des grenadiers qui la soutenaient ayant eu le bras percé d'une balle, et le sang ayant rejailli sur elle, ses genoux s'affaissèrent; il fallut la porter. Ce qui venait d'arriver à son voisin me ren-

dant plus circonspect pour elle, je la fis passer derrière le premier peloton, dont les hommes la garantissaient en partie contre les balles. Enfin nous arrivons à une petite place en face du pont. L'ennemi qui en occupait l'autre extrémité, ainsi que le faubourg de la rive gauche, nommé Stadt-am-hof, apercevant la colonne, se met alors à nous canonner! Je pensai qu'il était inutile d'exposer plus longtemps la Parisienne, et pour tenir la parole que je lui avais donnée, je lui rendis la liberté. Mais comme la pauvre femme, plus morte que vive, ne savait où se cacher, je lui proposai d'entrer provisoirement dans une chapelle de la Vierge située au bout de la place : elle accepte, les grenadiers l'enlèvent par-dessus la petite grille qui en défend l'entrée, et elle court se mettre à l'abri des projectiles, en se blottissant derrière la statue de la Vierge, où, je vous assure, elle tenait fort peu de place.

Le maréchal, informé que nous étions au bord du Danube, gagna la tête de la colonne et reconnut par lui-même l'impossibilité de passer le pont, les ennemis ayant incendié le faubourg de Stadt-am-hof, sur lequel il s'appuie à la rive gauche.

Pendant que les Français donnaient l'assaut et s'emparaient de Ratisbonne, six bataillons autrichiens placés sur les remparts, loin du point d'attaque, étaient restés fort tranquillement à regarder dans la campagne s'ils ne voyaient venir personne. Ils ne sortirent de leur stupide inaction qu'en entendant tirer du côté du pont. Ils y accoururent; mais leur retraite était coupée, d'abord par nous, en second lieu par l'incendie du faubourg qu'ils n'auraient pu traverser, quand même ils seraient parvenus à passer le pont : ils furent donc réduits à mettre bas les armes.

L'Empereur fit le jour même son entrée dans Ratisbonne, et prescrivit aux troupes qui n'avaient point combattu de se joindre aux malheureux habitants pour lutter contre l'incendie qui dévorait la ville; mais, malgré ce puissant secours, un grand nombre de maisons furent brûlées.

Napoléon, après avoir visité et récompensé les blessés, glorieux débris des deux premières colonnes dont les efforts avaient échoué, voulut aussi voir la troisième colonne, celle qui avait enlevé Ratisbonne sous ses yeux. Il nous adressa des témoignages de satisfaction et donna plusieurs décorations. Le maréchal lui ayant rappelé mes anciens et nouveaux titres au grade de chef d'escadron, Napoléon répondit : « C'est une chose que vous « pouvez considérer comme faite. » Puis, se tournant vers le maréchal Berthier : « Vous me ferez signer ce « brevet au premier travail que vous me présenterez. » Je n'avais qu'à me féliciter, et ne pouvais raisonnablement espérer que l'Empereur suspendrait ses importants travaux pour expédier mon brevet quelques jours plus tôt; j'étais d'ailleurs enivré des témoignages de satisfaction que l'Empereur venait de me donner, ainsi que le maréchal Lannes, et des louanges que mes camarades et moi recevions de toutes parts.

Vous pensez bien qu'avant de m'éloigner du pont, j'avais fait retirer de la chapelle la Parisienne, qu'un officier reconduisit chez elle. Le maréchal, voyant les soldats occupés à faire passer cette femme par-dessus la petite grille, me demanda comment elle se trouvait là : je lui contai l'histoire; il la redit le soir à l'Empereur, qui rit beaucoup, et déclara qu'il serait bien aise de voir cette dame.

Je vous ai déjà dit qu'au moment où nous donnions l'assaut, toute la grande armée, rangée à peu de distance de la place, était témoin de ce combat. Parmi les nombreux spectateurs, se trouvait le maréchal Masséna, ainsi que ses aides de camp, dont M. Pelet, aujourd'hui lieutenant général directeur du dépôt de la guerre et auteur d'une excellente relation de la campagne de 1809. Voici ce qu'on lit dans cet ouvrage, à propos de l'assaut de Ratisbonne : « Le maréchal Lannes saisit une échelle et « va pour la placer lui-même ; ses aides de camp l'arrêtent « et luttent contre lui. A l'aspect de ce noble débat, la « foule de nos guerriers se précipita, enleva les échelles « et franchit l'espace... les coups meurtriers se perdent « au milieu d'elle ; les aides de camp la précèdent. En « un clin d'œil les échelles sont posées, le fossé est « franchi... Sur le sommet on voit paraître les premiers, « se tenant par la main, Labédoyère et Marbot ; nos gre-« nadiers les suivent... »

Ce récit d'un témoin oculaire est fort exact, il donna avec raison une égale part de gloire à mon camarade et à moi ; mais l'auteur de la biographie du malheureux Labédoyère n'a pas été aussi juste. Après avoir copié la narration du général Pelet, il a jugé à propos de supprimer mon nom et d'attribuer à Labédoyère seul le mérite d'être monté le premier à l'assaut de Ratisbonne. Je n'ai pas jugé convenable de réclamer ; d'ailleurs, l'ouvrage du général Pelet constate le fait, qui se passa sous les yeux de cent cinquante mille hommes.

Ratisbonne avait été pris le 23 avril. L'Empereur passa les journées du 24 et du 25 dans cette ville, dont il ordonna de réparer à ses frais tous les dégâts. Pendant que Napoléon, accompagné par le maréchal Lannes, parcourait les rues, j'aperçus la marchande de modes française que j'avais contrainte la veille à guider la colonne d'attaque vers le pont. Je la désignai au maréchal. Celui-ci la montra à l'Empereur, qui, s'approchant d'elle, lui fit en plaisantant des compliments sur son *courage,* et lui envoya ensuite une fort belle bague en souvenir de l'assaut de Ratisbonne. La foule, tant civile que militaire, qui entourait l'Empereur s'étant informée du motif de cette petite scène, le fait fut légèrement dénaturé, car on représenta cette dame comme une *héroïne française* qui, *de son propre mouvement,* s'était exposée à la mort pour assurer le salut de ses compatriotes. Ce fut ainsi que la chose fut racontée, non seulement dans l'armée, mais encore dans toute l'Allemagne, et par le général Pelet lui-même, trompé par la voix publique. Si la Parisienne fut quelque temps sous le feu de l'ennemi, l'amour de la gloire n'y était pour rien.

Pendant le court séjour que nous fîmes à Ratisbonne, le maréchal attacha à son état-major M. le lieutenant de La Bourdonnaye, jeune officier rempli d'esprit et fort brave, qui lui était recommandé par le sénateur Guéhéneuc, père de Mme la maréchale. M. de La Bourdonnaye se désolait de n'être arrivé parmi nous qu'après l'assaut; mais il trouva bientôt d'autres occasions de montrer son courage. Il lui arriva même à ce sujet quelque chose de bizarre. Les élégants de l'armée avaient adopté des pantalons d'une largeur démesurée, qui ne manquaient pas de grâce lorsqu'on était à cheval, mais qui étaient on ne peut plus embarrassants à pied. Or, La Bourdonnaye avait un de ces pantalons immenses, lorsqu'au combat de Wels, le maréchal lui ayant prescrit de mettre pied à terre et de courir sur le pont pour transmettre un ordre aux troupes, les éperons de ce bon jeune homme s'embarrassèrent dans son pantalon; il tomba, et nous le crûmes mort!... Il se releva fort lestement, et, voulant courir de nouveau, il entendit le maréchal s'écrier : « N'est-il pas absurde de venir faire la guerre avec six « aunes de drap autour des jambes? » La Bourdonnaye, qui combattait pour la première fois sous les yeux du maréchal, désirant faire preuve de zèle, tire alors son sabre, coupe et déchire son pantalon à mi-cuisses, et, devenu plus leste, reprend sa course, genoux et jambes nus! Quoiqu'on se trouvât sous les balles ennemies, le maréchal et son état-major rirent aux larmes de ce nouveau costume, et, à son retour, La Bourdonnaye fut complimenté sur sa présence d'esprit.

Après avoir confié à une forte garnison le soin de garder Ratisbonne et son pont, l'Empereur dirigea l'armée sur Vienne par la rive droite du Danube, pendant que le gros des ennemis prenait la même direction, en longeant la rive gauche. Je ne fatiguerai pas votre attention par le récit des nombreux combats que nous eûmes à livrer aux corps autrichiens qui cherchaient à s'opposer à notre marche vers la capitale; je me bornerai à faire observer que le maréchal Masséna, dont les circonstances avaient tenu jusque-là le corps éloigné de tout engagement, commit l'imprudence énorme d'attaquer, le 3 mai, le pont d'Ebersperg, sur la Traun, bien qu'il fût défendu par 40,000 hommes appuyés à un château fort. Cette attaque devenait complètement inutile, puisque, avant qu'elle eût commencé, le corps du maréchal Lannes avait passé la Traun à cinq lieues au-dessus d'Ebersperg, et marchait pour prendre les Autrichiens par derrière. Ceux-ci se fussent certainement retirés le jour même à notre approche, sans que Masséna perdît un seul homme. Il attaqua donc pour passer une rivière *déjà passée;* il réussit, mais il eut plus de 1,000 soldats tués et 2,000 blessés! L'Empereur blâma ce déplorable abus du sang des hommes, et, sans doute pour donner une leçon à Masséna, il fit partir de Wels une simple brigade de cavalerie légère, sous les ordres du général Durosnel, qui, redescendant la rive gauche de la Traun, parvint à Ebersperg sans tirer un coup de pistolet, en même temps que les troupes de Masséna y entraient, après y avoir subi des pertes considérables et eu deux colonels tués et trois autres blessés! Napoléon se rendit de Wels à Ebersberg par la rive droite, ce qui prouva que la route était parfaitement libre. Arrivé sur le champ de bataille, la vue de ce grand nombre d'hommes, si inutilement tués, le navra de douleur ; il s'éloigna et ne vit personne de la soirée!... Si tout autre que Masséna se fût permis de faire sans ordre une attaque aussi imprudente, il eût probablement été renvoyé sur les derrières ; mais c'était Masséna, l'enfant chéri de la victoire, et l'Empereur crut devoir se borner à quelques sévères observations. L'armée, moins indulgente, critiqua hautement Masséna. Celui-ci, pour s'excuser, disait que les 40,000 Autrichiens qui défendaient Ebersberg, sous les ordres du général Hiller, ayant non loin de leur droite un pont sur le Danube, à Mauthausen, il était à craindre que, si l'on n'eût promptement attaqué ce corps, sans attendre l'arrivée des troupes qui le tournaient par Wels, le général Hiller passât le Danube et allât se joindre au prince Charles sur la rive gauche. Mais cette supposition se fût-elle vérifiée, il n'en fût résulté aucun inconvénient pour l'armée française ; au contraire, puisque toutes les troupes se trouvaient alors au delà du Danube et que nous n'eussions pas eu un seul coup de fusil à tirer pour marcher sur Vienne par la rive droite, entièrement dépourvue de défenseurs. Au surplus, le but que Masséna avait poursuivi en attaquant Ebersberg ne fut pas atteint. Le général Hiller, après avoir reculé d'une ou deux marches sur la rive droite, alla passer le Danube à Stein, et, descendant ce fleuve sur la rive gauche, il se rendit en toute diligence à Vienne.

Quoi qu'il en soit, après avoir traversé la Traun, brûlé le pont de Mauthausen et franchi la rivière de l'Ens, l'armée de Napoléon s'avança jusqu'à Mölk, sans qu'on sût si le général Hiller se trouvait entre Vienne et nous, ou s'il avait traversé le Danube pour aller joindre le prince Charles sur la rive gauche. Quelques espions assuraient que c'était au contraire le prince qui avait passé le Danube pour se réunir au général Hiller, et que nous rencontrerions le lendemain toute la grande armée autrichienne dans une forte position en avant de Saint-Pölten. Dans ce cas, nous devions nous préparer à livrer une grande bataille; dans le cas contraire, il fallait marcher rapidement sur Vienne, afin d'y arriver avant l'armée ennemie, qui se dirigeait vers la capitale par la rive opposée à celle que nous occupions.

L'incertitude de l'Empereur était fort grande, faute de renseignements positifs qui le missent à même de résoudre la question ainsi posée : le général Hiller a-t-il passé le Danube, ou se trouve-t-il encore devant nous, masqué par un rideau de cavalerie légère qui, fuyant toujours, ne se laisse pas approcher, pour qu'on ne puisse lui faire aucun prisonnier, dont on obtiendrait quelques éclaircissements?... Rien n'était encore positif, lorsque le 7 mai nous arrivâmes à Mölk.

C'est à Mölk, mes chers enfants, que j'accomplis celle de toutes mes actions de guerre dont le souvenir me flatte le plus, parce que les dangers que j'avais courus jusqu'à ce jour m'étaient imposés pour l'exécution des *ordres* donnés par mes chefs, tandis qu'ici ce fut *volontairement* que je bravai la mort, pour être utile à mon pays, servir mon Empereur, et acquérir un peu de gloire.

CHAPITRE XIV

L'Empereur me propose de tenter une expédition des plus périlleuses. — Je l'accepte et me dévoue pour l'armée. — Résultats considérables de mon expédition.

La jolie petite ville de Mölk, située sur le bord du Danube, est dominée par un immense rocher en forme de promontoire, sur le haut duquel s'élève un couvent de Bénédictins, qui passe pour le plus beau et le plus riche de la chrétienté. Des appartements du monastère, l'œil découvre sur une très vaste étendue le cours et les deux rives du Danube. L'Empereur et plusieurs maréchaux, au nombre desquels était le maréchal Lannes, s'établirent au monastère, et notre état-major logea chez le curé de la ville. Il était tombé beaucoup d'eau pendant la semaine, et la pluie, qui n'avait pas cessé depuis vingt-quatre heures, continuait encore; aussi le Danube et ses nombreux affluents étaient-ils débordés. La nuit venue, mes camarades et moi, charmés d'être à l'abri d'un aussi mauvais temps, soupions gaiement avec le curé, jovial garçon, qui nous faisait les honneurs d'un excellent repas, lorsque l'aide de camp de service auprès du maréchal Lannes vient me prévenir que celui-ci me demande, et qu'il faut que je monte à l'instant même au couvent. Je me trouvais si bien où j'étais, que je fus très contrarié d'être obligé de quitter un bon souper et un bon logis pour aller me mouiller derechef; mais il fallait obéir!...

Tous les corridors et toutes les salles basses du monastère étaient remplis de grenadiers et de chasseurs de la garde, auxquels le bon vin des moines faisait oublier les fatigues des jours précédents. En arrivant dans les salons, je compris que j'étais appelé pour quelque grave motif, car généraux, chambellans, officiers d'ordonnance, tous me répétaient : « L'Empereur vous a fait demander ! » Quelques-uns ajoutaient : « C'est probablement pour vous remettre votre brevet de chef d'escadron. » Mais je n'en crus rien, car je n'avais pas encore assez d'importance auprès du souverain pour qu'il m'envoyât chercher à pareille heure pour me remettre lui-même ma nomination ! Je fus donc introduit dans une immense et magnifique galerie, dont le balcon donne sur le Danube. J'y trouvai l'Empereur dînant avec plusieurs maréchaux et l'abbé du couvent, qui a le titre d'évêque. En me voyant, l'Empereur quitte la table et s'approche du grand balcon, suivi du maréchal Lannes, auquel je l'entends dire à voix basse : « L'exécution de ce projet est
« presque impossible; ce serait envoyer inutilement ce
« brave officier à une mort presque certaine ! — Il ira,
« Sire, j'en suis certain, répond le maréchal, il ira; d'ail-
« leurs, nous pouvons toujours lui en faire la propo-
« sition. »

Me prenant alors par la main, le maréchal ouvre la fenêtre du balcon qui domine au loin le Danube, dont l'immense largeur, triplée en ce moment par une très forte inondation, était de près d'une lieue !... Un vent des plus impétueux agitait le fleuve, dont nous entendions mugir les vagues. Il pleuvait à torrents, et la nuit était des plus obscures; on apercevait néanmoins de l'autre côté une immense ligne de feux de bivouac. Napoléon, le maréchal Lannes et moi étant seuls auprès du balcon, le maréchal me dit : « Voilà de l'autre côté

« du fleuve un camp autrichien; mais l'Empereur désire
« très vivement savoir si le corps du général Hiller en
« fait partie, ou s'il se trouve encore sur cette rive. Il
« faudrait que, pour s'en assurer, un homme de *cœur* eût
« le courage de traverser le Danube, afin d'aller enlever
« quelque soldat ennemi, et j'ai affirmé à l'Empereur que
« vous iriez! » Napoléon me dit alors : « Remarquez
« bien que ce n'est pas un *ordre* que je vous donne; c'est
« un désir que j'exprime; je reconnais que l'entreprise
« est on ne peut plus périlleuse, mais vous pouvez la
« refuser sans crainte de me déplaire. Allez donc réflé-
« chir quelques instants dans la pièce voisine, et reve-
« nez nous dire franchement votre décision. »

J'avouerai qu'en entendant la proposition du maréchal Lannes, une sueur froide avait inondé tout mon corps! Mais à l'instant même, un sentiment que je ne saurais définir, et dans lequel l'amour de la gloire et de mon pays se mêlait peut-être à un noble orgueil, exaltant au dernier degré mon ardeur, je me dis : Comment! l'Empereur a ici une armée de 150,000 guerriers dévoués, ainsi que 25,000 hommes de sa garde, tous choisis parmi les plus braves; il est entouré d'aides de camp, d'officiers d'ordonnance, et cependant, lorsqu'il s'agit d'une expédition pour laquelle il faut autant d'intelligence que d'intrépidité, c'est moi, moi! que l'Empereur et le brave maréchal Lannes choisissent!!! « J'irai, Sire!
« m'écriai-je sans hésiter. J'irai!... et si je péris, je lègue
« ma mère à Votre Majesté! » L'Empereur me prit l'oreille en signe de satisfaction, et le maréchal me tendit la main en s'écriant : « J'avais bien raison de dire à Votre Majesté
« qu'il irait!... Voilà ce qu'on appelle un brave soldat[1]!... »

---

[1] Ce témoignage me fit un bien vif plaisir, et je pus m'écrier comme Montluc, qui venait d'être félicité pour son courage par le maréchal de Trivulce : « Il faut que je die que j'estimai plus la louange

Mon expédition étant ainsi résolue, il fallut songer à réunir les moyens pour l'exécuter. L'Empereur fit appeler le général Bertrand, son aide de camp, le général Dorsenne, des grenadiers de la garde, ainsi que le commandant du grand quartier impérial, et leur ordonna de mettre à ma disposition tout ce dont je croirais avoir besoin. Sur ma demande, un piquet d'infanterie alla chercher en ville le bourgmestre, le syndic des bateliers et cinq de ses meilleurs matelots. Un caporal et cinq grenadiers à pied de la vieille garde, parlant tous allemand, et pris parmi les plus braves, quoique n'étant pas encore décorés, furent aussi appelés et consentirent volontairement à m'accompagner. L'Empereur fit d'abord introduire les six militaires, et leur ayant promis qu'à leur retour ils recevraient immédiatement la croix, ces braves gens répondirent par un « Vive l'Empereur ! » et allèrent se préparer. Quant aux cinq bateliers, lorsque l'interprète leur eut expliqué qu'il s'agissait de conduire une barque de l'autre côté du Danube, ils tombèrent à genoux et se mirent à pleurer. Le syndic déclara qu'il valait autant les fusiller tout de suite que de les envoyer à une mort certaine ; l'expédition était *absolument impossible*, non seulement à cause de la force des eaux qui retourneraient la nef, mais aussi parce que les affluents du Danube ayant amené dans ce fleuve une grande quantité de sapins nouvellement abattus dans les montagnes voisines, ces arbres qu'on ne pourrait éviter dans l'obscurité viendraient heurter et défoncer la barque. D'ailleurs, comment aborder sur la rive opposée, au milieu des saules qui crèveraient le bateau, et d'une inondation dont on ne connaissait pas l'étendue ?..... Le syn-

que me donna cet homme que s'il m'eût donné la meilleure des terres siennes, encore que pour lors je fus bien peu riche ! Cette gloire me fit enfler le cœur ! »

dic concluait donc que l'opération était matériellement impraticable.

En vain l'Empereur, pour les séduire, fit-il étaler devant chacun d'eux 6,000 francs en or, cette offre ne put les décider, et cependant, disaient-ils, nous sommes de pauvres matelots, tous pères de famille; cet or assurerait notre fortune et celle de nos enfants; notre refus doit donc vous prouver l'impossibilité de traverser le fleuve en ce moment!... Je l'ai déjà dit : à la guerre, la nécessité d'épargner la vie d'un grand nombre d'hommes, en sacrifiant celle de quelques-uns, rend, dans certaines circonstances, les chefs de l'armée impitoyables. L'Empereur fut donc inflexible. Les grenadiers reçurent l'ordre d'emmener ces pauvres gens malgré eux, et nous descendîmes à la ville.

Le caporal qu'on m'avait donné était un homme fort intelligent; je le pris pour mon interprète et le chargeai, chemin faisant, de dire au syndic des matelots que, puisqu'il était forcé de venir avec nous, il devait, dans son propre intérêt, nous désigner la meilleure barque et indiquer tous les objets dont il fallait la garnir. Le malheureux obéit, tout en se livrant au plus affreux désespoir. Nous eûmes donc une excellente embarcation et prîmes sur les autres tout ce qui fut à notre convenance. Nous avions deux ancres; mais comme il ne me paraissait guère possible de nous en servir, je fis prendre des câbles et coudre au bout de chacun d'eux un morceau de toile, dans lequel était enveloppé un gros caillou. J'avais vu dans le midi de la France des pêcheurs arrêter leurs bateaux en lançant sur les saules du rivage les cordes ainsi préparées, qui, s'entortillant autour de ces arbres, faisaient office d'ancre et arrêtaient la nacelle. Je couvris ma tête d'un képi, les grenadiers prirent leurs bonnets de police, car toute autre coiffure eût été très embarrassante. Nous avions des vivres, des cordes, des haches, des scies, une échelle, enfin tout ce que la prévoyance m'avait suggéré de prendre.

Nos préparatifs terminés, j'allais donner le signal du départ, lorsque les cinq bateliers me supplièrent en sanglotant de les faire conduire chez eux par mes soldats et de leur accorder la grâce d'aller, pour la dernière fois peut-être, embrasser leurs femmes et leurs enfants!... Mais l'attendrissement qu'eût produit cette scène ne pouvant qu'amoindrir le courage déjà si faible de ces malheureux, je refusai. « Eh bien! dit alors le syndic, « puisque nous n'avons plus que quelques instants à « vivre, donnez-nous cinq minutes pour recommander « nos âmes à Dieu, et faites de même que nous, car « vous allez aussi périr!... » Ils se prosternèrent tous; les grenadiers et moi les imitâmes, ce qui parut faire grand plaisir à ces braves gens. La prière terminée, je fis distribuer à chacun d'eux un verre de l'excellent vin des moines, et la barque fut poussée au large!...

J'avais recommandé aux grenadiers d'exécuter en silence toutes les prescriptions du syndic qui tenait le gouvernail. Le courant était trop rapide pour que nous pussions traverser directement de Mölk à la rive opposée; nous remontâmes donc à la voile le long de la berge du fleuve pendant plus d'une lieue, et bien que le vent et les vagues fissent bondir le bateau, ce trajet se fit sans accident. Mais lorsqu'il fallut enfin s'éloigner de terre, pour commencer la traversée à force de rames, le mât qu'on abattit, au lieu de venir se placer dans la longueur du bateau, tomba de côté, et la voile, trempant dans l'eau, offrait une grande résistance au courant, ce qui nous fit tellement pencher que nous fûmes sur le point d'être submergés!... Le patron ordonna de couper les câbles et de jeter le mât dans le fleuve; mais les matelots, perdant la tête, se mirent à prier sans bouger!... Alors, le caporal, tirant son sabre, leur dit : « On peut prier en travaillant! Si vous n'obéissez sur-le-champ, je vous tue!... »

Ces pauvres diables, obligés de choisir entre une mort incertaine et une mort positive, prirent des haches, aidèrent les grenadiers; le mât fut promptement coupé et lancé dans le courant... Il était temps, car à peine fûmes-nous débarrassés de ce dangereux fardeau, que nous ressentîmes une secousse épouvantable : un des nombreux sapins qu'entraînait le Danube venait de heurter le bateau... nous frémîmes tous!... Heureusement, le bordage n'était point encore défoncé; mais la barque résisterait-elle aux chocs qu'elle pouvait recevoir des autres arbres que nous n'apercevions pas et dont le voisinage nous était signalé par un plus grand balancement des vagues?... Plusieurs nous touchèrent, sans qu'il en résultât de graves accidents; cependant, le courant nous poussant avec force, et nos rames gagnant fort peu sur lui, pour nous faire prendre le biais nécessaire à la traversée du fleuve, je craignis un moment qu'il ne nous entraînât au delà du camp ennemi, ce qui eût fait manquer mon expédition. Enfin, à force de rames, nous étions parvenus aux trois quarts du trajet, lorsque, malgré l'obscurité, j'aperçois une énorme masse noire sur les eaux, puis tout à coup un frôlement aigu se fait entendre, des branchages nous atteignent au visage, et la barque s'arrête!... Le patron, questionné, répond que nous sommes sur un îlot garni de saules et de peupliers, dont l'inondation a presque atteint le sommet... Il fallut employer des haches à tâtons pour s'ouvrir un passage à travers ces branches; on y parvint, et dès que nous eûmes franchi cet obstacle, nous trouvâmes un courant bien moins furieux que dans le milieu du fleuve et atteignîmes enfin la rive gauche, en face du camp autrichien. Cette rive était bordée d'arbres aquatiques très touffus qui, avançant en forme de dôme au-dessus de la berge, en rendaient sans doute l'approche fort difficile, mais qui en même temps s'opposaient à ce que du camp on pût apercevoir notre barque. Les feux de bivouac éclairaient le rivage, tout en nous laissant dans l'obscurité que les branches de saules projetaient sur nous. Je laissai la barque courir le long du bord, cherchant de l'œil un endroit propice pour prendre terre. Tout à coup, j'aperçois une rampe pratiquée sur la berge par les ennemis, afin que les hommes et les chevaux de leur camp pussent arriver jusqu'à l'eau. L'adroit caporal lance alors parmi les saules l'une des pierres que j'avais fait préparer; la corde s'enroule autour de l'un de ces arbres, et la barque s'arrête contre la terre, à un ou deux pieds de la rampe. Je pense qu'il était alors minuit. Les Autrichiens, se trouvant séparés des Français par l'immensité du Danube débordé, étaient dans une si grande sécurité que, excepté le factionnaire, tout dormait dans le camp.

Il est d'usage à la guerre que, quelle que soit la distance qui sépare de l'ennemi, les canons et les sentinelles doivent toujours faire face vers lui. Une batterie placée en avant du camp était donc tournée du côté du fleuve, et des factionnaires se promenaient sur le haut du rivage, dont les arbres empêchaient de voir l'extrême bord, tandis que du bateau j'apercevais à travers les branches une grande partie des bivouacs. Jusque-là ma mission avait été plus heureuse que je n'aurais pu l'espérer; mais pour que le résultat fût complet, il fallait enlever un prisonnier, et une telle opération, exécutée à cinquante pas de plusieurs milliers d'ennemis, qu'un seul cri pouvait réveiller, me paraissait bien difficile!... Cependant, il fallait agir... J'ordonne donc aux cinq matelots de se coucher au fond de la barque, en les prévenant que deux grenadiers vont les surveiller et tueront impitoyablement celui qui proférera une parole ou essayera de se lever. Je place un autre grenadier sur la pointe du bateau qui avoisine la berge, et mettant le sabre à la main, je débarque, suivi du caporal et de deux grenadiers. Il s'en fallait de quelques pieds que la barque touchât terre; nous fûmes donc obligés de marcher dans l'eau, mais enfin nous voilà sur la rampe... Nous la montons, et je me préparais à courir sur le factionnaire le moins éloigné de nous, pour le désarmer, le faire bâillonner et le traîner sur le bateau, lorsqu'un bruit métallique et un petit chant à demi-voix vinrent frapper mes oreilles... Un homme portant un gros bidon de fer-blanc venait en fredonnant puiser de l'eau. Nous redescendons promptement vers le fleuve, pour nous cacher sous la voûte de branches qui couvre la barque, et dès que l'Autrichien se baisse pour remplir son bidon, mon caporal et les deux grenadiers le saisissent à la gorge, lui placent sur la bouche un mouchoir rempli de sable mouillé, et lui mettant la pointe de leur sabre au corps, menacent de le tuer s'il fait la moindre résistance ou cherche à pousser un cri!... Cet homme, stupéfait, obéit et se laisse conduire au bateau; nous le hissâmes dans les bras du grenadier placé sur ce point, et celui-ci le fit coucher à plat ventre à côté des matelots. Pendant qu'on enlevait cet Autrichien, son costume m'avait fait reconnaître que ce n'était pas un soldat proprement dit, mais un soldat domestique d'officier.

J'aurais préféré prendre un combattant, parce que j'aurais eu des renseignements plus positifs; néanmoins, faute de mieux, j'allais me contenter de cette capture, lorsque j'aperçois au sommet de la rampe deux militaires portant chacun le bout d'un bâton au milieu duquel était suspendu un chaudron. Ces hommes n'étant plus qu'à quelques pas, il était impossible de se rembarquer sans être vu. Je fis donc signe à mes grenadiers de se cacher de nouveau, et lorsque ces deux Autrichiens se baissèrent pour remplir leur vase, des bras vigoureux, les saisissant par derrière, leur plongèrent la tête dans l'eau, parce que ces soldats ayant leurs sabres, je craignais qu'ils ne voulussent résister; il fallait donc les étourdir. Puis, à mesure qu'on en relevait un, sa bouche était couverte par un mouchoir rempli de sable, et des lames de sabre placées sur sa poitrine le contraignaient à nous suivre! Ils furent successivement embarqués comme l'avait été le domestique, et je remontai à bord, suivi du caporal et des deux grenadiers.

Jusque-là, tout allait admirablement bien. Je fais lever les matelots; ils reprennent leurs rames, et j'ordonne au caporal de détacher le bout de la corde qui nous fixait au rivage; mais elle était si mouillée, et le fort tirage du bateau qu'elle retenait, malgré la violence du courant, avait tellement resserré le nœud, qu'il devint impossible de la défaire. Nous fûmes obligés de scier la corde, ce qui nous prit deux ou trois minutes. Mais les efforts que nous faisions ayant imprimé un grand mouvement au câble dont l'extrémité était entortillée autour d'un saule, les branches de cet arbre agitèrent celles qui l'avoisinaient. Il en résulta un frôlement assez bruyant pour attirer l'attention du factionnaire. Cet homme approche, n'aperçoit pas la barque; mais voyant l'agitation des branches et le bruit augmenter, il crie : « Wer da? » (Qui vive?) Pas de réponse!... Nouvelle sommation de la sentinelle ennemie... Nous gardons encore le silence, en continuant notre travail... J'étais dans des transes mortelles; car, après avoir bravé tant de périls, il eût été vraiment cruel d'échouer au port!... Enfin, enfin, la corde est coupée et le bateau poussé au large!... Mais à peine est-il en dehors de la voûte que les saules formaient au-dessus de nous, que, éclairé par la lueur des feux de bivouac, il est aperçu par le factionnaire autrichien qui crie : *Aux armes!* et tire sur nous!... Personne n'est atteint; mais à ce bruit, toutes les troupes du camp se lèvent précipitamment, et les artilleurs, dont les pièces braquées sur le Danube se trouvaient toutes chargées, me font l'honneur de tirer le canon sur ma barque!... Mon cœur bondit de joie au bruit de cette détonation, qui devait être entendue par l'Empereur et par le maréchal Lannes!..... Mes yeux se portèrent vers le couvent de Mölk, dont, malgré l'éloignement, je n'avais cessé d'apercevoir les nombreuses croisées éclairées. Elles furent probablement toutes ouvertes à l'instant ; mais la lumière d'une seule me parut augmenter de vivacité : c'était celle de l'immense fenêtre du balcon, qui, grâce à ses dimensions, pareilles à celles d'un portail d'église, projetait au loin une grande clarté sur les eaux du fleuve. Il était évident qu'on venait de l'ouvrir en entendant gronder le canon; aussi je me dis : « L'Empereur et les maréchaux sont certainement sur ce balcon; ils me savent parvenu sur la rive gauche dans le camp ennemi et font des vœux pour mon retour! » Cette pensée exaltant encore mon courage, je ne fis aucune attention aux boulets, d'ailleurs fort peu dangereux, car la rapidité du courant nous emportait avec une telle vitesse que les artilleurs ennemis ne pouvaient pointer avec précision sur un objet aussi mobile, et il aurait fallu être bien malheureux pour qu'ils atteignissent notre embarcation; il est vrai qu'un seul boulet pouvait la briser et nous plonger dans le gouffre, mais tous allèrent se perdre dans le Danube. Je me trouvai bientôt hors de la portée des ennemis et pus concevoir l'espérance que mon entreprise aurait une heureuse issue. Cependant, tous les périls n'étaient pas encore surmontés, car il fallait retraverser le fleuve qui roulait toujours des troncs de sapin, et nous fûmes jetés plusieurs fois sur des îles submergées, où les branches des peupliers nous arrêtèrent longtemps. Nous parvînmes enfin à nous rapprocher de la rive droite, à plus de deux lieues au-dessous de Mölk. Ici une nouvelle crainte vint m'assaillir. J'aperçus les feux de bivouac, et rien ne me donnait la certitude qu'ils appartinssent à un régiment français, car l'ennemi avait des troupes sur les deux rives, et je savais que, sur celle de droite, l'avant-garde du maréchal Lannes se trouvait à peu de distance de Mölk, en face d'un corps autrichien placé à Saint-Pölten.

Notre armée devait sans doute se porter en avant au point du jour, mais occupait-elle déjà ce lieu, et les feux que je voyais étaient-ils entourés d'amis ou d'ennemis ? Je craignais que le courant ne m'eût entraîné trop bas, mais je fus tiré de ma perplexité par le son de plusieurs trompettes, qui sonnaient le réveil de la cavalerie française. Alors, toute incertitude cessant, nous fîmes force de rames vers la plage, où l'aube nous fit apercevoir un village. Nous en étions peu éloignés, lorsqu'un coup de mousqueton se fit entendre, et une balle siffla à nos oreilles !... Il était évident que le poste français nous prenait pour une embarcation ennemie. Je n'avais pas prévu ce cas, et ne savais trop comment nous parviendrions à nous faire reconnaître, lorsque j'eus l'heureuse pensée de faire pousser fréquemment par mes six grenadiers le cri de : *Vive l'empereur Napoléon!*..... Cela ne suffisait certainement pas pour prouver que nous étions Français, mais devait cependant attirer l'attention des officiers, qui, entourés de beaucoup de soldats, ne pouvaient craindre notre petit nombre et empêcheraient sans doute qu'on ne tirât sur nous, avant de savoir si nous étions Français ou Autrichiens. En effet, peu d'instants après, j'étais reçu sur le rivage par le colonel Gautrin et le 9ᵉ de housards appartenant au corps du maréchal Lannes. Si nous fussions débarqués une demi-lieue plus bas, nous tombions dans les postes ennemis!... Le colonel de housards me prêta un cheval et me fit donner plusieurs chariots, sur lesquels je plaçai les grenadiers, les matelots et les prisonniers; puis la petite caravane se dirigea sur Mölk. Pendant ce trajet, le caporal ayant, par mon ordre, questionné les trois Autrichiens, j'appris avec bonheur que le camp d'où je venais de les enlever appartenait au corps du général Hiller, celui dont l'Empereur désirait si vivement connaître la position.

Ainsi, plus de doute, le général Hiller avait rejoint le prince Charles de l'autre côté du Danube; il ne pouvait donc plus être question de bataille sur la route que nous occupions, et Napoléon n'ayant plus devant lui que la cavalerie ennemie, placée en avant de Saint-Pölten, pouvait en toute sécurité pousser ses troupes sur Vienne, dont nous n'étions plus qu'à trois petites marches. Ces renseignements obtenus, je lançai mon cheval au galop, pour les porter au plus vite à l'Empereur.

Il faisait grand jour quand je parvins à la porte du monastère. J'en trouvai les abords obstrués par toute la population de la petite ville de Mölk, au milieu de laquelle on entendait les cris déchirants des femmes, enfants, parents et amis des matelots enlevés la veille. Je fus à l'instant entouré par ces bonnes gens, dont je calmai les vives inquiétudes en leur disant en fort mauvais allemand : « Vos parents et amis vivent, et vous allez les voir dans quelques instants! » Un immense cri de joie s'étant alors élevé du sein de la foule, l'officier

français chargé de la garde des portes se présenta, et dès qu'il me vit, il courut, ainsi qu'il en avait reçu l'ordre, prévenir les aides de camp de service d'informer l'Empereur de mon arrivée. En un instant, tout ce qui se trouvait dans le palais fut sur pied ; le bon maréchal Lannes vint à moi, m'embrassa cordialement et me conduisit sur-le-champ auprès de l'Empereur, en s'écriant : « Le voilà, Sire, je savais bien qu'il revien-
« drait !... il amène trois prisonniers du corps du général
« Hiller !..... » Napoléon me reçut on ne peut mieux, et quoique je fusse mouillé et crotté de toutes parts, il posa sa main sur mon épaule, sans oublier sa plus grande preuve de satisfaction, le pincement de l'oreille. Je vous laisse à juger combien je fus questionné !... L'Empereur voulut connaître en détail tout ce qui m'était advenu pendant ma périlleuse entreprise, et lorsque j'eus terminé mon récit, Sa Majesté me dit : « Je suis très content de vous, *chef d'escadron* Marbot !... »

Ces paroles équivalant à un brevet, je fus au comble de la joie !... Un chambellan ayant annoncé en ce moment que l'Empereur était servi, je comptais attendre dans la galerie qu'il fût sorti de table, lorsque Napoléon, me montrant du doigt la salle à manger, me dit : « Vous
« déjeunerez avec moi. » Je fus d'autant plus flatté de cet honneur, qu'il n'avait *jamais* été fait à aucun officier de mon grade. Pendant le déjeuner, j'appris que l'Empereur et les maréchaux ne s'étaient pas couchés, et qu'en entendant le canon gronder sur la rive opposée, ils s'étaient tous précipités au balcon ! L'Empereur me fit répéter de quelle manière j'avais surpris les trois prisonniers, et rit beaucoup de la frayeur et de l'étonnement qu'ils avaient dû éprouver.

On vint enfin annoncer que les chariots étaient arrivés, mais ne pouvaient pénétrer que très difficilement dans le couvent, tant la foule des habitants de Mölk s'empressait pour voir les matelots. Napoléon, trouvant cet empressement très naturel, ordonna de faire ouvrir les portes et de laisser entrer tout le monde dans la cour. Peu d'instants après, les grenadiers, les matelots et les prisonniers furent introduits dans la galerie. L'Empereur, ayant auprès de lui son interprète, fit d'abord questionner les trois soldats autrichiens, et apprenant avec satisfaction que non seulement le corps du général Hiller, mais le prince Charles et toute son armée se trouvaient sur la rive gauche, il prescrivit au prince Berthier de donner l'ordre à toutes les troupes de se mettre sur-le-champ en marche sur Saint-Pölten, où il allait les suivre. Puis, faisant approcher le brave caporal et les cinq soldats de sa garde, il plaça la croix de la Légion d'honneur sur leurs poitrines, les nomma chevaliers de l'Empire, en accordant à chacun une dotation de 1,200 francs de rente.

Toutes ces vieilles moustaches pleuraient de joie! Vint le tour des matelots, auxquels l'Empereur fit dire que les dangers qu'ils avaient courus étant beaucoup plus grands qu'il ne l'avait d'abord pensé, il était juste qu'il augmentât leur récompense; qu'en conséquence, au lieu de 6,000 francs promis, ils allaient en recevoir chacun 12,000, qui leur furent délivrés à l'instant même, en or. Rien ne pourrait exprimer le contentement de ces bonnes gens; ils baisaient les mains de l'Empereur et de tous les assistants, en s'écriant : « Nous voilà riches!... » Napoléon, voyant leur joie, fit en riant demander au syndic si, à un tel prix, il recommencerait un semblable voyage la nuit suivante; mais cet homme répondit que, échappé par miracle à une mort qu'il avait considérée comme certaine, il n'entreprendrait pas une pareille course au milieu des mêmes périls, quand bien même Mgr l'abbé de Mölk lui donnerait le monastère et les immenses propriétés qui en dépendent. Les matelots se retirèrent, bénissant la générosité de l'empereur des Français, et les grenadiers, impatients de faire briller leur décoration aux yeux de leurs camarades, allaient s'éloigner en emmenant leurs trois prisonniers, lorsque Napoléon s'aperçut que le domestique autrichien pleurait à chaudes larmes! Il le fit rassurer sur le sort qui l'attendait; ce pauvre garçon répondit en sanglotant qu'il savait bien que les Français traitaient fort bien leurs prisonniers, mais que, portant sur lui une ceinture contenant presque toute la fortune de son capitaine, il craignait que cet officier ne l'accusât d'avoir déserté pour le voler! Cette pensée lui arrachait le cœur! L'Empereur, touché du désespoir de cet honnête homme, lui fit dire qu'il était *libre*, et que, dans deux jours, dès que nous serions devant Vienne, on lui ferait passer les avant-postes, afin qu'il pût se rendre auprès de son maître. Puis Napoléon, prenant dans sa cassette un rouleau de 1,000 francs, le mit dans la main du domestique, en disant : « Il faut « honorer la vertu partout où elle se montre! » Enfin, l'Empereur donna quelques pièces d'or à chacun des deux autres prisonniers, en ordonnant qu'on les rendît aussi aux avant-postes autrichiens, « afin de leur faire « oublier la frayeur que nous leur avions causée, et qu'il « ne fût pas dit que des soldats, même ennemis, eussent « parlé à l'empereur des Français sans recevoir quelque « bienfait ».

CHAPITRE XV

Entrée dans Saint-Pölten. — Prise de possession du Prater. — Attaque et reddition de Vienne. — Soulèvements partiels en Allemagne.

Après avoir fait le bonheur de tous ceux que la barque avait amenés, Napoléon alla se préparer à marcher sur Saint-Pölten, et je quittai la galerie. Je trouvai le salon de service rempli de généraux et d'officiers de la garde ; tous mes camarades y étaient aussi, et chacun me félicitait, tant sur mon expédition que sur le nouveau grade que l'Empereur m'avait accordé, en me donnant dans la conversation le titre de *chef d'escadron*. Le brevet ne m'en fut néanmoins accordé que le mois suivant, après que je l'eus encore acheté par une nouvelle blessure ! N'accusez cependant pas l'Empereur d'ingratitude : les événements de la guerre l'absorbèrent dans le mois de mai, et comme il me donnait toujours le titre de *commandant*, Napoléon pensait que, confiant dans sa promesse, je devais me considérer comme tel.

Pendant le trajet de Mölk à Saint-Pölten, l'Empereur et le maréchal Lannes m'adressèrent encore plusieurs questions sur les événements de la nuit. Ils s'arrêtèrent en face du vieux château de Dirnstein, situé sur la rive opposée. Ce lieu avait un double intérêt. C'est au pied des collines où se trouve ce château que fut livré en 1805 le mémorable combat que le maréchal Mortier, séparé du reste de l'armée française, soutint avec courage pour s'ouvrir un passage à travers les troupes russes, et dans le moyen âge, les tours du château de Dirnstein avaient servi de prison à Richard Cœur de lion. En examinant ces ruines, et en pensant au sort du royal guerrier qu'on y retint si longtemps, Napoléon tomba dans une profonde rêverie. Pressentait-il alors que, enfermé un jour par ses ennemis, il terminerait sa vie dans la captivité?

Le maréchal Lannes ayant entendu plusieurs coups de canon vers Saint-Pölten, se porta rapidement sur cette ville, dans les rues de laquelle s'étaient effectuées plusieurs charges entre notre avant-garde et le peu de cavalerie légère que les ennemis avaient encore sur la rive droite, et qui, trop faible pour nous résister, se retira promptement sur Vienne.

Tous mes camarades étant occupés à porter des ordres, je me trouvais seul auprès du maréchal, lorsqu'en entrant dans Saint-Pölten et passant devant un monastère de religieuses, nous en vîmes sortir l'abbesse, une crosse à la main, et suivie de toutes ses nonnes. Les saintes femmes, effrayées, venaient demander protection. Le maréchal les rassura, et comme les ennemis fuyaient de toutes parts et que nos troupes occupaient la ville, il crut pouvoir mettre pied à terre. Un soleil brûlant avait succédé à la tempête de la nuit précédente; le maréchal venait de faire trois lieues au galop; il avait très chaud; l'abbesse lui proposa de venir prendre quelques rafraîchissements. Il accepta, et nous voilà tous les deux dans le couvent, au milieu d'une cinquantaine de religieuses!... En un instant, une table élégante fut dressée et un goûter splendide servi. Je ne vis jamais une telle profusion de sirops, de confitures, de bonbons de toutes sortes, auxquels nous fîmes honneur. Les religieuses en remplirent nos poches et en offrirent plusieurs caisses au maréchal, qui les accepta en disant qu'il les porterait à ses enfants de la part de ces dames. Hélas! il ne devait plus les revoir, ses chers enfants!...

L'Empereur et le maréchal Lannes couchèrent ce soir-là à Saint-Pölten, d'où l'armée se rendit en deux jours à Vienne. Nous arrivâmes devant cette ville le 10 mai, de très grand matin. L'Empereur se rendit immédiatement au château royal de Schœnbrünn, situé à une demi-lieue de cette ville. Ainsi, vingt-sept jours après son départ de Paris, il était aux portes de la capitale de l'Autriche!... On avait pensé que le prince Charles, hâtant sa marche sur la rive gauche du Danube et repassant ce fleuve par le pont de Spitz, serait dans Vienne avant notre arrivée; mais ce prince était en retard de plusieurs jours, et la capitale ne se trouvait défendue que par une faible garnison. La ville de Vienne, proprement dite, est fort petite, mais elle se trouve entourée d'immenses faubourgs, dont chacun, isolément, est plus vaste et plus peuplé que la ville. Ces faubourgs n'étant enfermés que dans un simple mur d'enceinte, trop faible pour arrêter une armée, l'archiduc Maximilien, qui commandait dans Vienne, les abandonna et se retira dans la place, derrière les vieilles fortifications, avec tous les combattants. Cependant, s'il eût voulu utiliser le courage et les efforts de la population qui s'offrait à lui, il aurait pu résister quelque temps. Il n'en fit rien, et, dès leur arrivée, les troupes françaises occupèrent les faubourgs sans coup férir. Le maréchal Lannes, trompé par un rapport inexact, crut que l'ennemi avait aussi abandonné la ville et s'empressa d'envoyer le colonel Guéhéneuc prévenir l'Empereur que nous occupions Vienne; Napoléon, impatient d'annoncer cette grande nouvelle, ordonna à M. Guéhéneuc de partir sur-le-champ pour Paris.

Mais la place tenait toujours, et lorsque le maréchal

Lannes voulut y entrer à la tête d'une division, nous fûmes reçus à coups de canon; le général Tharreau fut blessé, et plusieurs soldats tués. Le maréchal fit revenir les troupes dans les faubourgs, et après les avoir mises à couvert du feu de la place, il crut devoir envoyer le colonel Saint-Mars, son aide de camp, porter une sommation au gouverneur, en le faisant accompagner de M. de La Grange, qui avait été longtemps attaché à l'ambassade française à Vienne, et connaissait parfaitement les localités. Un parlementaire doit s'avancer seul, accompagné d'un trompette; mais, au lieu de se conformer à cet usage, le colonel Saint-Mars prit trois ordonnances; M. de La Grange en fit autant, de sorte qu'en comprenant le trompette, ils étaient *neuf*. C'était beaucoup trop; aussi les ennemis crurent, ou firent semblant de croire, que ce groupe venait plutôt pour examiner les fortifications que pour transmettre une sommation. Une porte s'ouvrit tout à coup et donna passage à un peloton de housards hongrois, qui, fondant le sabre à la main sur les parlementaires, les blessèrent tous grièvement et les emmenèrent prisonniers dans la ville. Les cavaliers ennemis qui commirent cet acte de barbarie appartenaient au régiment de Szecklers, le même qui, en 1799, avait massacré devant Rastadt les plénipotentiaires français Roberjot et Bonnier, et grièvement blessé Jean Debry.

En apprenant avec quelle indignité les Autrichiens avaient versé le sang des parlementaires envoyés par le maréchal Lannes, l'Empereur, révolté, accourut et fit venir un grand nombre d'obusiers, pour tirer la nuit suivante sur Vienne, dont les défenseurs ouvrirent à l'instant même sur les faubourgs un feu terrible, qui dura vingt-quatre heures, au risque de tuer leurs concitoyens.

OCCUPATION DU PRATER.

Le 11 au matin, l'Empereur parcourut les environs de Vienne, et s'étant aperçu que l'archiduc Maximilien avait commis l'énorme faute de ne pas garnir de troupes la promenade du Prater, il résolut de s'en emparer, en jetant un pont sur le petit bras du Danube qui baigne le Prater.

A cet effet, deux compagnies de voltigeurs passèrent d'abord en bateau sur l'autre rive et occupèrent le pavillon de Lusthaus, ainsi que le bois voisin, d'où elles protégèrent la construction du pont, qui fut terminé pendant la nuit.

Dès qu'on apprit dans Vienne que les Français, maîtres du Prater, pouvaient marcher de là vers les portes de Spitz, unique moyen de retraite de la garnison, l'agitation fut très grande; de nouveaux événements vinrent bientôt l'augmenter. En effet, vers dix heures du soir, nos artilleurs, abrités par les vastes et solides bâtiments des écuries impériales, commencèrent à lancer des obus sur la ville, et bientôt le feu se manifesta dans plusieurs quartiers, notamment à la place du Graben, la plus belle de la cité.

On a dit, et le général Pelet a répété à tort, que l'archiduchesse Louise se trouvant alors malade dans le palais de son père, le commandant de la garnison en avait fait prévenir l'empereur des Français, et que celui-ci avait ordonné de changer l'emplacement des batteries. Cela est un conte fait à plaisir, car Marie-Louise ne se trouvait pas à Vienne pendant l'attaque, et si elle y eût été, les généraux autrichiens n'eussent certainement pas exposé la fille de leur empereur aux périls de la guerre, lorsqu'en quelques minutes un bateau pouvait la transporter de l'autre côté du grand bras du Danube, ce qui, avec des soins convenables, n'eût pas aggravé sa situation. Mais il est des gens qui, voulant trouver du *merveilleux* en toutes choses, se sont plu à faire sauver la vie de l'archiduchesse par celui dont elle devait bientôt partager le trône.

Nos obus continuaient à tirer sur la ville, lorsqu'au milieu de la nuit, Napoléon, laissant aux généraux d'artillerie le soin de diriger le feu, se mit en marche pour retourner à Schœnbrünn, où le maréchal Lannes logeait aussi. Il faisait un superbe clair de lune, la route était belle, l'Empereur partit donc au galop selon son habitude. Il montait pour la première fois un charmant cheval dont le roi de Bavière lui avait fait présent. M. le comte de Canisy, écuyer de Napoléon, qui par ses fonctions était tenu d'essayer les montures qu'il présentait à l'Empereur, ayant sans doute négligé cette précaution, affirmait cependant que le cheval était *parfait;* mais au bout de quelques pas, le cheval s'abat, l'Empereur roule à terre et reste étendu, sans donner aucun signe de vie!... Nous le crûmes mort!... Il n'était qu'évanoui; on s'empressa de le relever, et, malgré les observations du maréchal Lannes, il voulut achever le trajet à cheval. Il prit une autre monture et repartit au galop pour Schœnbrünn. Arrivé dans la vaste cour de ce palais, l'Empereur fit ranger en cercle autour de lui le nombreux état-major et l'escadron de sa garde, témoins de l'accident qu'il venait d'éprouver, et défendit qu'il en fût parlé. Ce secret confié à plus de deux cents personnes, dont la moitié étaient de simples soldats, fut si religieusement gardé que l'armée et l'Europe ignorèrent que Napoléon avait failli périr!... L'écuyer comte de Canisy s'attendait à être sévèrement réprimandé; mais Napoléon ne lui infligea d'autre punition que celle de monter *chaque jour* le cheval bavarois, et, dès le lendemain, M. de Canisy ayant été jeté plusieurs fois par terre, tant la bête avait les jambes faibles, l'Empereur fit grâce à son écuyer, en l'engageant à mieux examiner à l'avenir les chevaux qu'il lui présentait.

Apprenant que sa retraite était menacée par les troupes françaises maîtresses du Prater, et voyant la capitale de l'Autriche sur le point d'être totalement incendiée par les obus, l'archiduc Maximilien évacua Vienne pendant la nuit et se retira derrière le grand bras du Danube, par le pont de Spitz, qu'il détruisit. C'était par ce même pont que l'armée française avait traversé le Danube en 1805, après que les maréchaux Lannes et Murat s'en furent emparés, au moyen d'une ruse que je vous ai fait connaître en parlant de la campagne d'Austerlitz. Le départ de l'archiduc Maximilien et de ses troupes laissait la ville de Vienne sans défense et livrée à la populace, qui déjà commençait à piller. Les autorités de la ville s'empressèrent donc de députer vers Napoléon le respectable général O'Reilly, l'archevêque, ainsi que le président des États et les principaux magistrats, afin d'implorer la clémence et le secours du vainqueur. Aussitôt, plusieurs régiments entrèrent dans la place, plutôt en protecteurs qu'en conquérants; la populace fut contenue; on lui retira ses armes, mais la garde bourgeoise conserva les siennes, dont elle avait fait un très bon usage pour le maintien de l'ordre en 1805, et elle se montra de nouveau digne de cette marque de confiance.

Le corps d'armée du maréchal Lannes fut établi à Vienne ainsi que dans les faubourgs, et son quartier général au palais du prince Albert de Saxe-Teschen, que son mariage avec la célèbre archiduchesse Christine, gouvernante des Pays-Bas, avait rendu le plus riche seigneur de l'Empire autrichien. Ce palais, situé sur le rempart, près de la porte de Carinthie, était vraiment magnifique. Le prince Murat l'avait occupé lors de la campagne d'Austerlitz, mais le maréchal n'y entra qu'une seule fois pour quelques instants, préférant loger à Schœnbrünn dans une maison particulière, d'où il pouvait plus facilement communiquer avec l'Empereur.

A notre arrivée dans Vienne, nous trouvâmes MM. Saint-Mars et de La Grange, ainsi que l'escorte qu'ils avaient eue en allant parlementer. Ils étaient tous grièvement blessés. Le maréchal fit transporter M. Saint-Mars au palais du prince Albert.

Dès le début de la campagne de 1809, les Anglais avaient fait tout ce qui était en leur pouvoir pour susciter de nouveaux ennemis à Napoléon, en soulevant les populations allemandes contre lui et ses alliés. Ce fut d'abord le Tyrol, que les traités de 1805 avaient arraché à l'Autriche pour le donner à la Bavière, qui se révolta, pour retourner à son ancien souverain. Les Bavarois, commandés par le maréchal Lefebvre, eurent à soutenir plusieurs engagements sanglants contre les montagnards tyroliens, qui avaient pris pour chef un simple aubergiste, nommé Hofer, et qui combattirent avec un courage héroïque; mais, après quelques brillants succès, ils furent battus par les troupes françaises venant d'Italie, et leur commandant Hofer fut pris et fusillé.

La Prusse, humiliée par la défaite d'Iéna, mais n'osant, malgré les instances de l'Angleterre, courir les chances d'une nouvelle guerre ouverte contre Napoléon, voulut cependant entraver ses succès; elle prit entre la guerre et la paix un terme moyen, réprouvé par le droit des gens de toutes les nations civilisées. En effet, le major Schill, sortant en plein jour de Berlin, à la tête de son régiment de housards, parcourut le nord de l'Allemagne, tuant, pillant les Français, et appelant les populations à la révolte. Il parvint à former ainsi une bande de plus de 600 hommes, à la tête de laquelle il eut l'audace d'attaquer, avec le soutien de la flotte anglaise, la place forte de Stralsund, défendue par le brave général Gratien. On se battit dans les rues, et le major Schill fut tué. L'Empereur fit traduire devant les tribunaux les jeunes gens des meilleures familles de Prusse, pris en combattant à la suite de Schill, et ces malheureux, condamnés comme *voleurs* et *assassins* aux travaux forcés à perpétuité, furent envoyés au bagne de Brest! La nation prussienne s'indigna de ce traitement, mais le gouvernement, comprenant le vrai caractère de pareils actes de brigandage, n'osa élever aucune réclamation, et se borna à désavouer Schill et sa bande. Il les eût récompensés si leur entreprise eût amené le soulèvement de l'Allemagne.

Le prince de Brunswick-OEls, que le traité de Tilsitt avait dépossédé de ses États, quitta l'Angleterre, où il s'était réfugié, se rendit dans la Lusace, et leva une bande de 2,000 hommes, avec laquelle il fit la guerre de partisan contre les Français et les Saxons, leurs alliés. En Westphalie, le colonel Derneberg, l'un des chefs de la garde du roi Jérôme, entraîna quelques districts et marcha même sur Cassel, dans l'intention d'enlever Jérôme, dont quelques jours avant il était le favori!

Plusieurs officiers prussiens, entre autres Katt, levèrent aussi des bandes sur divers points, et il fut prouvé depuis qu'ils avaient reçu le consentement tacite du gouvernement prussien. La jonction de ces différents corps d'insurgés, conduits par des chefs habiles et entreprenants, pouvait avoir de grands et fâcheux résultats et soulever contre nous une partie de l'Allemagne; mais à la nouvelle de la bataille d'Eckmühl et de la prise de Vienne, tout s'évanouit. Le moment de réunir toutes les forces de la Germanie contre Napoléon n'était pas encore arrivé; il aurait fallu le concours de la Russie, alors notre alliée, et qui nous fournissait même un corps de 20,000 hommes.

Ces troupes agirent très mollement en Galicie, ce qui n'empêcha pas la Russie de réclamer, à la paix, sa part des dépouilles autrichiennes, qu'elle ne rendit jamais. Mais retournons aux événements qui se passaient près de Vienne.

CHAPITRE XVI

Occupation et abandon de l'île Schwartze-Laken. — Établissement des ponts contre l'île de Lobau. — La bataille s'engage entre Essling et Aspern.

Napoléon, occupant Vienne, réunissait ses principales forces autour de cette capitale. Cependant, moins heureux qu'en 1805, il avait trouvé les ponts de Spitz rompus et ne pouvait terminer la guerre, ni atteindre son ennemi, qu'en passant l'immense fleuve du Danube, dont la rive gauche était défendue par l'armée du prince Charles. A cette époque du printemps, la fonte des neiges gonfle tellement le fleuve qu'il devient immense, et chacun de ses bras est semblable à une grande rivière; le passage du Danube présentait, par conséquent, beaucoup de difficultés; mais comme il promène ses eaux au milieu d'un très grand nombre d'îles, dont quelques-unes sont fort vastes, on y trouve des points d'appui pour l'établissement des ponts. L'Empereur, après avoir visité avec la plus minutieuse attention les rivages du fleuve, tant au-dessus qu'en dessous de Vienne, reconnut deux emplacements favorables pour le passage : le premier, par l'île de Schwartze-Laken, située en face de Nussdorf, à une demi-lieue en amont de Vienne; le second, à pareille distance en aval de cette ville, en face du village de Kaiser-Ebersdorf, au travers de la grande île de Lobau. Napoléon fit travailler aux deux ponts à la fois, afin de profiter de celui qui serait prêt le plus tôt et de partager l'attention des ennemis. La construction du premier fut confiée au maréchal Lannes, celle du second au maréchal Masséna.

Le maréchal Lannes ordonna au général Saint-Hilaire de faire porter en bateau 500 voltigeurs dans l'île de Schwartze-Laken, séparée de la rive gauche par un petit bras du fleuve et touchant presque à la tête du pont de Spitz. Cet ordre fut exécuté; mais, au lieu de former ce détachement de soldats pris dans un même corps, et d'en confier le commandement à un colonel intelligent, le général Saint-Hilaire le composa d'hommes du 72ᵉ et du 105ᵉ de ligne, conduits par deux chefs de bataillon, ce qui devait nuire à l'ensemble des opérations. Aussi, en arrivant dans l'île, ces deux officiers n'agirent pas de concert et commirent la faute énorme de ne pas laisser de réserve dans une grande maison qui pouvait protéger de nouveaux débarquements; puis, s'élançant à l'étourdie, ils poursuivirent sans méthode quelques détachements ennemis qui défendaient Schwartze-Laken; mais bientôt ceux-ci reçurent des renforts considérables, amenés par des bateaux de la rive gauche. Nos soldats repoussèrent vigoureusement les premières attaques; ils se formèrent en carré et combattirent vaillamment à la baïonnette; mais enfin, accablés par le nombre, plus de la moitié furent tués, tous les autres blessés et pris, avant que les troupes disposées pour les soutenir pussent aller les rejoindre. L'Empereur et le maréchal Lannes arrivèrent sur le bord du Danube pour être témoins de cette catastrophe! Ils adressèrent de vifs reproches au général Saint-Hilaire, qui, malgré sa grande entente de la guerre, avait eu le tort d'envoyer dans l'île un détachement d'une composition vicieuse, et de le faire partir avant d'être en mesure de le soutenir par des envois prompts et successifs de renforts puissants. Saint-Hilaire avait, il est vrai, peu de barques à sa disposition, mais on en amenait un grand nombre; il aurait dû les attendre et ne pas précipiter le mouvement. Les troupes autrichiennes qui combattirent dans cette affaire étaient commandées par un émigré français, le général Nordmann, qui ne tarda pas à être puni d'avoir porté les armes contre sa patrie, car il fut tué par un boulet à la bataille de Wagram.

L'Empereur et le maréchal Lannes, désespérés d'avoir vu périr inutilement tant de braves gens, parcouraient le rivage dans une très grande agitation, lorsque le maréchal, s'étant embarrassé les pieds dans un câble, tomba dans le Danube!... Napoléon, seul en ce moment auprès de lui, s'avança rapidement dans l'eau jusqu'à la ceinture, tendit la main au maréchal et l'avait déjà relevé, lorsque nous accourûmes à son secours. Cet accident accrut leur mécontentement déjà si grand, car, après l'échec que nous venions d'éprouver, il ne fallait plus songer à tenter le passage par l'île de Schwartze-Laken, dans laquelle l'ennemi, éclairé sur nos projets, venait d'envoyer plusieurs milliers d'hommes. Il ne restait plus qu'un seul point sur lequel on pût traverser le Danube, celui d'Ebersdorf.

Pour se rendre de ce village à la rive gauche, nous devions franchir quatre branches du fleuve. La première a 250 toises de largeur. Jugez de l'immense longueur du pont qu'il fallait jeter entre la rive que nous occupions et une petite île située au milieu du fleuve! Au delà de cette île, se trouve le second bras, large de 180 toises; c'est le plus rapide : ces deux bras baignent un îlot après lequel vient une île marécageuse et le troisième cours d'eau, large d'une vingtaine de toises. Quand on a franchi ces divers obstacles, on n'est encore arrivé que dans l'immense île de Lobau, séparée du continent par le quatrième bras, dont la largeur est de 70 toises. Ainsi, l'ensemble des quatre rivières, présentant une largeur totale de 520 toises, nécessitait l'établissement de quatre ponts, ce qui exigeait des travaux immenses. Le point choisi par l'Empereur devant Ebersdorf avait cet avantage que les deux îles et l'îlot servaient à appuyer et consolider nos ponts, et que la Lobau formait une vaste place d'armes, d'où l'on pouvait arriver avec plus d'assurance sur la rive gauche. Enfin, cette île faisant un coude rentrant offrait un débouché très avantageux au milieu de la plaine qui s'étend entre les villages de Gross-Aspern et d'Essling : c'était pour le passage d'une armée la configuration la plus désirable.

L'archiduc Charles, arrivant en face de Vienne par la rive gauche du Danube, et trouvant Napoléon arrêté par cette redoutable barrière, espéra pouvoir l'empêcher de la franchir en menaçant ses derrières. Il fit donc attaquer la tête du pont que nous avions à Linz et commença même à Krems des préparatifs pour passer le fleuve avec toute son armée et venir nous combattre sur la rive droite. Mais ses troupes furent repoussées partout, et il se borna à s'opposer à notre passage devant Ebersdorf. L'établissement de nos ponts éprouvait de très grands obstacles, car, faute de matériaux, on fut réduit à se servir de bateaux de formes et de dimensions différentes. Il fallut employer des cordages, des bois et des fers qui n'avaient pas la solidité nécessaire. Les ancres manquaient; on y suppléa avec des caisses remplies de boulets. Ces travaux, abrités par des plantations, étaient protégés par le corps d'armée du maréchal Masséna.

Celui du maréchal Lannes, situé devant Nussdorf, simulait sur ce point des préparatifs de passage, afin de distraire l'attention des ennemis, qui crurent longtemps que nous voulions renouveler l'attaque sur l'île de Schwartze-Laken. Mais comme ces démonstrations n'étaient pas réelles, le maréchal Lannes suivit de sa personne l'Empereur, lorsque celui-ci se rendit le 19 au soir à Ebersdorf pour présider à l'établissement des ponts. Napoléon, après avoir examiné dans le plus grand détail ce qui avait été préparé, et s'être assuré qu'on avait réuni tout ce que les circonstances permettaient de se procurer, fit monter une brigade de la division Molitor sur quatre-vingts grandes barques et dix forts radeaux, qui, malgré la difficulté qu'opposait l'extrême largeur du Danube et la violence des vagues, atteignirent l'île de Lobau. Les troupes s'y établirent sans obstacle, l'ennemi ayant négligé de faire garder ce point, tant il était préoccupé par la pensée que nous voulions traverser le fleuve devant Nussdorf, au-dessus de Vienne. L'Empereur fit occuper de même plusieurs îles de moindre importance, et la construction des ponts commença. Elle dura toute la nuit, par un temps magnifique, et fut terminée le 20 à midi. Toutes les divisions du corps de Masséna passèrent immédiatement dans l'île de Lobau. Il n'y a peut-être pas d'exemple d'aussi grands travaux exécutés en si peu de temps.

Le 20 mai, à quatre heures du soir, l'Empereur ayant fait jeter un pont sur le quatrième et dernier bras du Danube, les divisions d'infanterie de Masséna, commandées par les généraux Legrand, Boudet, Carra Saint-Cyr et Molitor, débouchèrent de l'île de Lobau pour aller occuper sur la terre ferme les villages d'Essling et d'Aspern. Ces troupes furent suivies par les divisions de cavalerie légère Lasalle, Marulaz, ainsi que par les cuirassiers du général Espagne; en tout 25,000 hommes.

Quelques escadrons ennemis parurent seuls à l'horizon; le gros de l'armée autrichienne était encore à Gérarsdorf, mais allait se mettre en marche pour venir s'opposer à notre établissement sur la rive gauche du

Danube. L'Empereur, de son côté, dirigeait de fortes masses vers l'île de Lobau. Le corps du maréchal Lannes dut quitter les environs de Nussdorf pour se rendre à Ebersdorf; mais divers obstacles embarrassèrent son passage dans Vienne, et il n'arriva que le lendemain fort tard. La garde à pied suivait.

Dans la soirée du 20 mai, l'Empereur et le maréchal Lannes ayant été se loger dans la seule maison qui existât dans l'île de Lobau, mes camarades et moi nous établîmes auprès de là, sur de beaux gazons qu'éclairait la lune dans tout son éclat. La nuit était délicieuse, et dans notre insouciance militaire, sans songer aux périls du lendemain, nous causions gaiement et chantions des ariettes nouvelles, entre autres deux fort à la mode alors dans l'armée, parce qu'on les attribuait à la reine Hortense et que les paroles avaient beaucoup de rapport avec les circonstances dans lesquelles nous nous trouvions; c'était :

> Vous me quittez pour aller à la gloire,
> Mon tendre cœur suivra partout vos pas...

Et puis :

> L'astre des nuits de son paisible éclat
> Lançait des feux sur les tentes de France!...

Le capitaine d'Albuquerque était le plus joyeux de nous tous, et après nous avoir charmés par sa belle voix, il nous faisait rire aux éclats par le récit des plus bouffonnes aventures de sa vie romanesque. Le pauvre garçon ne prévoyait pas que le soleil qui allait se lever éclairerait son dernier jour!... pas plus que nous ne pensions que la plaine située en face de nous, sur l'autre rive, serait bientôt arrosée du sang de notre bon maréchal, ainsi que de celui de presque chacun de nous.

Le 24 au matin, les lignes autrichiennes parurent et vinrent se ranger en face des nôtres, en avant d'Essling et d'Aspern. Le maréchal Masséna, qui occupait ces deux villages depuis la veille, aurait dû en faire créneler les maisons et couvrir les approches par quelques travaux de campagne; mais il avait malheureusement négligé de prendre cette prudente précaution. L'Empereur l'en blâma; mais comme l'ennemi approchait, et qu'on n'avait plus le temps de réparer cette faute, Napoléon ne pouvant fortifier Essling ni Aspern, y suppléa, autant que possible, en couvrant ce dernier point par une tête qu'il traça lui-même et à laquelle il fit travailler à l'instant. Si le corps d'armée du maréchal Lannes, la garde impériale et les autres troupes que Napoléon attendait, eussent été présents, il n'aurait certainement pas donné au prince Charles le temps de déployer son armée devant lui et l'aurait attaqué sur-le-champ; mais n'ayant que trois divisions d'infanterie et quatre de cavalerie à opposer aux forces considérables de l'ennemi, l'Empereur dut se borner pour le moment à la défensive. Pour cela, il appuya au village d'Aspern son aile gauche, composée de trois divisions d'infanterie sous les ordres du maréchal Masséna. L'aile droite, formée par la division Boudet, s'appuyait au Danube, auprès du grand bois qui se trouve entre ce fleuve et le village d'Essling, qu'elle occupait aussi. Enfin, les trois divisions de cavalerie et une partie de l'artillerie formaient le centre, sous les ordres du maréchal Bessières, et se déployèrent dans l'espace resté vide entre Essling et Aspern. Ainsi, d'après les expressions de l'Empereur, qui comparait sa position à un camp retranché, Aspern et Essling figuraient des bastions qu'unissait une courtine formée par la cavalerie et l'artillerie.

Les deux villages, bien que n'étant pas retranchés,

étaient susceptibles d'une bonne défense, car ils sont bâtis en maçonnerie et entourés de petites levées de terre qui les protègent contre l'inondation du Danube ; l'église et le cimetière d'Aspern pouvaient résister longtemps ; Essling avait pour citadelle un vaste enclos et un immense grenier d'abondance construit en pierre de taille. Ces derniers points nous furent très utiles.

Quoique les troupes dont se composaient la droite et le centre ne fissent pas partie du corps de Lannes, qui se trouvait encore sur l'autre rive du Danube, l'Empereur avait voulu, dans des circonstances aussi difficiles, utiliser les talents de ce maréchal et lui en avait confié le commandement supérieur. On lui entendit dire au maréchal Bessières : « Vous êtes sous les ordres du maréchal Lannes » ; ce qui parut fortement contrarier Bessières. Je rapporterai tout à l'heure le grave conflit auquel cette déclaration donna lieu, et comment je m'y trouvai engagé bien malgré moi.

Vers deux heures après midi, l'armée autrichienne s'avança sur nous, et la bataille s'engagea très vivement. La canonnade fut terrible ! Les forces des ennemis étaient tellement supérieures aux nôtres, qu'il leur eût été facile de nous jeter dans le Danube, en perçant la ligne de cavalerie qui seule constituait notre centre ; et si l'Empereur eût été à la place du prince Charles, il aurait certainement pris ce parti. Mais le généralissime autrichien était trop *méthodique* pour agir avec autant de résolution ; aussi, au lieu de marcher franchement vers notre tête de pont avec une masse considérable, il employa toute cette première journée de la bataille à attaquer Aspern et Essling, qu'il enleva et perdit cinq ou six fois, après des combats très meurtriers. Car dès qu'un de ces villages était occupé par l'ennemi, l'Empereur le faisait reprendre par ses réserves, et si on nous l'enlevait de nouveau, il le reprenait encore, malgré l'incendie qui les dévorait tous les deux.

Pendant ces alternatives de succès et de revers, la cavalerie autrichienne menaça plusieurs fois notre centre, mais la nôtre la repoussait et revenait ensuite prendre sa place entre les deux villages, malgré les grands ravages que l'artillerie ennemie faisait dans ses rangs. L'action se soutint ainsi jusqu'à dix heures du soir. Les Français restèrent maîtres d'Essling et d'Aspern, tandis que les Autrichiens, faisant rétrograder leur gauche et leur centre, se bornèrent pendant la nuit à quelques attaques infructueuses sur Aspern; mais ils faisaient avancer de nombreux renforts pour l'action du lendemain.

Pendant cette première journée de la bataille, l'état-major du maréchal Lannes, toujours occupé à porter des ordres sur les points les plus exposés, avait couru de très grands dangers, sans que nous eussions néanmoins aucun malheur à déplorer, et déjà nous nous félicitions, lorsqu'au soleil couchant, les ennemis, voulant couvrir leur retraite par un redoublement de feu d'artillerie, firent pleuvoir sur nous une grêle de projectiles. En ce moment, d'Albuquerque, La Bourdonnaye et moi, rangés en face du maréchal, venions lui rendre compte des ordres qu'il nous avait chargés de transmettre, et nous tournions, par conséquent, le dos aux canons ennemis. Un boulet, frappant le malheureux d'Albuquerque au bas des reins, l'enlève, le lance par-dessus la tête de son cheval, et le jette raide mort aux pieds du maréchal qui s'écrie : « Voilà la fin du roman de ce pauvre garçon!... mais c'est, du moins, une belle mort!... »

Un second boulet passa entre la selle et l'épine dorsale du cheval de La Bourdonnaye, sans toucher le cavalier ni l'animal!... Ce fut un coup vraiment miraculeux!

Mais les arcades de l'arçon furent si violemment brisées entre les cuisses de La Bourdonnaye, que le bois et les bandes de fer s'incrustèrent dans les chairs de cet officier. Il souffrit très longtemps de cette blessure extraordinaire.

Placé entre mes deux camarades, je les vis tomber au même instant. Je me portai alors vers le peloton d'escorte pour ordonner à ces cavaliers de venir relever La Bourdonnaye; mais à peine avais-je fait quelques pas, qu'un aide de camp du général Boudet, s'étant avancé pour parler au maréchal, eut la tête emportée d'un coup de canon, sur le terrain même que je venais de quitter!... Décidément, la place n'était plus tenable; nous nous trouvions justement en face d'une batterie ennemie; aussi le maréchal, malgré tout son courage, jugea-t-il à propos de se placer à une centaine de toises sur la droite.

Le dernier ordre que le maréchal Lannes m'avait ordonné de porter était adressé au maréchal Bessières, et donna lieu à une très vive altercation entre ces deux maréchaux, qui se détestaient cordialement. Il est indispensable de connaître les motifs de cette haine pour bien comprendre la scène que je vais rapporter.

CHAPITRE XVII

Rivalité de Lannes et Bessières. — Vive altercation entre ces maréchaux. — L'Empereur reprend l'offensive contre le centre ennemi.

Lorsque, en 1796, le général Bonaparte alla prendre le commandement de l'armée d'Italie, il emmena comme premier aide de camp Murat, qu'il venait de faire colonel, et pour lequel il avait beaucoup d'affection; mais, dès les premières affaires, Bonaparte, qui avait remarqué les talents militaires, le zèle et le courage de Lannes, chef du 4e de ligne, lui accorda une part non moins grande dans son estime et dans son amitié; cette faveur excita la jalousie de Murat. Ces deux colonels étant devenus généraux de brigade, Bonaparte, dans les moments les plus difficiles, confiait à Murat la direction des charges de cavalerie et faisait conduire par Lannes la réserve des grenadiers. L'un et l'autre firent merveille; mais bien que l'armée les louât tous les deux, il s'établit, entre ces braves officiers, une rivalité qui, il faut bien le dire, ne déplaisait pas au général en chef, parce qu'elle lui servait à surexciter leur zèle et leur amour de bien faire. Il vantait les hauts faits du général Lannes devant Murat et les mérites de celui-ci en présence de Lannes. Dans les altercations que ne tarda pas à amener cette rivalité, Bessières, alors simple capitaine des guides du général Bonaparte, auprès duquel il était aussi en très grande faveur, prenait constamment le parti de Murat, son compatriote, et saisissait toutes les occasions de dénigrer le maréchal Lannes, ce que celui-ci n'ignorait pas.

Après les belles campagnes d'Italie, Lannes et Murat, devenus généraux de division, suivirent Bonaparte en Égypte, où leur hostilité réciproque ne fit qu'augmenter. Enfin, cette inimitié s'accrut encore par le désir qu'ils conçurent tous deux d'épouser Caroline Bonaparte, la sœur de leur général en chef. En cette circonstance, Bessières agit auprès de Mme Bonaparte en faveur de Murat, et pour la gagner à sa cause, il saisit l'occasion qui se présenta de porter un coup décisif au rival de son ami. Lannes commandait alors la garde consulaire, et dans son trop grand désir de bien faire, il avait dépassé de 300,000 francs le crédit alloué pour l'équipement de ses soldats. Bessières, membre du conseil d'administration, chargé de la répartition des fonds, signala à Murat le fait, qui ne tarda pas à arriver aux oreilles du premier Consul. Ce dernier, qui en prenant le pouvoir avait résolu de ramener l'ordre dans l'administration, voulut faire un exemple et retira à Lannes le commandement de sa garde, en lui accordant le délai d'un mois pour combler ce déficit!... Lannes n'aurait pu le faire sans le généreux concours d'Augereau. Le premier Consul lui rendit alors sa faveur, mais on conçoit que Lannes ait voué une haine profonde au général Bessières, aussi bien qu'à Murat, son heureux rival, qui avait enfin épousé Caroline Bonaparte. Telle était l'antipathie qui existait entre Lannes et Bessières, lorsqu'ils se trouvèrent en contact sur le champ de bataille d'Essling.

Au moment de la vive canonnade qui venait de tuer le malheureux d'Albuquerque, le maréchal Lannes, voyant les Autrichiens exécuter un mouvement rétrograde, voulut les faire charger par toute sa cavalerie. Il m'appela pour en porter l'ordre au général Bessières, qui, vous le savez, venait d'être placé sous son commandement par l'Empereur; mais, comme j'étais en course, l'aide de camp, le premier à marcher, s'approcha : c'était de Viry. Le maréchal Lannes lui donna l'ordre suivant : « Allez dire au maréchal Bessières que je lui *ordonne* de charger à fond! » Or, vous saurez que ce dernier mot signifiant qu'on doit aller jusqu'à ce que les sabres piquent le corps des ennemis, il devient un reproche, puisqu'il semble dire que jusque-là la cavalerie n'a pas agi assez vigoureusement. L'expression *je lui ordonne* était également très dure, employée par un maréchal vis-à-vis d'un autre maréchal; mais c'était précisément pour cela que le maréchal se servait des mots *ordonne* et *charger à fond*.

Le capitaine de Viry part, remplit sa mission et revient auprès du maréchal, qui lui demande : « Qu'avez-vous dit au maréchal Bessières? » — « Je l'ai informé que Votre Excellence le priait de faire charger toute la cavalerie. » — Le maréchal Lannes, haussant les épaules, s'écria : « Vous êtes un enfant... faites approcher un autre officier. » C'était Labédoyère. Le maréchal, le sachant plus ferme que de Viry, lui donne la même mission, en appuyant fortement sur les expressions *vous ordonne* et *charger à fond;* mais Labédoyère, ne comprenant pas non plus l'intention du maréchal Lannes, n'osa répéter mot à mot au maréchal Bessières l'ordre qu'il avait à lui transmettre, et, de même que de Viry, il se servit d'une circonlocution. Aussi, à son retour, le maréchal Lannes, lui ayant demandé ce qu'il avait dit, lui tourna le dos. — Je rentrais à ce moment au galop dans le groupe de l'état-major, et, bien que ce ne fût pas à moi à marcher, le maréchal m'appela et me dit : « Marbot, « le maréchal Augereau m'a assuré que vous étiez un « homme sur lequel on pouvait compter; votre manière

« de servir auprès de moi m'a confirmé dans cette pensée ;
« j'en désire une nouvelle preuve : allez dire au maré-
« chal Bessières que je *lui ordonne de charger à fond;* vous
« entendez bien, monsieur, *à fond !...* » Et en parlant
ainsi il me pointait les côtes avec ses doigts. Je compris
parfaitement que le maréchal Lannes voulait humilier
le maréchal Bessières, d'abord en lui faisant durement
sentir que l'Empereur lui avait donné pleine autorité sur
lui ; en second lieu, en blâmant la manière dont il dirigeait la cavalerie. J'étais navré de la nécessité où j'étais
de transmettre au maréchal Bessières des expressions
blessantes, dont il était facile de prévoir les fâcheux
résultats ; mais enfin, je devais obéir à mon chef direct !...

Je m'élance donc au galop vers le centre, en désirant
qu'un des nombreux boulets qui tombaient autour de
moi, abattant mon cheval, me donnât une bonne excuse
pour ne pas remplir la pénible mission dont j'étais
chargé !... J'aborde très respectueusement le maréchal
Bessières, auquel j'exprime le désir de parler en particulier. Il me répond fort sèchement : « Parlez haut,
« monsieur ! » — Je fus donc contraint de lui dire en
présence de son nombreux état-major et d'une foule
de généraux et colonels : « M. le maréchal Lannes m'a
« chargé de dire à Votre Excellence qu'il lui *ordonnait*
« de *charger à fond...* » — Alors Bessières, en fureur,
s'écrie : « Est-ce ainsi, monsieur, qu'on parle à un
« maréchal?... Quels termes ! vous *ordonne* et *charger à*
« *fond !...* Je vous ferai sévèrement punir de cette incon-
« venance !... » — Je répondis : « Monsieur le maréchal,
« plus les expressions dont je me suis servi paraissent
« fortes à Votre Excellence, plus elle doit être convaincue
« que je ne fais qu'obéir aux ordres que j'ai reçus !... »
Puis je saluai et revins auprès du maréchal Lannes.
« Eh bien ! qu'avez-vous dit au maréchal Bessières ? —

« Que Votre Excellence lui *ordonnait de charger à fond!*...
« — C'est cela, voilà au moins un aide de camp qui me
« comprend!... »

Vous sentez que, malgré ce compliment, je regrettais fort d'avoir été obligé d'accomplir un tel message. Cependant, la charge de cavalerie eut lieu, le général Espagne y fut tué, mais le résultat fut très bon, ce qui fit dire au maréchal Lannes : « Vous voyez bien que ma « sévère injonction a produit un excellent effet; sans « cela, M. le maréchal Bessières eût *tâtonné* toute la jour- « née ! »

La nuit vint, et le combat cessa tant au centre que vers notre droite, ce qui détermina le maréchal Lannes à se rendre auprès de l'Empereur, dont le bivouac se trouvait dans les ouvrages de la tête de pont; mais à peine étions-nous en marche que le maréchal, entendant une vive fusillade dans Aspern, où commandait Masséna, voulut aller voir ce qui se passait dans ce village. Il ordonna à son état-major de se rendre au bivouac impérial, et, ne gardant que moi et une ordonnance, il me dit de le conduire dans Aspern, où j'avais été plusieurs fois dans la journée. Je pris donc cette direction; la lune et l'incendie qui dévorait Essling et Aspern nous éclairaient parfaitement; cependant, comme les nombreux sentiers qui sillonnent la plaine étaient souvent cachés par des blés d'une très grande hauteur, et que je craignais de m'y perdre, je mis pied à terre pour mieux les reconnaître. Bientôt le maréchal, descendant aussi de cheval, se mit à marcher à mes côtés, en causant du combat du jour et des chances de celui qui se préparait pour le lendemain. Au bout d'un quart d'heure, nous arrivons auprès d'Aspern, dont les abords étaient couverts par les feux de bivouac des troupes de Masséna. Le maréchal Lannes, voulant parler à celui-ci, m'ordonne de passer devant pour m'informer du lieu où il était établi. Nous avions à peine fait quelques pas que j'aperçois, sur le front de bandière du camp, Masséna se promenant avec le maréchal Bessières. La blessure que j'avais reçue au front en Espagne m'empêchant de porter un colback, j'étais le seul aide de camp des maréchaux de l'armée qui eût un chapeau. Bessières, m'ayant reconnu à ce détail, mais n'apercevant point encore le maréchal Lannes, s'avance vers moi en disant : « Ah! c'est vous, « monsieur!... Si ce que vous avez dit tantôt provient de « vous seul, je vous apprendrai à mieux choisir vos « expressions en parlant à vos supérieurs; et si vous « n'avez fait qu'obéir à votre maréchal, il me rendra « raison de cette injure, et je vous charge de le lui dire! » Le maréchal Lannes, s'élançant alors comme un lion, passe devant moi et, me saisissant le bras, s'écrie : « Marbot, je vous dois une réparation; car, bien que je « crusse être certain de votre dévouement, il m'était « resté quelques doutes sur la manière dont vous aviez « transmis mes ordres à monsieur; mais je reconnais mes « torts à votre égard!... » Puis, s'adressant à Bessières : « Je vous trouve bien osé de gronder un de mes aides de « camp! Celui-ci, monté le premier à l'assaut de Ratis- « bonne, a traversé le Danube en bravant une mort « presque certaine, et vient d'être blessé en Espagne, « tandis qu'il est de prétendus militaires qui de leur vie « n'ont reçu aucune égratignure et n'ont fait leur avan- « cement qu'en espionnant et dénonçant leurs camarades. « Et que reprochez-vous à cet officier? — Monsieur, dit « Bessières, votre aide de camp est venu me dire que « vous m'*ordonniez* de *charger à fond*. Il me semble que « de telles expressions sont inconvenantes. — Elles sont « justes, monsieur, et c'est moi qui les ai dictées!... « L'Empereur ne vous a-t-il pas dit que vous étiez sous

« mes ordres? » Alors Bessières répondit avec embarras :
« L'Empereur m'a prévenu que je devais obtempérer à
« vos avis. — Sachez, monsieur, s'écria le maréchal,
« que, dans l'état militaire, on n'obtempère pas, on *obéit*
« à des *ordres!* Si l'Empereur avait la pensée de me placer
« sous votre commandement, je lui offrirais ma démis-
« sion ; mais, tant que vous serez sous le mien, je vous
« donnerai des ordres, et vous obéirez ; sinon, je vous
« retirerai la direction des troupes. Quant à charger à
« fond, je vous l'ai prescrit parce que vous ne le faisiez
« pas, et que, depuis ce matin, vous paradiez devant
« l'ennemi sans l'aborder franchement ! — Mais ceci est un
« outrage! cria Bessières avec colère ; vous m'en rendrez
« raison ! — A l'instant même si vous voulez », répondit
Lannes en portant la main à son épée.

Pendant cette discussion, le vieux Masséna, s'interposant entre les adversaires, cherchait à les calmer ; enfin, ne pouvant y parvenir, il prit à son tour le haut ton :
« Je suis votre ancien, messieurs ; vous êtes dans mon
« camp, je ne souffrirai pas que vous donniez à mes
« troupes le spectacle scandaleux de voir deux maré-
« chaux mettre l'épée à la main, et cela devant l'ennemi!
« Je vous somme donc, au nom de l'Empereur, de vous
« séparer sur-le-champ! » Puis, se radoucissant, il prit
le maréchal Lannes par le bras et le conduisit à l'extrémité du bivouac, pendant que Bessières retournait au sien.

Je vous laisse à penser combien je fus affecté de cette scène déplorable!... Enfin le maréchal Lannes, remontant à cheval, prit le chemin de la tête de pont, et, dès que nous fûmes au bivouac de l'Empereur, auprès duquel mes camarades s'étaient établis, il prit Napoléon en particulier et lui raconta ce qui venait de se passer. Celui-ci envoya aussitôt chercher le maréchal Bessières, qu'il reçut fort mal; puis, s'éloignant avec lui et marchant à grands pas, Sa Majesté paraissait fort agitée, croisait les bras et semblait lui adresser de vifs reproches. Le maréchal Bessières avait l'air confondu, et dut l'être davantage encore lorsque l'Empereur, se mettant à table, ne l'invita pas à dîner, tandis qu'il faisait asseoir le maréchal Lannes à sa droite.

Autant mes camarades et moi avions été gais la nuit précédente, autant nous fûmes tristes pendant celle du 21 au 22. Nous venions de voir périr le malheureux d'Albuquerque, nous avions à nos côtés La Bourdonnaye horriblement blessé, dont les gémissements nous déchiraient le cœur; enfin, de tristes pressentiments nous agitaient sur le résultat de la bataille dont nous venions de voir seulement la première partie. Nous fûmes, du reste, sur pied toute la nuit, pour faire passer le Danube au corps du maréchal Lannes, composé de trois divisions des grenadiers d'Oudinot, commandées par les généraux Davout, Claparède et Tharreau, et de la division Saint-Hilaire, ainsi que des cuirassiers de Nansouty. Ces troupes étaient suivies par la garde impériale.

Cependant le Danube augmentait à vue d'œil; beaucoup de gros arbres que ses flots entraînaient vinrent heurter les ponts de bateaux, qu'ils rompirent plusieurs fois; mais on les réparait promptement, et, malgré ces accidents, les troupes dont je viens de faire l'énumération avaient traversé le fleuve et se trouvaient réunies sur le champ de bataille, lorsque, aux premières lueurs de l'aurore du 22 mai, le bruit du canon annonça le renouvellement du combat.

L'Empereur, ayant à sa disposition le double des troupes de la veille, prit des mesures pour attaquer l'ennemi. Le maréchal Masséna et ses trois premières divisions d'infanterie restèrent dans Aspern; la quatrième, celle du général Boudet, fut laissée à Essling, sous les ordres du maréchal Lannes, dont le corps d'armée vint occuper l'espace entre ces deux villages, ayant en seconde ligne la cavalerie du maréchal Bessières, encore placé sous les ordres du maréchal Lannes. La garde impériale formait la réserve.

La réprimande faite par l'Empereur au maréchal Bessières avait été si sévère que, dès que celui-ci aperçut Lannes, il vint lui demander comment il désirait qu'il plaçât ses troupes. Le maréchal, voulant constater son autorité, lui répondit : « Je vous ordonne, monsieur, de « les placer sur tel point, puis vous attendrez mes « ordres. » Ces expressions étaient dures, mais il ne faut pas oublier les agissements de Bessières à l'égard de Lannes à l'époque du Consulat. Bessières parut fortement blessé, mais il obéit en silence.

L'archiduc Charles, qui, par une attaque vigoureuse, aurait pu la veille percer notre faible ligne entre Essling et Aspern, renouvela ses efforts contre ces villages. Mais si nous avions résisté le 21 à toute son armée, avec le seul corps de Masséna et une portion de notre cavalerie, à plus forte raison étions-nous en mesure de le faire, à présent que la garde impériale, le corps du maréchal Lannes et une division de cuirassiers venaient de nous rejoindre. Les Autrichiens furent donc repoussés partout. Une de leurs colonnes fut même coupée et prise dans Aspern; elle se composait d'un millier d'hommes commandés par le général Weber et de six pièces de canon.

Jusqu'à ce moment l'Empereur n'avait fait que se défendre en attendant les troupes qui traversaient le fleuve; mais le nombre de celles qui se trouvaient sur le champ de bataille ayant été doublé, et le corps du maréchal Davout réuni à Ebersdorf commençant à s'engager sur les ponts, Napoléon jugea qu'il était temps de passer de la défense à l'attaque, et ordonna au maréchal Lannes de se mettre à la tête des divisions d'infanterie Saint-Hilaire, Tharreau, Claparède et Demont, suivies de deux divisions de cuirassiers, et d'aller enfoncer le centre de l'armée ennemie... Le maréchal Lannes s'avance alors fièrement dans la plaine!... Rien ne lui résiste... il prend en un instant un bataillon, cinq pièces et un drapeau. Les Autrichiens se retirent d'abord avec régularité; mais leur centre, étant obligé de s'élargir sans cesse à mesure que nous avancions, finit par être percé! Le désordre se met parmi les troupes ennemies, à tel point que nous voyions les officiers et les sergents frapper à coups de bâton leurs soldats, sans pouvoir les retenir dans leurs rangs. Si notre marche eût continué quelques moments de plus, c'en était fait de l'armée du prince Charles!

CHAPITRE XVIII

Rupture des ponts du Danube. — Nous conservons nos positions. — Le maréchal Lannes est blessé. — Nous nous fortifions dans l'île de Lobau.

Tout nous présageait une victoire complète. Déjà Masséna et le général Boudet se préparaient à déboucher d'Aspern et d'Essling pour aller assaillir les Autrichiens, lorsque, à notre très grande surprise, un aide de camp de l'Empereur vint apporter au maréchal Lannes l'ordre de suspendre son mouvement d'attaque!... Les arbres et autres corps flottants sur le Danube avaient causé une nouvelle rupture aux ponts, ce qui retardait l'arrivée des troupes du maréchal Davout ainsi que des munitions. Enfin, après une heure d'attente, le passage fut rétabli, et bien que l'ennemi eût profité de ce temps pour renforcer son centre et mettre de l'ordre dans ses lignes, nous recommençâmes notre attaque, et les Autrichiens reculaient de nouveau, lorsqu'on apprit qu'une immense partie du grand pont venant d'être emportée, et ne pouvant être réparée avant quarante-huit heures, l'Empereur ordonnait au maréchal Lannes d'arrêter son mouvement sur le terrain conquis!...

Voici ce qui avait donné lieu à ce contretemps, qui nous privait d'une victoire éclatante. Un officier autrichien, placé en observation avec quelques compagnies de chasseurs dans les îles situées au-dessus d'Aspern, était monté sur un petit bateau, puis s'était avancé vers le milieu du fleuve, pour voir de loin nos troupes passer les ponts. Il fut ainsi témoin de la première rupture occasionnée par les arbres que le fleuve entraînait, ce qui lui inspira la pensée de renouveler ces accidents, à mesure que nous les réparerions. Il fit donc pousser à l'eau un grand nombre de poutres et plusieurs barques chargées de matières enflammées qui détruisirent quelques-uns de nos pontons ; mais comme nos pontonniers les remplaçaient aussitôt, l'officier ordonna de mettre le feu à un énorme moulin flottant, le fit conduire au milieu du fleuve et le lança sur notre grand pont, dont il brisa et entraîna une forte partie !... Dès ce moment, l'Empereur, acquérant la certitude qu'il fallait renoncer à l'espoir de rétablir ce jour-là le passage et de faire arriver le corps de Davout sur le champ de bataille, prescrivit au maréchal Lannes de rapprocher peu à peu ses troupes de leur première position, entre Essling et Aspern, afin que, appuyés à ces villages, ils pussent tenir contre les efforts des ennemis. Ce mouvement s'exécutait dans le plus grand ordre, lorsque l'archiduc Charles, étonné d'abord de notre retraite, et apprenant bientôt la rupture complète du grand pont, conçut l'espoir de jeter l'armée française dans le Danube. Il fait dans ce but avancer la cavalerie contre la division Saint-Hilaire qui se trouvait la plus rapprochée de ses lignes ; mais nos bataillons ayant repoussé toutes les charges de l'ennemi, celui-ci dirigea contre eux un feu terrible d'artillerie !... Le maréchal Lannes me chargea en ce moment de porter un ordre au général Saint-Hilaire. A peine étais-je arrivé auprès de celui-ci, qu'une grêle de mitraille tomba sur son état-major !... Plusieurs officiers furent tués, le général Saint-Hilaire eut la jambe brisée : il fallut l'amputer et il mourut pendant l'opération ; enfin je fus frappé à la cuisse droite par un biscaïen qui m'enleva un morceau de chair gros comme un œuf. Cette blessure n'étant pas dangereuse, je pus aller rendre compte de ma mission au maréchal. Je le trouvai auprès de l'Empereur, qui, me voyant couvert de sang, dit : « Votre tour vient bien souvent!... » Napoléon et le maréchal, auxquels j'appris la blessure mortelle du brave général Saint-Hilaire, furent très affectés de cette perte.

Le maréchal voyant la division Saint-Hilaire assaillie de toutes parts, va lui-même en prendre le commandement et la ramène lentement, en se retournant souvent contre l'ennemi, jusqu'à ce que notre droite s'appuyât à Essling, que la division Boudet occupait toujours. Bien que ma blessure ne fût point encore pansée, je crus devoir accompagner le maréchal dans cette expédition, pendant laquelle mon ami de Viry eut l'épaule brisée par une balle. Je le fis à grand'peine transporter dans les retranchements de la tête de pont.

La position était fort critique; l'Empereur, réduit à la défensive, donne à son armée la forme d'un arc dont le Danube figurait la corde. Notre droite touchait au fleuve, derrière Essling. Notre gauche s'appuyait derrière Aspern. Il fallait, sous peine d'être jeté dans le Danube, entretenir le combat pendant le reste de la journée. Il était neuf heures du matin, et nous devions attendre la nuit pour nous retirer dans l'île de Lobau par le faible pont du petit bras. Le prince Charles, comprenant combien notre situation était défavorable, renouvelait constamment ses attaques contre les deux villages et le centre; mais, heureusement pour nous, il ne lui vint pas dans l'esprit de forcer notre extrême droite, entre Essling et le Danube. C'était le point faible de notre position : une forte colonne, lancée vigoureusement, pouvait arriver par là sur notre tête de pont, et dès lors nous étions perdus!... Sur tous les points de notre ligne le carnage fut terrible, mais absolument nécessaire pour sauver l'honneur français et la partie de l'armée qui avait passé le Danube.

Pour arrêter la vivacité des attaques des ennemis, le maréchal Lannes faisait souvent des retours offensifs sur leur centre, qu'il refoulait au loin; mais bientôt ils revinrent avec de nombreux renforts. Dans une de ces attaques, Labédoyère reçut un coup de biscaïen dans le pied, et Watteville eut une épaule luxée, à la suite d'une chute occasionnée par la mort de son cheval abattu par un boulet. Ainsi, de tout l'état-major du maréchal Lannes, il ne restait que le sous-lieutenant Le Coulteux et moi. Il était impossible que je le laissasse seul avec ce jeune officier, très brave sans doute, mais inexpérimenté. Le maréchal, désirant me garder, me dit : « Allez vous faire panser; et si vous pouvez encore vous soutenir à cheval, revenez me joindre. » Je gagnai la première ambulance; l'affluence des blessés y était énorme; on manquait de linge et de charpie... Un chirurgien remplit ma plaie avec de la grosse étoupe dont on se sert pour bourrer les canons. L'introduction de ces filaments dans ma cuisse me fit beaucoup souffrir, et dans toute autre circonstance je me serais retiré du combat; mais il fallait que chacun déployât toute son énergie. Je retournai donc auprès du maréchal Lannes, que je trouvai fort inquiet; il venait d'apprendre que les Autrichiens avaient enlevé à Masséna la moitié d'Aspern!... Ce village fut pris et repris plusieurs fois. Celui d'Essling était aussi vivement attaqué en ce moment. Les régiments de la division Boudet le défendaient courageusement. Les deux partis étaient si acharnés qu'en se battant au milieu des maisons embrasées, ils se retranchaient avec les cadavres amoncelés qui obstruaient les rues. Les grenadiers hongrois furent repoussés cinq fois; mais leur sixième attaque ayant réussi, ils parvinrent à s'emparer du village, moins le *grenier d'abondance,* dans lequel le général Boudet retira ses troupes comme dans une citadelle.

Pendant ce terrible combat, le maréchal m'envoya plusieurs fois dans Essling, où je courus de bien grands dangers; mais j'étais si animé que ma blessure ne me faisait éprouver aucune douleur.

S'apercevant enfin que, renouvelant sa faute de la veille, il use ses forces contre Essling et Aspern, les deux bastions de notre ligne, tandis qu'il néglige le centre, où une vive attaque de ses réserves pouvait le conduire jusqu'à nos ponts et amener la destruction de l'armée française, le prince Charles lance sur ce point des masses énormes de cavalerie, soutenues par de profondes colonnes d'infanterie. Le maréchal Lannes, sans s'étonner de ce déploiement de forces, ordonne de laisser approcher les Autrichiens à petite portée et les reçoit avec un feu d'infanterie et de mitraille tellement violent qu'ils s'arrêtent, sans que la présence ou les excitations du prince Charles puissent les déterminer à faire un seul pas de plus vers nous!... Il est vrai qu'ils apercevaient derrière nos lignes les bonnets à poil de la vieille garde, qui, formée en colonne, s'avançait majestueusement l'arme au bras!

Le maréchal Lannes, profitant habilement de l'hésitation des ennemis, les fait charger par le maréchal Bessières, à la tête de deux divisions de cavalerie, qui renversèrent une partie des bataillons et escadrons autrichiens. L'archiduc Charles, se voyant obligé de renoncer à une attaque sur notre centre, veut au moins profiter de l'avantage que lui offre l'occupation d'Essling par ses troupes; mais l'Empereur ordonne en ce moment à l'intrépide général Mouton, son aide de camp, de reprendre le village avec la jeune garde, qui se précipite sur les grenadiers hongrois, les repousse et reste en possession d'Essling. La jeune garde et son chef se couvrirent de gloire dans ce combat, qui valut plus tard au général Mouton le titre de comte de Lobau.

Le succès que nous venions d'obtenir sur le centre et dans Essling ayant ralenti l'ardeur de l'ennemi, l'archiduc Charles, dont les pertes étaient énormes, renonça à l'espoir de forcer notre position et ne fit plus, le reste de la journée, qu'entretenir une lutte sans résultat. Cette terrible bataille de trente heures consécutives touchait enfin à son terme!... Il était temps, car nos munitions étaient presque épuisées, et nous en aurions totalement manqué, sans l'activité du brave maréchal Davout qui, pendant toute la journée, n'avait cessé de nous en envoyer de la rive droite, au moyen de quelques légers bateaux. Mais comme elles arrivaient lentement et en petite quantité, l'Empereur ordonna de les ménager, et le feu se changea sur notre ligne en un tiraillement auquel les ennemis réduisirent aussi le leur.

Pendant que les deux armées en présence s'observaient mutuellement sans faire aucun mouvement, et que les chefs, se groupant derrière les bataillons, causaient des événements de la journée, le maréchal Lannes, fatigué d'être à cheval, avait mis pied à terre et se promenait avec le général de brigade Pouzet, lorsqu'une balle égarée frappa celui-ci à la tête et l'étendit *raide mort* auprès du maréchal!...

Le général Pouzet, ancien sergent du régiment de Champagne, s'était trouvé au commencement de la Révolution au camp du Miral, que commandait mon père.

Le bataillon de volontaires du Gers, dans lequel Lannes servait comme sous-lieutenant, faisait aussi partie de cette division. Les sergents des vieux régiments de ligne ayant

été chargés d'instruire les bataillons de volontaires, celui du Gers échut à Pouzet, qui reconnut bientôt l'aptitude du jeune sous-lieutenant Lannes, et ne se bornant pas à lui montrer le maniement des armes, il lui apprit aussi les manœuvres. Lannes devint un excellent tacticien. Or, comme il attribuait son premier avancement aux leçons que lui avait données Pouzet, il lui voua un grand attachement, et à mesure qu'il s'élevait en grade, il se servit de son crédit pour faire avancer son ami. La douleur du maréchal fut donc extrême en le voyant tomber à ses pieds!

Nous étions en ce moment un peu en avant de la tuilerie située à gauche en arrière d'Essling; le maréchal fort ému, voulant s'éloigner du cadavre, fit une centaine de pas dans la direction de Stadt-Enzersdorf, et s'assit tout pensif sur le revers d'un fossé d'où il observait les troupes. Au bout d'un quart d'heure, quatre soldats, portant péniblement dans un manteau un officier mort, dont on n'apercevait pas la figure, s'arrêtent pour se reposer en face du maréchal. Le manteau s'entr'ouvre, et Lannes reconnaît Pouzet! — « Ah! s'écrie-t-il, cet affreux spectacle me poursuivra donc partout!... » Il se lève et va s'asseoir sur le bord d'un autre fossé, la main sur les yeux, et les jambes croisées l'une sur l'autre. Il était là, plongé dans de sombres réflexions, lorsqu'un petit boulet de trois, lancé par le canon d'Enzersdorf, arrive en ricochant et va frapper le maréchal au point où ses deux jambes se croisaient!... La rotule de l'une fut brisée, et le jarret de l'autre déchiré!

Je me précipite à l'instant vers le maréchal, qui me dit : « Je suis blessé... c'est peu de chose... donnez-moi la main pour m'aider à me relever... » Il essaya, mais cela lui fut impossible! Les régiments d'infanterie placés devant nous envoyèrent promptement quelques hommes pour transporter le maréchal vers une ambulance, mais nous n'avions ni brancard, ni manteau : nous prîmes donc le blessé dans nos bras. Cette position le faisait horriblement souffrir. Alors, un sergent apercevant au loin les soldats qui portaient le cadavre du général Pouzet, courut leur demander le manteau dans lequel il était enveloppé. On allait poser le maréchal dessus, ce qui eût rendu son transport moins douloureux; mais il reconnut le manteau et me dit : « C'est celui de mon pauvre ami; il est couvert de son sang; je ne veux pas m'en servir, faites-moi plutôt traîner comme vous pourrez! »

J'aperçus alors un bouquet de bois non loin de nous; j'y envoyai M. Le Coulteux et quelques grenadiers, qui revinrent bientôt avec un brancard couvert de branchages. Nous transportâmes le maréchal à la tête de pont, où les chirurgiens en chef procédèrent à son pansement. Ces messieurs tinrent au préalable un conciliabule secret dans lequel ils furent en dissidence sur ce qu'il fallait faire. Le docteur Larrey demandait l'amputation de la jambe dont la rotule était brisée; un autre, dont j'ai oublié le nom, voulait qu'on les coupât toutes les deux; enfin, le docteur Yvan, de qui je tiens ces détails, s'opposait à ce qu'il fût fait aucune amputation. Ce chirurgien, connaissant depuis longtemps le maréchal, assurait que la fermeté de son moral donnait quelques chances de guérison, tandis qu'une opération pratiquée par un temps aussi chaud conduirait infailliblement le blessé dans la tombe. Larrey était le chef du service de santé des armées; son avis l'emporta donc : une des jambes du maréchal fut amputée!...

Il supporta l'opération avec un grand courage. Elle était à peine terminée lorsque l'Empereur survint. L'entrevue fut des plus touchantes. L'Empereur, à genoux au pied du brancard, pleurait en embrassant le maréchal, dont le sang teignit bientôt son gilet de casimir blanc.

Quelques personnes malintentionnées ont écrit que le maréchal Lannes, adressant des reproches à l'Empereur, le conjura de ne plus faire la guerre ; mais moi, qui soutenais en ce moment le haut du corps du maréchal et entendais tout ce qu'il disait, je déclare que le fait est inexact. Le maréchal fut, au contraire, très sensible aux marques d'intérêt qu'il reçut de l'Empereur, et lorsque celui-ci, forcé d'aller donner des ordres pour le salut de l'armée, s'éloigna en lui disant : « Vous vivrez, mon ami, vous vivrez !... » le maréchal lui répondit en lui pressant les mains : « Je le désire, si je puis encore être utile à la France et à Votre Majesté ! »

Les cruelles souffrances du maréchal ne lui firent point oublier la position des troupes dont il fallait à chaque instant lui donner des nouvelles. Il apprit avec plaisir que l'ennemi n'osant les poursuivre, elles profitaient de la chute du jour pour rentrer dans l'île de Lobau. Sa sollicitude s'étendit sur ses aides de camp frappés auprès de lui ; il s'informa de leur état, et sachant que j'avais été pansé avec de grossières étoupes, il invita le docteur Larrey à visiter ma blessure. J'aurais voulu faire transporter le maréchal à Ebersdorf, sur la rive droite du Danube ; mais la rupture du pont s'y opposait, et nous n'osions l'embarquer sur une frêle nacelle. Il fut donc forcé de passer la nuit dans l'île, où, faute de matelas, j'empruntai une douzaine de manteaux de cavalerie pour lui faire un lit.

Nous manquions de tout et n'avions même pas de bonne eau à donner au maréchal, qu'une soif ardente dévorait. On lui offrit de celle du Danube ; mais la crue du fleuve l'avait rendue tellement bourbeuse qu'il ne put en boire et dit avec résignation : « Nous voilà comme ces marins qui meurent de soif, bien qu'environnés par les flots! » Le vif désir que j'avais de calmer ses souffrances me fit employer un filtre d'un nouveau genre. Un des valets que le maréchal avait laissés dans l'île, en allant au combat, portait constamment un petit portemanteau contenant du linge. J'y fis prendre une chemise du maréchal : elle était très fine ; on ferma avec de la ficelle toutes les ouvertures, à l'exception d'une, et plongeant cette espèce d'outre dans le Danube, on la retira pleine, puis on la suspendit sur des piquets au-dessous desquels on plaça un gros bidon pour recevoir l'eau, qui, filtrant à travers la toile, se débarrassa de presque toutes les parties terreuses. Le pauvre maréchal, qui avait suivi toute mon opération avec des yeux avides, put enfin avoir une boisson, sinon parfaite, au moins fraîche et limpide : il me sut très bon gré de cette invention. Les soins que je donnai à mon illustre malade ne pouvaient éloigner les craintes que j'avais sur le sort qui lui serait réservé si les Autrichiens, traversant le petit bras du fleuve, nous eussent attaqués dans l'île de Lobau : qu'aurais-je alors pu faire pour le maréchal? Je crus un moment que ces craintes allaient se réaliser, car une batterie ennemie, établie près d'Enzersdorf, nous envoya plusieurs boulets; mais le feu ne dura pas longtemps.

Dans la position qu'occupait le prince Charles, il avait deux choses à faire : attaquer avec furie les dernières divisions françaises restées sur le champ de bataille, ou bien, s'il n'osait prendre cette résolution, il pouvait du moins, sans compromettre ses troupes, placer son artillerie sur la berge du petit bras, depuis Enzersdorf jusqu'à Aspern, et couvrir de boulets l'île de Lobau, dans laquelle se trouvaient entassés 40,000 Français, qu'il eût exterminés! Mais, heureusement pour nous, le généralissime ennemi ne prit aucun de ces partis, de sorte que le maréchal Masséna, auquel Napoléon avait confié le commandement de la partie de l'armée qui se trouvait encore sur la rive gauche, put, sans être inquiété, évacuer pendant la nuit les villages d'Essling et d'Aspern, ainsi que le champ de bataille, faire passer les blessés, toutes les troupes, ainsi que l'artillerie, dans l'île de Lobau, puis enlever le pont jeté sur le petit bras du Danube, de sorte que le 23, au point du jour, tous ceux de nos régiments qui avaient combattu les 21 et 22 étaient rentrés dans l'île, où les ennemis ne lancèrent plus aucun boulet, pendant les quarante-cinq jours que dura l'occupation de Masséna.

Le 23 au matin, l'un des premiers soins de l'Empereur fut d'envoyer vers l'île de Lobau une barque de moyenne grandeur, afin de transporter le maréchal Lannes sur la rive droite. Je l'y fis placer, ainsi que nos camarades blessés; puis, en arrivant à Ebersdorf, je dirigeai ces derniers sur Vienne, sous la surveillance de M. Le Coulteux, qui les conduisit à l'hôtel du prince Albert, où se trouvaient les colonels Saint-Mars et O'Meara; je restai donc seul avec le maréchal, qui fut conduit dans une des meilleures maisons d'Ebersdorf, où je fis ordonner à tous ses gens de venir le joindre.

Cependant nos troupes accumulées dans l'île de Lobau, manquant de vivres, de munitions, réduites à manger du cheval, et séparées de la rive droite par l'immensité du fleuve, étaient dans une position des plus critiques. On craignait que l'inaction du prince Charles ne fût simulée, et l'on s'attendait d'un instant à l'autre à ce que, remontant le Danube jusqu'au-dessus de Vienne, il le passât pour venir nous attaquer à revers sur la rive droite et faire révolter la capitale contre nous. Dans ce cas, le corps de l'intrépide maréchal Davout, qui gardait Vienne et Ebersdorf, eût certainement opposé une très vive résistance. Mais aurait-il pu vaincre toute l'armée ennemie, et que seraient devenues pendant ce temps toutes les troupes françaises enfermées dans l'île de Lobau?

L'empereur Napoléon profita très habilement du temps que les Autrichiens lui laissaient, et jamais sa prodigieuse activité ne fut mieux employée. Secondé par l'infatigable maréchal Davout et les divisions de son corps d'armée, il fit dans la seule journée du 23 ce qu'un général ordinaire n'aurait pu obtenir en une semaine. Un service de bateaux bien organisé approvisionna de vivres et de munitions les divisions enfermées dans l'île de Lobau; on ramena tous les blessés à Vienne; des hôpitaux furent créés, des matériaux immenses furent réunis pour réparer les ponts, en faire de nouveaux et les garantir par une estacade; cent pièces d'artillerie du plus fort calibre, prises dans l'arsenal de Vienne, furent conduites à Ebersdorf.

Le 24, la communication ayant été rétablie avec l'île, l'Empereur fit repasser sur la rive droite les troupes du maréchal Lannes, la garde et toute la cavalerie, ne laissant dans l'île de Lobau que le corps de Masséna chargé de la fortifier, de la défendre et de mettre en batterie les gros canons qu'on y avait amenés.

Rassuré sur ce point, l'Empereur fit approcher de Vienne le corps d'armée du maréchal Bernadotte et les nombreuses divisions de troupes de la Confédération germanique, ce qui le mettait en état de repousser le prince Charles, dans le cas où il oserait traverser le fleuve pour venir nous attaquer.

Peu de jours après, nous reçûmes un puissant renfort. Une armée française arrivant d'Italie, sous les ordres du vice-roi Eugène de Beauharnais, vint se ranger à notre droite. Au commencement de la campagne, cette armée, dont je n'ai point encore parlé, avait éprouvé un échec en combattant à Sacile; mais les Français ayant renouvelé leurs attaques, et battu les ennemis, les avaient non seulement chassés d'Italie, mais poussés au delà des Alpes. Ils venaient enfin de rejeter le prince Jean derrière le Danube, en Hongrie, ce qui mettait le vice-roi en communication avec la grande armée de l'empereur Napoléon, dont ces troupes formèrent désormais l'aile droite, en face de Presbourg.

CHAPITRE XIX

Considérations sur la bataille d'Essling. — Lannes meurt entre mes bras. — Séjour à Vienne.

Je vous ai promis de ne pas vous fatiguer par des détails stratégiques; cependant, la bataille d'Essling et les événements imprévus qui nous privèrent d'une victoire éclatante ayant eu un retentissement immense, je crois devoir faire quelques observations sur les causes qui amenèrent ce résultat, d'autant qu'elles ont été dénaturées par un Français, qui a imputé à l'Empereur des fautes qu'il n'a pas commises. M. le général Rogniat, dans son ouvrage intitulé : *Considérations sur l'art de la guerre,* prétend « qu'à Essling Napoléon donna sans « réflexion dans un piège que lui tendit l'archiduc « Charles, en prescrivant au centre de son armée de « *reculer*, afin d'attirer les Français pendant qu'il faisait « couper les ponts, dont la destruction était préparée « d'avance par le général autrichien ». Non seulement cette assertion est contraire à la vérité, mais elle est absurde, ainsi que je crois l'avoir démontré dans la réponse critique adressée par moi au général Rogniat, en 1820.

En effet, si le prince Charles savait qu'il avait en son pouvoir le moyen de détruire les ponts, pourquoi ne les a-t-il pas fait briser le 21 au soir, lorsque le nombre des troupes françaises passées sur la rive gauche n'étant encore que de vingt-cinq mille hommes, il aurait eu la certitude de les écraser ou de les faire prisonniers, puisqu'il disposait de plus de cent vingt mille soldats?... Cela ne valait-il pas mieux que de laisser pendant toute la nuit le passage du fleuve à la disposition de Napoléon, qui en profita pour faire arriver sur la rive gauche sa garde, le corps du maréchal Lannes, ainsi que les cuirassiers de Nansouty, ce qui doublait les forces que nous pouvions opposer aux ennemis? Si le prince Charles avait préparé la rupture des ponts, pourquoi, dans l'après-midi du 21, fit-il attaquer les villages d'Essling et d'Aspern, où il perdit quatre à cinq mille hommes?... Il était bien plus sage d'attendre que le faible corps de Masséna, n'ayant plus aucun moyen de retraite, fût réduit à capituler. Enfin, pourquoi, le 22 au matin, le prince Charles renouvela-t-il avec furie ses attaques contre Essling et Aspern, au lieu d'attendre que les ponts fussent brisés?... C'est évidemment parce que le généralissime autrichien ignorait qu'il fût en son pouvoir de les détruire, et que le hasard seul, et la crue du fleuve, amenèrent contre les pontons des arbres flottants qui causèrent les premières ruptures partielles, et que, plus tard, l'intelligence d'un officier autrichien prépara la destruction du grand pont, en livrant au courant plusieurs barques chargées de bois enflammés, et surtout en lançant un immense moulin flottant qui entraîna presque tout ce pont. Mais rien n'avait été *préparé d'avance,* ainsi que nous l'ont avoué depuis plusieurs généraux ennemis, que nous eûmes l'occasion de voir après l'armistice de Znaïm.

S'il restait quelques doutes à ce sujet, ils seraient entièrement détruits par l'argument irrésistible que voici. De toutes les décorations militaires de l'empire d'Autriche, la plus difficile à obtenir était celle de Marie-Thérèse, car elle n'était accordée qu'à l'officier qui pouvait prouver qu'il avait fait *plus que son devoir*. Il devait solliciter cette décoration *lui-même*, et s'il échouait, il lui était interdit à tout jamais de reproduire sa demande. Or, malgré la sévérité de ce règlement, le commandant des chasseurs autrichiens obtint la croix de *Marie-Thérèse*, ce qui prouve incontestablement qu'il avait agi d'après ses propres inspirations, et non par ordre du prince Charles. Ce raisonnement, que j'ai développé dans mes *Remarques critiques* sur l'ouvrage du général Rogniat, est un de ceux que Napoléon approuva le plus, lorsque, pendant sa captivité à Sainte-Hélène, il lut mon livre et celui de Rogniat, et ce fut sans doute afin de punir ce général de sa partialité pour nos ennemis que l'Empereur, en me faisant un legs de cent mille francs, ajouta dans son testament : « J'engage le colonel « Marbot à continuer à écrire pour la défense de la gloire « des armées françaises, et à en confondre les calomnia- « teurs et les apostats !... »

Dès que les troupes, dont la vaillance avait si noblement éclaté à la bataille d'Essling, eurent opéré leur retraite dans l'île de Lobau et sur la rive droite du Danube, Napoléon s'établit à Ebersdorf, afin de surveiller les préparatifs d'un nouveau passage, pour lequel il fallait construire non plus un seul pont, mais *trois,* ayant tous en amont une forte estacade en pilotis, destinée à détourner les corps flottants que l'ennemi pourrait lancer contre eux.

Malgré les soins qu'il donnait aux travaux nécessaires pour ces importantes constructions, l'Empereur, accompagné du prince Berthier, venait soir et matin visiter le maréchal Lannes, dont la situation fut aussi bonne que possible pendant les quatre premiers jours qui suivirent sa blessure. Il conservait toute sa présence d'esprit et causait avec beaucoup de calme. Il était si loin de renoncer à servir son pays, ainsi que l'ont annoncé quelques écrivains, que faisant des projets pour l'avenir, et sachant que le célèbre mécanicien viennois Mesler avait fait pour le général autrichien, comte de Palfi, une jambe artificielle, avec laquelle celui-ci marchait et montait à cheval comme s'il n'eût éprouvé aucun accident, le maréchal me chargea d'écrire à cet artiste pour l'inviter à venir lui prendre la mesure d'une jambe. Mais les fortes chaleurs qui nous accablaient depuis quelque temps redoublèrent d'intensité, et leur effet produisit un bien fâcheux résultat sur le blessé. Une fièvre ardente s'empara de lui, et bientôt survint un délire affreux. Le maréchal, toujours préoccupé de la situation critique dans laquelle il avait laissé l'armée, se croyait encore sur le champ de bataille; il appelait à haute voix ses aides de camp, ordonnant à l'un de faire charger les cuirassiers, à l'autre de conduire l'artillerie sur tel point, etc., etc... En vain le docteur Yvan et moi cherchions-nous à le calmer, il ne nous comprenait plus; sa surexcitation allait toujours croissant; il ne reconnaissait même plus l'Empereur!... Cet état dura plusieurs jours sans que le maréchal dormît un seul instant, ou cessât de combattre imaginairement!... Enfin, dans la nuit du 29 au 30, il s'abstint de donner des ordres de combat; un grand affaissement succéda au délire; il reprit toutes ses facultés mentales, me reconnut, me serra la main, parla de sa femme et de ses cinq enfants, de son père... et, comme j'étais très près de son chevet, il appuya sa tête sur mon épaule, parut sommeiller, et rendit le dernier soupir!... C'était le 30 mai au point du jour.

Peu d'instants après ce fatal événement, l'Empereur arrivant pour sa visite du matin, je crus devoir aller au-devant de Sa Majesté, pour lui annoncer la malheureuse catastrophe, et l'engager à ne pas entrer dans l'appartement infecté de miasmes putrides; mais Napoléon, m'écartant de la main, s'avança vers le corps du maréchal, qu'il embrassa en le baignant de larmes, disant à plusieurs reprises : « Quelle perte pour la France et pour moi!... »

En vain le prince Berthier voulait éloigner l'Empereur de ce triste spectacle; il résista pendant plus d'une heure et ne céda que lorsque Berthier lui fit observer que le général Bertrand et les officiers du génie l'attendaient pour l'exécution d'un travail important, dont il avait lui-même fixé le moment. Napoléon, en s'éloignant, m'exprima sa satisfaction pour les soins que je n'avais cessé de donner à mon maréchal; il me chargea de le faire embaumer et de tout préparer pour l'envoi du corps en France.

J'étais navré de douleur!... Ma désolation s'accrut encore par la nécessité où je me trouvai d'assister à l'embaumement fait par les docteurs Larrey et Yvan, afin d'en dresser procès-verbal. Puis il me fallut présider au départ du corps qui, placé dans une voiture, fut transporté à Strasbourg sous la conduite d'un officier et de deux sergents de la garde impériale. Cette journée fut bien pénible pour moi!... Que de tristes réflexions je fis sur la destinée de cet homme, qui, sorti des dernières classes de la société, mais doué d'une haute intelligence et d'un courage à toute épreuve, s'était élevé par son propre mérite au premier rang, et qui, au moment où il jouissait de tant d'honneurs et d'une fortune immense, venait de terminer sa carrière en pays étranger, loin de sa famille, entre les bras d'un simple aide de camp!

De terribles secousses morales et physiques avaient ébranlé ma santé; ma blessure, fort simple d'abord et facile à guérir, si, après l'avoir reçue, j'eusse pu jouir de quelque repos de corps et d'esprit, s'était horriblement enflammée, pendant les dix jours que je venais de passer dans de terribles angoisses et des fatigues continuelles; car personne ne m'avait secondé dans les soins qu'exigeait l'affreuse position du maréchal, pas même ses deux valets de chambre. L'un d'eux, espèce de *mirliflor*, avait abandonné son maître dès les premiers jours, sous prétexte que la mauvaise odeur des plaies lui soulevait le cœur. Le second valet de chambre montra plus de zèle, mais les émanations putrides, qu'une chaleur de 30 degrés rendait encore plus dangereuses, le forcèrent à garder le lit, et je fus obligé de faire venir un infirmier militaire, homme rempli de bonne volonté, mais dont la figure inconnue, et surtout le costume, paraissaient déplaire au maréchal, qui ne voulait rien prendre que de ma main. Je le veillai donc jour et nuit; aussi la fatigue ayant aggravé ma blessure, j'avais la cuisse infiniment gonflée et pouvais à peine me tenir debout, lorsque, après le départ du corps du maréchal, je me déterminai à me rendre à Vienne pour m'y faire soigner.

Je trouvai dans l'hôtel du prince Albert tous mes camarades blessés. L'Empereur ne les avait pas perdus de vue, car le chirurgien en chef de la cour d'Autriche, logé au palais de Schœnbrünn, lui ayant offert ses services pour les blessés français, Napoléon l'avait chargé de soigner les aides de camp du maréchal Lannes, et le bon docteur Franck venait deux fois par jour au palais du prince Albert. Dès qu'il eut examiné ma blessure, qui lui parut être en très mauvais état, il me prescrivit un repos absolu. Cependant, malgré ses avis, je traversais souvent les corridors pour me rendre auprès de mon ami de Viry, qu'une blessure bien plus grave que la mienne retenait au lit. J'eus bientôt le malheur de perdre cet excellent camarade, que je regrettai infiniment, et comme j'étais le seul aide de camp qui connût son père, je fus dans la triste obligation d'annoncer cette fatale nouvelle au malheureux vieillard, qui, déchiré par la douleur, survécut peu de temps à son fils bien-aimé !

Réduit à l'immobilité, je lisais beaucoup et consignais par écrit les faits les plus saillants de la campagne que nous venions de faire, ainsi que quelques anecdotes que j'avais recueillies à ce sujet. Voici la plus intéressante.

Deux ans avant l'établissement de l'Empire, il n'existait dans les régiments français aucun grade intermédiaire entre celui de colonel et celui de chef de bataillon ou d'escadron. Bonaparte, alors premier Consul, voulant combler cette lacune, qu'avait créée dans la hiérarchie militaire un décret de la Convention, consulta le Conseil d'État. On reconnut la nécessité de rétablir dans chaque corps de l'armée un officier dont le grade et les attributions fussent analogues à ceux des anciens *lieutenants-colonels*. Ce point arrêté, le premier Consul demanda qu'il fût délibéré sur le *titre* que porterait cet officier. Le général Berthier et quelques conseillers d'État répondirent que, puisqu'il devait remplir les fonctions de lieutenant-colonel, il paraissait tout naturel de lui en donner le titre ; mais Bonaparte s'y opposa formellement. Il fit observer que, sous l'ancien régime, les colonels étant de grands seigneurs qui passaient leur vie à la cour et ne paraissaient que fort rarement à leur régiment, l'administration et l'instruction en étaient confiées à des officiers remplaçants, toujours présents au corps ; qu'il avait donc paru juste de donner à ceux-ci un encouragement et une importance nécessaires à la dignité du commandement, en leur accordant le titre de *lieutenant-colonel,* puisqu'en réalité ils étaient les chefs des régiments dont les colonels étaient titulaires. Mais, depuis, les choses étaient bien changées; les colonels étant devenus les commandants réels de leurs corps, il ne fallait pas créer une rivalité entre eux et l'officier dont on venait de rétablir le grade. Que si l'on donnait à celui-ci le titre de lieutenant-colonel, on le rapprocherait beaucoup trop de son chef, parce qu'en lui parlant, les inférieurs le nommeraient par abréviation *mon colonel;* or, il n'était pas convenable que, lorsqu'un soldat dirait qu'il va chez son colonel, on pût lui demander *chez lequel.* — En conséquence, le premier Consul proposa de donner au second officier de chaque régiment le titre de *major.* Cette sage opinion prévalut, et, en rétablissant le grade, on ne reprit pas la dénomination de *lieutenant-colonel.* Cette désignation qui, au premier abord, paraît avoir fort peu d'importance, en a cependant une très grande, ainsi que le prouve le fait que voici.

Le 21 mai, premier jour de la bataille d'Essling, les Autrichiens s'étant emparés du village de ce nom, le régiment français qu'on y avait placé se retirait avec quelque désordre devant des forces très supérieures, lorsque le maréchal Lannes, auprès duquel était l'Empereur, m'ayant envoyé sur ce point, j'appris en arrivant que le colonel venait d'être tué. Je trouvai les officiers et les soldats bien résolus à le venger et à reprendre Essling, car, sous les ordres du major, ils reformaient promptement leurs rangs à peu de distance des premières maisons, bien qu'ils fussent exposés au feu de l'ennemi.

Je courus informer le maréchal de l'état des choses; mais dès que j'eus dit à voix basse : « Le colonel est mort!... » Napoléon, fronçant le sourcil, prononça un *Chut!* qui m'imposa silence, et, sans me rendre compte du parti que Sa Majesté voulait tirer de cet événement, je compris que, pour le moment, *Elle ne voulait pas savoir que le colonel eût été tué!*

L'Empereur, que ses calomniateurs ont accusé de manquer de courage personnel, s'élançant au galop malgré les balles qui sifflaient autour de nous, arrive au centre du régiment et demande où est le colonel. Personne ne dit mot. Napoléon ayant renouvelé sa question, quelques soldats répondent : « Il vient d'être tué ! — Je « ne demande pas s'il est mort, mais où il est. » Alors une voix timide annonce qu'il est resté dans le village. « Comment, soldats ! dit Napoléon, vous avez abandonné « le corps de votre colonel au pouvoir de l'ennemi ! « Sachez qu'un brave régiment doit être toujours en « mesure de montrer son aigle et son colonel, mort ou « vif !... Vous avez laissé votre colonel dans ce village, « allez le chercher ! »

Le major, saisissant la pensée de Napoléon, s'écria : « Oui, nous sommes déshonorés si nous ne rapportons « notre colonel !... » Et il s'élance au pas de course. Le régiment le suit au cri de : « Vive l'Empereur ! » s'élance dans Essling, extermine quelques centaines d'Autrichiens, reste maître de la position et reprend le cadavre de son colonel, qu'une compagnie de grenadiers vient déposer aux pieds de l'Empereur. Vous comprenez parfaitement que Napoléon ne tenait nullement à avoir le corps de ce malheureux officier; mais il avait voulu atteindre le double but de reprendre le village et d'inculquer dans l'esprit des troupes que le colonel est un *second drapeau*, qu'un bon régiment ne doit jamais abandonner. Cette conviction, dans les moments difficiles, exalte le courage des soldats et les porte à soutenir le combat avec acharnement autour de leur chef, mort ou vif. Aussi, se tournant vers le prince Berthier, l'Empereur, en lui rappelant la discussion du Conseil d'État, ajouta : « Si,

« lorsque j'ai demandé le colonel, il y eût eu ici un *lieu-*
« *tenant-colonel* au lieu du *major,* on m'aurait répondu : Le
« voilà ! L'effet que je voulais obtenir aurait été bien
« moins grand ; car, aux yeux du soldat, les titres de
« *lieutenant-colonel* et de *colonel* sont à peu près synonymes. »
Cet incident terminé, l'Empereur fit dire au major, qui
venait d'enlever si bravement le régiment, qu'il le nommait colonel.

Vous pouvez juger, par ce que je viens de vous raconter,
du pouvoir magique que Napoléon exerçait sur ses
troupes, puisque sa présence et quelques mots suffisaient
pour les précipiter au milieu des plus grands dangers,
et avec quelle présence d'esprit il savait mettre à profit
tous les incidents du champ de bataille. Cet épisode m'a
paru d'autant plus utile à rapporter que, sous la Restauration, on rétablit fort mal à propos le titre de lieutenant-colonel.

Voici une autre anecdote, qui n'a d'intérêt que parce
qu'elle donna lieu à une réflexion fort sage faite par le
maréchal Lannes.

Pendant que l'infanterie de notre corps d'armée défilait
sur les ponts et que la cavalerie attendait son tour, un
chef d'escadron du 7ᵉ de chasseurs, beau-frère du général
Moreau, nommé M. Hulot d'Hozery, aujourd'hui général
(que nous vîmes en 1814 dans l'état-major de l'empereur
Alexandre, lors de l'entrée des armées étrangères à
Paris), M. Hulot, dis-je, homme très brave, poussé par
la *curiosité* de savoir ce qui se passait sur le champ de
bataille, quitta son régiment à Ebersdorf, prit une nacelle
et alla sur la rive gauche. Là, il monte à cheval et vient
auprès d'Essling caracoler en *amateur* autour de notre
état-major ; mais en ce moment-là même, un boulet lui
emporte le bras ! Dès que cet officier eut été conduit à
l'ambulance pour être amputé, le maréchal Lannes nous

dit : « Souvenez-vous, messieurs, qu'à la guerre les fan-
« faronnades sont toujours déplacées, et que le vrai cou-
« rage consiste à braver les périls auxquels on est exposé
« en restant à son poste, et non à aller parader au milieu
« des combats sans y avoir été appelé par le devoir ! »

CHAPITRE XX

Biographie du maréchal Lannes. — L'Empereur me nomme chef d'escadron et chevalier de l'Empire. — J'entre dans l'état-major de Masséna.

Bien que je vous aie déjà fait connaître plusieurs particularités de la vie du maréchal Lannes, je crois devoir vous donner plus complètement sa biographie.

Lannes naquit en 1769 à Lectoure, petite ville de la Gascogne. Son père était simple ouvrier teinturier, ayant trois fils et une fille. Lectoure possédait alors un évêché, dont un des grands vicaires, ayant eu l'occasion de remarquer l'intelligence et la bonne conduite du fils aîné du teinturier, le fit instruire et le plaça au séminaire, où il devint prêtre. Cet aîné, qui devint lui-même grand vicaire sous l'Empire, était un homme de beaucoup de mérite, qui, rempli de sollicitude pour sa famille, se fit l'instituteur de ses jeunes frères. Le second, celui qui fut maréchal, profita de ces leçons, autant que le lui permettait le peu de temps dont il pouvait disposer, après avoir aidé son père dans les travaux manuels de son petit commerce; et lorsque la Révolution éclata, son instruction se bornait à savoir lire, écrire correctement, et à connaître les quatre règles de l'arithmétique.

Le dernier garçon avait fort peu de moyens. Le maréchal avait voulu le pousser dans l'état militaire; mais, reconnaissant sa médiocrité, il lui fit quitter le service, le maria richement pour sa province, et le confina dans sa ville natale. Quant à la fille, comme elle était encore enfant lorsque le second de ses frères parvint au grade de général, il la mit dans une bonne pension, la dota et lui fit faire un très bon mariage.

Lannes était de taille moyenne, mais très bien proportionné; sa physionomie était agréable et très expressive; ses yeux petits, mais annonçant un esprit des plus vifs; son caractère très bon, mais emporté, jusqu'à l'époque où il parvint à le dominer; son ambition était immense, son activité prodigieuse et son courage à toute épreuve. Après avoir passé sa jeunesse dans l'état d'apprenti teinturier, Lannes vit s'ouvrir devant lui la carrière des armes, dans laquelle il était appelé à marcher à pas de géant. Entraîné par l'enthousiasme qui, en 1791, détermina la plupart des hommes de son âge à voler à la défense du pays injustement attaqué, il s'enrôla dans le 1er bataillon des volontaires du Gers, et servit comme simple grenadier jusqu'au moment où ses camarades, séduits par sa bonne tenue, son zèle et la vivacité de son esprit, le nommèrent sous-lieutenant. A compter de ce moment, il se livra sans relâche à l'étude, et alors même qu'il était maréchal, il passait une partie de ses nuits à travailler; aussi devint-il un homme convenablement instruit. Il fit ses premières armes sous mon père, au camp de Miral, près de Toulouse, puis à l'armée des Pyrénées-Orientales, où son intrépidité et sa rare intelligence l'élevèrent rapidement au grade de chef de bataillon, qu'il occupait, lorsque la division de mon père passa sous les ordres du général Augereau. Celui-ci, à la suite d'un combat sanglant dans lequel Lannes s'était couvert de gloire, le fit nommer chef de brigade (colonel). Lannes, ayant été blessé dans cette affaire, fut obligé d'aller passer quelques mois à Perpignan, où il fut logé chez un riche banquier, M. Méric. L'esprit et les bonnes manières du jeune officier le firent apprécier de toute la famille, particulièrement de Mlle Méric, qu'il épousa. Ce mariage était alors infiniment au-dessus de ce qu'il pouvait espérer.

La paix ayant été conclue entre la France et l'Espagne, en 1795, Lannes suivit en Italie la division d'Augereau et fut placé *à la suite,* à la 4ᵉ demi-brigade de ligne, qui se trouvait réellement sous ses ordres, en l'absence du chef titulaire, à l'époque où Bonaparte vint prendre le commandement de l'armée. Celui-ci ne tarda pas à reconnaître le mérite de Lannes ; aussi, lorsqu'un arrêté du Directoire prescrivit à tous les officiers *à la suite* de rentrer dans leurs foyers, Bonaparte prit sur lui de le retenir en Italie, où il fut blessé deux fois pendant les célèbres campagnes de 1796 et 1797, sans faire officiellement partie de l'armée. Sans la perspicacité du général en chef, Lannes, éloigné malgré lui du service, serait allé enfouir ses talents militaires dans les bureaux de son beau-père, et la France n'aurait pu compter un grand capitaine de plus. Lorsque, en 1796, Bonaparte conduisit une armée en Égypte, il prit avec lui Lannes, devenu général de brigade, et par conséquent rendu officiellement à l'activité.

Le nouveau général se distingua partout et fut si grièvement blessé à l'assaut de Saint-Jean d'Acre que ses troupes le crurent mort ! Je vous ai raconté comment il fut miraculeusement sauvé par un capitaine de grenadiers qui, au péril de sa vie, le traîna jusqu'au bout de la tranchée. Le général Lannes ayant eu dans cette affaire le cou traversé d'une balle, portait depuis cette époque la tête constamment penchée sur l'épaule gauche et conserva toujours certain embarras dans le larynx. A peine rétabli de cette cruelle blessure, le général Lannes fut accablé d'une douleur morale des plus poignantes ;

il apprit que sa femme, auprès de laquelle il ne s'était pas trouvé depuis près de deux ans, venait d'accoucher d'un garçon, dont elle prétendait lui attribuer la paternité. Il s'ensuivit un procès, et le divorce fut prononcé.

Le général Lannes quitta l'Égypte en même temps que Bonaparte et le suivit à Paris : il l'accompagna à Saint-Cloud lors du 18 brumaire. Lannes fit brillamment la campagne de Marengo et sauva l'armée, en repoussant au combat de Montebello les corps autrichiens qui accouraient pour s'opposer aux troupes françaises. Une grande partie de notre armée, engagée dans les défilés des Alpes, n'aurait pu déboucher dans les plaines du Milanais, si le courage et les bonnes dispositions du général Lannes n'eussent éloigné les ennemis. Sa conduite en cette circonstance lui valut plus tard le titre de duc de Montebello. Ce fut au retour de cette campagne que, dégagé des liens de son mariage avec Mlle Méric, le général Lannes conçut l'espoir d'épouser Caroline Bonaparte. Vous avez vu comment les intrigues de Bessières firent pencher la balance en faveur de Murat. Nommé ambassadeur à Lisbonne, le général Lannes épousa Mlle Guéhéneuc, fille du sénateur de ce nom, qui lui apporta une fort belle dot, à laquelle, outre les grands émoluments de sa place, le général ajouta une bonne aubaine qui rétablit complètement ses affaires.

Un règlement fort ancien donnait à l'ambassadeur français arrivant pour la première fois à Lisbonne le droit de faire entrer, avec franchise de l'impôt des douanes, toutes les marchandises placées sur le navire qui l'amenait. Le général Lannes, suivant l'usage établi, céda ce privilège à des négociants moyennant 300,000 fr. Quelque temps après, Mme Lannes étant accouchée à Lisbonne d'un fils (qui fut depuis ministre de la marine sous Louis-Philippe), le prince régent de Portugal voulut être parrain de l'enfant, et le jour du baptême, sous prétexte de visiter une des salles du palais contenant des curiosités envoyées du Brésil, il conduisit le général Lannes dans la pièce où se trouvaient les caisses renfermant les pierreries. Il en fit ouvrir une, et prenant avec ses deux mains trois fortes jointées de diamants bruts, il les versa dans le chapeau du général, en disant : « La première est pour mon filleul, la seconde est pour « Mme l'ambassadrice sa mère, et la troisième pour « M. l'ambassadeur. » Dès ce moment, le maréchal, de qui je tiens ces détails, fut vraiment riche.

Le destin ne borna pas là ses faveurs envers lui. Le premier Consul, monté sur le trône impérial, ayant établi en 1804 la dignité de maréchal de France, un général du mérite de Lannes devait nécessairement faire partie de la première promotion. Le bâton de commandement lui fut donc envoyé, et il reçut en même temps le titre de duc de Montebello. Le nouveau maréchal alla prendre au camp de Boulogne le commandement du 5e corps de la grande armée, qu'il conduisit l'année suivante en Autriche. Il s'y distingua, particulièrement à Austerlitz, où il commandait l'aile gauche.

Il se fit aussi remarquer en 1806 et en 1807, tant en Prusse qu'en Pologne, surtout à Saalfeld, à Iéna, à Pultusk et à Friedland. Il en fut de même en 1808 et 1809, en Espagne, où non seulement il seconda vaillamment l'Empereur à la bataille de Burgos, mais gagna lui-même celle de Tudela et soumit la ville de Saragosse jusque-là réputée imprenable. Enfin, sans se donner aucun repos, il courut d'Espagne en Allemagne, et je viens de raconter ses exploits, tant à la bataille d'Eckmühl qu'à Ratisbonne et à Essling, où ce nouveau Bayard termina sa glorieuse carrière.

Pour vous mettre plus à même d'apprécier le maréchal Lannes, je crois devoir rapporter un fait qui donne une haute opinion de son caractère et de l'empire qu'il savait prendre sur lui-même.

Dans les relations ordinaires, le maréchal était calme et doux; mais sur les champs de bataille il s'emportait jusqu'à la fureur, dès que ses ordres n'étaient pas bien exécutés. Or, il arriva pendant la bataille de Burgos qu'au moment décisif, un capitaine d'artillerie, ayant mal compris la manœuvre indiquée, conduisit sa batterie dans une direction opposée à celle prescrite, lorsque le maréchal, s'en étant aperçu, s'élance au galop, et, poussé par la colère, va lui-même réprimander sévèrement cet officier en présence de l'Empereur. Mais comme, en s'éloignant rapidement, il avait entendu Napoléon commencer une phrase dont il n'avait pu saisir que ces mots : « Ce diable de Lannes... », il revint tout pensif, et me tirant à part, dès que ce fut possible, il exigea, au nom de la confiance qu'il avait en moi et du dévouement que je lui portais, de lui faire connaître entièrement l'observation de l'Empereur. Je répondis avec franchise : « Sa Majesté a dit : Ce diable de Lannes
« possède toutes les qualités qui font les grands capi-
« taines; mais il ne le sera jamais, parce qu'il ne maîtrise
« pas sa colère et s'emporte même contre les officiers
« d'un grade subalterne, ce qui est un des plus graves
« défauts que puisse avoir un chef d'armée. » Le maréchal avait tellement *à cœur* de devenir un grand capitaine, qu'il résolut probablement d'acquérir la *seule* qualité qui lui manquât, au dire d'un aussi bon juge que l'Empereur, car, dès ce moment, *jamais* je ne le vis plus en colère, bien que souvent ses ordres fussent mal exécutés, surtout au siège de Saragosse. Lorsqu'il s'apercevait d'une faute essentielle, son naturel bouillant le poussait d'abord vers l'emportement, mais à l'instant sa

ferme volonté prenait le dessus; il devenait très pâle, ses mains se crispaient, mais il faisait ses observations avec tout le calme d'un homme flegmatique. J'en citerai un exemple.

Pour peu qu'on ait fait la guerre, on sait qu'au lieu de se servir de tire-bourre pour retirer les balles de leurs fusils, lorsqu'ils doivent les laver, les soldats ont la mauvaise habitude de les décharger, en faisant feu en l'air, ce qui est très dangereux dans une réunion de troupes. Or, malgré les défenses faites à ce sujet, il arriva pendant le siège de Saragosse que des fantassins ayant tiré leurs fusils de la sorte, au moment où le maréchal passait auprès de leur camp, une balle, décrivant une parabole, vint tomber sur la bride de son cheval, dont elle coupa les rênes, près de sa main. Le soldat coupable de cette infraction aux règlements ayant été arrêté, le maréchal, contenant son premier mouvement de vivacité, se borna à lui dire : « Vois à quoi tu t'exposes et quelle serait ta douleur si tu m'eusses tué. » Puis il fit relâcher cet homme. Quelle force d'âme il faut pour dompter ainsi son caractère !

En apprenant que le maréchal venait d'être grièvement blessé, Mme la maréchale partit aussitôt avec son frère, le colonel Guéhéneuc, qui venait d'annoncer à Paris la capitulation de Vienne. Mais une dépêche l'ayant informée, à Munich, de la mort du maréchal, elle regagna Paris dans un profond désespoir, car elle aimait beaucoup son mari. Nommée l'année suivante dame d'honneur de la nouvelle impératrice, l'archiduchesse Marie-Louise, elle allait la recevoir à Branau, sur les frontières de Bavière, quand, en passant à Strasbourg, elle voulut voir le corps de son mari déposé dans une église de cette ville : spectacle au-dessus de ses forces, car, dès qu'on ouvrit la bière, la maréchale fut saisie d'une violente attaque de nerfs qui mit sa vie en danger pendant plusieurs jours.

Puisque j'écris l'histoire de ma vie, je suis dans la nécessité de revenir constamment sur ce qui m'est personnel. Je vous rappellerai donc qu'après le décès du maréchal Lannes, j'étais allé rejoindre mes camarades à Vienne pour soigner ma blessure. Je gisais sur mon lit de douleur, plongé dans de tristes réflexions, car non seulement je regrettais pour *lui-même* le maréchal qui avait été si bon pour moi, mais je ne pouvais me dissimuler que la perte d'un tel appui changeait infiniment ma position. En effet, l'Empereur m'avait bien dit au couvent de Mölk qu'il me faisait *chef d'escadron*, et, de même que le maréchal Berthier, il m'en donnait le nom; cependant, comme les préoccupations de la guerre les empêchaient d'expédier les brevets, je n'étais encore par le *fait* que simple capitaine. Un heureux hasard vint mettre un terme aux craintes que j'éprouvais pour mon avenir.

Mon camarade La Bourdonnaye, bien plus gravement blessé que moi, occupait la chambre voisine de la mienne; nous en faisions souvent ouvrir la porte afin de causer ensemble. M. Mounier, secrétaire de l'Empereur, et depuis pair de France, venait souvent visiter La Bourdonnaye, son ami; nous fîmes connaissance, et comme il avait beaucoup entendu parler au quartier général de mes actions de guerre et de mes blessures, et qu'il me voyait encore frappé par le feu de l'ennemi, il me demanda quelle récompense j'avais reçue. « Rien, lui dis-je. — « Ce ne peut être que par suite d'un oubli, répondit « M. Mounier, car je suis certain d'avoir vu votre nom « sur un des brevets déposés dans le portefeuille de l'Em- « pereur. » Le lendemain, j'appris par M. Mounier que, ayant mis ce brevet sous les yeux de l'Empereur,

celui-ci, au lieu de le signer, avait écrit en marge : « Cet
« officier sera, par exception, placé comme chef d'esca-
« dron dans les chasseurs à cheval de ma garde. » L'Empereur m'accordait ainsi une faveur immense et *sans exemple*, car les officiers de la garde ayant le grade supérieur à celui qu'ils occupaient réellement dans ce corps d'élite, Napoléon, en m'y admettant comme chef d'escadron, me faisait franchir deux échelons à la fois et me donnait le grade de major (ou lieutenant-colonel) de la ligne : c'était magnifique !...

Cependant, cet avantage ne m'éblouit pas, bien qu'il s'y joignît celui de voir plus souvent ma mère à Paris, où la garde tenait garnison. Mais, outre que le maréchal Bessières, commandant supérieur de la garde, recevait fort mal les officiers qu'il n'avait pas proposés, j'avais à craindre sa rancune au sujet de l'incident d'Essling.

J'étais dans une cruelle incertitude, lorsque le prince Eugène, vice-roi d'Italie, arriva à Vienne et fut logé dans l'hôtel du prince Albert. Il reçut la visite de tous les maréchaux présents, et entre autres de Masséna, qui chercha à témoigner quelque bienveillance aux aides de camp du maréchal Lannes, auxquels Napoléon portait lui-même intérêt. Masséna monta dans nos appartements et s'arrêta quelque temps près de moi, qu'il connaissait depuis le siège de Gênes. Je lui fis part de mon embarras ; il me répondit : « Ce serait sans doute fort avantageux
« pour toi d'entrer dans la garde, mais tu t'exposerais à
« la vengeance du maréchal Bessières. Viens avec moi,
« en qualité d'aide de camp, tu seras reçu comme l'enfant
« de la maison, comme le fils d'un bon général qui est
« mort en combattant sous mes ordres, et j'aurai soin de
« ton avancement. » Séduit par ces promesses, j'acceptai. Masséna se rendit aussitôt auprès de l'Empereur, qui finit par consentir à sa demande, et m'expédia un brevet

de chef d'escadron, aide de camp de Masséna; ce fut le 18 juin.

Malgré la joie que j'éprouvais d'être enfin *officier supérieur*, je ne tardai pas à me repentir d'avoir accepté les offres de Masséna. Une heure après avoir reçu ma commission d'aide de camp, je vis arriver le maréchal Bessières m'apportant lui-même ma nomination dans la garde; il m'assura du plaisir qu'il aurait à me recevoir dans ce corps, sachant, du reste, que je n'avais fait qu'obéir aux instructions du maréchal Lannes en lui transmettant des ordres sur le champ de bataille d'Essling. Je fus pénétré de reconnaissance pour cette démarche loyale et regrettai vivement de m'être si promptement engagé avec Masséna; mais il n'était plus temps de revenir sur ma décision. Je craignais alors que mon avancement en souffrit; mais heureusement il n'en fut rien, car M. Mounier, nommé à ma place aux chasseurs de la garde, était encore chef d'escadron lorsque j'étais déjà colonel. Il est vrai qu'il resta les deux années suivantes à Paris, tandis que je les passai au milieu des coups de fusil et reçus deux nouvelles blessures, ainsi que je le dirai plus loin.

Napoléon combla de récompenses l'état-major du maréchal Lannes. Le colonel Guéhéneuc devint aide de camp de l'Empereur, qui prit Watteville et La Bourdonnaye pour officiers d'ordonnance. Saint-Mars fut nommé colonel du 3ᵉ de chasseurs et Labédoyère aide de camp du prince Eugène. Quant à moi, qui venais d'être nommé chef d'escadron, dès que je pus me rendre à Schœnbrünn pour remercier l'Empereur, Sa Majesté me fit l'honneur de me dire : « Je voulais vous placer dans ma garde;
« cependant, puisque le maréchal Masséna désire vous
« avoir pour aide de camp, et que cela vous convient, j'y
« consens; mais pour vous témoigner d'une manière *toute*
« *spéciale* combien je suis content de vous, je vous nomme

« chevalier de l'Empire, avec une dotation de 2,000 francs
« de rente. »

Si j'eusse osé, j'aurais prié l'Empereur de revenir à sa première pensée et de m'admettre dans sa garde; mais pouvais-je lui dire quelle avait été la cause de mon refus? C'était impossible. Je me bornai donc à remercier, mais j'avais le cœur navré!... Cependant, forcé de me résigner à la position dans laquelle je m'étais placé par mon étourderie, je cherchai à éloigner d'inutiles regrets et soignai plus attentivement ma blessure, afin d'être en état d'accompagner mon nouveau maréchal, dans les combats auxquels devait donner lieu le nouveau passage du Danube.

CHAPITRE XXI

État-major de Masséna. — M. de Sainte-Croix. — Faveur méritée
dont il jouit auprès de Napoléon.

Vers la fin de juin, me trouvant assez bien rétabli, j'allai rejoindre le quartier général de Masséna dans l'île de Lobau. Les aides de camp, dont je devenais le camarade, me reçurent très bien. Cet état-major était fort nombreux et comptait plusieurs officiers distingués, mais il s'y trouvait aussi quelques médiocrités. Je ne veux cependant interrompre momentanément le récit de la campagne de 1809 que pour vous faire connaître le premier aide de camp, colonel de Sainte-Croix, parce qu'il joua un fort grand rôle dans les événements qui précédèrent la bataille de Wagram.

Charles d'Escorches de Sainte-Croix, fils du marquis de ce nom, ancien ambassadeur de Louis XVI à Constantinople, était sous tous les rapports un homme vraiment supérieur. Sa carrière militaire fut bien courte, mais d'une rapidité et d'un éclat extraordinaires. Nos deux familles étant liées, la plus tendre amitié m'unissait à cet officier; aussi le désir de servir auprès de lui avait beaucoup contribué à me faire accepter les propositions du maréchal Masséna. Bien que Sainte-Croix eût un goût inné pour les armes, il ne put s'y livrer que très tard, parce que sa famille, le destinant à la diplomatie, l'avait placé au secrétariat du ministère des affaires étrangères, auprès de M. de Talleyrand, avec lequel elle était en relation intime. Tant que dura la paix conclue à Amiens, Sainte-Croix supporta patiemment la position sédentaire qu'on lui avait faite, mais l'ouverture de la campagne de 1805 réveilla son ardeur guerrière. Cependant, comme il était âgé de vingt-trois ans, et avait par conséquent passé l'âge fixé pour entrer à l'École militaire, il est probable qu'il n'aurait jamais fait partie de l'armée, si une circonstance favorable n'eût secondé ses désirs.

L'Empereur voulait utiliser un grand nombre d'émigrés et de jeunes nobles qui, bien que souhaitant se rattacher à son gouvernement, ne pouvaient néanmoins se résoudre à prendre du service comme simples soldats; il fit donc choisir, parmi les prisonniers faits à Austerlitz, les six mille plus beaux hommes, dont il ordonna de former deux régiments à la solde de la France. Ces nouveaux corps n'étant pas assujettis aux mêmes règles de formation que les régiments nationaux, Napoléon donna tous les emplois d'officiers selon son bon plaisir. Il n'était donc pas nécessaire d'avoir été militaire pour obtenir d'emblée même un grade d'officier supérieur; il suffisait d'appartenir à une famille ayant une bonne position et de montrer du zèle pour le service de l'Empereur. Ces promotions étaient sans doute contraires aux usages établis, mais Napoléon y trouvait l'avantage de rattacher à lui plus de cent cinquante jeunes gens bien élevés et riches, qu'il arrachait à l'oisiveté et à la corruption de Paris. Le neveu du célèbre La Tour d'Auvergne fut nommé colonel du 1er régiment étranger, et un grand seigneur allemand, le prince d'Isembourg, obtint le second. Ces corps furent désignés par les noms de leur chef. L'Empereur voulut que leur administration et leur organisation fussent calquées sur les *capitulations* des anciens régiments étrangers au service de France avant la Révolution, et comme, de temps immémorial, le ministre des affaires étrangères avait été chargé de la levée de ces troupes. Napoléon ordonna à M. de Talleyrand de faire faire dans ses archives des recherches à ce sujet.

Le ministre connaissant les goûts militaires du jeune Sainte-Croix et le désir qu'il avait d'entrer dans l'armée, le chargea de ce travail. Le diplomate ne se borna pas à tracer l'historique des anciens régiments étrangers, mais il y proposa des modifications nécessaires. L'Empereur, frappé du bon sens qui avait présidé à la rédaction de ce projet et sachant le désir de l'auteur d'être compris parmi les officiers d'un des corps en nouvelle formation, le nomma d'abord chef de bataillon, et, quelques mois après, major du régiment de La Tour d'Auvergne. Cette faveur était d'autant plus grande que l'Empereur n'avait jamais vu Sainte-Croix, mais elle faillit aussi le perdre dès son entrée dans la carrière.

Un M. de M..., cousin de l'impératrice Joséphine, s'était bercé de l'espoir d'obtenir d'emblée le grade de lieutenant-colonel; il n'eut que celui de chef de bataillon. Son amour-propre en fut blessé; il prit dès lors Sainte-Croix en aversion et le provoqua en duel sous un prétexte des plus frivoles. M. de M... était de première force dans le tir des armes de tout genre; ses nombreux amis, certains de sa victoire, formèrent une cavalcade pour l'accompagner au bois de Boulogne, mais un seul entra avec lui dans le massif, où son adversaire et un témoin l'attendaient. Le combat eut lieu au pistolet; M. de M... reçut dans la poitrine une balle qui l'étendit raide mort!... A cette vue, le témoin, dont le devoir était d'aller chercher du secours, se trouble en pensant aux conséquences que peut avoir pour lui la fin tragique d'un parent de l'Impératrice, et, sans reprendre son cheval, ni prévenir les amis de M. de M..., il s'éloigne à travers bois et va se réfugier loin de Paris!... De leur côté, Sainte-Croix et ses amis étaient rentrés en ville, de sorte que le corps resta seul sur le terrain.

Cependant, les personnes qui attendaient dans l'allée le retour de M. de M..., ne le voyant pas revenir après la détonation des coups de pistolet, pénétrèrent dans le massif et trouvèrent le cadavre du malheureux jeune homme. Or, il était arrivé qu'en tombant de son haut frappé à mort, M. de M... s'était défoncé le crâne sur un chicot fort dur. Ses amis, après avoir examiné la blessure qu'il avait à la poitrine, en apercevant une seconde à la tête, pensèrent que Sainte-Croix, après avoir blessé mortellement son adversaire avec la balle de son pistolet, l'avait achevé en lui enfonçant le crâne avec la crosse de cette arme, ce qui expliquait, selon eux, la disparition du témoin du mort, qui n'avait pas eu la force ou le courage de s'opposer à cet assassinat.

Dominés par cette prévention, ces messieurs courent à Saint-Cloud et la font partager à l'Impératrice, qui va demander *justice* à l'Empereur!... L'ordre est donné de mettre Sainte-Croix en jugement. Il ne s'était nullement caché; on l'arrête et on l'enferme. Il aurait sans doute langui en prison pendant une longue instruction, si Fouché, ministre de la justice et ami de sa famille, bien persuadé que Sainte-Croix était incapable d'avoir commis le crime dont on l'accusait, n'eût fait sur-le-champ les recherches les plus actives pour découvrir le lieu où s'était réfugié le témoin de M. de M... Celui-ci, ramené à Paris, déclara que tout s'était passé loyalement; d'ailleurs, les magistrats chargés de l'enquête découvrirent, auprès du cadavre, un chicot de racine imprégné de sang et auquel étaient collés quelques cheveux du défunt. Dès lors l'innocence de Sainte-Croix fut reconnue;

il fut mis en liberté et s'empressa d'aller rejoindre son régiment qui se formait en Italie.

M. de La Tour d'Auvergne, homme des plus estimables, manquait d'aptitude pour les choses militaires ; ce fut donc le major Sainte-Croix qui organisa le nouveau régiment, dont il s'occupa avec tant de zèle qu'il en fit un des meilleurs et un des plus beaux corps de l'armée. Envoyé dans le royaume de Naples, et chargé de réprimer l'insurrection des Calabres, il se distingua dans plusieurs combats. Le maréchal Masséna, qui commandait alors dans la basse Italie, ayant reconnu le mérite de Sainte-Croix, le prit en grande affection. Appelé en Pologne, après la bataille d'Eylau, ce maréchal tint à y emmener Sainte-Croix, bien qu'il ne fût pas encore son aide de camp et que les règlements s'opposassent à ce que personne pût retirer un officier, surtout un major, de son régiment. En arrivant à Varsovie, Masséna ayant présenté Sainte-Croix à l'Empereur, celui-ci se rappela la mort de M. de M..., reçut le major froidement et exprima même au maréchal son mécontentement de ce qu'il eût éloigné cet officier du corps auquel il appartenait.

A cette première cause du mauvais accueil que l'Empereur fit d'abord à Sainte-Croix, s'en joignit une autre. Napoléon, bien que de petite taille, avait une grande prédilection pour les hommes grands, forts, à la figure mâle ; or, Sainte-Croix était petit, mince, blondin, et avait une charmante figure féminine ; mais dans ce corps qui, au premier abord, paraissait faible et peu propre aux rudes travaux de la guerre, se trouvaient une âme de fer, un courage vraiment héroïque et une activité dévorante. L'Empereur ne tarda pas à reconnaître ces qualités ; cependant, comme il pensa que le grade de major, donné de prime abord à Sainte-Croix, devait suffire pour quelque temps, il ne fit rien pour lui pendant cette campagne, et, après la paix de Tilsitt, cet officier retourna à Naples avec Masséna. Mais quand, en 1809, le maréchal fut appelé au commandement d'un des corps de l'armée destinée à marcher contre l'Autriche, il se rappela les reproches que l'Empereur lui avait adressés, pour avoir, sans autorisation, attaché Sainte-Croix à son état-major ; il le demanda donc pour aide de camp, ce qui fut accordé.

Dans un des combats qui précédèrent notre entrée dans Vienne, Sainte-Croix prit un drapeau ennemi, et l'Empereur le nomma colonel. Il fit des prodiges de valeur et montra une rare intelligence à la bataille d'Essling; mais ce qui acheva de détruire les préventions que l'Empereur avait conçues contre Sainte-Croix, depuis son duel avec M. de M..., ce furent les services importants qu'il rendit au corps de Masséna, placé en avant-garde dans l'île de Lobau, pendant le laps de temps qui s'écoula entre la bataille d'Essling et celle de Wagram. L'Empereur, qui faisait élever dans cette île d'immenses fortifications, l'arma de plus de cent canons de gros calibre. Il allait visiter tous les jours les travaux, et voulant tout voir par lui-même, il marchait à pied pendant sept et huit heures. Ces longues courses fatiguaient le maréchal Masséna, déjà un peu cassé, et le général Becker, chef d'état-major, ne pouvait la plupart du temps répondre aux questions de l'Empereur, tandis que le colonel Sainte-Croix, dont l'activité était infatigable et l'intelligence prodigieuse, avait tout vu avant l'arrivée de l'Empereur, savait tout, prévoyait tout et donnait sur tout les renseignements les plus exacts. Napoléon prit donc l'habitude de s'adresser à lui, et peu à peu Sainte-Croix devint, sinon de droit, du moins de fait, le chef d'état-major du corps d'armée qui défendait l'île de Lobau.

Il eût été si facile aux Autrichiens de nous chasser de cette île, ou d'exterminer par une vive canonnade les quatre divisions que nous y avions, que l'Empereur ne s'en éloignait qu'à regret chaque soir pour retourner à Schœnbrünn. Il passait alors les nuits dans de cruelles inquiétudes; aussi voulait-il avoir, dès son réveil, des nouvelles du corps d'armée de Masséna; il avait donc ordonné à Sainte-Croix de se trouver tous les matins dans son appartement, au lever de l'aurore, afin de lui rendre compte de l'état des choses. Pour que ses rapports fussent plus exacts, le colonel faisait à pied, toutes les nuits, le tour de l'immense île de Lobau, visitant les postes, examinant ceux de l'ennemi; puis, montant à cheval, il parcourait rapidement les deux lieues qui le séparaient du palais de Schœnbrünn, où les aides de camp avaient ordre de l'introduire à l'instant dans la chambre à coucher de l'Empereur, qui, tout en s'habillant devant lui, causait de la position respective des deux armées. On partait ensuite au galop pour l'île, où l'Empereur, toujours accompagné de M. de Sainte-Croix, passait la journée entière à examiner les travaux, et montait souvent avec lui au haut d'une immense échelle double que le colonel avait eu l'heureuse idée de faire établir en forme d'observatoire. De là, la vue dominait les arbres les plus élevés et découvrait au loin les campagnes de la rive gauche, occupées par les troupes ennemies, dont on connaissait ainsi tous les mouvements. Le soir, Sainte-Croix reconduisait l'Empereur à Schœnbrünn, retournait dans l'île, où, après quelques instants de repos, il passait toute la nuit à visiter les postes, et recommençait le lendemain les courses de la veille.

Pendant quarante-quatre jours, et par une chaleur excessive, Sainte-Croix supporta ces fatigues sans en être accablé et sans que son zèle et son activité se ralentissent un seul instant. Il faisait en même temps preuve d'une telle intelligence sur les plus hautes questions militaires, que Napoléon l'appelait constamment auprès de lui, lorsqu'il conférait avec les maréchaux Masséna et Berthier relativement au moyen de faire déboucher l'armée sur la rive gauche. Il s'agissait de traverser le petit bras du Danube sur un autre point que celui qui avait servi de passage lors de la bataille d'Essling, parce qu'on savait que le prince Charles avait fait élever de nombreux retranchements en ce lieu.

Sainte-Croix proposa de tourner les fortifications de l'ennemi, en exécutant le passage devant Stadt-Enzersdorf, ce qui fut adopté. Enfin, Napoléon conçut une si grande opinion du mérite de ce colonel, qu'il dit un jour à M. de Czernitcheff, envoyé de l'empereur de Russie : « Depuis que je commande les armées, je n'ai pas ren-
« contré d'officier plus capable, qui comprît mieux mes
« pensées et les fît mieux exécuter; il me rappelle le
« maréchal Lannes et le général Desaix; aussi, à moins
« que la foudre ne l'emporte, la France et l'Europe
« seront étonnées du chemin que je lui ferai faire! » Ces paroles, rapportées par M. de Czernitcheff, furent bientôt connues de tous, et l'on prévit que Sainte-Croix serait rapidement maréchal : malheureusement, la foudre l'emporta! Il fut tué, l'année suivante, d'un coup de canon, sur les rives du Tage, aux portes de Lisbonne, ainsi que je le dirai en racontant la campagne que je fis, en 1810, en Portugal.

Napoléon, qui tenait habituellement à distance les chefs qu'il estimait le plus, se familiarisait par exception avec l'un d'eux et se complaisait même parfois à exciter sa franchise et ses reparties. Il en était ainsi de Lasalle, Junot et Rapp, qui disaient à l'Empereur tout ce qui leur passait par la tête. Les deux premiers, qui se ruinaient

tous les deux ans, allaient ainsi raconter leurs fredaines à Napoléon, qui payait toujours leurs dettes. Sainte-Croix avait trop d'esprit et de tenue pour abuser de la faveur dont il jouissait; néanmoins, lorsque l'Empereur l'y poussait, il avait la repartie prompte et incisive. Ainsi Napoléon, qui prenait très souvent le bras du colonel pour marcher dans les sables de l'île de Lobau, lui ayant dit dans une de leurs nombreuses courses : « Je me sou-
« viens qu'après ton duel avec le cousin de ma femme, je
« voulais te faire fusiller; je conviens que c'eût été une
« faute et un bien grand dommage! — C'est très vrai,
« Sire, répond Sainte-Croix, et je suis certain qu'à pré-
« sent que Votre Majesté me connaît mieux, Elle ne me
« donnerait pas pour un des cousins de l'Impératrice...
« — Comment, pour un!!... dis donc pour *tous!...* »
répliqua l'Empereur.

Un autre jour que Sainte-Croix assistait au lever de Napoléon, celui-ci dit en buvant un grand verre d'eau fraîche : « Je pense qu'en allemand Schœnbrünn signifie
« *belle fontaine;* on a eu raison de donner ce nom à cette
« résidence, car la source de son parc produit une eau
« délicieuse, dont je bois tous les matins. Aimes-tu aussi
« l'eau fraîche, toi? — Ma foi, non, Sire, je préfère un
« bon verre de vin de Bordeaux ou de Champagne. » L'Empereur, se tournant alors vers son valet de chambre, lui dit : « Vous enverrez au colonel cent bouteilles de
« bordeaux et autant de champagne. » En effet, le soir même, pendant que les aides de camp de Masséna dînaient au bivouac sous une baraque de feuillages, nous vîmes arriver dans l'île plusieurs mulets des écuries impériales, portant à Sainte-Croix deux cents bouteilles d'excellent vin, avec lequel nous bûmes à la santé de l'Empereur.

CHAPITRE XXII

Préparatifs faits en vue d'un nouveau passage du Danube. — Arrestation d'un espion. — Bataille de Wagram. — Prise d'Enzersdorf. — Combat sur le Russbach.

Plus le moment du nouveau passage du Danube approchait, plus les Autrichiens surveillaient les rives du petit bras de ce fleuve qui nous séparait d'eux. Ils fortifiaient même Enzersdorf, et si quelque groupe de militaires français approchait trop de la partie de l'île située en face de ce bourg, les postes ennemis faisaient feu sur eux; mais lorsqu'on s'avançait isolément, ou au nombre de deux ou trois personnes, ils ne tiraient pas. L'Empereur désirait voir de près les préparatifs de l'ennemi. On a dit que pour y parvenir, sans courir de danger, il s'était déguisé en soldat et s'était placé en faction. Le fait a été inexactement rapporté : voici ce qui se passa.

L'Empereur et le maréchal Masséna, revêtus de capotes de sergents, et suivis de Sainte-Croix costumé en simple soldat, s'avancèrent jusqu'au bord du rivage. Le colonel se déshabille complètement et se met dans l'eau, tandis que Napoléon et Masséna, pour éloigner tout soupçon de l'esprit des ennemis, quittent leurs capotes, comme s'ils se proposaient de se baigner, et examinent alors tout à leur aise le point où ils voulaient jeter des ponts et opérer le passage. Telle était l'habitude de voir nos soldats venir par très petits groupes se baigner en ce lieu, que les Autrichiens restèrent tranquillement couchés sur l'herbe. Ce fait prouve qu'à la guerre les chefs doivent sévèrement prohiber ces espèces de *trêves* et ces désignations de points neutres, que les troupes des deux partis établissent souvent pour leur convenance respective.

L'Empereur, ayant alors résolu de passer le bras du fleuve à cet endroit, décida que plusieurs ponts y seraient construits; mais comme il était plus que probable que, dès que les postes ennemis donneraient l'éveil, les troupes autrichiennes placées à Enzersdorf accourraient pour s'opposer à l'établissement de nos ponts, il fut convenu que l'on ferait d'abord transporter deux mille cinq cents grenadiers sur l'autre rive, et qu'en y arrivant, ils iraient attaquer Enzersdorf, afin que la garnison ainsi occupée ne pût venir troubler nos travaux et s'opposer à notre passage. Cela bien arrêté, l'Empereur dit à Masséna : « Comme cette première colonne sera évi-
« demment très exposée, puisque ce sera contre elle que
» l'ennemi dirigera d'abord tous ses efforts, il faut la
« composer de nos meilleures troupes et choisir pour
« la commander un colonel brave et intelligent. — Mais,
« Sire, cela me revient! s'écria Sainte-Croix. — Pour-
« quoi donc? répondit l'Empereur, charmé de ce zèle,
« et qui n'avait probablement fait la demande que pour
« entraîner la réplique. — Pourquoi? reprit le colonel,
« mais parce que de tous les officiers qui sont dans l'île,
« c'est moi qui depuis six semaines ai supporté le plus
« de fatigues, étant constamment sur pied jour et nuit
« pour faire exécuter vos ordres, et je demande que
« Votre Majesté veuille bien m'accorder comme récom-
« pense le commandement des deux mille cinq cents
« grenadiers qui doivent aborder les premiers sur la
« rive ennemie! — Eh bien, tu l'auras! » répliqua Napoléon, auquel cette noble hardiesse plut infiniment. Le

projet de passage étant définitivement réglé, la nuit du 4 au 5 juillet fut désignée pour l'attaque.

Dans l'intervalle qui s'écoula avant cette époque, deux graves événements se produisirent dans notre corps d'armée. Le général de division Becker était un bon officier, quoique assez paresseux; mais il avait le tort de tout critiquer. Il se permit donc de désapprouver hautement le plan d'attaque conçu par Napoléon. Celui-ci, en ayant été informé, ordonna au général de rentrer en France. Nous verrons le général Becker se venger de cette disgrâce en 1815. Le général Fririon devint chef d'état-major; c'était un homme capable, d'un excellent caractère, mais manquant de la fermeté qu'il fallait auprès d'un homme tel que Masséna.

Le second événement faillit priver l'Empereur du concours de Masséna, pour la bataille qui se préparait. Un jour où Napoléon et le maréchal parcouraient l'île de Lobau, le cheval de ce dernier s'étant abattu dans un trou caché par de hautes herbes, le maréchal fut assez grièvement blessé à une jambe pour ne plus pouvoir se tenir en selle. Ce contretemps affligea d'autant plus l'Empereur que Masséna avait la confiance des troupes et connaissait parfaitement le terrain sur lequel nous devions combattre, puisque c'était celui sur lequel avait eu lieu la bataille d'Essling, à laquelle le maréchal avait pris une part si glorieuse. Masséna fit alors preuve d'une grande force d'âme; car, malgré les vives souffrances qu'il éprouvait, il voulut conserver son commandement, déclarant qu'à l'exemple du maréchal de Saxe à Fontenoy, il se ferait porter sur le champ de bataille par des grenadiers. Un brancard fut établi à cet effet; mais, sur les observations que je pris la liberté de faire au maréchal, il comprit que ce moyen de transport semblerait prétentieux et présenterait moins de sécurité qu'une calèche légère qui, traînée par quatre bons chevaux, transporterait bien plus rapidement le maréchal d'un point à un autre, que ne pourraient le faire des hommes. Il fut convenu que Masséna irait sur le champ de bataille dans sa calèche découverte, ayant auprès de lui son chirurgien, le docteur Brisset. Celui-ci, bien que placé par état parmi les non-combattants, ne voulut pas quitter le maréchal, parce qu'il fallait renouveler toutes les heures les compresses qui recouvraient sa jambe, et il s'acquitta de ce soin périlleux avec le plus grand sang-froid, au milieu des boulets, non seulement pendant les deux jours que dura la bataille de Wagram, mais encore pendant les divers combats qui s'ensuivirent.

Napoléon savait que les ennemis s'attendaient à le voir déboucher de l'île de Lobau, en passant entre Essling et Aspern, ainsi qu'il l'avait fait au mois de mai, et qu'ils venaient de construire des retranchements dans l'intervalle qui sépare ces deux villages ; or, comme il sentait aussi combien il importait de cacher aux Autrichiens le projet conçu par lui de les tourner, en traversant le petit bras du Danube devant Enzersdorf, il faisait surveiller tout ce qui entrait dans l'île de Lobau par les grands ponts qui l'unissaient à Ebersdorf. Cependant, vers les derniers jours, les préparatifs indispensables avaient dévoilé ce secret à toutes les personnes placées dans l'île ; mais, comme on pensait avoir la certitude qu'il ne s'y trouvait que des militaires français ou des domestiques d'officiers, ayant chacun une garde de sûreté, on se croyait à l'abri des investigations des ennemis : c'était une erreur. Le prince Charles était parvenu à introduire un espion parmi nous, et déjà cet homme se préparait à l'avertir que nous devions l'attaquer par Enzersdorf, lorsqu'une lettre anonyme, écrite en hongrois et adressée à l'Empereur, fut apportée à son mameluk Roustan par une petite fille bien mise, qui se borna à lui dire que cette lettre était *importante* et *très pressée!* On crut d'abord qu'il s'agissait d'une demande d'argent; mais les interprètes, ayant traduit la dépêche, se hâtèrent d'en donner connaissance à l'Empereur, qui se rendit à l'instant dans l'île de Lobau, où, dès son arrivée, il donna l'ordre de suspendre les travaux de tous genres, de faire former en rangs non seulement les troupes, mais les états-majors, les administrateurs, les boulangers, bouchers, cantiniers, et même les domestiques, qui devaient chacun se placer derrière leurs maîtres. Ces dispositions prises, et lorsqu'il n'y eut plus un seul individu hors des rangs, l'Empereur fit annoncer aux troupes qu'un espion s'était glissé dans l'île, espérant qu'on ne pourrait le découvrir au milieu des 30,000 hommes qui s'y trouvaient; qu'il fallait donc, à présent que tout le monde était à son rang, que chacun regardât ses voisins de droite et de gauche. Le succès de cet ingénieux moyen fut instantané; car, au milieu du plus profond silence, on entendit deux soldats s'écrier : « Voici un inconnu! » On arrêta cet homme, on le questionna, et il avoua s'être déguisé en fantassin français avec les effets des morts laissés sur le champ de bataille d'Essling.

Ce misérable était né à Paris et paraissait bien élevé, instruit même. La passion du jeu l'ayant ruiné, il avait fui la France pour éviter les poursuites de ses créanciers, s'était réfugié en Autriche, où, poussé par le désir de se procurer des moyens de jouer encore, il s'était offert pour servir d'espion à l'état-major autrichien. Pendant la nuit, une très petite nacelle le transportait de la rive gauche du Danube à la rive droite, à une lieue au-dessous d'Ebersdorf, et venait le reprendre la nuit suivante à un signal convenu. Il avait déjà fait de très fréquents voyages de ce genre, entrant dans l'île de Lobau et en sortant, en se mêlant, vêtu en soldat, aux nombreux détachements de nos troupes qui allaient constamment à Ebersdorf pour chercher des vivres ou des matériaux. Craignant d'être remarqué s'il restait seul, l'espion se portait toujours sur les lieux où il y avait foule et travaillait aux retranchements avec les soldats. Il achetait sa nourriture chez les cantiniers, passait la nuit auprès des camps, et dès le point du jour, muni d'une bêche comme s'il allait rejoindre des travailleurs, il parcourait l'île en tous sens, examinant les ouvrages, qu'il dessinait à la hâte, en se couchant parmi les osiers; puis, la nuit suivante, il allait faire un rapport aux Autrichiens et revenait pour continuer ses observations. Cet homme, traduit devant un conseil de guerre, fut condamné à mort. Il exprimait un vif repentir d'avoir servi les ennemis de la France, ce qui portait l'Empereur à commuer sa peine, lorsque, dans l'espoir de décider Napoléon à lui accorder la vie, l'espion proposa de tromper le prince Charles, en allant lui faire un faux rapport sur ce qu'il avait vu dans l'île, et de revenir dire aux Français ce que faisaient les Autrichiens. Cette nouvelle infamie indigna l'Empereur, qui, abandonnant le coupable à sa fatale destinée, le laissa fusiller.

Cependant, le jour de la grande bataille approchait. Napoléon avait réuni autour d'Ebersdorf toute l'armée venant d'Italie, les corps des maréchaux Davout, Bernadotte, la garde, et transformé l'île de Lobau en une immense forteresse, armée de cent pièces de gros calibre et de vingt mortiers. Trois solides ponts sur pilotis, défendus par des estacades, assuraient le passage du grand Danube entre Ebersdorf et l'île. Enfin, on était en mesure de jeter plusieurs ponts de moindre dimension sur le petit bras, le seul qui nous séparât de la rive gauche.

Pour confirmer le prince Charles dans la pensée qu'il chercherait encore à passer entre Essling et Aspern, Napoléon ordonna, le 1er juillet au soir, de faire reconstruire pendant la nuit le petit pont qui avait servi à notre retraite après la bataille d'Essling et de jeter sur la rive opposée, dans les bois, deux divisions dont les tirailleurs devaient attirer l'attention des ennemis sur ce point, pendant que tout se préparait pour notre attaque sur Enzersdorf. On ne comprend pas comment le prince Charles, qui avait entouré Essling et Aspern d'immenses fortifications, garnies de cent cinquante bouches à feu, ait pu croire que Napoléon viendrait les attaquer de front : c'eût été prendre le taureau par les cornes !

Les journées du 2 et du 3 se passèrent en préparatifs de part et d'autre.

L'armée française, traversant le grand bras du Danube sur les trois ponts d'Ebersdorf, se massa dans l'île de Lobau, où l'Empereur réunit 150,000 hommes. Le prince Charles, de son côté, rassembla des forces égales sur la rive gauche, où les troupes autrichiennes, placées sur deux lignes, formaient un arc immense, afin d'envelopper les parties de l'île de Lobau qui leur faisaient face. A la droite des ennemis, la pointe de cet arc s'appuyait au Danube à Florisdorf, Spitz et Iedelsée. Leur centre occupait les villages d'Essling et d'Aspern, fortement retranchés et nouvellement reliés l'un à l'autre par des ouvrages armés d'une nombreuse artillerie. Enfin, la gauche de l'arc formé par l'armée autrichienne se trouvait à Gross-Enzersdorf, ayant un fort détachement à Mühlleiten. Le prince Charles surveillait donc exactement tous les points de l'île de Lobau par où nous pouvions déboucher; mais comme il était persuadé, on ne sait pourquoi, que Napoléon l'attaquerait par son centre, en passant le petit bras du Danube entre Essling et Aspern, ainsi qu'il l'avait fait au mois de mai, le généralissime avait concentré toutes ses forces dans les vastes plaines qui s'étendent depuis ces villages jusqu'à Deutsch-Wagram et à Markgrafen-Neusiedel, gros bourg situé sur le ruisseau de Russbach, dont les rives, fort encaissées et dominées par des hauteurs, offrent une excellente position défensive. Du reste, le prince Charles avait peu de troupes à sa droite, et encore moins à sa gauche, parce qu'il avait prescrit à l'archiduc Jean, son frère, commandant l'armée de Hongrie, de quitter Presbourg avec les 35,000 hommes dont il disposait, et de se trouver le 5 juillet au matin à Unter-Siebenbrünn, pour s'y relier avec la gauche de la seconde ligne de la grande armée autrichienne : mais le prince Jean n'exécuta pas cet ordre.

D'après les instructions de l'empereur Napoléon, l'armée française commença son attaque le 5 juillet, à neuf heures du soir. Un orage épouvantable éclatait en ce moment; la nuit était des plus obscures, la pluie tombait à torrents, et le bruit du tonnerre se mêlait à celui de notre artillerie, qui, garantie des boulets ennemis par un épaulement, dirigeait tous ses feux sur Essling et Aspern, afin de confirmer le prince Charles dans la pensée que nous allions déboucher sur ce point; aussi ce fut là qu'il porta toute son attention, sans s'inquiéter aucunement d'Enzersdorf, sur lequel nos principales forces se dirigeaient.

Dès que les premiers coups de canon se firent entendre, le maréchal Masséna, très souffrant encore, fut placé dans une petite calèche découverte, que ses aides de camp entouraient, et il se fit conduire vers le point sur lequel devait commencer l'attaque. L'Empereur nous rejoignit bientôt; il était très gai et dit au maréchal :

« Je suis enchanté de cet orage : quelle belle nuit pour
« nous! Les Autrichiens ne peuvent voir nos prépara-
« tifs de passage en face d'Enzersdorf, et ils n'en auront
« connaissance que quand nous aurons enlevé ce poste
« essentiel, quand nos ponts seront placés et une partie
« de mon armée formée sur la rive qu'ils prétendent
« défendre... »

En effet, le brave colonel Sainte-Croix, après avoir fait débarquer en silence les 2,500 grenadiers, prit terre sur la rive ennemie en face d'Enzersdorf. Un régiment de Croates bivouaquait sur ce point. Attaqué à l'improviste, il se défend néanmoins avec acharnement à la baïonnette; mais nos grenadiers, animés par la voix de Sainte-Croix qui s'était jeté au plus fort de la mêlée, enfoncent les ennemis, et ceux-ci se retirent en désordre sur Enzersdorf. Ce gros bourg, environné d'une muraille crénelée, précédé d'une digue taillée en forme de parapet, était rempli d'infanterie, tandis que des flèches en terre couvraient toutes les entrées. Enlever ce bourg était d'autant plus difficile que le feu avait incendié les maisons, et que la garnison pouvait être d'un moment à l'autre soutenue par la brigade autrichienne du général Nordmann, placée un peu en arrière, entre le bourg d'Enzersdorf et celui de Mühlleiten. Mais aucun obstacle n'arrête Sainte-Croix, qui, marchant à la tête de ses grenadiers, enlève les ouvrages extérieurs, poursuit les ennemis l'épée dans les reins et entre pêle-mêle avec eux dans le redan qui couvre la porte du Midi. Cette porte était fermée; Sainte-Croix la fait enfoncer sous une grêle de balles, que la garnison lançait par les créneaux du mur d'enceinte. Une fois maîtres de ce passage, le colonel et ses braves soldats se précipitent dans l'intérieur du bourg, dont la garnison, affaiblie par les énormes pertes qu'elle vient d'éprouver, se réfugie dans le château; mais à la vue des échelles que Sainte-Croix fait apporter pour donner l'assaut, le commandant autrichien demande à capituler. Ainsi, Sainte-Croix, auquel ce beau fait d'armes fit le plus grand honneur, resta maître d'Enzersdorf, à la grande satisfaction de l'Empereur, dont cette capture servait merveilleusement les projets. Il prescrivit à l'instant de jeter huit ponts sur le petit bras du Danube, entre l'île de Lobau et le bourg d'Enzersdorf.

Le premier de ces ponts, d'une construction jusqu'alors inconnue, avait été inventé par l'Empereur. Il paraissait n'être que d'une seule pièce; cependant, il se trouvait divisé en quatre sections qu'unissaient des charnières, ce qui lui permettait de contourner et de suivre les sinuosités du rivage. Arrivé dans le bras du Danube, un de ses bouts fut fixé aux arbres de l'île de Lobau, tandis qu'à l'aide d'un câble, porté par un bateau, on dirigeait l'autre extrémité vers la rive opposée. Poussé par le courant, ce pont d'un nouveau genre, tournant sur lui-même, fit un à-droite complet, et put servir à l'instant même. Les sept autres furent complètement établis un quart d'heure après, ce qui permit à Napoléon de faire passer rapidement sur la rive gauche les corps de Masséna, Oudinot, Bernadotte, Davout, Marmont, l'armée du prince Eugène, les réserves d'artillerie, toute la cavalerie, enfin la garde.

Pendant que l'Empereur s'empressait de profiter des avantages que lui offrait la prise du bourg d'Enzersdorf, le prince Charles, toujours persuadé que son adversaire voulait déboucher entre Essling et Aspern, perdait son temps et ses munitions, pour jeter une grêle de boulets et d'obus sur la partie de l'île de Lobau située en face de ces deux villages, pensant qu'il faisait éprouver de grandes pertes aux troupes françaises, qu'il supposait être agglomérées en ce lieu. Ces projectiles ne produisirent aucun effet, car nous n'avions sur ce point que quelques éclaireurs dispersés et protégés par des épaulements en terre, tandis que le gros de nos troupes, massé du côté d'Enzersdorf, traversait le petit bras du Danube et se massait sur la rive gauche. Le généralissime autrichien fut stupéfait, le 5 juillet au matin, lorsqu'en se dirigeant sur l'ancien champ de bataille, entre Essling et Aspern, où il comptait nous combattre avec avantage, au moment où nous déboucherions de l'île de Lobau, il s'aperçut que son aile gauche était tournée par l'armée française qui marchait déjà sur Sachsengang, dont elle ne tarda pas à s'emparer. Surpris sur sa gauche et menacé sur ses derrières, le prince Charles fut obligé, pour nous faire face, d'exécuter un immense mouvement rétrograde vers le ruisseau de Russbach, en reculant constamment devant Napoléon, tandis que nos divers corps d'armée se plaçaient à leur ordre de bataille, dans l'immense plaine ouverte devant eux.

Afin de n'être pas surpris par l'arrivée du prince Jean, dans le cas où celui-ci, venant de Hongrie, paraîtrait sur notre aile droite, à Unter-Siebenbrünn, l'Empereur envoya en observation sur ce point trois fortes divisions de cavalerie, ainsi que plusieurs bataillons, soutenus par de l'artillerie légère. Ces troupes étaient considérées comme hors ligne et destinées à arrêter le premier effort du prince Jean jusqu'à l'arrivée des réserves. Quant au gros de l'armée, sa droite, formée par le corps de Davout, se porta sur Glinzendorf et le Russbach. Le centre était composé par les Bavarois, les Wurtembergeois, les corps d'Oudinot, de Bernadotte, et l'armée d'Italie. La gauche, aux ordres de Masséna, longeait le petit bras du Danube, dans la direction d'Essling et d'Aspern. Chacun de ces corps devait enlever en marchant les villages qui se trouvaient devant lui. La réserve se composait du corps de Marmont, de trois divisions de cuirassiers, d'une nombreuse artillerie et de toute la garde impériale. Enfin, le général Régnier, avec une division d'infanterie et de nombreux artilleurs, restait à la garde de l'île de Lobau, en avant de laquelle on rétablit l'ancien pont, qui nous avait servi lors de la bataille d'Essling.

A la plus horrible des nuits avait succédé la plus belle journée. L'armée française, en grande tenue de parade, s'avance majestueusement dans l'ordre le plus parfait, précédée par une immense artillerie qui écrase tout ce que l'ennemi tente de lui opposer. Les régiments dont se composait la gauche autrichienne, précédée par le général Nordmann, furent les premiers exposés à nos coups. Chassés d'Enzersdorf et de Mühlleiten, ils essayèrent de défendre Raschdorf, mais ils furent repoussés, et le général Nordmann périt dans le combat. Cet officier était Alsacien; ancien colonel des housards de Bercheny, il avait passé à l'ennemi en 1793, avec une partie de son régiment, en même temps que Dumouriez, et s'était mis au service de l'Autriche.

La marche de l'armée française n'éprouvant aucune résistance sérieuse, nous occupâmes successivement Essling, Aspern, Breitenlée, Raschdorf et Süssenbrünn. Jusqu'à ce moment, la première partie du plan de Napoléon avait réussi, puisque ses troupes venaient de franchir le dernier bras du Danube et occupaient les plaines de la rive gauche. Cependant, rien n'était encore décidé, tant que nous n'avions pas battu et entamé sérieusement l'ennemi. Celui-ci, au lieu de réunir toutes ses forces sur le ruisseau de Russbach, commit la faute énorme de les diviser, en opérant sa retraite par deux lignes très divergentes, l'une sur Markgrafen-Neusiedel, derrière le Russbach, et l'autre sur les hauteurs de Stamersdorf, où les troupes de l'aile droite autrichienne se trouvaient évidemment trop éloignées du champ de bataille.

La position qui borde le Russbach est forte, domine la plaine et se trouve protégée par ce ruisseau qui, bien que peu large, forme un très bon obstacle, parce que ses bords étant très escarpés, l'infanterie ne peut les franchir qu'avec difficulté, et que la cavalerie et l'artillerie n'avaient d'autre passage que les ponts situés dans les villages occupés par les Autrichiens. Cependant, comme le Russbach était la clef de la position des deux armées, Napoléon résolut de s'en emparer, et fit en conséquence attaquer Markgrafen-Neusiedel par Davout, Baumersdorf par Oudinot et Deutsch-Wagram par Bernadotte, tandis que le prince Eugène, secondé par Macdonald et Lamarque, passait le ruisseau entre ces deux villages. L'artillerie légère de la garde écrasa par son feu les masses autrichiennes; mais le maréchal Bernadotte, à la tête des Saxons, fit une attaque si molle sur Wagram, qu'il ne réussit pas. Les généraux Macdonald et Lamarque, franchissant le Russbach, mirent un moment en péril le centre ennemi; mais le prince Charles, s'élançant bravement sur ce point avec ses réserves, contraignit nos troupes à repasser le ruisseau.

Ce mouvement s'exécuta d'abord avec le plus grand ordre; mais la nuit étant survenue, nos fantassins, qui venaient de résister à une attaque de front faite par les chevau-légers autrichiens, ayant aperçu sur leurs derrières une brigade de cavalerie française amenée à leur secours par le général Salme, se crurent coupés; il en résulta un peu de désordre qui s'aggrava par suite d'une méprise : quelques bataillons saxons tirèrent sur la division Lamarque. Cependant, le trouble occasionné par ces accidents fut promptement réparé. L'attaque faite par le maréchal Oudinot sur Baumersdorf fut aussi repoussée; elle avait été faite sans ensemble. Le maréchal Davout seul avait eu des succès, car, après avoir forcé le passage du Russbach et tourné Markgrafen-Neusiedel, il allait s'emparer de ce bourg, malgré une défense des plus opiniâtres, lorsque la nuit l'obligea à suspendre son attaque, et peu d'instants après l'Empereur lui ordonna de revenir sur ses pas, afin de ne pas l'exposer, en le laissant isolé au delà de ce cours d'eau.

CHAPITRE XXIII

Deuxième journée. — Alternatives du combat et défaite du prince Charles. — Considérations diverses sur la bataille de Wagram.

Tels furent les principaux événements de la journée du 5 juillet, qui ne firent que préparer la bataille décisive du lendemain. La nuit se passa fort tranquillement; l'armée française, ayant toujours à sa droite trois divisions de cavalerie en observation à Léopoldsdorf, avait sa droite véritable vers Grosshofen; notre centre était à Aderklaa, et la gauche en retour à Breitenlée, ce qui donnait à notre ligne la forme d'un angle, dont Wagram était le sommet. Les tentes de l'Empereur et de sa garde étaient un peu en avant de Raschdorf.

Si on jette un coup d'œil sur le plan de la bataille de Wagram, on voit que la droite ennemie, partant des environs de Kampfendorf, longeant ensuite la rive gauche du Russbach jusqu'à Helmhof, d'où elle se dirigeait par Sauring vers Stamersdorf, on voit, dis-je, que la ligne ennemie formait ainsi un angle rentrant, dont le sommet se trouvait également à Deutsch-Wagram. C'était donc le point essentiel, dont chacun des deux adversaires désirait s'emparer; pour y parvenir, ils voulurent l'un et l'autre tourner leur ennemi par son flanc gauche. Mais le prince Charles, ayant beaucoup trop étendu son armée, était obligé de transmettre *par écrit* des ordres qui étaient mal compris ou mal exécutés, tandis que l'Empereur, ayant des réserves sous sa main, donnait des instructions positives dont il pouvait voir et surveiller l'exécution.

Le 6 juillet, à la pointe du jour, l'action recommença plus vivement que la veille; mais, au grand étonnement de Napoléon, le prince Charles, qui, dans la journée du 5, s'était borné à se défendre, venait de prendre l'offensive et de nous enlever Aderklaa!... Bientôt la canonnade se prolongea sur toute la ligne : de mémoire d'homme on n'avait vu une aussi nombreuse artillerie sur un champ de bataille, car le total des bouches à feu mises en action par les deux armées s'élevait à plus de douze cents!

L'aile gauche des Autrichiens, conduite par le prince Charles en personne, passant le ruisseau du Russbach, déboucha sur trois colonnes vers Léopoldsdorf, Glinzendorf et Grosshofen; mais le maréchal Davout et la cavalerie de Grouchy opposèrent une vive résistance à l'ennemi, et l'avaient même arrêté, lorsque Napoléon parut à la tête d'une immense réserve. En voyant le combat s'engager à l'extrême droite de sa ligne, vers Léopoldsdorf, l'Empereur avait cru un moment que l'archiduc Jean, arrivant de Hongrie, venait de joindre la grande armée ennemie. Non seulement le prince Jean n'avait pas paru à notre droite, mais on a su depuis qu'il se trouvait en ce moment à Presbourg, à huit lieues du champ de bataille; aussi l'aile gauche autrichienne, privée du secours qu'elle avait espéré, se repentit bientôt d'être venue nous attaquer. En effet, accablée par des forces supérieures, et surtout par l'artillerie, elle éprouva des pertes considérables, et fut rejetée au delà du Russbach par le maréchal Davout, qui franchit ce ruisseau avec une partie de ses troupes, et marcha par les deux rives à l'attaque de Markgrafen-Neusiedel.

L'Empereur, ainsi rassuré sur sa droite, revient au centre avec sa garde, et tandis que Bernadotte attaque Wagram, et qu'Oudinot marche sur Baumersdorf, il ordonne à Masséna de reprendre Aderklaa. Ce village disputé, pris et repris, reste enfin aux grenadiers autrichiens, conduits à une nouvelle attaque par le prince Charles, qui lance en même temps une forte colonne de cavalerie contre les Saxons du corps de Bernadotte et les met dans une déroute si complète qu'ils se jetèrent sur les troupes de Masséna, dont ils troublèrent momentanément le bon ordre. Ce maréchal était toujours dans sa calèche. Les ennemis, en apercevant au milieu de la bataille cette voiture attelée de quatre chevaux blancs, comprirent qu'elle ne pouvait être occupée que par un personnage fort important; ils dirigèrent donc sur elle une grêle de boulets. Le maréchal et ceux qui l'entouraient coururent les plus grands dangers; nous étions entourés de morts et de mourants; le capitaine Barain, aide de camp de Masséna, eut un bras emporté, et le colonel Sainte-Croix fut blessé par un boulet.

L'Empereur, arrivant au galop sur ce point, reconnut que l'archiduc, cherchant à le tourner et même à l'envelopper, faisait avancer l'aile droite qui occupait déjà Sussenbrünn, Léopoldsdorf, Stadlau, et marchait sur Aspern, menaçant ainsi l'île de Lobau!... Napoléon monte pour un instant dans la calèche, auprès de Masséna, afin de mieux être aperçu des troupes. A son aspect, l'ordre se rétablit; il prescrit à Masséna de faire un changement de front en arrière, pour porter sa gauche à Aspern et faire face à Hirschstatten; puis il fait garnir par trois divisions de Macdonald le terrain que quitte Masséna. Ces divers mouvements s'opèrent très régulièrement, quoique faits sous le canon de l'ennemi. Napoléon, profitant alors de l'immense avantage que lui donne la réunion de ses principales forces sur le centre, fait avancer, pour soutenir Macdonald, non seulement de fortes réserves d'infanterie, d'artillerie et de cuirassiers, mais encore la garde impériale, qui, massée sur trois lignes, vient se ranger derrière ces troupes.

La position des deux armées offrait en ce moment un spectacle fort bizarre, car leurs lignes opposées avaient pris la configuration de deux lettres Z mises à côté l'une de l'autre. En effet, l'aile gauche des Autrichiens, placée à Markgrafen-Neusiedel, reculait devant notre droite, tandis que les deux centres se maintenaient respectivement, et que notre aile gauche battait en retraite le long du Danube, devant la droite des ennemis. Les deux parties paraissaient donc avoir des chances à peu près égales. Cependant, ces chances étaient toutes en faveur de Napoléon, d'abord parce qu'il était plus que probable que le village de Markgrafen-Neusiedel, n'offrant d'autre moyen de résistance qu'une vieille tour fortifiée, ne pourrait tenir longtemps contre les efforts du maréchal Davout, qui l'attaquait avec sa vigueur accoutumée. Or, il était facile de prévoir qu'une fois Markgrafen-Neusiedel pris, la gauche des Autrichiens se trouvant débordée, et n'ayant plus aucun appui, reculerait indéfiniment et se séparerait du centre, tandis que notre aile gauche, quoique battue en ce moment, se rapprocherait par sa marche rétrograde de l'île de Lobau, dont la formidable artillerie devait arrêter la droite des Autrichiens et l'empêcher de pousser plus loin ses succès. En second lieu, Napoléon occupait une position *concentrique,* ce qui lui avait permis de garder une grande partie de ses troupes en réserve, tout en faisant face de divers côtés, tandis que le prince Charles, ayant été obligé de beaucoup étendre son armée, pour exécuter son grand mouvement *excentrique,* au moyen duquel il espérait nous envelopper, ne se trouvait en force sur aucun point. L'Empereur, ayant remarqué cette faute, était d'un calme parfait, bien qu'il lût sur les visages de son entourage l'inquiétude causée par la marche victorieuse de l'aile droite ennemie. En effet, celle-ci, poussant toujours le corps de Masséna devant elle, se trouvait déjà entre Essling et Aspern, sur l'ancien champ de bataille du 22 mai, d'où, après avoir écrasé la division Boudet par une terrible charge de cavalerie, elle menaçait nos derrières.

Mais les alarmes cessèrent bientôt, et le succès des Autrichiens fut de bien courte durée, car les cent pièces de gros calibre dont la prévoyance de Napoléon avait armé l'île de Lobau ouvrirent un feu terrible et foudroyèrent la droite des ennemis, qui, sous peine d'être exterminée, fut contrainte d'arrêter sa marche triomphante et de reculer à son tour. Masséna put alors reformer ses divisions, dont les pertes étaient considérables. Nous pensâmes que Napoléon, profitant du désordre que la canonnade de l'île venait de jeter dans l'aile droite autrichienne, allait la faire attaquer par ses réserves : le maréchal Masséna m'envoya même lui demander des instructions à ce sujet. Mais l'Empereur, toujours impassible, les yeux constamment fixés vers l'extrême droite, sur Markgrafen-Neusiedel, dont la position élevée est surmontée par une haute tour, qu'on aperçoit de tous les points du champ de bataille, attendait, pour fondre sur la droite et le centre des ennemis, que Davout, après avoir battu leur aile gauche, l'eût rejetée au delà de Markgrafen-Neusiedel, défendu très vaillamment par le prince de Hesse-Hambourg, qui y fut blessé.

Tout à coup, on voit la fumée des canons du maréchal Davout dépasser la tour de Markgrafen-Neusiedel... Plus de doute, la gauche ennemie est vaincue!... Alors l'Empereur, se tournant vers moi, me dit : « Courez dire à Masséna qu'il tombe sur tout ce qui est devant lui, et la bataille est gagnée!... » En même temps, les aides de camp des divers corps d'armée sont expédiés vers leurs chefs pour leur porter l'ordre d'une attaque générale et simultanée. Ce fut en ce moment solennel que l'empereur Napoléon dit au général Lauriston : « Prenez cent pièces d'artillerie, dont soixante de ma garde, et allez écraser les masses ennemies. » Cette formidable batterie ayant ébranlé les Autrichiens, le maréchal Bessières les fait charger par six régiments de carabiniers et de cuirassiers, que soutenait une partie de la cavalerie de la garde. En vain le prince Charles forme ses troupes en plusieurs carrés; ils sont enfoncés, perdent leurs canons et un très grand nombre d'hommes. L'infanterie de notre centre s'avance à son tour, conduite par Macdonald; les villages de Süssenbrünn, de Breitenléc et d'Aderklaa sont emportés après une vive résistance.

Pendant ce temps, non seulement le maréchal Masséna reprend le terrain que notre gauche venait de perdre, mais poussant très vivement l'ennemi, il le rejette au delà de Stadlau et de Kagran. Enfin, le maréchal Davout, se faisant soutenir par Oudinot, occupe toutes les hauteurs du Russbach et s'empare de Deutsch-Wagram!... Dès ce moment, la bataille fut perdue pour les Autrichiens; ils se mirent en retraite sur toute la ligne et se retirèrent en fort bon ordre dans la direction de la Moravie par Sauring, Stamersdorf et Strebersdorf.

On a reproché à l'Empereur de n'avoir pas poursuivi les vaincus avec sa vigueur habituelle; mais la critique n'est pas fondée, car plusieurs motifs des plus graves durent empêcher Napoléon de lancer trop promptement ses troupes sur les traces des ennemis. D'abord, dès que ceux-ci eurent traversé la grande route de Moravie, ils se trouvèrent dans une contrée fort accidentée, entrecoupée de collines boisées, de ravins et de défilés qui, dominés par le mont et la forêt de Bisamberg, offraient aux Autrichiens d'excellentes positions défensives, positions d'autant plus difficiles à enlever que le prince Charles les occupait avec des forces très considérables, formées de tous ses bataillons de grenadiers et de plusieurs divisions qui n'avaient pas été engagées; une nombreuse artillerie protégeait cette puissante arrière-garde. On devait donc s'attendre à une très vive résistance qui, en se prolongeant, amènerait un combat *de nuit,* dont les chances, toujours incertaines, pouvaient compromettre la victoire déjà obtenue par l'Empereur.

En second lieu, pour que l'armée française fût réunie le 4 dans l'île de Lobau, il avait fallu, dès le 1er juillet, mettre en mouvement les corps alors cantonnés sur le haut Danube ou vers la Hongrie, et qui, pour se trouver au rendez-vous général, avaient dû faire des marches forcées, auxquelles venait de succéder sans repos, et par une très grande chaleur, une bataille d'une nuit et de deux jours. Nos troupes étaient donc exténuées, tandis que les Autrichiens, campés depuis plus d'un mois auprès de l'île de Lobau, n'avaient eu à supporter que les fatigues de la bataille : tous les avantages eussent été par conséquent du côté du prince Charles, si nous l'eussions attaqué dans la forte position qu'il venait de prendre sur les hauteurs d'un accès difficile.

Mais une troisième considération, bien plus puissante, modéra l'ardeur de Napoléon et le détermina à laisser reposer ses troupes et à les réunir sur le terrain qui avait servi de champ de bataille. Il venait d'être averti par les généraux de sa cavalerie légère, placée par lui en observation à Léopoldsdorf, au delà de son extrême droite, de l'apparition d'un corps de 35 à 40,000 ennemis qui, arrivant de Hongrie, sous le commandement du prince

Jean, débouchait vers Unter-Siebenbrünn, c'est-à-dire sur nos derrières actuels, depuis le changement de front opéré par les deux armées. Les fortes réserves ménagées par l'Empereur auraient sans doute suffi pour repousser et battre le prince Jean; cependant, il faut reconnaître que la prudence devait porter Napoléon à ne pas engager ses troupes contre les positions formidables que le prince Charles paraissait résolu à défendre avec acharnement, lorsque lui-même pouvait être attaqué sur ses derrières par le prince Jean, à la tête d'un corps nombreux, qui n'avait pas encore tiré un coup de fusil.

L'Empereur ordonna donc de cesser la poursuite de l'ennemi, et fit établir les bivouacs de son armée de manière qu'une partie faisait face du côté où se trouvait le corps du prince Jean, qu'il s'apprêtait à bien recevoir, s'il osait s'aventurer dans la plaine. Mais celui-ci, craignant d'entrer en contact avec nos troupes victorieuses, se hâta de battre en retraite et de regagner la Hongrie. Il est probable que si Napoléon eût poursuivi les vaincus avec son activité ordinaire, les trophées de la bataille de Wagram eussent été plus nombreux; mais cependant on ne peut que louer sa circonspection, en considérant les motifs qui le décidèrent à s'arrêter, et s'il eût toujours agi avec tant de prudence, il aurait évité de bien grandes calamités à la France et à lui-même.

D'après la détermination de l'Empereur, son armée victorieuse put enfin avoir quelques heures de repos; elle prit position : la gauche à Florisdorf, le centre en avant de Gérarsdorf, et la droite au delà du Russbach. Les tentes de l'Empereur furent dressées entre Aderklaa et Raschsdorf. Le quartier général de Masséna fut placé à Léopoldau. Napoléon fit rétablir l'ancien pont de Spitz : l'armée fut alors en communication directe avec Vienne, circonstance favorable au transport des blessés dans les hôpitaux et à l'arrivage des vivres et munitions de guerre.

Les Autrichiens ont adressé de très vifs reproches à l'archiduc Jean sur les retards de sa marche et la nonchalance avec laquelle il exécuta les ordres du prince Charles : ces reproches sont mérités. En effet, dès le 4 juillet au soir, l'archiduc Charles écrivit à son frère de quitter Presbourg sur-le-champ pour se rendre à Unter-Siebenbrünn et s'y lier à la gauche des troupes autrichiennes; mais bien que le prince Jean eût reçu cet ordre le 5 juillet à quatre heures du matin, il ne se mit en marche qu'à onze heures du soir, et sa marche fut si lente que, bien qu'il n'eût que huit lieues à faire, il n'atteignit Unter-Siebenbrünn que vingt heures après son départ de Presbourg, c'est-à-dire le 6 juillet, à sept heures du soir, au moment où la bataille était perdue pour les Autrichiens, qui se trouvaient déjà en pleine retraite. L'archiduc Charles ne pardonna jamais à son frère la non-exécution de ses ordres : le prince Jean perdit son commandement et fut relégué en Styrie[1].

Faute de poursuite, les pertes des Autrichiens furent bien moins considérables qu'elles n'auraient pu l'être. Ils avouèrent cependant vingt-quatre mille tués ou blessés : trois de leurs généraux étaient morts. L'un d'entre eux, Wukassowitz, officier de très grand mérite, s'était distingué en combattant en Italie le général Bonaparte; les deux autres, Nordmann et d'Apre, étaient des Français portant les armes contre leur patrie. Selon les bulletins, nous fîmes vingt mille prisonniers et enlevâmes trente canons; mais je crois ce calcul fort exagéré; nous ne prîmes que quelques drapeaux. Notre perte en tués ou blessés fut à peu près égale à celle des

---

[1] Après quarante ans d'exil, le prince reparut sur la scène du monde en 1848 : les révolutionnaires allemands le nommèrent vicaire général de l'Empire germanique.

ennemis. Les généraux Lacour, Gauthier et Lasalle, ainsi que sept colonels, furent tués. Les ennemis avaient eu dix généraux blessés, parmi lesquels était le prince Charles. Le nombre des nôtres, en y comprenant le maréchal Bessières, s'éleva à vingt et un. Parmi les douze colonels blessés, s'en trouvaient trois que l'Empereur affectionnait le plus : Daumesnil, Corbineau et Sainte-Croix. Les deux premiers, qui appartenaient aux chasseurs à cheval de la garde, perdirent chacun une jambe : l'Empereur les combla de bienfaits. Quant à Sainte-Croix, dont un boulet avait frôlé le tibia, sa blessure n'était pas dangereuse; ses amis s'en réjouirent, et cependant, s'il eût été amputé, il vivrait peut-être encore, ainsi que son glorieux frère Robert, dont une jambe est restée sur le champ de bataille de la Moskova !

Bien que Sainte-Croix ne fût colonel que depuis deux mois et n'eût pas encore vingt-sept ans, l'Empereur le nomma général de brigade, comte, avec vingt mille francs de rente, grand-croix de l'ordre de Hesse et commandeur de celui de Bade. Le soir même de la bataille, l'Empereur, voulant récompenser les bons services de Macdonald, Oudinot et Marmont, remit à chacun d'eux le bâton de maréchal; mais il n'était pas en son pouvoir de leur donner les talents de chefs d'armée : courageux et bons généraux d'*exécution*, entre les mains de l'Empereur, ils se montraient embarrassés lorsqu'ils étaient loin de lui, soit pour concevoir un plan de campagne, soit pour l'exécuter ou le modifier, selon les circonstances. On prétendit dans l'armée que l'Empereur, ne pouvant remplacer Lannes, avait voulu en avoir la monnaie; ce jugement était sévère, mais il faut reconnaître que ces trois maréchaux eurent une part souvent malheureuse dans les campagnes qui aboutirent à la chute de Napoléon et à la ruine du pays.

CHAPITRE XXIV

Le général Lasalle. — Incidents de la bataille de Wagram et observations diverses. — Disgrâce de Bernadotte.

Le général Lasalle, tué à Wagram, fut vivement regretté par l'Empereur ainsi que par l'armée. C'était l'officier de cavalerie légère qui entendait le mieux la guerre des avant-postes et possédait le coup d'œil le plus sûr. Il explorait en un instant toute une contrée, et se trompait rarement; aussi les rapports qu'il faisait sur la position de l'ennemi étaient-ils clairs et précis.

Lasalle était un bel homme, spirituel, mais qui, quoique instruit et bien élevé, avait adopté le genre de se poser en sacripant. On le voyait toujours buvant, jurant, chantant à tue-tête, brisant tout, et dominé par la passion du jeu. Il était excellent cavalier et d'une bravoure poussée jusqu'à la témérité.

Cependant, bien qu'il eût fait les premières guerres de la Révolution, il était peu connu avant la célèbre campagne de 1796 en Italie, alors que simple capitaine du 7e *bis* de housards, il se fit remarquer du général en chef Bonaparte, à la bataille de Rivoli. On sait qu'elle eut lieu sur un plateau très élevé, bordé d'un côté par une partie rocailleuse très escarpée, au bas de laquelle coule l'Adige, que longe la route du Tyrol. Les Autrichiens, ayant été battus par l'infanterie française, s'éloignèrent du champ de bataille par toutes les issues. Une de leurs colonnes espérait s'échapper, en gagnant la vallée à travers les rochers; mais Lasalle la suit avec deux escadrons dans ce passage difficile. En vain on lui représente qu'il est impossible d'engager de la cavalerie sur un terrain aussi dangereux; il s'élance au galop dans la descente, ses housards le suivent; l'ennemi, étonné, précipite sa retraite, Lasalle le joint et lui fait plusieurs milliers de prisonniers, sous les yeux du général Bonaparte et de l'armée qui, du haut des monts voisins, admiraient un tel courage. A compter de ce jour, Lasalle fut en très grande faveur auprès de Bonaparte, qui l'avança promptement et l'emmena avec lui en Égypte, où il le fit colonel. Dans un des nombreux engagements qui eurent lieu contre les mameluks, le cordon qui retenait le sabre de Lasalle à son poignet s'étant rompu, cet officier met bravement pied à terre, au plus fort de la mêlée, et, sans s'étonner du danger, il ramasse son arme, remonte lestement à cheval et s'élance de nouveau sur les ennemis! Il faut avoir assisté à un combat de cavalerie pour apprécier ce qu'exige de courage, de sang-froid et de dextérité l'exécution d'un tel acte, surtout en présence de cavaliers tels que les mameluks.

Lasalle était intimement lié avec une dame française de haut parage, et pendant son séjour en Égypte, leur correspondance fut saisie par les Anglais, puis injurieusement imprimée et publiée par leur gouvernement, dont l'acte fut généralement blâmé, même en Angleterre. Cet éclat entraîna le divorce de la dame, et Lasalle l'épousa à son retour en Europe. Devenu officier général, Lasalle fut mis par l'Empereur à la tête de l'avant-garde de la grande armée. Il se distingua dans la campagne d'Austerlitz et surtout dans celle de Prusse, où, avec deux régiments de housards, il eut l'audace inouïe de se présenter devant la place forte de Stettin et de la sommer de se rendre!... Le gouverneur, effrayé, s'empressa de lui apporter les clefs!... Si ce dernier s'en fût servi pour fermer les portes de sa forteresse, toute la cavalerie de l'Europe n'aurait pu la prendre; mais il n'y songea pas! Quoi qu'il en soit, la reddition de Stettin fit le plus grand honneur à Las alle et accrut infiniment l'affection que lui portait l'Empereur. Il le gâtait à un point vraiment incroyable, riant de toutes ses fredaines et ne lui laissant jamais payer ses dettes. Lasalle était sur le point d'épouser la dame divorcée dont j'ai parlé plus haut, et Napoléon lui avait fait donner deux cent mille francs sur sa cassette. Huit jours après, il le rencontre aux Tuileries et lui demande : « A quand la noce? — Elle aura lieu, « Sire, quand j'aurai de quoi acheter la corbeille et les « meubles. — Comment! mais je t'ai donné deux cent « mille francs la semaine dernière... qu'en as-tu fait? — « J'en ai employé la moitié à payer mes dettes, et j'ai « perdu le reste au jeu!... » Un pareil aveu aurait brisé la carrière de tout autre général; il fit sourire l'Empereur, qui, se bornant à tirer assez fortement la moustache de Lasalle, ordonna au maréchal Duroc de lui donner encore deux cent mille francs.

A la fin de la bataille de Wagram, Lasalle, dont la division n'avait pas encore été engagée, vint solliciter de Masséna l'autorisation de poursuivre l'ennemi. Le maréchal y consentit, à condition que ce serait *avec prudence*. Mais à peine Lasalle a-t-il pris les devants, qu'il aperçoit une brigade d'infanterie ennemie qui, restée en arrière et serrée de près, se hâtait de gagner le bourg de Léopoldau, afin d'y obtenir une capitulation en règle, tandis qu'en plaine elle redoutait la furie du vainqueur. Lasalle devine le projet du général autrichien, et craignant qu'il n'échappe à sa cavalerie, il parle à ses hommes, leur montre le soleil prêt à se coucher : « La bataille va finir, s'écrie-t-il, et nous

« sommes les seuls qui n'ayons pas contribué à la vic-
« toire! Allons, suivez-moi!... » Il s'élance, le sabre à
la main, suivi de nombreux escadrons, et pour empêcher les bataillons ennemis d'entrer dans le bourg, le général se dirige dans l'espace très resserré qui existait encore entre Léopoldau et la tête de colonne des ennemis. Ceux-ci, se voyant coupés de l'asile qu'ils espéraient gagner, s'arrêtent et commencent un feu roulant des plus vifs. Une balle atteint Lasalle à la tête, et il tombe raide mort!... Sa division perdit une centaine de cavaliers et eut beaucoup de blessés. Les bataillons autrichiens s'ouvrirent un passage et occupèrent le bourg; mais à l'approche de nos divisions d'infanterie, ils mirent bas les armes, et les chefs déclarèrent que telle avait été leur intention, en cherchant un refuge dans Léopoldau. La charge exécutée par Lasalle était donc inutile, et il paya bien cher l'insertion de son nom au bulletin!

Sa mort laissa un grand vide dans la cavalerie légère, dont il avait perfectionné l'éducation militaire; mais, sous un autre rapport, il lui avait beaucoup nui, car les masses imitant les travers et les ridicules des chefs qu'elles aiment, parce qu'ils les conduisent à la victoire, les exemples donnés par le général Lasalle furent pernicieux pour la cavalerie légère, où la tradition s'en est longtemps perpétuée. On ne se serait pas cru chasseur, et surtout housard, si, prenant le célèbre Lasalle pour modèle, on n'eût été, comme lui, sans-gêne, jureur, tapageur et buveur!... Bien des officiers copièrent les défauts de ce général d'avant-garde, mais aucun d'eux n'acquit les grandes qualités qui les lui faisaient pardonner.

Lorsqu'un combat a lieu pendant l'été, il arrive souvent que les obus et les bourres de fusil mettent le feu aux blés déjà mûrs; mais Wagram fut, de toutes les batailles de l'Empire, celle où l'on vit le plus d'incendies de ce genre. L'année était précoce; il faisait une chaleur affreuse, et le terrain sur lequel nous combattions était une immense plaine entièrement couverte de céréales. A la veille d'être moissonnées, les récoltes s'enflammaient très facilement; et lorsque le feu prenait sur un point, il se propageait avec une rapidité effrayante pour les deux armées, dont les mouvements furent souvent entravés par la nécessité d'éviter le fléau destructeur. Malheur aux troupes qui se laissaient atteindre! La poudre contenue dans les gibernes et les caissons s'enflammait et portait la mort dans les rangs. On voyait donc des bataillons, et même des régiments entiers, s'élancer au pas de course pour éviter l'incendie, et gagner des emplacements où le blé eût déjà été brûlé; mais les hommes valides pouvaient seuls profiter de ce refuge. Quant aux militaires grièvement blessés, un grand nombre périrent dans les flammes, et, parmi ceux que le feu n'atteignit pas, beaucoup passèrent plusieurs jours sur le champ de bataille, où la grande hauteur des moissons empêchait de les apercevoir. Ils vécurent pendant ce temps de grains de blé. L'Empereur fit parcourir la plaine par de nombreux détachements de cavalerie, suivis des voitures qu'on avait pu trouver dans Vienne, et les blessés furent relevés, sans distinction d'amis ni d'ennemis. Mais ceux sur lesquels l'incendie avait passé succombèrent presque tous, ce qui fit dire aux soldats que le feu de paille avait tué presque autant d'hommes que le feu du combat.

Les deux jours que dura la bataille furent remplis d'anxiété pour les habitants de Vienne, qui, n'étant séparés des armées que par le Danube, non seulement entendaient le canon et la fusillade, mais voyaient parfaitement les manœuvres des combattants. Les toits, les clochers de Vienne, et surtout les hauteurs qui dominent cette ville et la rive droite, étaient couverts par la population, qui, selon les phases de la bataille, passait de la crainte à l'espérance. Quel rare et magnifique panorama les spectateurs avaient sous les yeux!... Trois cent mille hommes combattant dans une plaine immense!...

Le célèbre et spirituel feld-maréchal prince de Ligne, quoique déjà bien âgé, avait réuni la haute société de Vienne dans sa maison de campagne, située au point le plus élevé des collines, d'où l'œil embrassait tout le champ de bataille. Son expérience de la guerre et son esprit supérieur lui firent promptement comprendre le projet de Napoléon et les fautes du prince Charles, dont il prédit la défaite. Les événements de la journée du 5 laissèrent l'affaire indécise; mais lorsque, dans celle du 6, les Viennois virent la droite de l'armée autrichienne refouler notre aile gauche, qui perdit beaucoup de terrain, une joie frénétique éclata parmi eux, et, à l'aide de nos longues-vues, nous apercevions des milliers d'hommes et de femmes agitant leurs chapeaux et leurs mouchoirs, pour exciter encore le courage de leurs troupes victorieuses sur ce point, mais sur ce point seulement. Aussi le prince de Ligne ne partageait-il pas la joie des Viennois, et je tiens d'une personne qui se trouvait alors chez ce vieux guerrier, qu'il dit à ses invités : « Ne vous réjouissez pas encore; dans moins « d'un quart d'heure le prince Charles sera battu, car « il n'a pas de *réserves*, et vous voyez les masses de « celles de Napoléon encombrer la plaine!... » L'événement justifia cette prédiction.

Comme il faut, avant tout, rendre justice à chacun, même à ses ennemis, je dirai, après avoir critiqué les manœuvres faites par le prince Charles à Wagram, que ses fautes sont infiniment atténuées par l'espoir qu'il devait avoir dans l'arrivée du prince Jean avec un corps de 35 à 40,000 hommes, qui pouvait déboucher sur notre aile droite et même sur nos derrières. Il faut aussi convenir que l'archiduc Charles montra beaucoup de vigueur dans l'exécution du plan qu'il avait conçu, et fit preuve d'un grand courage personnel, ainsi que de beaucoup d'aptitude à soutenir le moral de ses troupes. J'en citerai un exemple remarquable.

On sait que, outre le colonel commandant, chaque régiment a un colonel *propriétaire*, dont il porte le nom : c'est habituellement un prince ou un officier général, à la mort duquel le régiment est donné à un autre, de sorte que ces corps changent souvent de dénomination et sont obligés de quitter le nom qu'ils ont illustré sur vingt champs de bataille, pour en prendre un nouveau totalement inconnu. Ainsi, les dragons de Latour, si célèbres dans les premières guerres de la Révolution, et dont la gloire s'étendait dans toute l'Europe, durent, à la mort du général Latour, prendre le nom du général Vincent, ce qui, en détruisant une belle tradition, blessait infiniment l'amour-propre de ce régiment, dont le zèle fut considérablement affaibli par ce changement. Or, il advint, à la première journée de Wagram, que le prince Charles, voyant le centre de son armée sur le point d'être enfoncé par le corps d'Oudinot, voulut essayer de l'arrêter en l'attaquant avec de la cavalerie.

Les dragons de Vincent se trouvaient sous sa main ; il leur ordonna de charger : ils le firent mollement, furent repoussés, et les Français avançaient toujours ! Le prince lança de nouveau contre eux ce même régiment de Vincent, qui recula une seconde fois devant nos bataillons ! La ligne autrichienne était percée !... Dans ce pressant danger, le prince court vers les dragons, les arrête dans leur fuite, et, pour les faire rougir de leur peu de vigueur, il leur dit à haute voix : « Dragons de Vincent, on voit « bien que vous n'êtes plus les dragons de Latour ! » Le régiment, humilié par ce reproche sanglant, mais mérité, ayant répondu : « Si, si, nous le sommes encore ! — Eh « bien ! s'écria le prince en mettant fièrement l'épée à la « main, pour vous montrer encore dignes de votre an-« cienne gloire, suivez-moi ! » Et, quoique atteint d'une balle, il s'élance contre les Français ! Le régiment de Vincent le suit avec une ardeur inexprimable ; la charge fut terrible, et les grenadiers d'Oudinot reculèrent en subissant de grandes pertes. C'est ainsi qu'un général habile et énergique sait tirer parti de tout ce qui peut ranimer le courage chancelant de ses troupes.

L'allocution du prince Charles exalta à un si haut degré les dragons de Vincent, qu'après avoir arrêté les grenadiers d'Oudinot, ils fondirent sur la division Lamarque et lui reprirent 2,000 prisonniers et cinq drapeaux qu'elle venait d'enlever aux Autrichiens ! Le prince Charles félicita les dragons en leur disant : « A présent, « vous porterez avec orgueil le nom de Vincent, que « vous venez de rendre aussi glorieux que celui de La-« tour ! » Ce régiment fut un de ceux qui, le lendemain, contribuèrent le plus à mettre en déroute la division d'infanterie du général Boudet.

La bataille de Wagram donna lieu à une foule d'épisodes, dont le plus important n'a été rapporté par aucun auteur, bien qu'il produisît alors une très grande sensation dans l'armée et dans le public. Je veux parler de la disgrâce du général Bernadotte, que l'Empereur chassa du champ de bataille ! Ces deux illustres personnages n'avaient jamais eu d'affection l'un pour l'autre, et depuis la conspiration de Rennes, ourdie par Bernadotte contre le gouvernement consulaire, ils étaient fort mal ensemble. Malgré cela, Napoléon, devenu empereur, avait compris Bernadotte dans la première promotion de maréchaux, et le créa prince de Ponte-Corvo, à la sollicitation de Joseph Bonaparte, dont Bernadotte avait épousé la belle-sœur. Mais rien ne put calmer la haine et l'envie que ce général avait conçues contre Napoléon, qu'il flattait lorsqu'il était devant lui et dont il blâmait et critiquait ensuite tous les actes, ce que l'Empereur n'ignorait pas.

La capacité et le courage dont Bernadotte fit preuve à Austerlitz auraient porté l'Empereur à oublier ses torts, s'il ne les eût aggravés par la conduite qu'il tint à la bataille d'Iéna, où, malgré les sollicitations des généraux de son armée, il laissa ses trois divisions dans l'inaction la plus complète, et ne voulut jamais porter secours au maréchal Davout, qui, placé à une lieue de lui, soutenait seul devant Auerstaëdt les efforts de la moitié de l'armée prussienne, commandée par le Roi en personne! Non seulement Davout, abandonné par son camarade, résista glorieusement, mais il battit ses nombreux ennemis. L'armée et la France s'indignèrent contre Bernadotte. L'Empereur se borna à le réprimander très fortement, ce qui réveilla un peu le zèle de ce maréchal, qui fit assez bien à Hall ainsi qu'à Lubeck. Mais, retombant bientôt dans ses habitudes de mollesse et peut-être même de mauvais vouloir, il n'arriva à Eylau que deux jours après la bataille, malgré les ordres qu'il avait reçus.

Cette nonchalance ranima le mécontentement de l'Empereur, mécontentement qui ne fit que s'accroître pendant la campagne de 1809 en Autriche, où Bernadotte, commandant un corps d'armée composé de troupes saxonnes, arrivait toujours trop tard, agissait mollement, et critiquait non seulement les manœuvres de l'Empereur, mais la manière dont les maréchaux dirigeaient leurs troupes. Cette attitude acheva d'irriter Napoléon. Néanmoins, il se contenait encore, lorsque, le 5 juillet, première journée de la bataille de Wagram, le peu de vigueur et les fausses dispositions de Bernadotte permirent aux Autrichiens de reprendre le village de Deutsch-Wagram, dont la possession était d'une très grande importance.

Il paraît qu'après cet échec Bernadotte aurait dit à un groupe d'officiers « que le passage du Danube et l'ac-« tion qui s'en était suivie ce jour-là avaient été mal diri-« gés, et que s'il eût commandé, il aurait par une *savante* « *manœuvre*, et presque sans combat, réduit le prince « Charles à la nécessité de mettre bas les armes ». Ce propos fut rapporté le soir même à l'Empereur, qui en fut justement indigné. Telle était la disposition des esprits entre Napoléon et Bernadotte, lorsque le 6 juillet vit recommencer entre les deux armées l'engagement mémorable qui devait décider la victoire, encore incertaine la veille.

Nous avons vu qu'au plus fort de l'action, les Saxons, commandés par Bernadotte et mal dirigés par lui, furent repoussés, et que, chargés par la cavalerie ennemie, ils se jetèrent en désordre sur le corps d'armée de Masséna, qu'ils faillirent entraîner dans leur fuite. Les Saxons sont braves, mais les meilleures troupes peuvent être mises en déroute et essuyer une défaite. Or, il est de principe qu'en pareil cas les chefs ne doivent pas chercher à rallier ceux de leurs soldats qui sont à la portée des sabres et des baïonnettes ennemis, parce que c'est une chose à peu près impossible. Les généraux et colonels doivent donc gagner promptement la tête de la masse des fuyards, et, faisant alors demi-tour, se présenter en face d'eux, leur en imposer par leur présence, leurs paroles, arrêter le mouvement rétrograde, reformer les bataillons et résister ainsi à la poursuite de l'ennemi. Pour se conformer à cette règle, Bernadotte, dont le courage personnel ne peut être mis en doute, cède au torrent de ses troupes en désordre, et, suivi d'un nombreux état-major, il s'élance au grand galop dans la plaine, afin de devancer les fuyards et de les arrêter. Mais à peine est-il sorti de cette cohue, dont les cris de détresse retentissaient au loin, qu'il se trouve face à face avec l'Empereur, qui lui dit d'un ton ironique : « Est-ce par cette « *savante manœuvre* que vous comptez réduire le prince « Charles à la nécessité de mettre bas les armes?... » Bernadotte, déjà fortement ému de voir son armée dans la plus complète déroute, le fut encore plus vivement en apprenant que l'Empereur était informé des propos inconsidérés qu'il avait tenus la veille. Il resta stupéfait!... puis, se remettant un peu, il cherchait à balbutier quelques mots d'explication; mais l'Empereur, d'un ton sévère, et la parole haute, lui dit : « Je vous « retire le commandement du corps d'armée que vous « dirigez si mal, monsieur!... Éloignez-vous de moi sur-« le-champ et quittez la grande armée dans les vingt-« quatre heures; je n'ai que faire d'un brouillon tel que « vous!... » Cela dit, Napoléon tourna le dos au maréchal, et prenant momentanément le commandement direct des Saxons, il rétablit l'ordre dans leurs rangs et les ramena contre l'ennemi!

Dans toute autre circonstance, Bernadotte eût été certainement désolé d'un tel éclat; mais comme son expulsion avait été prononcée au moment où il galopait en tête des fuyards, ce qui pouvait laisser place à la médisance au sujet de son courage, bien que sa retraite précipitée eût pour but d'aller arrêter ses soldats, il comprit combien sa fâcheuse situation en était aggravée, et on assure que, dans son désespoir, il voulut se précipiter sur les baïonnettes ennemies pour se donner la mort!...

Ses aides de camp le retinrent et l'éloignèrent des troupes saxonnes. Il erra toute la journée sur le champ de bataille ; enfin, vers le soir, il s'arrêta derrière les lignes de notre aile gauche, au village de Léopoldau, où ses officiers le déterminèrent à passer la nuit dans le joli petit château qui se trouve en ce lieu. Mais à peine y était-il installé, que Masséna, dont le corps d'armée enveloppait Léopoldau, où il avait ordonné de placer son quartier général, arrive pour occuper le château. Or, comme il est d'usage à la guerre que les maréchaux et généraux s'établissent au centre de leurs troupes, et ne vont jamais prendre logement dans les villages où se trouvent les régiments commandés par un de leurs camarades, Bernadotte voulut céder la place à Masséna. Celui-ci, qui ignorait encore la mésaventure de son collègue, le pria instamment de rester et de partager le gîte avec lui, ainsi qu'ils l'avaient si souvent pratiqué dans les guerres d'Italie. Bernadotte accepte ; mais pendant qu'on arrange le logement, un officier témoin de la scène qui avait eu lieu entre l'Empereur et Bernadotte vint la raconter à Masséna, qui, en apprenant la disgrâce éclatante de son camarade, se ravise et trouve que la maison n'est pas assez vaste pour recevoir deux maréchaux et leurs états-majors. Voulant cependant simuler la générosité, il dit à ses aides de camp : « Ce logement m'appartenait de « droit ; mais puisque ce pauvre Bernadotte est dans le « malheur, je dois le lui céder ; cherchez-moi un autre « gîte, fût-ce une grange... » Puis il se fait replacer en calèche et s'éloigne du château, sans revoir ni prévenir Bernadotte, qui fut très affecté de cet abandon.

Son exaspération lui fit commettre une nouvelle faute très grave, car, bien que le commandement des troupes saxonnes lui eût été retiré, il leur adressa un ordre du jour, dans lequel il exaltait au plus haut point leurs exploits, et par conséquent les siens, sans attendre, selon les usages militaires, que le chef suprême de l'armée eût fait à chacun sa part de gloire. Cette infraction aux règlements accrut encore la colère de l'Empereur, et Bernadotte fut obligé de se retirer de l'armée. Il retourna en France.

Parmi les incidents remarquables auxquels la bataille de Wagram donna lieu, je dois citer le combat de deux régiments de cavalerie, qui, bien que servant dans des armées opposées l'une à l'autre, appartenaient au même colonel propriétaire, le prince Albert de Saxe-Teschen. Celui-ci avait épousé la célèbre archiduchesse Christine d'Autriche, gouvernante des Pays-Bas. Ayant le titre de prince dans les deux États, il possédait un régiment de housards en Saxe et un de cuirassiers en Autriche. L'un et l'autre portaient son nom ; et d'après les usages de ces deux États, il nommait à tous les emplois d'officiers dans ces corps. Comme depuis de longues années l'Autriche et la Saxe vivaient en paix, lorsque le prince Albert avait un officier à placer, il le mettait indistinctement dans celui de ces deux régiments où se trouvait une vacance, de sorte qu'on voyait des membres d'une même famille servir, les uns dans les housards saxons du prince Albert, et les autres dans les cuirassiers autrichiens d'Albert. Or, par une circonstance déplorable et fort extraordinaire, ces deux régiments se trouvèrent en présence sur le champ de bataille de Wagram, où, stimulés par le devoir et le point d'honneur, ils se chargèrent mutuellement. Chose remarquable, les cuirassiers furent enfoncés par les housards, qui combattirent avec la plus grande vigueur, tant ils étaient désireux de réparer sous les yeux de Napoléon et de l'armée française le double échec qu'avait éprouvé l'infanterie saxonne!... Celle-ci, quoique ayant fait preuve de courage dans maintes circonstances, n'est pas, à beaucoup près, aussi solidement constituée, ni aussi instruite, que la cavalerie, qui passe avec raison pour une des meilleures de l'Europe.

CHAPITRE XXV

Ce qui m'advint à la bataille de Wagram. — Brouille avec Masséna.
— Prise d'Hollabrünn et entrée à Guntersdorf.

Après avoir lu le récit des épisodes dont j'ai cru devoir accompagner le récit succinct de la bataille de Wagram, vous désirez probablement savoir ce qui m'advint de personnel dans ce terrible conflit.

J'eus le bonheur de n'être pas blessé, quoique ayant été souvent très exposé, surtout le second jour, au moment où l'artillerie ennemie faisait converger presque tous ses feux sur la calèche du maréchal Masséna. Nous étions, à la lettre, sous une grêle de boulets, qui abattit bien du monde autour de moi. Je courus aussi de très grands dangers, lorsque la cavalerie autrichienne ayant enfoncé et mis en déroute la division Boudet, le maréchal m'envoya vers ce général, perdu dans la foule de dix mille fuyards, que la cavalerie taillait en pièces!... Je fus encore souvent mis en péril lorsque, pour porter des ordres, j'étais obligé de passer auprès des incendies partiels qui, sur une infinité de points, dévoraient les moissons dans la plaine. Grâce à de nombreux détours, je parvenais à éviter les flammes; mais il était presque impossible de ne pas traverser les champs, sur lesquels les cendres des pailles consumées conservaient encore assez de chaleur pour excorier les pieds des chevaux. Deux des miens furent pour quelque temps mis hors de service par les blessures qu'ils y reçurent, et l'un d'eux souffrit tant, qu'il fut sur le point de me rouler dans ces débris de paille mal éteinte. Enfin, je m'en tirai sans autre accident grave. Mais si ma personne échappa à l'incendie, ainsi qu'au plomb et au fer des ennemis, il m'arriva un désagrément dont les suites me furent bien funestes, car, le second jour de la bataille, je me brouillai presque complètement avec Masséna. Voici à quel sujet.

Chargé par ce maréchal d'une mission auprès de l'Empereur, que je n'avais pu rejoindre qu'avec les plus grandes peines, je revenais, après avoir fait plus de trois lieues au galop sur les cendres encore brûlantes des moissons consumées. Mon cheval, exténué de fatigue et les jambes à moitié brûlées, ne pouvait plus marcher, lorsqu'en arrivant auprès de Masséna, je le trouvai dans un bien grand embarras. Son corps d'armée, vivement poussé par la droite des ennemis, battait en retraite le long du Danube, et les fantassins de la division Boudet, chargés et enfoncés par la cavalerie autrichienne qui les sabrait sans relâche, couraient pêle-mêle dans l'immensité de la plaine! Ce fut le moment le plus critique de la bataille.

Le maréchal, du haut de sa calèche, voyait le danger imminent qui nous menaçait, et prenait avec calme des dispositions pour maintenir en bon ordre les trois divisions d'infanterie qui n'avaient point été entamées. Pour cela, il avait été obligé d'envoyer tant d'aides de camp vers ses généraux, qu'il n'avait plus auprès de lui que le jeune lieutenant Prosper Masséna, son fils, lorsqu'il s'aperçut que les soldats de la division Boudet, toujours poursuivis par la cavalerie autrichienne, se portaient vers les trois divisions qui combattaient encore, et allaient, en se jetant dans leurs rangs, les entraîner dans une commune déroute! Pour prévenir cette catastrophe, le maréchal voulut détourner le torrent des fuyards, en faisant dire aux généraux et officiers de le diriger vers l'île de Lobau, qui, armée d'une nombreuse artillerie, offrait aux troupes débandées un asile assuré. La mission était périlleuse, et il était plus que probable que l'aide de camp qui irait au milieu de cette multitude désordonnée serait attaqué par quelques-uns des cavaliers ennemis qui la sabraient. Le maréchal ne pouvait donc se résoudre à exposer son fils à un danger aussi imminent; cependant, il n'avait que cet officier auprès de lui, et il fallait bien que cet ordre fût transmis!

Je survins fort à propos pour tirer Masséna du cruel embarras dans lequel il se trouvait; aussi, sans me donner le temps de respirer, il m'ordonna d'aller me précipiter dans les dangers qu'il craignait pour son fils. Mais s'apercevant que mon cheval pouvait à peine se soutenir, il me prêta l'un des siens, qu'une ordonnance conduisait en main. J'avais trop le sentiment des devoirs militaires pour ne pas comprendre qu'un maréchal ou général ne peut s'astreindre à suivre le règlement que ses aides de camp ont fait entre eux, pour marcher à tour de rôle, quelque périlleuse que soit la mission : il faut que, dans certaines circonstances, le chef puisse employer l'officier qu'il juge le plus propre à faire exécuter ses ordres. Aussi, bien que Prosper n'eût de toute la journée fait une seule course, et que ce fût à lui de marcher, je ne fis aucune observation. Je dirai même que mon amour-propre m'empêchant de pénétrer le véritable motif qui avait porté le maréchal à me donner une mission aussi difficile que périlleuse, lorsqu'elle devait échoir à un autre, j'étais fier de la confiance qu'il avait en moi! Mais Masséna détruisit bientôt mon illusion, en me disant d'un ton patelin : « Tu comprends, mon ami, « pourquoi je n'envoie pas mon fils, bien que ce soit à « lui de marcher... Je crains qu'on ne me le tue... tu

« comprends... tu comprends?... » J'aurais dû me taire ; mais indigné d'un égoïsme aussi peu déguisé, je ne pus m'empêcher de répondre, et cela devant plusieurs généraux : « Monsieur le maréchal, je partais croyant aller
« remplir un devoir ; je regrette que vous me tiriez de
« cette erreur, car je comprends parfaitement, à présent,
« que, forcé d'envoyer l'un de vos aides de camp à une
« mort presque certaine, vous préfériez que ce soit moi
« plutôt que votre fils ; mais je pense que vous auriez
« pu m'épargner cette cruelle vérité !... » Et sans attendre la réponse, je m'élançai au grand galop vers la division Boudet, dont les cavaliers ennemis faisaient un affreux massacre !...

En m'éloignant de la calèche, j'avais entendu un commencement de discussion entre le maréchal et son fils, mais le bruit du champ de bataille et la rapidité de ma course m'avaient empêché de saisir leurs paroles, dont le sens me fut bientôt expliqué ; car à peine avais-je joint la division Boudet, et commencé à faire tous mes efforts pour diriger cette masse épouvantée vers l'île de Lobau, que j'aperçois Prosper Masséna auprès de moi !... Ce brave garçon, indigné de ce que son père m'eût exposé à sa place et voulût le réduire à l'inaction, s'était échappé à l'improviste pour me suivre. « Je veux, me
« dit-il, partager au moins les dangers que j'aurais dû
« vous éviter, si l'aveugle tendresse de mon père ne l'eût
« rendu injuste envers vous, puisque c'était à moi à
« marcher !... »

La noble simplicité de ce jeune homme me plut : à sa place, j'aurais agi de même. Cependant, j'aurais désiré qu'il fût bien loin de moi à ce moment critique, car, à moins de l'avoir vu, on ne peut se faire une idée exacte de ce qu'est une masse de fantassins dont les rangs ont été enfoncés par la cavalerie, qui les poursuit avec vigueur, et dont les sabres et les lances font un terrible ravage au milieu de ce pêle-mêle d'hommes épouvantés, courant en désordre, au lieu de se pelotonner et de se défendre à coups de baïonnette, ce qui serait pourtant facile et moins dangereux que de tourner le dos en fuyant ! Prosper Masséna était très brave; le péril ne l'étonna nullement, bien qu'à chaque instant nous nous trouvassions dans ce *tohu-bohu* face à face avec des cavaliers ennemis. Ma position devenait alors fort critique, parce que j'avais une triple tâche à remplir : d'abord, parer les coups qu'on portait au jeune Masséna, qui, n'ayant de sa vie manié un sabre, s'en servait très maladroitement; en second lieu, défendre ma personne; enfin, parler à nos fantassins en désordre pour leur faire comprendre qu'ils devaient se rendre vers l'île de Lobau, et non sur les divisions qui se trouvaient encore en ligne. Prosper et moi ne reçûmes aucune blessure. Dès que les cavaliers autrichiens nous voyaient décidés à nous défendre énergiquement, ils nous quittaient pour aller frapper les fantassins qui n'opposaient aucune résistance.

Lorsqu'une troupe est en désordre, les soldats se jettent *moutonnement* du côté où ils voient courir leurs camarades; aussi, dès que j'eus transmis l'ordre du maréchal à un certain nombre d'officiers, et qu'ils eurent crié à leurs gens de courir vers l'île de Lobau, le torrent des fuyards se dirigea sur ce point. Le général Boudet, que j'avais enfin trouvé, parvint à rallier ses troupes, sous la protection de notre artillerie, dont le feu arrêta les ennemis. Ma mission ainsi terminée, je retournai vers le maréchal avec Prosper; mais voulant prendre le chemin le plus court, j'eus l'imprudence de passer auprès d'un bouquet de bois, derrière lequel étaient postés une centaine de uhlans autrichiens. Ils s'élancent à l'improviste sur nous, qui gagnons la plaine à toutes jambes, en nous dirigeant vers une ligne de cavalerie française qui venait dans notre direction. Il était temps! car l'escadron ennemi était sur le point de nous joindre et nous serrait de si près que je crus un moment que nous allions être tués ou faits prisonniers. Mais à l'approche des nôtres, les uhlans firent demi-tour, à l'exception d'un officier, qui, parfaitement monté, ne voulut pas nous quitter sans avoir déchargé ses pistolets sur nous. Une balle traversa le cou du cheval de Prosper, et l'animal, en balançant fortement la tête, inonda de sang la figure du jeune Masséna. Je le crus blessé, et me préparais à le défendre contre l'officier de uhlans, lorsque nous fûmes joints par les éclaireurs du régiment français qui, tirant leurs mousquetons sur l'officier autrichien, l'étendirent mort sur la place, au moment où il s'éloignait au galop.

Prosper et moi retournâmes alors auprès du maréchal, qui jeta un cri de douleur en voyant son fils couvert de sang... Mais en apprenant qu'il n'était pas blessé, il donna un libre cours à sa colère, et en présence de plusieurs généraux, de ses aides de camp, et de deux officiers d'ordonnance de l'Empereur, il gronda vertement son fils et termina sa mercuriale en lui disant : « Qui vous a « ordonné, jeune étourdi, d'aller vous fourrer dans cette « bagarre?... » La réponse de Prosper fut vraiment sublime! « Qui me l'a ordonné?... mon honneur! Je fais « ma première campagne; je suis déjà lieutenant, membre « de la Légion d'honneur; j'ai reçu plusieurs décorations « étrangères, et cependant je n'ai encore rendu aucun « service. J'ai donc voulu prouver à mes camarades, à « l'armée, à la France, que si je ne suis pas destiné à « avoir les talents militaires qui ont illustré mon père, « je suis du moins, par ma valeur, digne de porter le « nom de Masséna!... » Le maréchal, voyant que tous ceux qui l'entouraient approuvaient les nobles sentiments de son fils, ne répliqua pas; mais sa colère concentrée retomba principalement sur moi, qu'il accusait d'avoir entraîné son fils, quand, tout au contraire, celui-ci m'embarrassa fort par sa présence.

Les deux officiers d'ordonnance de l'Empereur, qui venaient d'être témoins de la scène entre le maréchal et son fils, l'ayant racontée à leur tour au grand quartier général, Napoléon en fut informé, et Sa Majesté étant venue le soir à Léopoldau, où se trouvait l'état-major de Masséna, fit appeler Prosper et lui dit, en le prenant amicalement par l'oreille : « C'est bien, c'est très bien, « mon cher enfant; voilà comment des jeunes gens tels « que toi doivent débuter dans la carrière ! » Puis, se tournant vers le maréchal, il lui dit à voix basse, mais de manière à être entendu par le général Bertrand, de qui je le tiens : « J'aime mon frère Louis autant que « vous chérissez votre fils; mais, lorsqu'il était mon « aide de camp en Italie, il faisait son service comme les « autres, et j'aurais craint de le déconsidérer, en expo- « sant l'un de ses camarades à sa place. »

La réponse que j'avais eu le tort de faire à Masséna, le blâme que l'Empereur lui infligeait, ne pouvaient que l'aigrir encore davantage contre moi; aussi, à compter de ce jour, il ne me tutoya plus, et quoique ostensiblement il me traitât fort bien, je compris qu'il me garderait toujours rancune : vous verrez que mes prévisions se vérifièrent.

Jamais les Autrichiens ne combattirent depuis avec autant de vigueur qu'à Wagram; leur retraite même fut admirable par le calme et le bon ordre qui y régnèrent. Il est vrai qu'ils eurent l'avantage de pouvoir quitter le champ de bataille sans être poursuivis; j'ai donné les motifs qui retinrent Napoléon le 6 au soir; mais il ne me serait pas possible d'expliquer les causes du retard qu'il mit, le 7 au matin, à suivre les traces des ennemis. On a prétendu qu'ayant devant lui la route de Bohême et celle de Moravie, qui toutes deux aboutissent au pont de Spitz, près de Florisdorf, l'Empereur, avant de s'éloigner du champ de bataille, voulait savoir quel était à peu près le nombre des troupes que le prince Charles avait engagées sur chacune de ces routes, et qu'il attendait le rapport des reconnaissances faites à ce sujet. Mais il est à remarquer que les reconnaissances ne donnent en pareil cas que des renseignements très imparfaits, parce qu'elles ne peuvent apercevoir ce qui se trouve au delà des arrière-gardes ennemies, qui les arrêtent au bout d'une demi-lieue : c'est ce qui arriva aux nôtres. On perdit donc inutilement un temps précieux; et puisqu'on avait vu la veille les colonnes ennemies s'engager sur les deux routes, il aurait fallu les poursuivre le 7 au matin, dès l'aurore, sur l'une ou sur l'autre; nous avions assez de troupes disponibles pour être en force sur tous les points. Quoi qu'il en soit, l'Empereur ne fit commencer la poursuite qu'à deux heures de l'après-midi et ne franchit, de sa personne, que trois petites lieues, pour aller coucher au château de Volkersdorf, du haut duquel l'empereur d'Autriche avait, les deux jours précédents, observé les mouvements des armées belligérantes.

L'Empereur confia au général Vandamme le soin de garder la ville de Vienne. Le général Régnier resta donc dans l'île de Lobau; Oudinot prit position à Wagram, et Macdonald à Florisdorf. Après avoir ainsi assuré ses derrières, Napoléon fit suivre l'ennemi sur la route de Moravie par les corps de Marmont et de Davout, et sur celle de Bohême par Masséna. Enfin, l'armée d'Italie et la garde devaient marcher entre ces deux grandes routes dans la direction de Laa, prêtes à se porter où besoin serait.

La plus forte partie de l'armée autrichienne s'était engagée sur la route de Bohême, que suivait le corps de Masséna. Mais le prince Charles avait très bien utilisé la nuit du 6 au 7 et une partie de ce jour, que Napoléon lui avait laissée, et tous ses bagages, chariots, caissons et l'artillerie étaient déjà loin et hors de notre atteinte, lorsqu'en quittant le champ de bataille, nous rencontrâmes les éclaireurs de l'arrière-garde ennemie, au défilé de Langen-Enzersdorf. Par sa longueur et son resserrement, ce passage aurait été fatal au prince Charles si, la veille, nous eussions pu le pousser jusque-là. Après avoir traversé le défilé, nous entrâmes dans une vaste plaine, au centre de laquelle se trouve Korneubourg. Cette petite ville, ayant un mur d'enceinte, était occupée par neuf bataillons de Croates et de chasseurs tyroliens, et l'on apercevait, sur les deux flancs, de fortes masses de cavalerie et une nombreuse artillerie. Ainsi postée, cette arrière-garde nous attendait avec un calme imposant.

Il faut, sans doute, être entreprenant à la guerre, surtout devant un ennemi déjà battu; néanmoins, on ne doit pas forcer les conséquences de cette règle jusqu'à manquer de prudence. Les généraux et la cavalerie française sont souvent trop *téméraires :* ils renouvelèrent ici la faute que Montbrun avait commise au mois de juin devant Raab, lorsque, ne voulant pas attendre l'infanterie, il mena ses escadrons trop près de cette place, dont le canon fit un très grand ravage dans leurs rangs. Malgré cette sévère leçon, le général Bruyère, qui avait remplacé Lasalle dans le commandement de la division de cavalerie légère attachée au corps de Masséna, ayant pris les devants en sortant du défilé, n'attendit pas que notre infanterie l'eût passé aussi et fût formée dans la plaine. Déployant ses escadrons, il s'avança vers les ennemis, qui restèrent impassibles, le laissèrent approcher jusqu'à une portée de canon, et qui, ouvrant alors un feu terrible, lui firent éprouver de grandes pertes!...

A cette vue, Masséna, qui arrivait en ce moment à l'entrée de la plaine, se mit en fureur et m'envoya vers Bruyère pour lui exprimer son extrême mécontentement. Je trouvai ce général très bravement placé à la tête de sa division, sous une grêle de boulets, mais bien peiné de s'être tellement aventuré, et fort embarrassé du parti qu'il devait prendre. En effet, s'il chargeait la cavalerie autrichienne, deux fois plus nombreuse que la sienne, il faisait hacher sa division; d'un autre côté, s'il battait en retraite pour s'éloigner du canon et se rapprocher de notre infanterie, il était certain que, dès que ses régiments auraient fait demi-tour, la cavalerie ennemie s'élancerait sur eux et les pousserait en désordre sur nos bataillons, à leur sortie du défilé, ce qui pouvait avoir les résultats les plus graves!... Rester où l'on se trouvait et y attendre l'infanterie, était donc ce qu'il y avait de moins mauvais; aussi, le général Bruyère m'ayant fait l'honneur de me demander mon avis, ce fut celui que je me permis de lui donner. Le maréchal, auquel j'avais été en rendre compte, approuva ce que j'avais fait, mais je le trouvai dans une colère noire contre le général Bruyère, et il s'écriait à chaque instant : « Est-il croyable qu'on fasse tuer de braves gens « aussi inutilement!... » Cependant, il presse l'arrivée de la division Legrand, et, dès qu'elle est formée hors du défilé, il fait attaquer Korneubourg par le 26ᵉ léger, qui s'en empare, pendant que la cavalerie ennemie est repoussée par les escadrons de Bruyère, qui courent à la charge avec joie, les dangers d'une charge étant infiniment moins grands que ceux résultant de la canonnade à laquelle ils étaient soumis depuis une demi-heure! Le général Bruyère fit merveille durant ce combat de mains, ce qui n'empêcha pas le maréchal de le réprimander fortement.

Le 8 juillet, Masséna, ayant quatre divisions d'infanterie, une de cavalerie légère, une de cuirassiers et une nombreuse artillerie, continua la poursuite de l'arrière-garde ennemie. Il n'y eut cependant qu'un petit engagement, et nous occupâmes la ville de Stockerau, dans laquelle nos troupes s'emparèrent de plusieurs magasins autrichiens contenant une immense quantité de provisions de bouche, surtout en vins, ce qui excita une joie des plus vives. Le corps d'armée de Masséna continuant sa marche le 9, sur la route de Bohême, fut arrêté devant Hollabrünn par des forces nombreuses. Il s'ensuivit un combat très vif, dans lequel le général Bruyère, voulant faire oublier la faute qu'il avait commise devant Korneubourg, dirigea sa division avec prudence, mais exposa beaucoup sa personne; aussi fut-il grièvement blessé.

La malheureuse ville d'Hollabrünn, à peine rebâtie, à la suite de l'incendie qui l'avait détruite en 1805, lorsque les Russes nous en disputaient la possession, fut de nouveau réduite en cendres, et ensevelit encore un grand nombre de blessés sous ses décombres. Les ennemis se retirèrent avec perte.

Dans la nuit du 9 au 10, le maréchal m'envoya vers l'Empereur, pour l'informer du combat d'Hollabrünn. Après une longue marche par des chemins de traverse, où je m'égarai plusieurs fois dans l'obscurité, je joignis enfin Napoléon au château de Volkersdorf, qu'il occupait depuis le lendemain de la bataille de Wagram. Sa Majesté venait d'apprendre qu'une grande partie de l'armée autrichienne, quittant la route de Nikolsbourg et de Moravie, se portait vers Laa, pour y passer la Taya et rejoindre le prince Charles à Znaïm, et elle avait prescrit au maréchal Marmont de la suivre dans cette nouvelle direction. L'Empereur la prit lui-même le 10 au matin, tandis que Davout continuait de pousser vers Nikolsbourg, dont il s'empara. J'en fus réexpédié vers Masséna, auquel je portai l'ordre de marcher rapidement vers Znaïm, où l'ennemi paraissait vouloir concentrer ses principales forces et se préparer à une nouvelle bataille.

Pendant cette journée du 10, l'arrière-garde ennemie battit constamment en retraite devant le corps de Masséna, sans oser nous attendre, car elle avait éprouvé des pertes considérables la veille, à Hollabrünn. A compter de ce moment, le désordre se mit dans ses rangs; aussi fîmes-nous un très grand nombre de prisonniers. Ce même jour, le prince de Liechtenstein se présenta comme parlementaire à nos avant-postes, chargé par le généralissime autrichien d'aller proposer un armistice à Napoléon. Masséna le fit accompagner par un de ses officiers; mais, pendant qu'ils gagnaient Volkersdorf, dans l'espoir d'y trouver encore Napoléon, celui-ci s'était porté à Laa, et le parlementaire ne put le joindre que le lendemain au soir devant Znaïm. Ce retard coûta la vie à bien des hommes des deux partis! L'arrière-garde autrichienne, après s'être retirée depuis le matin sans combattre, nous disputa le soir l'entrée du bourg de Guntersdorf. Une vive canonnade s'étant engagée, un boulet traversa la calèche de Masséna, et un second tua un des chevaux qui la traînaient. Heureusement le maréchal venait de mettre pied à terre cinq minutes avant cet accident! Les ennemis, repoussés, nous cédèrent enfin Guntersdorf, où nous passâmes la nuit.

Il est indispensable à la guerre d'avoir des espions ; Masséna se servait pour cela de deux frères juifs, hommes très intelligents, qui, pour donner des nouvelles exactes et recevoir plus d'argent, avaient l'audace de se glisser parmi les colonnes autrichiennes, sous prétexte de vendre des fruits et du vin ; puis, restant en arrière, ils attendaient l'arrivée des Français et venaient faire leur rapport au maréchal. Celui-ci, pendant son court séjour à Hollabrünn, avait promis une forte somme à l'un de ces juifs s'il lui remettait, le lendemain au soir, l'état approximatif des forces ennemies engagées sur la route que nous suivions. Alléché par l'appât du gain, l'Israélite prend des chemins détournés, marche toute la nuit, gagne la tête de l'armée ennemie, pénètre dans un bois, et, grimpant au sommet d'un arbre touffu, il se blottit dans le feuillage, d'où, sans être aperçu, il dominait la grande route, et, à mesure que les colonnes défilaient devant lui, l'espion inscrivait sur un calepin à quelle arme ces troupes appartenaient, la force des escadrons et des bataillons, ainsi que le nombre des pièces. Mais, au moment où il était ainsi occupé, un sergent de chasseurs entre dans le bois pour s'y reposer quelques instants, et vient se coucher précisément au-dessous de l'arbre sur lequel se trouvait le Juif, qu'il n'avait point aperçu. A cette vue, l'espion, absolument saisi, fit probablement quelque mouvement pour se cacher ; le calepin lui échappa des mains et vint tomber à côté du sergent ! Celui-ci lève la tête, et voyant un homme au milieu des hautes branches, il le couche en joue, en lui ordonnant de descendre. Le malheureux Juif, forcé d'obéir, est conduit devant un général autrichien, qui, à la vue du calepin accusateur, fait tuer ce misérable à coups de baïonnette. Il gisait sur la grande route lorsque, quelques heures après, l'armée française arriva sur ce point. Dès que le second Juif, qui marchait avec nous en ce moment, aperçut le corps de son frère, il poussa des cris affreux; puis, se ravisant, il fouilla les poches du mort. Mais n'y ayant rien trouvé, il pesta contre les ennemis qui lui avaient, disait-il, *volé* l'argent dont son frère était pourvu; finalement, pour avoir au moins quelque part de son héritage, il prit tous les vêtements pour les vendre plus tard. Voilà qui peint bien le caractère juif!

CHAPITRE XXVI

Combat de Znaïm. — Les cuirassiers de Guiton. — Je suis blessé en séparant les combattants. — M. d'Aspre. — Nouvelle brouille avec Masséna. — Retour à Paris.

Le 11 juillet, jour néfaste pour moi, le corps de Masséna parut devant Znaïm vers dix heures du matin, et nous aperçûmes, à une demi-lieue sur notre droite, les divisions du maréchal Marmont réunies sur le plateau de Teswitz. Ces troupes venaient de Laa par la route de Brünn. A midi, l'Empereur et sa garde arrivèrent à Zukerhandel, et l'armée d'Italie n'en était plus qu'à quelques lieues.

La ville de Znaïm, entourée d'un mur fort solide, est située sur un coteau couvert de vignobles, au bas duquel coulent la rivière de Taya et le fort ruisseau de Lischen, qui se jette dans la Taya au-dessous de Teswitz. Ces deux cours d'eau environnent donc une partie du coteau de Znaïm et en font une position retranchée par la nature, car, presque sur tous les points, les rives sont hérissées de rochers escarpés, d'un accès fort difficile. Le sol s'abaisse au village d'Oblass, que traverse la route de Vienne, par laquelle arrivait le corps de Masséna.

Le prince Charles, ne recevant pas de réponse à sa proposition d'armistice, et ne voyant même pas revenir son parlementaire, prit la résolution de profiter des bonnes positions qu'il occupait, pour risquer encore les chances d'une bataille. En conséquence, il forma son armée sur deux lignes, dont la première appuyait sa droite à la Taya, près de Kloster-Bruck, avait son centre en face de Teswitz et de Zukerhandel, et prolongeait sa gauche jusqu'à Kukrowitz. La seconde ligne occupait Znaïm, le Galgenberg et Brenditz; les réserves étaient en arrière. Une nuée de tirailleurs défendait les vignobles situés entre Znaïm, le Lischen et la Taya.

Dès son arrivée devant Oblass, Masséna fit occuper ce village, ainsi que le double pont qui passe sur la rivière et l'île dite des Faisans. La division Legrand, qui venait de s'en emparer, se porta sur Alt-Schallersdorf et Kloster-Bruck, vaste et ancien couvent transformé en fabrique de tabac. Nos troupes éprouvèrent sur ce point une résistance d'autant plus vive que notre artillerie ne secondait pas leurs efforts; ne pouvant, en effet, passer dans les vignes, elle était obligée de tirer du bord de la rivière, c'est-à-dire de bas en haut, ce qui rend le feu incertain et presque nul. Le maréchal, retenu à Oblass dans sa calèche, regrettait vivement de ne pouvoir monter à cheval, pour aller voir par lui-même ce qu'il y avait à faire pour remédier à cet inconvénient, lorsque je me permis de lui dire que, ayant exploré les environs avant l'attaque, je croyais qu'une batterie partant d'Oblass, longeant la rive droite de la rivière et allant se poster au-dessus du village d'Edelspitz, pourrait rendre les plus grands services. Masséna trouva l'avis utile; il m'en remercia et me chargea de conduire six canons au lieu indiqué, d'où, dominant et prenant à revers les troupes qui défendaient Kloster-Bruck et Alt-Schallersdorf, ils firent un tel ravage parmi les ennemis, que ceux-ci abandonnèrent promptement ces deux postes, dont nos troupes s'emparèrent. Le maréchal se félicitait du bon effet produit par cette batterie, lorsque j'accourus lui proposer d'en conduire une autre à Küeberg, point culminant de la rive gauche, mais cependant accessible en renforçant les attelages. Le maréchal y consentit, et, après quelques efforts, je réussis à faire monter huit pièces à Küeberg, d'où leurs boulets, fouettant en plein sur les lignes autrichiennes massées en avant de Znaïm, les eurent bientôt forcées à se réfugier derrière les murs de cette ville; aussi je ne doute pas que si la bataille eût continué, la batterie que nous avions placée sur le Küeberg n'eût été fort utile à l'armée française : c'est en occupant ce point avec de l'artillerie qu'on peut réduire promptement la forte position de Znaïm.

Pendant la vive canonnade dont je viens de parler, un orage épouvantable fondit sur la contrée. En un instant, tout est inondé. La Taya déborde, les armes ne peuvent plus faire feu, et l'on n'entend plus un seul coup de fusil. Les troupes du général Legrand se réfugient dans Kloster-Bruck, à Schallersdorf, et principalement dans les nombreuses caves creusées au milieu des vignes dont le coteau est couvert. Mais pendant que nos soldats vident les tonnes, sans se préoccuper des ennemis qu'ils supposent abrités dans les maisons de Znaïm, le prince Charles, prévenu sans doute de cette négligence, et voulant couper toute retraite à la division Legrand, fait sortir de la ville une colonne de mille grenadiers qui, s'élançant au pas de course sur la grande route abandonnée par nos gens, traversent Alt-Schallersdorf et arrivent au premier pont d'Oblass! Je descendais en ce moment du Küeberg et d'Edelspitz; j'y étais monté en passant par New-Schallersdorf, à côté d'Oblass, où j'avais pris les canons que je devais conduire; mais, en revenant seul, il me parut inutile de faire ce détour, puisque je savais que tout le terrain compris entre la Taya et Znaïm était occupé par une de nos divisions d'infanterie. Aussi, dès que je fus au petit pont qui sépare Edelspitz de l'île des Faisans, j'y passai la Taya pour gagner les grands ponts placés sur la grande route en face d'Oblass, où j'avais laissé le maréchal. Je venais de monter sur la chaussée qui unit ces deux ponts, lorsque, malgré l'orage, j'entends derrière moi le bruit de nombreux pas cadencés; je tourne la tête, et qu'aperçois-je?... Une colonne de grenadiers autrichiens qui n'était plus qu'à vingt-cinq pas de moi!... Mon premier mouvement fut de courir ventre à terre, afin de prévenir le maréchal et les nombreuses troupes qu'il avait auprès de lui; mais, à mon très grand étonnement, je trouvai le pont le plus voisin d'Oblass occupé par une brigade de cuirassiers français. Le général Guiton, qui la commandait, sachant la division Legrand de l'autre côté du fleuve, et ayant reçu un ordre inexact, s'avançait tranquillement au pas!

A peine avais-je eu le temps de dire : « Voilà les ennemis!... » que le général les aperçoit, met l'épée à la main, et criant : « Au galop! » s'élance sur les grenadiers autrichiens. Ceux-ci, venus pour nous attaquer à l'improviste, furent tellement étonnés de l'être eux-mêmes à l'instant où ils s'y attendaient si peu, que les premiers rangs eurent à peine le temps de croiser la baïonnette, et qu'en un clin d'œil les trois bataillons de grenadiers furent *littéralement roulés* par terre, sous les pieds des chevaux de nos cuirassiers!... Pas un des hommes ne resta debout!... *Un seul* fut tué; tous les autres furent pris, ainsi que les trois canons qu'ils avaient amenés pour contribuer à la défense de l'île des Faisans et des ponts.

Ce retour offensif aurait eu des résultats très fâcheux pour nous, si le prince Charles l'eût exécuté avec une troupe beaucoup plus nombreuse, en faisant en même temps attaquer la division Legrand dispersée dans les vignes, et qui, n'ayant plus de retraite par les ponts, eût éprouvé un très grand échec, car la Taya n'était pas guéable. Mais le général autrichien fit un faux calcul, en se flattant qu'un millier d'hommes envoyés pour s'emparer de l'île des Faisans pourraient s'y maintenir contre les attaques de trois de nos divisions, et contre les efforts que la division Legrand, attaquée elle-même, n'eût pas manqué de faire pour s'ouvrir un passage. Ainsi pris entre deux feux, les mille grenadiers autrichiens, enfermés dans l'île des Faisans, eussent été réduits à mettre bas les armes. Il est vrai que dans ce combat nous aurions perdu beaucoup d'hommes, dont la vie fut épargnée par l'attaque inattendue du général Guiton. Les cuirassiers, enhardis par le succès et ne connaissant pas le terrain, poussèrent leurs charges jusqu'aux portes de Znaïm, pendant que les fantassins du général Legrand, attirés par le tumulte, accouraient pour les seconder. La ville fut sur le point d'être enlevée... Mais des forces supérieures, secondées par une nombreuse artillerie, contraignirent les Français à redescendre jusqu'à Alt-Schallersdorf et Kloster-Bruck, où Masséna les fit soutenir par la division d'infanterie du général Carra Saint-Cyr.

L'Empereur, placé sur les hauteurs de Zukerhandel, ordonna à ce moment au maréchal Marmont de déboucher de Teswitz pour se lier à la droite de Masséna. La bataille s'engageait insensiblement. Pour s'en rapprocher, Napoléon vint à Teswitz. Masséna m'ayant envoyé vers Sa Majesté pour lui rendre compte de sa position, je revins avec l'ordre d'enlever à tout prix la ville que notre batterie de Küeberg foudroyait et que le maréchal Marmont allait assaillir aussi par le vallon de Lechen. De toutes parts on battait la charge, et le bruit des tambours, assourdi par l'effet de la pluie, se mêlait à celui du tonnerre... Nos troupes très animées s'avançaient bravement contre les nombreux bataillons qui, postés en avant de Znaïm, les attendaient résolument : quelques rares coups de fusil partaient seulement des maisons. Tout faisait présager un sanglant combat à la baïonnette, lorsqu'un officier de l'Empereur, arrivant à toute bride, apporta à Masséna l'ordre d'arrêter le combat, parce qu'un armistice venait d'être conclu entre Napoléon et le prince de Liechtenstein. Aussitôt le maréchal, qui s'était beaucoup rapproché des troupes, prescrit à tous les officiers de courir annoncer cette nouvelle sur les divers points de la ligne, et me désigne nominativement pour aller vers celle de nos brigades qui se trouve le plus près de la ville et a le moins d'espace à parcourir pour en venir aux mains avec l'ennemi.

Arrivé derrière ces régiments, en vain je veux parler; ma voix est dominée par les cris de : « Vive l'Empereur ! » toujours précurseurs du combat, et déjà les troupes croisaient la baïonnette!... Le moindre retard allait donner lieu à l'une de ces terribles mêlées d'infanterie qu'il est impossible d'arrêter dès qu'elles sont engagées. Je n'hésite donc pas, et, passant par un intervalle, je m'élance entre les deux lignes prêtes à se joindre, et, tout en criant : « La paix! la paix!... » je fais avec ma main gauche signe d'arrêter, lorsque, tout à coup, une balle partie du faubourg me frappe au poignet!... Quelques-uns de nos officiers, comprenant enfin que je portais l'ordre de suspendre les hostilités, arrêtent la marche de leurs compagnies; d'autres hésitaient, parce qu'ils voyaient venir à eux les bataillons autrichiens qui n'étaient plus qu'à cent pas!... A ce moment, un aide de camp du prince Charles arrive également entre les deux lignes, cherchant à prévenir l'attaque, et reçoit aussi du faubourg une balle qui lui traverse l'épaule. Je cours vers cet officier, et, pour bien faire comprendre aux deux partis l'objet de notre mission, nous nous embrassons en témoignage de paix.

A cette vue, les officiers des deux nations, n'hésitant plus, commandent *Halte!* se groupent autour de nous, et apprennent qu'un armistice vient d'être conclu. On se mêle, on se félicite mutuellement ; puis les Autrichiens retournent à Znaïm et nos troupes vers les positions qu'elles occupaient avant qu'on battît la charge.

La commotion du coup que j'avais reçu avait été si forte, que je croyais avoir le poignet cassé. Heureusement, il n'en était rien ; mais la balle avait fortement lésé le nerf qui rattache le pouce au poignet.

Aucune de mes nombreuses blessures ne m'a fait autant souffrir : je fus obligé de porter le bras en écharpe pendant plus de six mois. Cependant, ma blessure, quoique grave, l'était bien moins que celle de l'aide de camp autrichien. C'était un tout jeune homme, plein de courage, et qui, malgré ce qu'il avait éprouvé, voulut absolument venir avec moi auprès de Masséna, tant pour voir ce vieux guerrier si célèbre, que pour accomplir un message dont le prince Charles l'avait chargé pour lui. Pendant le trajet que nous fîmes ensemble pour gagner Kloster-Bruck, où Masséna s'était établi, l'officier autrichien, qui perdait beaucoup de sang, ayant été sur le point de s'évanouir, je lui proposai de le reconduire à Znaïm ; mais il persista à me suivre pour être pansé par les chirurgiens français, qu'il disait être bien plus habiles que ceux de son armée. Ce jeune homme s'appelait le comte d'Aspre et était neveu du général de ce nom, tué à Wagram. Le maréchal Masséna le reçut très bien et lui fit prodiguer toutes sortes de soins. Quant à moi, le maréchal, me voyant blessé de nouveau, crut devoir joindre ses suffrages à ceux de tous les officiers et même des soldats de la brigade, qui faisaient l'éloge du dévouement avec lequel je m'étais élancé entre les deux armées pour éviter l'effusion du sang.

Napoléon, étant venu vers le soir visiter les bivouacs, m'adressa de vifs témoignages de satisfaction, en ajoutant : « Vous êtes blessé bien souvent, mais je récompenserai votre zèle. » L'Empereur avait formé le projet de créer l'ordre militaire des *Trois Toisons,* dont les chevaliers devaient avoir au moins six blessures, et j'appris plus tard que Sa Majesté m'avait inscrit au nombre des officiers qu'il jugeait dignes de recevoir cette décoration, dont je reparlerai plus loin. L'Empereur voulut voir M. d'Aspre, qui avait montré le même dévouement que moi, et le chargea de compliments pour le prince Charles.

Comme, tout en se félicitant que les cuirassiers fussent arrivés sur les ponts à l'instant même où les grenadiers autrichiens allaient s'en emparer, Napoléon s'étonnait qu'on eût envoyé de la grosse cavalerie au delà du fleuve, sur un coteau où il n'y avait d'autre passage qu'une grande route encaissée entre des vignobles, personne ne voulut avoir donné cet ordre, qui ne provenait ni du maréchal, ni du chef d'état-major, et le général de cuirassiers ne pouvant désigner l'officier qui le lui avait transmis, l'auteur de cette heureuse faute resta inconnu.

Pendant le peu de minutes que les grenadiers occupèrent l'île des Faisans, ils y prirent trois de nos généraux : Fririon, chef d'état-major de Masséna, Lasouski et Stabenrath, auxquels ils enlevèrent en un tour de main leurs bourses et leurs éperons d'argent. Ces généraux, délivrés à l'instant même par nos cuirassiers, rirent beaucoup de leur courte captivité.

Je vous ai dit qu'avant d'avoir reçu ma blessure, et immédiatement après la belle charge des cuirassiers, le maréchal m'avait ordonné d'aller rendre compte de ce beau fait d'armes à l'Empereur, toujours placé à Zukerhandel. Comme l'orage avait rendu la Taya infranchissable à gué, je dus la passer, en face d'Oblass, sur les ponts de l'île des Faisans, pour gagner Zukerhandel par Teswitz, d'où les troupes du maréchal Marmont débouchaient en ce moment. L'artillerie ennemie faisait un feu terrible sur elles, de sorte que le terrain qui avoisine la rivière était labouré par les boulets, et cependant il n'y avait pas moyen de prendre un autre chemin, à moins de faire un détour considérable : je pris donc cette direction. J'étais parti d'Oblass avec M. le chef d'escadron de Talleyrand-Périgord, qui, après avoir porté un ordre au maréchal Masséna, retournait à l'état-major impérial dont il faisait partie. Cet officier avait déjà parcouru ce trajet, et il s'offrit pour me guider. Il marchait devant moi sur le petit sentier qui longe la rive droite de la Taya, lorsque, la canonnade ennemie redoublant d'intensité, nous accélérons la rapidité de notre course. Tout à coup, un maudit soldat du train, dont le cheval était chargé de poulets et de canards, produit de sa maraude, sort d'entre les saules qui bordent la rivière, et, se plaçant sur le sentier à quelques pas de M. de Talleyrand, se lance à toute bride ; mais un boulet ayant tué son cheval, celui de M. de Talleyrand, qui le suivait de près, heurte le cadavre de cet animal et s'abat complètement !... En voyant tomber mon compagnon, je mets pied à terre pour l'aider à se relever. La chose était difficile, car l'un de ses pieds était engagé dans l'étrier sous le ventre du cheval. Le soldat du train, au lieu de nous prêter assistance, courut se blottir parmi les arbres, et je restai seul pour accomplir une tâche d'autant plus pénible qu'une grêle de boulets tombait autour de nous, et que les tirailleurs ennemis, poussant les nôtres, pouvaient venir nous surprendre!... N'importe!... Je n'abandonnerai pas un camarade dans cette fâcheuse position!... Je me mis donc à l'œuvre, et, après des efforts inouïs, j'eus le bonheur de relever le cheval et de replacer M. de Talleyrand en selle; puis nous reprîmes notre course.

J'eus d'autant plus de mérite en cette circonstance, que je voyais mon compagnon pour la première fois; aussi m'exprima-t-il sa reconnaissance dans les termes les plus chaleureux, et lorsque, arrivés à Zukerhandel, j'eus rempli ma mission auprès de l'Empereur, je fus entouré et félicité par tous les officiers du grand état-major. M. de Talleyrand leur avait appris ce que je venais de faire, et répétait sans cesse : « Voilà ce qu'on « appelle un excellent camarade! » Quelques années plus tard, lorsque je revins de l'exil auquel m'avait condamné la Restauration, M. de Talleyrand, alors général de la garde royale, me reçut assez froidement. Toutefois, lorsque vingt ans après je le retrouvai à Milan, où j'accompagnai Mgr le duc d'Orléans, je ne lui en tins pas rancune, et nous nous serrâmes la main. C'est dans ce même voyage que je rencontrai à Crémone M. d'Aspre, devenu général-major au service de l'Autriche, après avoir servi l'Espagne jusqu'en 1836. Depuis, il a commandé en second l'armée d'Italie, sous le célèbre maréchal Radetzki. Mais revenons à Znaïm.

Les Autrichiens évacuèrent cette ville, et on y établit le quartier général de Masséna, dont le corps d'armée forma un camp dans les environs. L'armistice avait livré provisoirement à Napoléon le tiers de la monarchie autrichienne, habité par 8,000,000 d'âmes : c'était un immense gage de paix.

M. d'Aspre, étant trop souffrant pour suivre son armée, resta à Znaïm. Je le vis souvent; c'était un homme de beaucoup d'esprit, quoique un peu exalté.

Ma blessure me faisait beaucoup souffrir; je ne pouvais faire aucun service à cheval. Masséna me chargea donc de dépêches pour l'Empereur, en m'ordonnant d'aller en poste à Vienne, où il ne tarda pas à venir s'établir avec son état-major. Nos gens et nos chevaux restèrent à Znaïm, à tout événement. La conclusion de la paix traînait en longueur : Napoléon voulait écraser l'Autriche, qui résistait d'autant plus qu'elle espérait le secours des Anglais descendus en Hollande le 30 juillet et déjà maîtres de Flessingue.

En apprenant cet événement, le grand chancelier Cambacérès, qui gouvernait la France en l'absence de l'Empereur, fit marcher les troupes disponibles vers les bords de l'Escaut et en confia le commandement au maréchal Bernadotte. Ce choix déplut beaucoup à Napoléon. Du reste, les Anglais se retirèrent presque aussitôt. Les conférences reprirent avec la même lenteur; nous occupions toujours le pays, et le quartier général de Masséna resta à Vienne depuis le 15 juillet jusqu'au 10 novembre. Privé, par ma blessure, des agréments que cette ville offrait aux officiers, j'eus du moins la satisfaction de trouver chez la comtesse de Stibar, chez laquelle j'étais logé, tous les soins que réclamait ma position : je lui en ai conservé une bien vive reconnaissance.

J'avais retrouvé à Vienne mon bon ami le général de Sainte-Croix, que sa blessure retint plusieurs mois au lit. Il logeait dans le palais Lobkowitz qu'occupait Masséna. Je passais chaque jour plusieurs heures avec lui, et l'instruisis du mécontentement que le maréchal paraissait avoir conçu contre moi depuis l'incident de Wagram. Comme il avait une très grande influence sur Masséna, il lui fit bientôt sentir combien son attitude à mon égard avait été pénible et blessante. Ses bons offices, ainsi que ma conduite à Znaïm, me remirent enfin assez bien dans l'esprit du maréchal, lorsque, par un excès de franchise, je détruisis le résultat obtenu, et ravivai le mauvais vouloir du maréchal à mon égard. Voici à quel sujet.

Vous savez que blessé aux jambes, à la suite d'une chute de cheval qu'il avait faite dans l'île de Lobau, Masséna fut obligé de monter en calèche pour diriger ses troupes pendant la bataille de Wagram, ainsi qu'aux combats qui la suivirent. On allait donc atteler des chevaux d'artillerie à cette voiture, lorsque, s'étant aperçu qu'ils étaient trop longs pour le timon, et n'avaient pas assez de *liant* dans leurs mouvements, on leur substitua quatre chevaux des écuries du maréchal, pris parmi les plus dociles, et parfaitement habitués au bruit du canon. Les deux soldats du train désignés pour conduire Masséna allaient se mettre en selle, le 4 juillet au soir, quand le cocher et le postillon du maréchal déclarèrent que, puisque leur maître se servait de ses propres chevaux, c'était à eux à les diriger. Malgré toutes les observations qu'on put leur faire sur les dangers auxquels ils s'exposaient, ces deux hommes persistèrent à vouloir conduire leur maître. Cela dit, et comme s'il se fût agi d'une simple promenade au bois de Boulogne, le cocher monta sur le siège, et le postillon sauta à cheval!... Ces deux intrépides serviteurs furent pendant huit jours exposés à de très grands dangers, surtout à Wagram, où plusieurs centaines d'hommes furent tués auprès de leur calèche. A Guntersdorf, le boulet qui traversa cette voiture perça la redingote du cocher, et un autre boulet tua le cheval que montait le postillon!... Rien n'intimida ces deux fidèles domestiques, dont tout le corps d'armée admirait le dévouement. L'Empereur même les félicita, et dans

une de ses fréquentes apparitions auprès de Masséna, il lui dit : « Il y a sur le champ de bataille 300,000 com-
« battants : eh bien! savez-vous quels sont les deux plus
« braves? C'est votre cocher et votre postillon, car nous
« sommes tous ici pour faire notre *devoir*, tandis que ces
« deux hommes, n'étant tenus à aucune obligation mili-
« taire, pouvaient s'exempter de venir s'exposer à la
« mort; ils ont donc mérité plus qu'aucun autre! » Puis s'adressant aux conducteurs de la voiture, il s'écria :
« Oui, vous êtes deux braves!... »

Napoléon aurait certainement récompensé ces gens-là, mais il ne pouvait leur donner que de *l'argent*, et il craignit probablement de blesser la susceptibilité de Masséna, pour le service duquel ils bravaient tant de périls!... C'était en effet au maréchal à le faire, d'autant plus qu'il jouissait d'une fortune colossale : 200,000 fr. en qualité de chef d'armée; 200,000 francs comme duc de Rivoli, et 500,000 francs comme prince d'Essling : au total, *neuf cent mille francs par an*.

Cependant, Masséna laissa d'abord s'écouler deux mois sans annoncer à ces hommes ses intentions à leur égard; puis, un jour que plusieurs de ses aides de camp, au nombre desquels j'étais, se trouvaient réunis auprès du lit de Sainte-Croix, Masséna, qui le visitait fréquemment, entra dans l'appartenant, et tout en causant avec nous sur les événements de la campagne, il se félicita d'avoir suivi le conseil que je lui avais donné d'aller sur le champ de bataille en calèche, plutôt que de s'y faire porter par des grenadiers; il fut alors tout naturellement conduit à parler de son cocher et de son postillon, et loua leur sang-froid et le courage dont ils n'avaient cessé de faire preuve au milieu des plus grands périls. Enfin, le maréchal termina en disant que, voulant accorder à ces braves gens une bonne récompense, il allait donner à chacun d'eux 400 francs. Puis, s'adressant à moi, il eut le courage de me demander si ces deux hommes ne seraient pas satisfaits !...

J'aurais dû me taire, ou me borner à proposer une somme un peu plus forte; mais j'eus le tort d'être trop franc, et surtout de l'être avec malice; car, bien que j'eusse parfaitement compris que Masséna n'entendait donner à chacun de ces gens que 400 francs *une fois payés*, je répondis qu'avec 400 francs de *rente viagère*, qu'ils ajouteraient à leurs petites économies, le cocher et le postillon seraient sur leurs vieux jours à l'abri de la misère. Une tigresse dont un chasseur imprudent attaque les petits n'a pas des yeux plus terribles que le devinrent ceux de Masséna en m'entendant parler ainsi; il bondit de son fauteuil en s'écriant : « Malheureux !... « vous voulez donc me ruiner !... Comment! 400 *francs* « *de rente viagère!*... Mais non, non, non !... C'est 400 fr. « une fois donnés ! »

La plupart de mes camarades gardèrent un prudent silence; mais le général Sainte-Croix et le commandant Ligniville déclarèrent hautement que la récompense fixée par le maréchal ne serait pas digne de lui, et qu'il fallait la changer en une *rente viagère*. Alors Masséna ne se contint plus : il courait furieux dans la chambre, en renversant tout ce qui se trouvait sous sa main, même les gros meubles, et s'écriait : « Vous voulez me ruiner !... » Puis, en sortant, il nous dit pour adieux : « Je préfére- « rais vous voir fusiller tous, et recevoir moi-même « une balle au travers du bras, plutôt que de signer la « dotation d'une pension viagère de 400 francs pour « qui que ce fût... Allez tous au diable !... »

Le lendemain, il revint parmi nous, très calme en apparence, car personne ne savait dissimuler comme lui ; mais, à compter de ce jour, le général Sainte-Croix, son ami, perdit beaucoup de son affection ; il prit Ligniville en guignon, et lui en donna des preuves l'année suivante en Portugal. Quant à moi, il m'en voulut encore plus qu'à mes camarades, parce que j'avais le premier parlé des 400 francs de rente. De bouche en bouche, la nouvelle de cet incident arriva aux oreilles de l'Empereur : aussi, un jour que Masséna dînait avec Napoléon, Sa Majesté ne cessa de le plaisanter sur son amour pour l'argent et lui dit qu'il pensait néanmoins qu'il avait fait une bonne *pension* aux deux braves serviteurs qui conduisaient sa calèche à Wagram... Le maréchal répondit alors qu'il leur donnerait à chacun 400 francs de rente viagère, ce qu'il fit sans qu'il fût besoin de lui percer le bras d'une balle. Sa colère contre nous s'en accrut encore, et il nous disait souvent, avec un rire sardonique : « Ah! mes gaillards, si je suivais vos bons avis, vous m'auriez bientôt ruiné!... »

L'Empereur, voyant que les plénipotentiaires autrichiens reculaient constamment la conclusion du traité de paix, se préparait à la guerre, en faisant venir de France de nombreux renforts, dont il arrivait tous les jours de nombreux détachements, que Napoléon inspectait lui-même à la parade quotidienne, passée dans la cour du palais de Schœnbrünn. Ces recrues attiraient beaucoup de curieux, qu'on laissait trop facilement approcher; aussi, un étudiant, nommé Frédéric Stabs, fils d'un libraire de Naumbourg et membre de la société secrète du Tugensbund (ligue de la vertu), profita de ce défaut de surveillance pour se glisser dans le groupe qui environnait l'Empereur. Déjà deux fois le général Rapp l'avait invité à ne pas s'approcher aussi près, lorsqu'en l'éloignant une troisième fois, il sentit que ce jeune homme avait des armes cachées sous ses habits. Stabs fut arrêté et avoua qu'il était venu dans l'intention de tuer l'Empereur, afin de délivrer l'Allemagne de son joug. Napoléon voulait lui laisser la vie et le faire traiter comme atteint de démence; mais les médecins ayant affirmé qu'il n'était pas fou, et cet homme persistant à dire que, s'il s'échappait, il chercherait de nouveau à accomplir l'attentat qu'il avait depuis longtemps conçu, on l'envoya au conseil de guerre; il fut condamné, et l'Empereur l'abandonna à son malheureux sort : Stabs fut fusillé.

Le traité de paix ayant été signé le 14 octobre, l'Empereur quitta l'Autriche le 22, laissant au major général et aux maréchaux le soin de présider au départ des troupes, qui ne fut entièrement effectué que quinze jours après. Masséna autorisa alors ses officiers à rentrer en France.

Je quittai Vienne le 10 novembre. J'avais acheté une calèche, dans laquelle je voyageai jusqu'à Strasbourg avec mon camarade Ligniville, dont la famille habitait les environs. J'avais laissé en arrière mon domestique, chargé de conduire l'un de mes chevaux à Paris. Je me trouvais donc seul à Strasbourg et craignais de me mettre seul en route, car mon bras était très enflé; l'ongle du pouce venait de tomber, et je souffrais au delà de toute expression. J'aperçus heureusement, dans l'hôtel où je logeais, le chirurgien-major du 10e de chasseurs, qui voulut bien me panser, et qui, devant se rendre à Paris, prit place dans ma voiture, en m'assurant ses soins pendant le trajet. Ce docteur quittait le service militaire, pour s'établir à Chantilly, où je l'ai revu, vingt années après, à la table de Mgr le duc d'Orléans, comme commandant de la garde nationale. J'arrivai néanmoins à Paris en assez mauvais état; mais les bons soins de ma mère, et le repos dont je jouissais enfin auprès d'elle, hâtèrent ma guérison.

Ainsi se termina pour moi l'année 1809. Or, si vous vous rappelez que je l'avais commencée à Astorga, en Espagne, pendant la campagne contre les Anglais, après laquelle je pris part au siège de Saragosse, où je reçus une balle au travers du corps; si vous considérez qu'il me fallut ensuite traverser une partie de l'Espagne, toute la France et l'Allemagne, assister à la bataille d'Eckmühl, monter à l'assaut de Ratisbonne, exécuter à Mölk le périlleux passage du Danube, combattre pendant deux jours à Essling, où je fus blessé à la cuisse, me trouver engagé pendant soixante heures à la bataille de Wagram, enfin être blessé au bras au combat de Znaïm, vous conviendrez que cette année avait été pour moi bien fertile en événements et m'avait vu courir bien des dangers!

CHAPITRE XXVII

1810. — Mésaventure dans un bal masqué. — Création de l'ordre des Trois Toisons. — Mariage de l'Empereur avec Marie-Louise d'Autriche.

Il est un écueil qu'évitent rarement les personnes qui écrivent leur propre histoire, c'est la minutie des détails : je cède d'autant plus à cet entraînement, que vous m'y avez encouragé après avoir lu ce qui précède.

L'année 1810 s'ouvrit pour moi sous d'heureux auspices : je me trouvais à Paris auprès de ma mère, et les blessures que j'avais reçues pendant les deux dernières campagnes étaient parfaitement guéries, ce qui me permettait d'aller dans le monde. Je me liai plus intimement avec M. et Mme Desbrières, dont j'épousai la fille l'année suivante. Mais, avant d'arriver à ce moment heureux, je dus faire la pénible campagne de Portugal, où je courus de bien grands dangers.

L'Empereur venait de nommer le maréchal Masséna généralissime d'une armée formidable, qu'il se proposait de diriger au printemps sur Lisbonne, occupé en ce moment par les Anglais.

Nous faisions donc nos préparatifs de départ; mais comme, selon leur habitude, les Français préludaient aux combats par les plaisirs, jamais Paris ne fut plus brillant que cet hiver-là. Ce n'étaient, tant à la cour qu'à la ville, que fêtes et bals somptueux, auxquels mon grade et mon titre d'aide de camp du prince d'Essling me faisaient toujours inviter. L'Empereur, donnant d'immenses traitements aux grands dignitaires, exigeait qu'ils fissent prospérer le commerce en excitant le luxe par de grandes réunions. Presque tous considéraient donc comme un devoir cette manière de faire la cour au maître : c'était à qui surpasserait les autres. Mais celui qui se distinguait le plus dans cette lutte de faste était M. le comte Marescalchi, ambassadeur de Napoléon *roi d'Italie* auprès de Napoléon *empereur des Français*. Ce diplomate, qui occupait le bel hôtel situé aux Champ-Élysées, au coin de l'avenue Montaigne, avait imaginé un amusement, sinon nouveau, au moins très perfectionné par lui : c'étaient des bals costumés et masqués ; et comme l'étiquette se serait opposée à ce qu'on se travestît à la cour et chez les grands dignitaires, M. Marescalchi avait le monopole de ce genre de plaisirs, et ses bals, très courus, réunissaient toute la haute société de Paris.

L'Empereur lui-même, dont le divorce avec Joséphine venait d'être prononcé, et dont le mariage avec Marie-Louise d'Autriche n'était point encore conclu, l'Empereur ne manquait pas une de ces fêtes ; on disait même qu'il en donnait le programme. Caché sous un simple domino noir, portant un masque ordinaire et donnant le bras au maréchal Duroc, déguisé de la même façon, Napoléon se mêlait à la foule et s'amusait à intriguer les dames, qui, presque toutes, avaient la figure découverte. Il est vrai que cette foule se composait de personnes sûres et connues, d'abord parce que, avant de faire ses invitations, M. Marescalchi en soumettait la liste au ministre de la police, et que l'adjudant de place Laborde, si célèbre à cette époque par le talent avec lequel il *flairait* un conspirateur, se tenait à l'entrée des appartements, dans lesquels personne ne pénétrait sans se démasquer devant lui, déclarer son nom et montrer son billet. De nombreux agents déguisés parcouraient le bal, et un bataillon de la garde environnait l'hôtel, dont il gardait toutes les issues. Mais ces précautions indispensables étaient dirigées avec tant de ménagements par le général Duroc, qu'une fois dans les salons, les invités ne s'apercevaient nullement de cette surveillance, qui ne gênait en rien l'expansion de leur gaieté.

Je ne manquais jamais aucune de ces réunions, où je m'amusais beaucoup. Cependant, j'y éprouvai une nuit un désagrément qui troubla fort le plaisir que je goûtais. L'aventure mérite, je crois, de vous être racontée.

Ma mère était à je ne sais quel degré parente du général de division Sahuguet d'Espagnac, dont le père avait été gouverneur des Invalides sous Louis XV : ils se traitaient de cousins. Nommé, sous le Consulat, gouverneur de l'île Tabago qui appartenait alors à la France, le général Sahuguet y mourut, laissant une veuve qui vint habiter Paris. C'était une très bonne femme, mais d'un caractère un peu aigre; aussi ma mère et moi ne lui faisions-nous que de très rares visites. Or il advint que pendant l'hiver de 1810 je trouvai chez elle une de ses amies que je ne connaissais pas encore, mais dont j'avais beaucoup entendu parler. Mme X... était une femme de la plus haute taille, ayant passé la cinquantaine. On disait qu'elle avait été fort belle, mais il ne lui restait de son ancienne beauté que des cheveux magnifiques; elle avait la voix et les gestes d'un homme, l'air hautain, la parole hardie; c'était un vrai dragon. Veuve d'un homme qui avait occupé un emploi élevé, mais qui avait abusé de la confiance que le gouvernement avait placée en lui, elle avait vu liquider sa pension dans des conditions qu'elle trouvait beaucoup trop faibles. Venue à Paris pour réclamer contre ce qu'elle appelait une injustice criante, et voyant ses prétentions repoussées par le ministère, elle s'adressa vainement à tous les princes et princesses de la famille impériale, et se décida, en désespoir de cause, à parler à l'Empereur lui-même! Mais l'audience lui ayant été refusée, cette femme obstinée suivait sans cesse Napoléon, en cherchant à pénétrer dans tous les lieux où il se rendait. Ayant appris qu'il se rendait au bal de M. Marescalchi, elle pensa que ce diplomate ne refuserait pas de recevoir la veuve d'un homme autrefois haut placé. Elle avait donc écrit bravement à M. Marescalchi pour le prier de l'inviter, et l'ambassadeur ayant porté sur sa liste le nom de cette dame, qui avait échappé aux investigations de la police, Mme X... venait de recevoir un billet pour le bal, qui devait avoir lieu le soir même du jour où je la vis chez Mme Sahuguet. La conversation lui ayant bientôt appris que j'irais à cette fête, elle me dit qu'elle serait d'autant plus heureuse de m'y rencontrer que, n'habitant pas ordinairement Paris, elle n'y connaissait que très peu de personnes, dont aucune n'allait chez M. Marescalchi. Je répondis par des politesses banales, d'usage en pareil cas, et j'étais bien loin de penser qu'il en résulterait pour moi un des plus grands désagréments que j'aie jamais éprouvés!...

La nuit venue, je me rends à l'ambassade. Le bal se donnait au rez-de-chaussée, tandis que dans les appartements du premier étage se trouvaient les tables de jeu et les salons de conversation. Il y avait foule, lorsque j'arrivai, autour des nombreux quadrilles de danseurs, parés des costumes les plus magnifiques. Au milieu de cette profusion de soieries, de velours, de plumes et de broderies, apparut tout à coup un colosse féminin, une cariatide, vêtue d'une simple robe de calicot blanc, rehaussée d'un corset rouge et chamarrée de nombreux rubans de couleur du plus mauvais goût!... C'était Mme X..., qui, pour montrer sa belle chevelure, n'avait trouvé rien de mieux que de se costumer en *bergère*, ayant un petit chapeau de paille sur l'oreille et deux énormes tresses qui lui battaient les talons!... La tournure bizarre de cette dame et l'étrange simplicité de la toilette avec laquelle elle paraissait dans une aussi brillante réunion ayant attiré tous les regards, la curiosité me fit porter les yeux de ce côté. Je venais malheureusement d'ôter mon masque. Mme X..., fort embarrassée dans cette foule inconnue, vint à moi, et, sans plus de façons, s'accroche à mon bras en disant à haute voix : « J'aurai enfin un chevalier!... » J'aurais voulu passer cette étrange bergère au grand diable d'enfer, d'autant plus que ses confidences indiscrètes me faisaient craindre une scène avec l'Empereur, ce qui m'eût fortement compromis. Je cherchais donc l'occasion de me débarrasser d'elle, lorsque le prétexte se présenta de lui-même.

J'ai dit qu'à leur entrée dans le bal, presque toutes les femmes se démasquaient, ce qui rendait la réunion bien plus agréable. Quelques hommes faisaient de même pour éviter la chaleur, et l'on tolérait cela tant que leur nombre n'était pas trop considérable, parce que s'ils eussent eu tous le visage découvert, il aurait été évident qu'en ne voyant plus que deux hommes masqués, ç'aurait été l'Empereur avec le général Duroc. Dès lors, la réunion aurait perdu toute espèce de charme pour Napoléon, qui, dans son incognito, se complaisait à intriguer certaines personnes et à écouter ce qui se disait autour de lui. Or, au moment où je désirais le plus vivement m'éloigner de Mme X..., et où beaucoup d'hommes avaient, ainsi que moi, la figure découverte, les jeunes secrétaires attachés à l'ambassade de M. Marescalchi parcouraient les salles, en nous invitant à remettre nos masques. Le mien était dans ma poche, mais je feignis de l'avoir laissé sur une banquette de la salle voisine, et, sous prétexte d'aller le chercher, je m'éloignai de l'importune bergère, en lui promettant de revenir au plus tôt !...

Me voyant enfin débarrassé de ce terrible cauchemar, je me hâtai de monter au premier étage, où, après avoir traversé les paisibles salons de jeu, j'allai m'établir à l'extrémité des appartements, dans une pièce isolée, faiblement éclairée par le demi-jour d'une lampe d'albâtre. Il ne s'y trouvait personne. Je me démasquai donc, et, tout en prenant un excellent sorbet, je me reposais, en me félicitant d'avoir échappé à Mme X..., lorsque deux hommes masqués, à taille courte et grosse, enveloppés dans des dominos noirs, entrèrent dans le petit salon où je me trouvais seul. « Nous serons ici loin du tumulte », dit l'un d'eux ; puis il m'appela d'un ton d'autorité, par mon nom tout court, en me faisant signe de venir à lui. Bien que je ne visse pas la figure de cet individu, comme je me trouvais dans un hôtel qui réunissait en ce moment tous les princes et dignitaires de l'Empire, je compris à l'instant que l'homme qui, par un geste aussi impératif, appelait à lui un officier de mon grade, devait être un grand personnage. Je m'avançai donc, et l'inconnu me dit à demi-voix : « Je suis Duroc, l'Empereur est avec
« moi ; Sa Majesté est très fatiguée ; accablée par la cha-
« leur, elle désire se reposer dans cette pièce écartée ;
« restez avec nous, afin d'éloigner les soupçons des per-
« sonnes qui pourraient survenir. »

L'Empereur s'assit alors sur un fauteuil tourné vers l'angle des murs du salon. Le général et moi, nous en prîmes deux autres, que nous plaçâmes dos à dos avec le sien, de façon à le couvrir. Nous faisions face à la porte d'entrée. Le général conserva son masque et m'engagea à causer comme si j'étais avec quelques-uns de mes camarades. L'Empereur, s'étant démasqué, demanda au général deux mouchoirs, avec lesquels il essuya la sueur qui inondait sa figure et son cou; puis, me frappant légèrement sur l'épaule, il me *pria* (ce fut son expression) de lui avoir un grand verre d'eau fraîche et de le lui apporter moi-même. Je courus promptement au buffet d'un des salons voisins, pris un verre et le remplis d'eau à la glace. Mais au moment où je le portais vers la pièce où se trouvait Napoléon, je fus accosté par deux hommes de haute taille, déguisés en Écossais, dont l'un me dit tout bas à l'oreille : « Monsieur le chef d'escadron Marbot « répond-il de la salubrité de l'eau qu'il porte en ce mo- « ment? » Je crus pouvoir l'affirmer, car je l'avais prise dans une des nombreuses carafes servant indistinctement à toutes les personnes qui s'approchaient du buffet. Ces deux individus faisaient certainement partie des agents de la sûreté disséminés dans l'hôtel sous divers travestissements, et dont plusieurs surveillaient constamment la personne de l'Empereur, sans le gêner par une assiduité obséquieuse : ils marchaient à distance respectueuse de lui, prêts à voler à son secours en cas de besoin.

Napoléon reçut avec un si vif plaisir l'eau que je lui apportais, que je le crus en proie à une soif ardente; mais, à mon grand étonnement, il n'en but qu'une très petite gorgée; puis, trempant tour à tour les deux mouchoirs dans l'eau à la glace, il me dit de lui en glisser un sur la nuque, tandis qu'il en plaçait un sur sa figure, en répétant plusieurs fois : « Ah! que c'est bon!... que c'est bon!... » Le général Duroc reprit alors la conversation avec moi. Elle roula principalement sur la campagne que nous venions de faire en Autriche. L'Empereur me dit : « Vous vous y êtes bien conduit, surtout à l'assaut « de Ratisbonne et au passage du Danube; je ne l'oublie- « rai jamais et, sous peu, je vous donnerai une marque « éclatante de ma satisfaction. »

Bien que je ne pusse comprendre en quoi consistait la nouvelle récompense qui m'était destinée, mon cœur nageait dans la joie!... Mais, ô douleur! la terrible bergère, Mme X..., paraît à l'extrémité du petit salon! « Ah!
« vous voilà, monsieur! Je me plaindrai à votre cousine
« de votre peu de galanterie! s'écria-t-elle. Depuis que
« vous m'avez abandonnée, j'ai été dix fois sur le point
« d'être étouffée! J'ai quitté la salle de bal : on y est suf-
« foqué par la chaleur. Je vois qu'on est bien ici, et je
« vais m'y reposer. » Cela dit, elle s'assoit auprès de moi.

Le général Duroc se tut, et Napoléon, ayant toujours le dos tourné et la figure dans le mouchoir mouillé, gardait la plus parfaite immobilité. Elle s'accrut encore lorsque la bergère, donnant un libre cours à son intempérance de langue, sans se soucier de nos voisins, qu'elle pensait m'être totalement étrangers, me raconta qu'elle avait cru reconnaître plusieurs fois dans la foule le *personnage* qu'elle cherchait, mais qu'il lui avait été impossible de l'aborder. « Il faut pourtant que je *lui* parle, disait-elle;
« il faut absolument qu'il double ma pension. Je sais
« bien qu'on a cherché à me nuire, sous prétexte que,
« dans ma jeunesse, j'ai eu des amants! Eh! parbleu! il
« suffit d'écouter un instant ce qui se dit là-bas, dans
« l'entre-deux des croisées, pour comprendre que chacun
« y est avec sa chacune! D'ailleurs, *ses* sœurs n'ont-elles
« pas des amants?... N'a-t-il pas des maîtresses, *lui*?...
« Que vient-il faire ici, si ce n'est causer plus librement
« avec de jolies femmes?... On prétend que mon mari a
« volé; mais le pauvre diable s'y est pris bien tard et
« bien maladroitement! D'ailleurs, ceux qui accusent
« mon mari n'ont-ils pas *volé* aussi? Est-ce par héritage
« qu'ils ont eu leurs hôtels et leurs belles terres? Et *lui*,
« n'a-t-il pas volé en Italie, en Égypte, partout? — Mais,

« madame, permettez-moi de vous faire observer que ce
« que vous dites là est fort inconvenant, et que je suis
« d'autant plus surpris que vous teniez de tels discours,
« que je vous ai vue ce matin pour la première fois ! —
« Bah ! bah ! je dis la vérité devant tout le monde, moi !
« Et s'*il* ne me donne pas une bonne pension, je lui dirai
« ou lui écrirai son fait *très vertement*... Ah ! ah ! je n'ai
« peur de rien, moi ! » J'étais sur le gril, et j'aurais volontiers changé ma situation actuelle contre une attaque de cavalerie ou l'assaut d'une brèche ! Cependant, ce qui atténuait un peu ma douleur, c'est que le bavardage de Mme X... devait me disculper auprès de mes deux voisins, en leur apprenant que ce n'était pas moi qui l'avais amenée au bal, que je l'avais vue ce jour-là pour la première fois, et m'étais éloigné d'elle aussitôt que je l'avais pu.

J'étais cependant fort inquiet sur la manière dont finirait cette pénible scène, lorsque le général Duroc, se penchant vers moi, me dit : « Empêchez cette femme de nous suivre ! » Il se leva ; l'Empereur avait remis son masque, pendant que Mme X... déblatérait contre lui, et en passant devant elle, il me dit : « Marbot, les personnes
« qui te portent intérêt apprennent avec plaisir que ce
« n'est que d'aujourd'hui que tu connais cette *charmante*
« *bergère,* que tu ferais bien d'envoyer paître ses mou-
« tons !... » Cela dit, Napoléon prend le bras de Duroc et sort avec lui.

Mme X..., stupéfaite, et croyant les reconnaître, veut s'élancer vers eux !... Je compris que, malgré ma force, je ne pourrais retenir ce colosse par le bras, mais je la saisis par sa jupe, dont la taille se déchira avec un grand craquement !... A ce bruit, la bergère craignant de se trouver en chemise, si elle tirait dans le sens contraire, s'arrêta tout court, en disant : « C'est *lui !* c'est *lui !*... »

et m'adressa de vifs reproches pour l'avoir empêchée de le suivre ! Je les supportai patiemment, jusqu'à ce que j'eusse aperçu au loin l'Empereur et Duroc, accompagnés à distance par les deux Écossais, sortir de la longue enfilade des salons et gagner l'escalier qui conduisait au bal. Jugeant alors que Mme X... ne pourrait les retrouver dans la foule, je fis à la bergère une très profonde salutation, sans mot dire, et m'éloignai d'elle au plus vite !... Elle était furieuse et prête à étouffer de rage !... Cependant, en sentant que le bas de son vêtement allait l'abandonner, elle me dit : « Tâchez au moins de me faire « avoir quelques épingles, car ma robe va tomber !... » Mais j'étais si courroucé de ses excentricités que je la plantai là, et j'avouerai même que j'eus la méchanceté de me réjouir de l'embarras dans lequel je la laissais ! Pour me remettre des émotions causées par cette étrange et pénible aventure, je me hâtai de quitter l'hôtel Marescalchi et de rentrer chez moi.

Je passai une nuit des plus agitées, tourmenté par des rêves dans lesquels je me voyais poursuivi par l'effrontée *bergère* qui, malgré mes remontrances, insultait horriblement l'Empereur !... Je courus le lendemain chez la cousine Sahuguet, pour lui raconter les extravagances de sa compromettante amie. Elle en fut indignée, et fit défendre sa porte à Mme X..., qui reçut peu de jours après l'ordre de quitter Paris. J'ignore ce qu'elle est devenue.

On sait que l'Empereur assistait tous les dimanches à une messe d'apparat, après laquelle il y avait grande réception dans les appartements des Tuileries. Pour y être admis, il fallait avoir atteint certain degré dans la hiérarchie civile ou judiciaire, ou bien être officier de l'armée. A ce titre, j'avais mes entrées, dont je ne faisais usage qu'une seule fois par mois. Le dimanche qui suivit, le jour où la scène dont je viens de parler avait eu lieu, je fus dans une grande perplexité... Devais-je me présenter aussi promptement devant l'Empereur, ou fallait-il laisser écouler quelques semaines? Ma mère, que je consultai, fut d'avis que, puisque je n'avais rien à me reprocher dans cette affaire, je devais aller aux Tuileries sans avoir à témoigner d'aucun embarras. Je suivis ce conseil.

Les personnes qui venaient faire leur cour formaient sur le chemin de la chapelle une double haie, au milieu de laquelle l'Empereur passait en silence, en rendant les saluts qu'on lui adressait. Il répondit au mien par un sourire bienveillant qui me parut de bon augure et me rassura complètement. Après la messe, Napoléon, traversant de nouveau les salons, où, d'après l'usage, il adressait quelques paroles aux personnes qui s'y trouvaient, s'arrêta devant moi, et, ne pouvant s'exprimer librement en présence de nombreux auditeurs, il me dit, certain d'être compris à demi-mot : « On assure que vous étiez
« au dernier bal Marescalchi; vous y êtes-vous beaucoup
« amusé?... — Pas le moins du monde, Sire!... — Ah!
« ah! reprit l'Empereur, c'est que si les bals masqués
« offrent quelques aventures agréables, ils en présentent
« aussi de fâcheuses; l'essentiel est de bien s'en tirer, et
« c'est probablement ce que vous aurez fait. »

Dès que l'Empereur se fut éloigné, le général Duroc, qui le suivait, me dit à l'oreille : « Avouez que vous avez
« été un moment fort embarrassé !... Je ne l'étais pas
« moins que vous, car je suis responsable de toutes les
« invitations; mais cela ne se renouvellera plus ; notre
« impudente *bergère* est déjà loin de Paris, où elle ne
« reviendra jamais !... » Le nuage qui avait un moment troublé ma tranquillité étant dissipé, je repris mes habitudes et ma gaieté. J'éprouvai bientôt une très vive satis-

faction, car, à la réception suivante, l'Empereur voulut bien m'annoncer publiquement qu'il m'avait compris au nombre des officiers qui devaient recevoir l'ordre des *Trois Toisons*.

Vous serez sans doute bien aises d'avoir quelques renseignements sur cet ordre nouveau, dont la création, annoncée par le *Moniteur*, ne fut jamais mise à exécution.

Vous savez qu'au quinzième siècle Philippe le Bon, duc de Bourgogne, établit l'ordre de la Toison d'or, qui, donné seulement à un petit nombre de grands personnages, devint célèbre dans la chrétienté et fut très recherché.

A la mort de Charles le Téméraire, dernier duc de Bourgogne, sa fille ayant épousé l'héritier présomptif de la maison d'Autriche, lui apporta en dot ce beau duché, et, par conséquent, le droit de conférer la Toison d'or. Dès la seconde génération, l'empereur Charles-Quint, après avoir réuni à la couronne d'Autriche la couronne d'Espagne qu'il tenait de sa mère, jouit encore du même privilège. Mais, après lui, nonobstant la séparation de ses États d'Espagne et d'Allemagne, des princes de la maison d'Autriche ayant continué à régner sur ce dernier pays, ils conservèrent sans contestation la grande maîtrise de la Toison d'or, quoiqu'ils ne comptassent plus le duché de Bourgogne au nombre de leurs possessions.

Il n'en fut pas de même lorsque, sous Louis XIV, la branche autrichienne qui régnait en Espagne s'étant éteinte, un prince français monta sur le trône de ce beau pays. La maison d'Autriche prétendit conserver le droit de conférer la Toison d'or, tandis que les rois espagnols élevaient la même prétention. Quelques bons esprits sont d'avis qu'ils n'en avaient le droit ni les uns ni les autres, puisque la Bourgogne faisait désormais partie de la France, et qu'il paraissait naturel qu'un ordre d'origine bourguignonne fût donné par nos rois. Néanmoins, il n'en fut pas ainsi; la France s'abstint, tandis que les souverains d'Autriche et d'Espagne, ne pouvant se mettre d'accord, continuèrent, chacun de son côté, à distribuer des décorations de l'ordre en litige. Il y avait donc la Toison d'or d'Espagne et celle d'Autriche.

L'empereur Napoléon, ayant à son avènement trouvé les choses en cet état, résolut, comme possesseur réel de l'ancienne Bourgogne, d'obscurcir l'éclat de ces deux ordres rivaux en créant l'ordre des *Trois Toisons d'or*, auquel il donnerait une très grande illustration, en restreignant à un petit nombre les membres de ce nouvel ordre, et en soumettant leur admission à des conditions basées sur de glorieux services, car la première exigeait que le récipiendaire eût au moins quatre blessures (j'en avais alors six). De grands privilèges et une dotation considérable étaient attachés à cette décoration.

Par un sentiment facile à comprendre, Napoléon voulut que le décret par lequel il fondait l'ordre des Trois Toisons fût daté de Schœnbrünn, palais de l'empereur d'Autriche, au moment où les armées françaises, venant de gagner la bataille de Wagram et de conquérir la moitié de ses États, occupaient l'Espagne dont le roi était à Valençay. Ce dernier prince fut probablement insensible à ce nouvel outrage, qui était peu de chose auprès de la perte de sa couronne; mais il n'en fut pas de même de l'empereur d'Autriche, qui fut, dit-on, très peiné en apprenant que Napoléon allait ternir l'éclat d'un ordre fondé par un de ses aïeux, et auquel les princes de sa maison attachaient un très grand prix.

Malgré les nombreuses félicitations que je recevais de toutes parts, la joie que j'éprouvais ne m'empêcha pas de blâmer intérieurement la création de l'ordre des Trois Toisons; il me semblait que l'éclat dont l'Empereur voulait entourer la nouvelle décoration ne pouvait qu'amoindrir celui de la Légion d'honneur, dont l'institution avait produit d'aussi immenses résultats!... Néanmoins, je me félicitais d'avoir été trouvé digne de faire partie du nouvel ordre. Mais soit que Napoléon ait craint de diminuer le prestige de la Légion d'honneur, soit qu'il ait voulu être agréable à son futur beau-père, l'empereur d'Autriche, il renonça à fonder l'ordre des Trois Toisons, dont on ne parla plus, après l'union de l'empereur des Français avec l'archiduchesse Marie-Louise.

Le mariage civil fut célébré à Saint-Cloud le 1er avril, et la cérémonie religieuse eut lieu le lendemain à Paris, dans la chapelle du Louvre. J'y assistai, ainsi qu'aux nombreuses fêtes données en réjouissance de ce mémorable événement, qui devait, disait-on, assurer la couronne sur la tête de Napoléon, et qui, au contraire, contribua si puissamment à sa chute!...

CHAPITRE XXVIII

Campagne de Portugal. — Mon départ. — D'Irun à Valladolid. — Masséna et Junot. — Fâcheux pronostics sur l'issue de la campagne.

L'époque où le maréchal Masséna devait se rendre en Portugal approchait, et déjà les nombreuses troupes dont son armée devait être composée étaient réunies dans le sud-ouest de l'Espagne. Comme j'étais le seul des aides de camp du maréchal qui eût été dans la Péninsule, il décida que je le devancerais et que j'irais établir son quartier général à Valladolid.

Je partis de Paris le 15 avril, avec le triste pressentiment que j'allais faire une campagne désagréable sous tous les rapports. Mes premiers pas semblèrent justifier cette prévision, car une des roues de la chaise de poste dans laquelle je voyageais avec mon domestique Woirland se brisa à quelques lieues de Paris. Nous fûmes obligés de gagner à pied le relais de Longjumeau. C'était un jour de fête; nous perdîmes plus de douze heures, que je voulus rattraper en marchant nuit et jour, de sorte que j'étais un peu fatigué quand j'arrivai à Bayonne. A partir de cette ville, on ne voyageait plus en voiture; il fallut donc courir la poste à franc étrier, et, pour comble de contrariété, le temps, que j'avais laissé magnifique en France, se mit tout à coup à la pluie, et les Pyrénées se couvrirent de neige. Je fus bientôt mouillé et transi; mais, n'importe, il fallait continuer!...

Je ne suis pas superstitieux; cependant, au moment où, quittant le sol français, j'allais traverser la Bidassoa pour entrer en Espagne, je fis une rencontre que je considérai comme un mauvais présage. Un énorme et hideux baudet noir, au poil malpropre et tout ébouriffé, se trouvait au milieu du pont, dont il semblait vouloir interdire le passage. Le postillon qui nous précédait de quelques pas lui ayant appliqué un vigoureux coup de fouet, pour le forcer à nous faire place, l'animal furieux se jeta sur le cheval de cet homme, qu'il mordait cruellement, tandis qu'il lançait de terribles ruades contre moi et Woirland, qui étions accourus au secours du postillon. Les coups que nous administrions tous les trois à cette maudite bête, loin de lui faire lâcher prise, semblaient l'exciter encore plus, et je ne sais vraiment comment ce ridicule combat se serait terminé, sans l'assistance des douaniers, qui piquèrent la croupe du baudet avec leurs bâtons ferrés. Les faits justifièrent mes fâcheuses impressions, car les deux campagnes que je fis dans la Péninsule, en 1810 et 1811, furent pour moi très pénibles; j'y reçus deux blessures, sans obtenir la moindre récompense, ni presque aucun témoignage de la bienveillance de Masséna.

Après avoir passé le pont de la Bidassoa, j'arrivai à Irun, premier relais espagnol. Là cessait toute sécurité; les officiers porteurs de dépêches devaient, ainsi que les courriers de poste, se faire escorter par un piquet de la gendarmerie dite de Burgos qui, formée dans la ville de ce nom, avec des hommes d'élite, était spécialement chargée d'assurer les communications et avait, à cet effet, à tous les relais de poste, un détachement retranché dans un blockhaus, ou maison fortifiée. Ces gendarmes, dans la force de l'âge, braves et zélés, firent pendant cinq années un service très pénible, et éprouvèrent de grandes pertes, car il y avait guerre *à mort* entre eux et les insurgés espagnols.

Je quittai Irun par une pluie battante, et au bout de quelques heures d'une marche faite au milieu de hautes montagnes, j'approchais de la petite ville de Mondragon, lorsqu'une vive fusillade se fit entendre, une demi-lieue en avant de nous!... Je m'arrêtai pour réfléchir sur ce que j'avais à faire... Si j'avançais, c'était peut-être pour tomber entre les mains des bandits qui inondaient la contrée!... Mais, d'un autre côté, si un officier porteur de dépêches retournait sur ses pas chaque fois qu'il entend un coup de fusil, il lui faudrait plusieurs mois pour remplir la plus courte mission!... J'avançai donc... et bientôt j'aperçus le cadavre d'un officier français!... Cet infortuné, allant de Madrid à Paris, porteur de lettres du roi Joseph pour l'Empereur, venait de changer de chevaux à Mondragon, lorsque, à deux portées de canon de ce relais, son escorte et lui reçurent, presque à bout portant, le feu d'un groupe de bandits cachés derrière un des rochers de la montagne qui dominent ce passage. L'officier avait eu le corps traversé de plusieurs balles, et deux gendarmes de son escorte étaient blessés!... Si cet officier eût retardé d'un quart d'heure son départ du relais de Mondragon, vers lequel je me dirigeais en sens contraire, il est certain que c'eût été moi qui fusse tombé dans l'embuscade préparée par les insurgés!... Cela promettait! et j'avais encore plus de cent lieues à parcourir au milieu de provinces soulevées contre nous!... L'attaque faite aux portes de Mondragon ayant donné l'éveil à la petite garnison de cette ville, elle s'était mise à la poursuite des brigands, qui, retardés dans leur marche par le désir d'emporter trois des leurs, blessés par nos gendarmes, furent bientôt atteints et forcés de fuir dans les montagnes, en abandonnant leurs blessés, qui furent fusillés.

L'expérience que j'avais acquise dans ma précédente campagne d'Espagne m'avait appris que le moment le plus favorable pour un officier qui doit traverser un pays difficile, est celui où les brigands viennent de faire une attaque, parce qu'ils s'empressent alors de s'éloigner, de crainte d'être poursuivis. Je me préparais donc à continuer ma route, lorsque le commandant de la place s'y opposa, d'abord parce qu'il venait d'apprendre que le célèbre chef de bande Mina avait paru dans les environs, et en second lieu parce que la nuit approchait, et que les ordres de l'Empereur prescrivaient de ne faire partir les escortes qu'en plein jour.

Le commandant de Mondragon était un capitaine piémontais, servant depuis très longtemps dans l'armée française, où il était connu pour sa rare intelligence et pour son intrépidité des plus remarquables. Les insurgés le redoutaient au dernier point, et, à l'exception de quelques embuscades secrètes, qu'il était impossible de prévoir, il dominait en maître tout le district, en employant tour à tour l'adresse et l'énergie. Je citerai un exemple de l'une et de l'autre, qui serviront à vous donner une idée de la guerre que nous avions à soutenir en Espagne, bien que nous y eussions beaucoup de partisans dans la classe des hommes éclairés.

Le curé de Mondragon était un des plus fougueux ennemis des Français. Néanmoins, lorsque Napoléon passa dans cette ville pour retourner à Paris, en janvier 1809, cet ecclésiastique, poussé par la curiosité, s'étant rendu devant la maison de poste, ainsi que toute la population, pour voir l'Empereur, fut aperçu par le commandant de place, qui, marchant droit à lui, le prit par la main et, le conduisant vers l'Empereur, dit de manière à être entendu par toute la foule :
« J'ai l'honneur de présenter à Votre Majesté le curé de

« cette ville, comme un des plus dévoués serviteurs du
« roi Joseph, votre frère !... » Napoléon, prenant pour
argent comptant ce que disait le madré Piémontais, fit
le meilleur accueil à l'ecclésiastique, qui se trouva ainsi
compromis, malgré lui, vis-à-vis de toute la population !...
Aussi, dès le soir même, le curé reçut en rentrant chez
lui un coup de fusil qui le blessa au bras !... Il connaissait trop bien ses compatriotes pour ne pas comprendre
que sa perte était jurée, si les Français ne restaient victorieux dans cette terrible lutte, et, dès ce moment, il
se déclara ouvertement pour eux, se mit à la tête des
partisans du roi Joseph, désignés par le nom de Joséphins, et nous rendit les plus grands services.

Peu de temps avant mon passage à Mondragon, ce
même commandant de place fit preuve d'un bien grand
courage. Obligé d'envoyer la majeure partie de sa garnison dans les montagnes, pour protéger l'arrivée d'un
convoi de vivres, et contraint, quelques heures après,
de fournir des escortes à des officiers porteurs de dépêches, il ne lui restait plus qu'une vingtaine de soldats.
C'était un jour de marché. De nombreux campagnards
étaient réunis sur la place. Le maître de poste, un de
nos plus grands ennemis, les harangue et les engage à
profiter de la faiblesse de la garnison française pour
l'égorger !... La foule se porte aussitôt vers la maison,
où le commandant avait réuni sa faible réserve. L'attaque est impétueuse, la défense pleine de vigueur ; cependant, les nôtres auraient fini par succomber, lorsque le
brave commandant de place, faisant ouvrir la porte,
s'élance avec sa petite troupe, va droit au maître de
poste, le tue d'un coup d'épée dans le cœur, le fait
traîner dans la maison, et ordonne de placer son corps
inanimé sur le balcon !... A la vue de cet acte de vigueur,
accompagné d'une terrible fusillade, la foule, décimée

par les balles, s'enfuit épouvantée! La garnison étant rentrée le soir même, le commandant de place fit pendre le cadavre du maître de poste au gibet public, afin de servir d'exemple, et, bien que cet homme eût beaucoup de parents et d'amis dans cette ville, personne ne bougea!

Après avoir passé la nuit à Mondragon, j'en partis au point du jour, et fus indigné en voyant le postillon espagnol qui nous dirigeait, s'arrêter sous la potence et cribler de coups de fouet un cadavre qui s'y trouvait suspendu. J'adressai de vifs reproches à ce misérable, qui me répondit en riant : « C'est mon maître de poste, « qui m'a, de son vivant, donné tant de coups de fouet, « que je suis bien aise de lui en rendre quelques-uns! » Ce trait seul suffirait pour faire connaître le caractère vindicatif des Espagnols de la basse classe.

J'arrivai à Vitoria trempé jusqu'aux os. Une fièvre ardente me contraignit de m'y arrêter chez le général Séras, pour lequel j'avais des dépêches. C'était, si vous vous le rappelez, ce même général qui m'avait nommé sous-officier dix ans auparavant à San-Giacomo, à la suite du petit combat livré aux housards de Barco, par les cinquante cavaliers de Bercheny que je commandais. Il me reçut parfaitement, et voulait que je me reposasse quelque temps auprès de lui; mais la mission dont j'étais chargé ne pouvant être retardée, je repris le lendemain la poste à franc étrier, malgré la fièvre qu'aggravait un temps affreux. Je passai l'Èbre, ce jour-là, à Miranda. C'est à ce fleuve que se terminent les contreforts des Pyrénées. C'était aussi la limite de la puissance des deux célèbres partisans Mina.

Le premier de ces guerilleros, né dans les environs de Mondragon, était fils d'un riche fermier; il étudiait pour être prêtre, lorsque éclata, en 1808, la guerre de l'indépendance. On ignore généralement qu'à cette époque un très grand nombre d'Espagnols, en tête desquels se plaçait une partie du clergé séculier, voulant arracher leur patrie au joug de l'Inquisition et des moines, non seulement faisaient des vœux pour l'affermissement du roi Joseph sur le trône, mais se joignaient à nos troupes pour repousser les insurgés, qui se déclarèrent contre nous. Le jeune Mina fut du nombre de nos alliés; il leva une compagnie des amis de l'ordre, et fit la guerre aux bandits. Mais, par un revirement bizarre, Mina, épris de la vie d'aventures, devint lui-même insurgé et nous fit une guerre acharnée, en Biscaye et en Navarre, à la tête de bandes qui s'élevèrent un moment au chiffre de près de dix mille hommes. Le commandant de Mondragon réussit enfin à l'enlever, dans une maison où se célébrait la noce d'une de ses parentes. Napoléon le fit transporter en France et enfermer au donjon de Vincennes. Mina faisait la guerre de partisan avec talent et loyauté. Retourné dans sa patrie en 1814, il devint l'adversaire de Ferdinand VII, pour lequel il avait si bien combattu. Sur le point d'être arrêté, il s'évada, gagna l'Amérique, se mêla des révolutions du Mexique et fut fusillé.

Pendant le long séjour que le jeune Mina fit à Vincennes, les montagnards insurgés placèrent à leur tête un de ses oncles, grossier forgeron, homme sanguinaire, n'ayant aucuns moyens, mais auquel le nom populaire de Mina donnait une influence extraordinaire. Des officiers instruits, envoyés par la Junte de Séville, étaient chargés de diriger ce nouveau chef, qui nous fit beaucoup de mal.

J'entrai dans les immenses et tristes plaines de la Vieille-Castille. Au premier abord, il paraît presque impossible d'y tendre une embuscade, puisque ces plaines sont totalement dépourvues de bois, et qu'il n'y existe aucune montagne; mais le pays est tellement ondulé, que la sécurité qu'il présente d'abord est infiniment trompeuse. Les bas-fonds, formés par les nombreux monticules dont il est couvert, permettaient aux insurgés espagnols d'y cacher leurs bandes, qui fondaient à l'improviste sur les détachements français, marchant quelquefois avec d'autant plus de confiance que, à l'œil nu, ils apercevaient une étendue de quatre à cinq lieues, en tous sens, sans y découvrir aucun ennemi. L'expérience de quelques revers ayant rendu nos troupes plus circonspectes, elles ne traversaient plus ces plaines qu'en faisant visiter les bas-fonds par des tirailleurs. Mais cette sage précaution ne pouvait être prise que par des détachements assez nombreux pour envoyer des éclaireurs en avant et sur leurs flancs, ce que ne pouvaient faire les escortes de cinq ou six gendarmes qu'on donnait aux officiers porteurs de dépêches; aussi plusieurs d'entre eux furent-ils pris et assassinés dans les plaines de la Castille. Quoi qu'il en soit, je préférais voyager dans ce pays découvert plutôt que dans les montagnes de Navarre et de Biscaye, dont les routes sont continuellement dominées par des rochers, des forêts, et dont les habitants sont beaucoup plus braves et entreprenants que les Castillans. Je continuai donc résolument ma course, traversai sans accident le défilé de Pancorbo et la petite ville de Briviesca; mais, entre ce poste et Burgos, nous vîmes tout à coup une vingtaine de cavaliers espagnols sortir de derrière un monticule!...

Ils nous tirèrent sans succès quelques coups de carabine. Les six gendarmes de mon escorte mirent le sabre à la main; j'en fis autant, ainsi que mon domestique, et nous continuâmes notre route sans daigner riposter aux ennemis, qui, jugeant par notre attitude que nous étions gens à nous défendre vigoureusement, s'éloignèrent dans une autre direction.

Je couchai, à Burgos, chez le général Dorsenne, qui y commandait une brigade de la garde, car, dans ce pays soulevé contre nous, les troupes françaises occupaient presque toutes les villes, les bourgs et les villages. Les routes seules n'étaient pas sûres; aussi les plus grands dangers étaient-ils pour ceux qui, comme moi, étaient obligés de les parcourir avec de faibles escortes. J'en fis une nouvelle épreuve le lendemain, lorsque, ayant voulu continuer mon voyage, malgré mon extrême faiblesse et la fièvre qui me dévorait, je rencontrai, entre Palencia et Dueñas, un officier et vingt-cinq soldats de la jeune garde, conduisant un caisson chargé d'argent, destiné à la solde de la garnison française de Valladolid. L'escorte de ce convoi était évidemment insuffisante, car les guérilleros des environs, prévenus de son passage, s'étaient réunis au nombre de cent cinquante cavaliers pour l'enlever, et ils attaquaient déjà le détachement de la garde, quand, apercevant au loin le groupe que formaient autour de moi les gendarmes de mon escorte, arrivant au galop, les insurgés nous prirent pour l'avant-garde d'un corps de cavalerie et suspendirent leur entreprise. Mais un des leurs gravissant un monticule, d'où il découvrait au loin, leur cria qu'il n'apercevait aucune troupe française; alors les bandits, stimulés par l'appât du pillage du trésor, s'avancèrent assez courageusement vers le fourgon.

J'avais pris naturellement le commandement des deux petits détachements réunis. Je prescrivis donc à l'officier de la garde de ne faire tirer que sur mon ordre. La plupart des cavaliers ennemis avaient mis pied à terre, pour être plus à même de s'emparer des sacs d'argent, et ils combattaient fort mal avec leurs fusils; beaucoup même n'avaient que des pistolets. J'avais placé mes fantassins derrière le fourgon : je les fis sortir de cette position, dès que les Espagnols ne furent plus qu'à une vingtaine de pas, et je commandai le feu... Il fut si juste et si terrible que le chef des ennemis et une douzaine des siens tombèrent!... Le reste de la bande, épouvanté, s'enfuit à toutes jambes vers les chevaux gardés à deux cents pas de là par quelques-uns des leurs; mais pendant qu'ils cherchaient à se mettre en selle, je les fis charger par les fantassins et les six gendarmes, auxquels se joignit mon domestique Woirland. Ce petit nombre de braves, surprenant les bandits espagnols en désordre, en tua une trentaine et prit une cinquantaine de chevaux, qu'ils vendirent le soir même à Dueñas, où je conduisis ma petite troupe, après avoir fait panser mes blessés; leur nombre ne s'élevait qu'à deux, encore n'avaient-ils été que légèrement atteints.

L'officier et les soldats de la jeune garde avaient, comme toujours, fait preuve de beaucoup de courage dans ce combat, qui, vu la disproportion du nombre, aurait pu nous devenir funeste, si je n'eusse eu que des conscrits, d'autant plus que j'étais si faible, qu'il ne m'avait pas été possible de prendre part à la charge. L'émotion que je venais d'éprouver avait augmenté ma fièvre; je fus obligé de passer la nuit à Dueñas. Le lendemain, le commandant de cette ville, averti de ce qui s'était passé, fit accompagner le trésor par une compagnie entière jusqu'à Valladolid, où je me rendis avec cette escorte; je marchais au pas, car, pouvant à peine me soutenir à cheval, il m'eût été impossible de supporter le mouvement du galop.

Je suis entré dans quelques détails sur ce voyage, afin de vous mettre de nouveau à même d'apprécier les dangers auxquels étaient exposés les officiers obligés, par leur service, de courir la poste dans les provinces d'Espagne insurgées contre nous.

Ayant atteint le but de ma mission, j'espérais goûter quelque repos à Valladolid, mais des tribulations d'un nouveau genre m'y attendaient[1].

Junot, duc d'Abrantès, général en chef d'un des corps qui devaient faire partie de l'armée de Masséna, s'était établi depuis quelques mois à Valladolid, où il occupait l'immense palais construit par Charles-Quint. Ce bâtiment, malgré son antiquité, se trouvait dans un état de parfaite conservation, et le mobilier en était fort convenable. Je n'avais pas mis en doute qu'en apprenant l'arrivée prochaine du maréchal, qui devenait *généralissime*, le duc d'Abrantès ne s'empressât de lui céder l'ancien palais des rois d'Espagne et d'aller se loger dans un des beaux hôtels qui existaient en ville; mais, à mon grand étonnement, Junot, qui avait fait venir la duchesse, sa femme, à Valladolid, où elle tenait une petite cour fort élégante, Junot m'annonça qu'il ne comptait céder à Masséna que la moitié de son palais. Il était, disait-il, certain que le maréchal serait trop galant pour déplacer Mme la duchesse, d'autant plus que le palais était assez vaste pour loger facilement les deux états-majors.

Pour comprendre l'embarras dans lequel cette réponse me jeta, il faut savoir que Masséna avait l'habitude de mener toujours avec lui, même à la guerre, une dame X..., à laquelle il était si attaché qu'il n'avait accepté le commandement de l'armée de Portugal qu'à condition que l'Empereur lui permettrait de s'en faire accompagner. Masséna, d'un caractère sombre et misanthropique,

---

[1] Il est intéressant de rapprocher les récits qui vont suivre des Mémoires de la duchesse d'Abrantès concernant le Portugal.

vivant seul par goût, retiré dans sa chambre et séparé de son état-major, avait besoin, dans la solitude, de distraire parfois ses sombres pensées par la conversation d'une personne vive et spirituelle. Sous ce double rapport, Mme X... lui convenait parfaitement, car c'était une femme de beaucoup de moyens, bonne et aimable, et qui comprenait du reste tous les désagréments de sa situation. Il était impossible que cette dame logeât sous le même toit que la duchesse d'Abrantès, qui, sortie de la famille des Comnène, était une femme d'une grande fierté. D'un autre côté, il n'eût pas été convenable que le maréchal fût logé dans l'hôtel d'un simple particulier, tandis que le palais serait occupé par un de ses subordonnés! Je me vis donc forcé d'avouer à Junot l'état des choses. Mais le général ne fit que rire de mes observations, disant que Masséna et lui avaient souvent logé dans la même cassine en Italie, et que les dames s'arrangeraient entre elles.

En désespoir de cause, je parlai à la duchesse elle-même; c'était une femme d'esprit; elle prit alors la résolution d'aller s'établir en ville, mais Junot s'y opposa avec obstination. Ce parti pris me contraria fort; mais que pouvais-je contre un général en chef?... Les choses se trouvaient encore dans cet état lorsque, au bout de quelques jours passés dans mon lit, accablé de fièvre, je reçus une estafette, par laquelle le maréchal me faisait prévenir qu'il arriverait dans peu d'heures. J'avais, à tout hasard, fait louer en ville un hôtel pour le recevoir, et, malgré mon extrême faiblesse, j'allais monter à cheval pour me rendre au-devant de lui et le prévenir de ce qui s'était passé; mais les mules qui traînaient sa voiture avaient marché si rapidement que je trouvai au bas de l'escalier M. le maréchal donnant la main à Mme X... Je commençais à lui expliquer les difficultés que j'avais éprouvées pour prendre possession de la totalité du palais, quand Junot, entraînant la duchesse, accourt, se précipite dans les bras de Masséna; puis, devant un nombreux état-major, il baise la main de Mme X... et lui présente ensuite sa femme. Jugez de l'étonnement de ces deux dames! Elles restèrent comme pétrifiées et ne se dirent pas un seul mot! Le maréchal eut le bon esprit de se contraindre; mais il fut vivement affecté de voir Mme la duchesse d'Abrantès prétexter d'une indisposition pour s'éloigner de la salle à manger, au moment où Junot y entraînait Mme X...

Au premier aspect, ces détails paraissent oiseux; mais je ne les raconte que parce que cette scène eut de bien graves résultats; le maréchal ne pardonna jamais à Junot d'avoir refusé de lui céder la totalité du palais, et de l'avoir mis par là dans une fausse situation vis-à-vis d'un grand nombre d'officiers généraux. Junot fit, de son côté, cause commune avec le maréchal Ney et le général Reynier, chefs des deux autres corps qui formaient, avec le sien, la grande armée de Portugal. Cela donna lieu à des divisions très fâcheuses, qui contribuèrent infiniment au mauvais résultat des campagnes de 1810 et 1811, résultat dont l'influence malheureuse fut d'un poids immense dans les destinées de l'Empire français!... Tant il est vrai que des causes en apparence futiles ou même ridicules amènent quelquefois de grandes calamités! Le général Kellermann, commandant à Valladolid, rendit compte à Masséna des démarches que j'avais faites pour lui éviter une partie des désagréments, dont il me garda cependant rancune.

CHAPITRE XXIX

État-major de Masséna. — L'influence de Pelet succède à celle de Sainte-Croix, nommé général. — Casabianca.

Les aides de camp et officiers d'ordonnance du maréchal arrivaient successivement à Valladolid. Leur nombre était considérable, parce que, la paix paraissant rétablie pour longtemps en Allemagne, les officiers désireux d'avancement avaient sollicité la faveur de venir faire la guerre en Portugal, et que les mieux appuyés à la Cour ou au ministère avaient été placés à l'état-major du généralissime Masséna, qui, ayant un commandement immense dans un pays éloigné de France, avait besoin d'être entouré de beaucoup d'officiers. Son état-major particulier se composait donc de quatorze aides de camp et de quatre officiers d'ordonnance.

L'élévation de Sainte-Croix au grade de général avait été un malheur pour le maréchal Masséna, car il perdait en lui un sage et excellent conseiller, au moment où, déjà vieilli et livré à lui-même, il allait avoir à combattre un ennemi tel que le duc de Wellington, et se faire obéir par des lieutenants dont un, étant maréchal comme lui, et les deux autres, ayant le titre de général en chef, étaient habitués dès longtemps à ne recevoir d'ordres que de l'Empereur. Quoique Sainte-Croix fît partie de l'armée de Portugal, dans laquelle il commandait une brigade de dragons, ses nouveaux devoirs ne lui permettaient plus d'être constamment auprès de Masséna. Le caractère du maréchal, jadis si ferme, était devenu d'une grande irrésolution, et on s'aperçut bientôt de l'absence de l'homme capable qui, pendant la campagne de Wagram, avait été l'âme de son état-major. Le maréchal n'ayant plus de colonel comme premier aide de camp, les fonctions en furent remplies par le plus ancien chef d'escadron de notre état-major : c'était Pelet, bon camarade, homme courageux, mathématicien instruit, mais n'ayant jamais commandé aucune troupe, car, à sa sortie de l'École polytechnique, il avait été placé, selon ses goûts, dans le corps des ingénieurs géographes.

Ce corps, tout en suivant les armées, ne combattait jamais et faisait, à vrai dire, double emploi avec le génie. Il est dans la nature humaine d'admirer ce qu'on sait le moins faire; aussi Masséna, qui n'avait reçu qu'une instruction très imparfaite, tenait-il en grande considération les ingénieurs géographes, capables de lui présenter de beaux plans, et en avait-il pris plusieurs à son état-major.

Pelet se trouva dans cette situation à l'armée de Naples, en 1806, et suivit Masséna en Pologne en 1807. Devenu capitaine, il fit auprès du maréchal la campagne de 1809, en Autriche, se comporta vaillamment et fut blessé sur le pont d'Ebersperg, ce qui lui valut le grade de chef d'escadron. Il assista aux batailles d'Essling, de Wagram, et s'exposa souvent pour lever le plan de l'île de Lobau et du cours du Danube.

On ne peut nier que ce ne fussent là de bons services, mais ils n'avaient pu donner à Pelet la *pratique* de l'art de la guerre, surtout quand il s'agissait de commander une armée de 70,000 hommes, destinée à combattre le célèbre Wellington, dans un pays des plus difficiles. Cependant, Pelet devenait de fait l'inspirateur de Masséna; il était le seul consulté, alors que ni le maréchal Ney ni les généraux Reynier, Junot, les divisionnaires et même le chef d'état-major général Fririon, ne le furent presque jamais! Masséna avait été séduit par les talents extraordinaires dont Sainte-Croix avait donné tant de preuves dans la campagne de Wagram; mais ce génie hors ligne avait deviné la grande guerre, sans avoir auparavant exercé un commandement important : les miracles de ce genre sont fort rares. Masséna, en s'abandonnant par habitude aux inspirations de son premier aide de camp, indisposa ses lieutenants et engendra la désobéissance qui nous conduisit à des revers. Ces revers auraient été bien plus grands encore, si l'ancienne gloire et le nom de Masséna n'étaient restés comme un épouvantail pour le chef de l'armée anglaise, car Wellington n'agissait qu'avec la plus grande circonspection, tant il craignait de commettre quelque faute en présence du fameux vainqueur de Zurich!... Le prestige attaché à son nom avait influencé l'Empereur lui-même. Napoléon ne se rendait pas assez compte qu'il avait été le premier auteur des succès remportés à Wagram; il se persuadait trop que Masséna avait conservé toute sa vigueur d'esprit et de corps, en lui donnant la difficile mission d'aller à cinq cents lieues de France conquérir le Portugal.

Sans doute, le jugement que je porte ici vous paraîtra sévère, mais il sera bientôt confirmé par le récit des événements des deux campagnes de Portugal.

Pelet, qui ne pouvait alors être à même de répondre à ce qu'en attendait Masséna, gagna cependant beaucoup dans la pratique de la guerre, surtout pendant la campagne de Russie, où il commandait comme colonel un régiment d'infanterie, à la tête duquel il fut blessé. Il servait alors sous les ordres du maréchal Ney, et bien que celui-ci lui eût voué une grande antipathie depuis les affaires de Portugal, Pelet sut conquérir son estime, et lorsque Ney, séparé par les Russes du reste

de l'armée française, se trouva pendant la retraite de
Moscou dans une position des plus dangereuses, ce
fut Pelet qui proposa de passer sur le Borysthène à
demi gelé, entreprise périlleuse, et qui, exécutée avec
résolution, assura le salut du corps du maréchal Ney.
Ce bon conseil fit la fortune militaire de Pelet, qui, nommé
par l'Empereur général-major des grenadiers de sa
vieille garde, fit vaillamment à leur tête les campagnes
de 1813 en Saxe et de 1814 en France, ainsi que celle
de Waterloo. Pelet devint ensuite directeur du dépôt de
la guerre; mais, en s'attachant exagérément à l'instruction scientifique des officiers d'état-major placés sous ses
ordres, il en fit trop souvent des leveurs de plans, étrangers aux manœuvres des troupes. Le général Pelet a
écrit plusieurs ouvrages estimés, notamment une relation de la campagne de 1809 en Autriche, malheureusement obscurcie par ses observations théoriques.

J'étais le second aide de camp de Masséna.

Le troisième aide de camp était le chef d'escadron
Casabianca, d'origine corse, et parent de la mère de
l'Empereur. Instruit, capable, d'une bravoure excessive,
se sentant fait pour aller vite et bien, cet officier, qui ne
manquait pas d'ambition, avait été mis aux côtés de
Masséna par Napoléon lui-même; aussi Masséna le comblait-il de prévenances, tout en le tenant souvent écarté
de l'armée sous des prétextes honorables. Ainsi, dès le
début de la campagne, il le chargea d'aller porter à l'Empereur la nouvelle de la capitulation de Ciudad-Rodrigo.
A son retour, qui n'eut lieu qu'un mois après, le maréchal le réexpédia pour Paris, afin d'y annoncer la prise
d'Alméida. Casabianca nous ayant rejoints au moment
où l'armée entrait en Portugal, Masséna lui donna la
mission d'aller rendre compte au ministre de la position
des armées. Arrêté à son retour par l'insurrection du

Portugal, il nous rejoignit enfin sur le Tage; mais il dut repartir encore, traversa le Portugal sous l'escorte de deux bataillons et ne put enfin nous retrouver qu'à la fin de la campagne. Attaqué bien souvent dans ses longs et fréquents voyages, il en fut grandement récompensé par sa nomination aux grades de lieutenant-colonel et de colonel.

Casabianca était, en 1812, colonel du 11e d'infanterie de ligne pendant la campagne de Russie, et fit partie du même corps d'armée que mon régiment, le 23e de chasseurs à cheval. Il fut tué dans un combat inutile où il avait été engagé bien mal à propos.

Le quatrième aide de camp de Masséna était le chef d'escadron comte de Ligniville. Il appartenait à l'une de ces quatre familles distinguées qui, sorties de la même maison que les souverains actuels de l'Autriche, portaient le titre des *Quatre grands chevaux de Lorraine*. Aussi, après la bataille de Wagram, l'empereur François II envoya-t-il un parlementaire pour s'informer s'il n'était rien arrivé de fâcheux à son *cousin* le comte de Ligniville. Celui-ci était un homme superbe, très brave et d'un caractère charmant. Il avait une telle passion pour l'état militaire qu'à l'âge de quinze ans il s'échappa pour s'enrôler dans le 13e de dragons. Grièvement blessé à Marengo, il fut nommé officier sur le champ de bataille et servit d'une manière brillante pendant les campagnes d'Austerlitz, d'Iéna, de Friedland; il se trouvait en 1809 chef d'escadron aide de camp du général Becker, quand il passa dans l'état-major de Masséna. J'ai dit qu'il se l'était indisposé, en soutenant avec moi les intérêts des courageux serviteurs qui avaient conduit le maréchal sur les champs de bataille de Wagram et de Znaïm.

Cette animosité n'ayant fait que s'accroître pendant la campagne de Portugal, Ligniville alla rejoindre le

13e dragons, dont il devint bientôt colonel. Devenu général sous la Restauration, il fit un très bon mariage et vivait très heureux, quand il fut entraîné dans de fausses spéculations, qui le ruinèrent à peu près complètement. Cet estimable officier en fut vivement affecté et ne tarda pas à mourir : je le regrettai beaucoup.

Le cinquième aide de camp était le chef d'escadron Barin, qui, amputé d'un bras à la bataille de Wagram, persistait à vouloir servir comme aide de camp; il ne pouvait cependant faire presque aucun service actif. C'était un bon camarade, quoique fort taciturne.

Mon frère était le sixième aide de camp chef d'escadron.

Les capitaines aides de camp étaient :

M. Porcher de Richebourg, fils d'un sénateur, comte de l'Empire. Cet officier, du reste très capable, n'avait pas grand goût pour l'état militaire, qu'il quitta quand son père mourut, et il prit sa place à la Chambre des pairs.

Le capitaine de Barral, neveu de l'archevêque de Tours, ancien page de l'Empereur, était un charmant jeune homme, doué de toutes les qualités qui font un bon militaire ; mais une extrême timidité paralysait une partie de ses grandes qualités. Il se retira comme capitaine; l'un de ses fils épousa une Brésilienne fort aimable, qui devint dame d'honneur de la princesse de Joinville.

Le capitaine Cavalier sortait du corps des ingénieurs géographes; ami de Pelet, il lui servait de secrétaire, et faisait peu de service militaire actif. Il fut nommé colonel d'état-major quand, sous la Restauration, on fondit les ingénieurs géographes dans ce nouveau corps.

Le capitaine Despenoux appartenait à une famille de magistrats et en avait gardé un tempérament extrêmement calme, qui ne s'animait qu'en marchant à l'ennemi. Il supporta avec peine les fatigues de la campagne de

Portugal et ne put résister au climat de Russie. On le trouva dans un bivouac, où le froid avait pour ainsi dire pétrifié son corps.

Le capitaine Renique avait la faveur toute spéciale de Masséna; mais bon et excellent camarade, il sut ne pas trop s'en prévaloir. Je le pris dans mon régiment lorsque je fus nommé colonel du 23ᵉ de chasseurs. Il quitta l'armée après la retraite de Moscou.

Le capitaine d'Aguesseau, descendant de l'illustre chancelier de ce nom, était un de ces jeunes gens riches qui, poussés par l'Empereur, avaient pris l'état militaire sans consulter assez leurs forces physiques. Celui-ci, homme grave et très courageux, était fort délicat. Les pluies incessantes que nous eûmes en Portugal, dans l'hiver de 1810 à 1811, lui furent si nuisibles qu'il finit par succomber sur les rives du Tage, à cinq cents lieues de sa patrie et de sa famille !

Le capitaine Prosper Masséna, fils du maréchal, était un brave et excellent jeune homme, dont je vous ai déjà fait connaître la belle conduite à Wagram. Il me témoignait la plus grande amitié. Le maréchal me l'adjoignait souvent dans les missions difficiles. Après avoir quelque temps hésité à l'envoyer en Russie, son père, qui n'y avait pas de commandement, finit par le retenir, et Prosper passa plusieurs années éloigné de la guerre et occupé d'études. Quand le maréchal mourut, en 1817, Prosper Masséna, fort affecté de cet événement, fut pris de très violentes crises. J'étais alors exilé. A mon retour, je vins présenter mes hommages à la veuve du maréchal, qui fit aussitôt appeler son fils. Ce bon jeune homme accourut et fut tellement ému de me revoir qu'il en tomba de nouveau très gravement malade. Son état de santé résistant à tous les soins, il quitta bientôt la vie à laquelle le rattachaient un nom illustre et une fortune immense, en laissant à Victor, son frère cadet, son titre et une partie de sa fortune.

Le plus jeune et le moins élevé en grade de tous les aides de camp du maréchal était Victor Oudinot, fils du maréchal de ce nom. Il avait été premier page de l'Empereur et l'accompagnait en cette qualité à la bataille de Wagram : il venait d'entrer comme lieutenant dans l'état-major de Masséna et n'était âgé que de vingt ans. Il est aujourd'hui lieutenant général. Nous le retrouverons au cours de ces récits : je me bornerai à dire, pour le moment, qu'il s'est acquis la réputation d'être l'un des meilleurs écuyers de son temps.

Outre ces quatorze aides de camp, le maréchal avait quatre officiers d'ordonnance, qui étaient : le capitaine du génie Beaufort d'Hautpoul, officier du plus grand mérite, qui mourut jeune.

Le lieutenant Perron, Piémontais, d'une famille distinguée, laid, mais très spirituel et d'un caractère jovial; ce jeune officier charma nos ennuis pendant l'hiver de 1810, que nous passâmes dans la petite ville de Torrès-Novas, où des pluies torrentielles nous retenaient. Le maréchal et les généraux venaient quelquefois s'égayer au théâtre des marionnettes qu'il avait su organiser. Brave jusqu'à la témérité, il périt à la bataille de Montmirail, au moment où, démonté, il s'élançait à califourchon sur un canon russe, dont il était sur le point de se rendre maître avec l'aide de ses dragons.

Le lieutenant de Briqueville se signalait particulièrement par une bravoure allant jusqu'à l'imprudence, ainsi qu'il le prouva en 1815, en combattant, à la tête de son régiment, entre Versailles et Rocquencourt. Engagé entre deux murs de parc, il y perdit beaucoup de monde et reçut trois coups de sabre sur la tête. La ville de Caen l'envoya à la Chambre, où il se mit dans l'opposition la plus violente; il mourut dans un état de grande exaltation.

Le quatrième officier d'ordonnance de Masséna était Octave de Ségur, fils du spirituel comte de ce nom, grand chambellan de l'Empereur. Instruit, d'une politesse exquise, d'un caractère affable et d'une bravoure calme, Octave de Ségur était aimé de tout l'état-major, dont il était l'officier le moins élevé en grade, bien qu'il approchât de la trentaine. Sorti de l'École polytechnique à l'époque du Directoire, il accepta le poste de sous-préfet de Soissons, sous le Consulat; mais indigné de l'assassinat juridique du duc d'Enghien, il donna sa démission, et prit le parti de s'engager au 6ᵉ de housards, avec lequel il fit obscurément plusieurs campagnes. Blessé et fait prisonnier à Raab en Hongrie, en 1809, il fut échangé, et une fois guéri, il demanda à prendre part comme sous-lieutenant à la campagne de Portugal, où il se montra très brillamment. Devenu capitaine du 8ᵉ de housards, il fut fait prisonnier en Russie, et entouré des égards que lui méritait sa qualité de fils de notre ancien ambassadeur auprès de Catherine II. Après un séjour de deux ans à Sataroff, sur le Volga, il revint en France en 1814 et entra dans l'état-major de la garde de Louis XVIII. Il mourut, bien jeune encore, en 1846.

CHAPITRE XXX

Attaque et prise de Ciudad-Rodrigo. — Faits d'armes de part et d'autre. — Je tombe gravement malade. — Incidents divers. — Prise d'Alméida.

Bien que le ministre de la guerre eût donné au maréchal l'assurance que tout avait été préparé pour l'entrée de son armée en campagne, il n'en était rien, et le généralissime fut obligé de passer quinze jours à Valladolid, afin d'y surveiller le départ des troupes et l'envoi des vivres et des munitions de guerre. Le quartier général fut enfin porté à Salamanque. Mon frère et moi fûmes logés dans cette ville célèbre, chez le comte de Montezuma, descendant en ligne directe du dernier empereur du Mexique, dont Fernand Cortès avait envoyé la famille en Espagne, où elle s'était perpétuée en s'alliant à plusieurs familles de haute noblesse. Le maréchal perdit encore trois semaines à Salamanque, à attendre le corps du général Reynier. Ces retards, fort préjudiciables pour nous, étaient tout à l'avantage des Anglais chargés de défendre le Portugal.

La dernière ville d'Espagne sur cette frontière est Ciudad-Rodrigo, place forte de troisième ordre, si l'on ne considère que la valeur de ses ouvrages, mais qui acquiert une grande importance par sa position entre l'Espagne et le Portugal, dans une contrée privée de routes, et d'un accès fort difficile pour le transport des bouches à feu de gros calibre, des munitions et de l'immense attirail indispensable pour un siège. Il était cependant de toute nécessité que les Français se rendissent maîtres de Ciudad-Rodrigo. Résolu de s'en emparer, Masséna quitta Salamanque vers la mi-juin, et fit cerner Rodrigo par le corps du maréchal Ney, tandis que celui de Junot couvrait les opérations contre les attaques d'une armée anglo-portugaise qui, sous les ordres du duc de Wellington, était campée à quelques lieues de nous, près de la forteresse d'Alméida, première ville de Portugal. Ciudad-Rodrigo était défendu par un vieux et brave général espagnol d'origine irlandaise, Andréas Herrasti.

Les Français, ne pouvant croire que les Anglais se fussent tellement approchés de la place afin de la voir prendre sous leurs yeux, s'attendaient à une bataille; il n'en fut rien, et, le 10 juillet, l'artillerie des Espagnols étant réduite au silence, une partie de la ville en flammes, un magasin à poudre ayant sauté, la contrescarpe étant renversée sur une longueur de trente-six pieds, le fossé rempli de décombres et la brèche largement ouverte, Masséna résolut de faire donner le signal de l'assaut. A cet effet, le maréchal Ney forma dans son corps une colonne de 1,500 hommes de bonne volonté, destinés à monter les premiers à la brèche. Ces braves, réunis au pied du rempart, attendaient le signal de l'attaque, lorsqu'un officier ayant exprimé la crainte que le passage ne fût pas suffisamment praticable, trois de nos soldats s'élancent, montent au sommet de la brèche, regardent dans la ville, examinent tout ce qu'il pouvait être utile de savoir, déchargent leurs armes, et, bien que cet acte de courage eût été exécuté en plein jour, ces trois braves, par un bonheur égal à leur dévouement, rejoignent leurs camarades sans avoir été blessés! Aussitôt, les colonnes qui doivent aller à l'assaut, animées par cet exemple et par la présence du maréchal Ney, s'avancent au pas de charge et vont se précipiter dans la ville, lorsque le vieux général Herrasti demande à capituler.

La défense de la garnison de Rodrigo avait été fort belle; mais les troupes espagnoles dont elle se composait se plaignaient avec raison de l'abandon des Anglais, qui s'étaient bornés à envoyer de simples reconnaissances vers notre camp, sans tenter de sérieuse diversion. Ces reconnaissances donnaient lieu à des escarmouches dont les résultats tournaient presque toujours à notre avantage. L'une d'elles fut si honorable pour notre infanterie, que l'historien anglais Napier n'a pu s'empêcher de rendre hommage au courage des hommes qui y prirent part. Voici le fait.

Le 11 juillet, le général anglais sir Crawford, qui parcourait le pays entre Ciudad-Rodrigo et Villa del Puerco, à la tête de six escadrons, ayant aperçu au point du jour une compagnie de grenadiers français, forte de cent vingt hommes environ, allant à la découverte, ordonna de la faire attaquer avec deux escadrons. Mais les Français eurent le temps de former un petit carré, et manœuvrèrent avec tant de calme que les officiers ennemis entendirent le capitaine Gouache et son sergent exhorter leur monde à bien ajuster. Les cavaliers ennemis chargèrent avec ardeur, mais reçurent une si terrible décharge qu'ils laissèrent le terrain jonché de morts et durent s'éloigner. En voyant deux escadrons anglais repoussés par une poignée de Français, le colonel ennemi Talbot s'avança en fureur avec quatre escadrons du 14e dragons, et attaqua le capitaine Gouache. Mais celui-ci, l'attendant de pied ferme, fit faire une décharge à bout portant qui tua le colonel Talbot et une trentaine des siens! Après quoi, le brave Gouache se retira en bon ordre vers le camp français, sans que le général anglais osât l'attaquer de nouveau. Cette brillante affaire eut un grand retentissement dans les deux armées. Dès que l'Empereur en fut informé, il éleva le capitaine Gouache au grade de chef de bataillon, donna de l'avancement aux autres officiers et huit décorations à la compagnie de grenadiers.

Après avoir mentionné un fait aussi glorieux pour les militaires français, je crois devoir en rapporter un autre qui n'honore pas moins les Espagnols.

Le guérillero don Julian Sanchez, s'étant volontairement enfermé dans Ciudad-Rodrigo avec les 200 cavaliers de sa troupe, y rendit de grands services, en faisant de fréquentes attaques sur les points opposés de nos tranchées. Puis, lorsque le manque de fourrages rendit la présence de 200 chevaux embarrassante pour la garnison, Julian, par une nuit obscure, sortit silencieusement de la ville avec ses lanciers, et, traversant le pont de l'Agueda, dont les troupes du maréchal Ney avaient négligé de barricader les avenues, il tomba sur nos postes, tua plusieurs hommes, perça notre ligne et alla rejoindre l'armée anglaise.

Le siège de Ciudad-Rodrigo faillit me coûter la vie, non par le feu, mais par suite de la maladie que j'y contractai dans les circonstances suivantes.

Les environs de cette ville étant peu fertiles, les habitations y sont fort rares, et l'on avait éprouvé beaucoup de difficultés pour établir le quartier du maréchal à proximité du lieu où devaient se faire nos tranchées; on le plaça dans un bâtiment isolé, situé sur un point élevé d'où l'on dominait la ville et les faubourgs. Comme le siège pouvait être fort long, et qu'auprès du logement du maréchal il n'y avait aucun abri pour ses nombreux officiers, nous louâmes à nos frais des planches et des madriers, avec lesquels on construisit une salle immense, où nous étions à l'abri du soleil et de la pluie, et couchés sur un plancher qui, bien que grossier, nous préservait des exhalaisons et de l'humidité du sol. Mais le maréchal s'étant trouvé incommodé par une odeur insupportable, dès la première nuit qu'il passa dans le grand bâtiment en pierre, on en rechercha la cause, et il fut reconnu que ce bâtiment était une ancienne bergerie. Masséna, ayant alors jeté son dévolu sur notre maison improvisée, mais ne voulant cependant pas nous expulser d'autorité, vint nous voir sous un prétexte quelconque, et s'écria en entrant : « Ah! mes gaillards! comme vous êtes bien « ici! Je vous demanderai une petite place pour mon lit « et mon bureau! » Nous comprîmes que c'était le partage du lion, et nous empressâmes d'évacuer notre excellente habitation, pour aller nous établir dans la vieille étable à moutons. Elle était pavée de petits cailloux, dont les interstices recélaient des débris de fumier, et dont les aspérités nous gênaient infiniment, lorsque nous voulions nous coucher, car en Espagne on ne trouve pas de paille longue. Force nous fut donc de nous étendre sur le pavé nu et infect, dont nous respirions les miasmes putrides; aussi, au bout de quelques jours, tombâmes-nous tous plus ou moins malades. Je le fus plus gravement que mes camarades, car, dans les pays chauds, la fièvre éprouve plus vivement les personnes qui en ont déjà subi les atteintes. Celle qui m'avait accablé, à mon arrivée à Valladolid, reparut avec intensité. Néanmoins, je résolus de prendre part aux dangers du siège, et je continuai mon service.

Ce service était souvent bien pénible, surtout lorsqu'il fallait, pendant la nuit, porter des ordres à celle de nos divisions qui cernait la ville sur la rive gauche de l'Agueda et faisait les travaux nécessaires pour s'emparer du couvent de San-Francisco, transformé en bastion par les ennemis. Pour se rendre de notre quartier général à ce point, en évitant le feu de la place, il fallait faire un très grand détour, et gagner un pont construit par nos troupes, à moins de raccourcir, en traversant la rivière à gué. Or, un soir que tous les préparatifs étaient faits pour enlever San-Francisco, le maréchal Ney n'attendant plus que l'autorisation de Masséna pour donner le signal, c'était à moi à marcher; je fus donc forcé de porter cet ordre. La nuit était sombre, la chaleur étouffante; une fièvre ardente me dévorait, et j'étais en pleine transpiration, lorsque j'arrivai au gué. Je ne l'avais jamais traversé qu'une seule fois en plein jour, mais le dragon d'ordonnance qui m'accompagnait, l'ayant passé plusieurs fois, m'offrit de me guider.

Il me conduisit fort bien jusqu'au milieu de la rivière, qui n'avait alors que deux ou trois pieds de profondeur; mais, arrivé là, cet homme s'égare dans les ténèbres, et nos chevaux, se trouvant tout à coup sur de très larges pierres fort glissantes, s'abattent, et nous voilà dans l'eau! Il n'y avait aucun danger de se noyer; aussi nous relevâmes-nous facilement et gagnâmes-nous la rive gauche; mais nous étions complètement mouillés. Dans toute autre circonstance, je n'eus fait que rire de ce bain forcé; mais bien que peu froide, l'eau arrêta la transpiration dont j'étais couvert, et je fus pris d'un horrible frisson. Il fallait cependant accomplir ma mission, et me rendre à San-Francisco, où je passai la nuit en plein air, auprès du maréchal Ney, qui fit attaquer et prendre le couvent par une colonne ayant à sa tête un chef de bataillon nommé Lefrançois. J'étais lié avec ce brave officier qui m'avait montré la veille une lettre par laquelle une jeune personne qu'il aimait lui annonçait que son père consentait à les unir dès qu'il serait major (lieutenant-colonel). C'était pour obtenir ce grade que Lefrançois avait sollicité la faveur de conduire les troupes à l'assaut. L'attaque fut très vive, la défense opiniâtre; enfin, après trois heures de combat, nos troupes restèrent en possession du couvent, mais le malheureux Lefrançois avait été tué!... La perte de cet officier fut vivement sentie par l'armée et m'affecta beaucoup.

Dans les pays chauds, le lever de l'aurore est presque toujours précédé par un froid piquant. J'y fus d'autant plus sensible ce jour-là que je venais de passer la nuit dans des vêtements imprégnés d'eau; aussi étais-je fortement indisposé, lorsque je rentrai au quartier général; cependant, avant de prendre des habits secs, il me fallut aller rendre compte à Masséna du résultat de l'attaque de San-Francisco.

Le maréchal faisait en ce moment à pied sa promenade du matin, en compagnie du général Fririon, chef d'état-major. Préoccupés par mon récit, ou poussés par le désir d'observer de plus près, ils se rapprochèrent insensiblement de la ville, et nous n'en étions plus qu'à une portée de canon, lorsque le maréchal me permit d'aller me reposer. Mais à peine étais-je éloigné d'une cinquantaine de pas, qu'une bombe monstrueuse, lancée du rempart de Ciudad-Rodrigo, tombe auprès de Masséna et de Fririon!... Au bruit affreux qu'elle fit en éclatant, je me retournai, et n'apercevant plus le maréchal ni le général, qu'un nuage de fumée et de poussière cachait à mes regards, je les crus morts et courus sur le point où je les avais laissés. Je fus étonné de les trouver vivants et n'ayant pour tout mal que des contusions faites par des cailloux que la bombe avait lancés autour d'elle, au moment de l'explosion. Du reste, ils étaient l'un et l'autre couverts de terre; Masséna surtout, qui avait depuis quelques années perdu un œil à la chasse, avait l'œil qui lui restait tellement rempli de sable qu'il n'y voyait plus pour se conduire, et les meurtrissures faites par les pierres le mettaient hors d'état de marcher. Il devenait cependant urgent de l'éloigner du feu de la place. Masséna était maigre et de petite taille; il me fut donc possible, malgré mon indisposition, de le charger sur mes épaules et de le porter sur un point où les projectiles ennemis ne pouvaient l'atteindre. Mes camarades, que j'allai prévenir, vinrent prendre le maréchal, afin que les soldats ignorassent le danger qu'avait couru le généralissime.

Les fatigues et l'agitation morale que j'avais éprouvées depuis vingt-quatre heures augmentèrent beaucoup ma fièvre; néanmoins je me raidissais contre le mal, et je parvins à le surmonter jusqu'à la reddition de Ciudad-Rodrigo, qui, ainsi que je l'ai déjà dit, eut lieu le 9 juillet. Mais, à compter de ce jour, la surexcitation qui m'avait soutenu n'ayant plus d'aliment, puisque l'armée était en repos, je fus vaincu par la fièvre. Elle prit un caractère si alarmant que l'on fut obligé de me transporter dans l'unique maison de la ville que les bombes françaises eussent laissée intacte. C'est la seule fois que j'aie été sérieusement malade sans avoir été blessé, mais je le fus si gravement qu'on désespéra de ma vie. Aussi me laissat-on à Ciudad-Rodrigo, lorsque l'armée, après avoir passé la Coa, marcha sur la forteresse portugaise d'Alméida. Cette place n'étant à vol d'oiseau qu'à quatre lieues de Ciudad-Rodrigo, j'entendais de mon lit de douleur le bruit continuel du canon, dont chaque détonation me faisait bondir de rage!... Plusieurs fois je voulus me lever, et ces essais infructueux, me prouvant mon impuissante faiblesse, augmentaient encore mon désespoir. J'étais éloigné de mon frère et de mes camarades, que le devoir retenait auprès du maréchal au siège d'Alméida; ma triste solitude n'était interrompue que par les courtes visites du docteur Blancheton, qui, malgré ses talents, ne pouvait me soigner que très imparfaitement, faute de médicaments, l'armée ayant emmené ses ambulances, et toutes les pharmacies de Ciudad-Rodrigo étant épuisées ou détruites. L'air de cette ville était vicié par la grande quantité de blessés des deux partis qu'on y avait laissés, et surtout par l'odeur infecte s'exhalant de plusieurs milliers de cadavres qu'on n'avait pu enterrer, parce qu'ils étaient à demi enfouis sous les décombres des maisons écrasées par les bombes. Une chaleur de plus de trente degrés, ajoutant encore à ces causes d'insalubrité, amena bientôt le typhus. Il fit de grands ravages dans la garnison, et surtout parmi les habitants qui, ayant échappé aux horreurs du siège, s'étaient obstinés à rester dans la place, afin de conserver les débris de leur fortune.

Je me trouvais livré aux soins de mon domestique, et, malgré son zèle, il ne pouvait me procurer ce dont j'avais besoin; ma maladie s'aggrava, et le délire s'empara bientôt de moi. Je me souviens qu'il existait dans ma chambre de grands tableaux représentant les quatre parties du monde. L'Afrique, placée devant mon lit, avait à ses pieds un lion énorme, dont les yeux me semblaient fixés sur moi, et je ne le perdais pas de vue!... Enfin, un jour, je crus le voir remuer, et, voulant prévenir son attaque, je me levai en chancelant, pris mon sabre, et, frappant d'estoc et de taille, je mis le lion en pièces. Après cet exploit digne de don Quichotte, je tombai à demi évanoui sur le carreau, où le docteur Blancheton me trouva. Il fit enlever tous les tableaux qui garnissaient l'appartement, et dès lors mon exaltation se calma. Mes moments lucides n'en étaient pas moins affreux. Je contemplais avec douleur ma pénible situation et l'abandon dans lequel je me trouvais.

La mort des champs de bataille me paraissait douce auprès de celle qui m'attendait, et je regrettais de n'y être pas tombé en *soldat!*... Tandis que mourir de la fièvre, dans un lit, lorsqu'on combattait auprès de moi, me paraissait une chose horrible et presque honteuse!...

J'étais depuis un mois dans cette terrible position, lorsque, le 26 août, à l'entrée de la nuit, une épouvantable détonation se fit entendre tout à coup... La terre trembla; je crus que la maison allait s'écrouler! C'était la forteresse d'Alméida qui venait de sauter, par suite de l'explosion d'un immense magasin à poudre, et bien que Rodrigo soit à une demi-journée de cette place, la commotion s'y était fait vivement sentir!... On peut juger par là des effets qu'elle avait produits dans Alméida même!... Cette malheureuse place fut détruite de fond en comble : il n'y resta que six maisons debout. La garnison eut six cents hommes frappés à mort et un très grand nombre de blessés. Enfin, une cinquantaine de Français, occupés aux travaux du siège, furent frappés par des éclats de pierre. Lord Wellesley, conformément aux instructions de son gouvernement, voulant ménager le sang de l'armée britannique aux dépens de celui de ses alliés, après avoir confié la défense de Ciudad-Rodrigo aux troupes espagnoles qui venaient de succomber, avait abandonné celle d'Alméida aux Portugais, en ne laissant dans cette place qu'un seul Anglais, le général Cox, qui en était gouverneur.

Ce brave officier, ne se laissant pas intimider par l'affreux désastre qui venait de détruire presque tous les moyens de résistance, proposait à la garnison de se défendre encore derrière les décombres de la cité; mais les troupes portugaises, effrayées et entraînées par leurs officiers, principalement par Bernardo Costa, le gouverneur, et Jose Bareiros, chef des artilleurs, se révoltèrent, et le général Cox, abandonné de tous, fut contraint de capituler avec Masséna.

On a dit que le généralissime français avait séduit les chefs portugais, et que l'explosion fut le résultat de leur trahison : c'est une erreur. Personne n'avait mis le feu ; il n'eut pour cause que la négligence des artificiers de la garnison qui, au lieu d'extraire des caves les tonneaux de poudre les uns après les autres, en refermant les portes après chaque sortie, avaient eu l'imprudence d'en rouler une vingtaine à la fois dans la cour du château. Il paraît qu'une bombe française, tombant sur un des barils, y mit le feu, qui se communiqua de proche en proche à tous les autres, formant une traînée jusqu'au centre du grand magasin, et fit sauter cet établissement, dont l'explosion renversa la ville et endommagea ses remparts. Quoi qu'il en soit, les Anglais mirent en jugement les deux chefs portugais. Bernardo Costa fut pris, condamné et fusillé !... Bareiros parvint à s'évader. Ces deux officiers n'étaient certainement pas coupables du crime de trahison : on ne pouvait leur reprocher de n'avoir pas continué une défense désespérée, dont tout le résultat eût été de conserver quelques jours les décombres d'Alméida, tandis que l'armée anglaise restait tranquillement campée à deux lieues de la place, sans faire aucun mouvement pour les secourir.

Après s'être ainsi emparé d'Alméida, le maréchal Masséna, ne pouvant s'établir dans les ruines de cette ville, transporta son quartier général au fort de la *Conception,* situé sur l'extrême frontière d'Espagne. Les Français avaient détruit une partie des fortifications, mais les bâtiments intérieurs étaient conservés et passablement logeables. Ce fut là que Masséna prépara l'expédition qu'il devait entreprendre pour conduire son armée à Lisbonne.

Mon frère et plusieurs de mes camarades profitèrent de cette suspension des hostilités pour venir me voir à Ciudad-Rodrigo. Leur présence accrut le calme que la prise d'Alméida avait apporté dans mes esprits. La fièvre disparut, et peu de jours après j'entrai en pleine convalescence. J'avais hâte de changer d'air et de rejoindre le quartier général à la Conception. On craignait toutefois que je ne pusse faire à cheval le trajet, qui n'était que de quelques heures. Je partis cependant, et, avec l'aide de mon frère et de quelques amis, j'arrivai au fort. J'étais heureux de me retrouver au milieu de mes camarades; ils avaient craint de ne plus me revoir et me reçurent très affectueusement. Le maréchal, dont j'étais séparé depuis le jour où je l'avais porté dans mes bras, pour l'éloigner des canons de Rodrigo, ne me dit pas un mot de ma maladie.

En quittant mon logement, je l'avais cédé au colonel du 13° de chasseurs, M. de Montesquiou, frère aîné du général de ce nom, jeune homme qui avait fait avec distinction plusieurs campagnes. C'est lui que l'Empereur envoya en parlementaire au roi de Prusse la veille de la bataille d'Iéna. Les fatigues incessantes et le climat de la Péninsule avaient altéré sa santé; il s'arrêta à Ciudad-Rodrigo et y mourut : ce fut une grande perte pour l'armée!

Après quinze jours passés au fort de la Conception, en bon air et dans le repos, je retrouvai la santé, la plénitude de mes forces, et me préparai à faire la campagne de Portugal. Avant de raconter les événements remarquables de cette célèbre et malheureuse campagne, il est indispensable de vous faire connaître succinctement ce qui s'était passé dans la Péninsule depuis que l'Empereur l'avait quittée, en 1809.

CHAPITRE XXXI

Campagne de Soult en Portugal. — Prise de Chavès et de Braga. — Siège et prise d'Oporto. — Le trône de Portugal est offert à Soult.

Pendant que le maréchal Ney contenait les royaumes des Asturies et de Léon, le maréchal Soult, qui venait d'ajouter à la conquête de la Corogne celle du port militaire du Ferrol, avait réuni ses troupes en Galice, à Santiago, et se préparait à envahir le Portugal.

Par suite d'une illusion qui lui devint funeste, Napoléon ne comprit jamais l'énorme différence que l'insurrection des Espagnols et des Portugais apportait entre les états de situation des troupes françaises qui se trouvaient dans la Péninsule et le nombre réel de combattants qu'elles pouvaient opposer à l'ennemi. Ainsi, la force du deuxième corps (celui de Soult) était portée sur le papier à 47,000 hommes; mais en défalquant les garnisons laissées à Santander, à la Corogne et au Ferrol, les 8,000 hommes employés pour le service des communications, et 12,000 malades, le nombre des présents sous les armes n'excédait pas 25,000, qui, ayant combattu tout l'hiver dans un pays montagneux et couvert de neige, étaient excédés de fatigue, manquaient de chaussures, souvent de vivres, et n'avaient que des chevaux harassés pour traîner l'artillerie dans des chemins affreux!... Ce fut avec d'aussi faibles moyens que l'Empereur prescrivit au maréchal Soult d'entrer en Portugal.

Il comptait, il est vrai, sur la valeur des troupes du deuxième corps, presque entièrement composé de vieux soldats d'Austerlitz et de Friedland, et avait le projet de faire attaquer le Portugal d'un autre côté, par le corps du maréchal Victor, qui devait à cet effet s'avancer de l'Andalousie vers Lisbonne, et s'y réunir à Soult; mais la fortune ne sanctionna pas ce calcul.

Ce fut le 1er février 1809 que le maréchal Soult, après avoir prévenu le maréchal Ney qu'il abandonnait la Galice à sa surveillance, se mit en marche vers le Minho, fleuve considérable qui, de Melgaco à son embouchure, sépare l'Espagne du Portugal. Le maréchal Soult essaya de le passer aux environs de la ville fortifiée de Tuy; mais la force du courant et le feu des milices portugaises postées sur la rive opposée ayant fait avorter cette expédition, le maréchal, avec une activité et une vigueur admirables, prit une nouvelle ligne d'opérations, et voyant qu'il ne pouvait traverser le fleuve sur ce point, il le remonta, le franchit à Ribada-Via, occupa Orense, puis, redescendant le Minho, attaqua Tuy, s'en empara et en fit sa place d'armes, où il laissa une partie de son artillerie, ses gros bagages, les malades et les blessés, à la garde d'une forte garnison, ce qui réduisit l'armée expéditionnaire à 20,000 combattants, avec lesquels Soult s'avança hardiment sur Oporto.

L'anarchie régnait dans cette grande ville, la seconde du royaume; l'évêque, s'étant emparé du commandement, avait réuni un très grand nombre d'habitants des campagnes voisines qu'il faisait travailler à d'immenses fortifications tracées par lui-même. Le peuple vivait dans la licence, les troupes dans l'insubordination, les généraux ne pouvaient s'entendre, tous voulaient être indépendants; enfin, le désordre était à son comble!... La régence et l'évêque étaient ennemis jurés; chacun avait ses adhérents qui assassinaient les hommes marquants du parti opposé. Telles étaient les dispositions que l'on avait prises pour résister à l'armée. Mais celle-ci, bien que fatiguée par des marches continuelles et par la multitude des insurgés qui l'environnaient, attaqua à Verin le corps espagnol commandé par La Romana, ainsi que les Portugais aux ordres de Sylveira. Le premier fut complètement défait, le second se retira derrière Chavès, place forte portugaise dont Soult s'empara.

L'un des plus grands inconvénients attachés aux expéditions faites par les Français dans la Péninsule, était la garde des prisonniers. Ceux que Soult avait faits à Chavès étaient nombreux; il ne savait où les déposer et accepta la proposition qu'ils firent de passer au service de la France, bien que la plupart d'entre eux, ayant agi de même lors de l'expédition de Junot, eussent fini par déserter.

Après l'occupation de Chavès, le corps expéditionnaire se dirigea sur Braga, où se trouvait une nouvelle et nombreuse armée portugaise commandée par le général Freira. Ce malheureux officier, voyant son avant-garde battue par les Français, se préparait à effectuer sa retraite, lorsque ses troupes, presque entièrement composées de paysans levés en masse, crièrent à la trahison et le massacrèrent! En ce moment, l'avant-garde française, commandée par le général Franceschi, ayant paru aux portes de Braga, la population se porta vers les prisons où l'on avait enfermé les individus *soupçonnés* de faire des vœux pour les Français, et tous furent égorgés!

Le maréchal Soult ayant fait attaquer l'armée ennemie, celle-ci, après une courte et vive résistance, fut mise dans une déroute complète, et perdit plus de 4,000 hommes, ainsi que toute son artillerie. Les fuyards, en traversant Braga, tuèrent le corregidor et commençaient à mettre la ville à feu et à sang lorsque, poursuivis par les troupes françaises, ils se sauvèrent par la route d'Oporto. Les avantages que le maréchal Soult venait d'obtenir à Braga furent bien affaiblis par la perte qu'il fit à la même époque; car le général portugais Sylveira, qui s'était jeté sur le flanc gauche de l'armée française, pendant qu'elle marchait sur Braga, avait investi et enlevé la ville de Chavès, où il nous prit 800 combattants et 1,200 malades. Soult, ignorant ce fâcheux événement, laissa dans Braga la division Heudelet, et continua sa marche sur Oporto. Les ennemis disputèrent vaillamment le passage de la rivière de l'Ave, mais il fut néanmoins forcé. Le général français Jardon y fut tué. Furieux de leur défaite, les Portugais massacrèrent leur chef, le général Vallongo. Les divisions françaises des généraux Mermet, Merle et Franceschi se trouvaient alors réunies sur la rive gauche de l'Ave, et le chemin d'Oporto leur était ouvert. Elles se concentrèrent sur le front des retranchements qui couvraient la ville et le camp, contenant au moins 40,000 hommes, dont la moitié de troupes réglées, commandées par les généraux Lima et Pereiras; mais l'autorité réelle était entre les mains de l'évêque, homme violent, qui dirigeait la multitude à son gré; aussi les historiens anglais et portugais l'ont-ils rendu responsable du massacre de quinze individus de haut rang qu'il ne voulut ou ne put sauver de la fureur du peuple, lorsque celui-ci fut exaspéré par la vue des colonnes françaises.

Oporto, bâti sur la rive droite du Douro, est dominé par d'immenses rochers garnis alors de deux cents pièces de canon. Un pont de bateaux, long de deux cent cinquante toises, unissait la ville au faubourg de Villa-Nova. Avant d'attaquer Oporto, le maréchal Soult écrivit au prélat pour l'engager à épargner à cette grande ville les horreurs d'un siège. Le prisonnier portugais qu'on chargea de ce message fut sur le point d'être pendu! L'évêque entra néanmoins en pourparlers, mais sans faire cesser le feu des remparts; puis il finit par refuser de se rendre. Il paraît qu'il craignit d'être victime de la populace, dont il avait lui-même exalté la fureur par de fausses espérances de succès. Le 28 mars, le maréchal, voulant détourner l'attention des ennemis du centre des retranchements, par où il comptait pénétrer dans la ville, fit attaquer leurs ailes. La division Merle enleva sur la gauche plusieurs clos fortifiés, pendant que les généraux Delaborde et Franceschi menaçaient vers la droite d'autres ouvrages extérieurs. Sur ces entrefaites, quelques bataillons ennemis ayant crié qu'ils voulaient se rendre, le général Foy s'avança imprudemment, suivi de son aide de camp. Celui-ci fut tué, le général fait prisonnier, mis complètement nu et traîné à l'instant dans l'intérieur de la ville. Les Portugais exécraient le général Loison, qui les avait battus. Ce général ayant depuis longtemps perdu un bras, les ennemis l'avaient surnommé Mañeta (le manchot). En voyant le général Foy prisonnier, la population d'Oporto, croyant que c'était Loison, se mit à crier : « Tuez, tuez Mañeta ! » Mais Foy eut la présence d'esprit de lever ses deux mains et de les montrer à la foule. Celle-ci reconnut son erreur et le laissa conduire en prison. L'évêque, bien qu'il eût seul amené les choses à cet état de crise, n'eut pas le courage de braver le danger, et, laissant aux généraux Lima et Pereiras le soin de défendre la ville comme ils pourraient, il s'enfuit avec une bonne escorte du côté opposé à celui de l'attaque, traversa la rivière et ne s'arrêta qu'au couvent de la Serra, bâti au sommet de la montagne escarpée qui, sur la rive gauche, domine le faubourg de Villa-Nova; de là le prélat pouvait, en toute sûreté, être spectateur des horreurs du combat du lendemain.

La nuit fut affreuse pour les habitants d'Oporto. Un orage violent ayant éclaté, les soldats et les paysans portugais prirent le sifflement du vent pour le bruit des balles ennemies; alors, malgré les officiers, la fusillade et la canonnade partirent sur toute la ligne, et le bruit de deux cents pièces d'artillerie se confondit avec celui de la foudre et des cloches qu'on ne cessait de sonner!... Pendant cet affreux tintamarre, les Français, abrités dans les bas-fonds contre les balles et les boulets, attendaient avec calme que le lever du soleil leur permît d'attaquer le corps de la place.

Le 29 mars, jour néfaste pour la ville d'Oporto, le temps étant redevenu serein, nos troupes se portèrent avec ardeur au combat, que, selon ses projets de la veille, le maréchal engagea d'abord sur les ailes, pour tromper les ennemis. Ce stratagème réussit complètement; car les généraux portugais affaiblirent démesurément leur centre pour renforcer leurs flancs. Le maréchal Soult, faisant alors battre la charge, lance les colonnes françaises sur ce point. L'attaque fut impétueuse; nos soldats enlèvent bravement les retranchements, pénètrent au delà, s'emparent de deux forts principaux, où ils entrent par les embrasures, tuant ou dispersant tout ce qui veut résister.

Après ce glorieux succès, plusieurs bataillons vont prendre en queue les ailes portugaises, pendant que Soult ordonne à une autre colonne de marcher droit sur la ville, en se dirigeant vers le pont. Ainsi chassée de ses retranchements, et coupée en plusieurs parties, l'armée portugaise perdit tout espoir; sa déroute à travers la ville fut affreuse. Une partie des fuyards gagna le fort de Santo-João, sur la rive du Douro, et là, frappés de terreur, ils cherchèrent à traverser le fleuve à la nage ou dans des barques. En vain Lima, leur général, leur fit remarquer combien cette tentative était périlleuse. Ils le massacrèrent, et, voyant les Français avancer toujours, ils essayèrent de nouveau le passage du Douro; mais presque tous se noyèrent! Cependant, le combat continuait encore dans Oporto; la colonne que le maréchal avait fait marcher sur la ville, après avoir brisé les barricades qui défendaient l'entrée des rues, était arrivée aux approches du pont, où les horreurs de la guerre s'accrurent encore. Plus de 4,000 personnes de tout âge et de tout sexe encombraient ce pont, qu'elles s'efforçaient de passer, lorsque les batteries portugaises de la rive opposée, apercevant les Français qu'elles voulaient empêcher de franchir le fleuve, ouvrirent un feu terrible sur cette masse tumultueuse, dans laquelle les boulets firent un affreux ravage sans atteindre nos troupes, et, au même instant, un détachement de cavalerie portugaise, embarrassé par les fuyards, traversa au galop cette foule épouvantée, en se frayant un chemin sanglant! Chacun cherchant alors son salut dans les barques qui formaient le pont, elles furent bientôt encombrées, et, ne pouvant soutenir le poids de tant d'individus, plusieurs s'enfoncèrent. Le pont fut ainsi rompu sur quelques points; et comme la foule se portait toujours en avant, des milliers d'hommes, arrivés aux coupures du pont, étaient précipités dans le fleuve, qui fut bientôt couvert de cadavres, sur lesquels venait échouer et périr tout ce qui tentait encore le passage.

Les premiers Français qui arrivèrent, oubliant le combat, ne virent plus que des malheureux qu'il fallait secourir, et en arrachèrent un bon nombre à la mort; plus humains en cela que les artilleurs portugais qui, dans l'espoir d'atteindre quelques Français, tiraient sur leurs propres concitoyens! Nos soldats, à l'aide de planches, franchirent les coupures du pont, arrivèrent sur la rive droite, emportèrent les batteries ennemies et s'emparèrent du faubourg de Villa-Nova. Le passage du Douro se trouva dès lors assuré. Les malheurs de la ville semblaient toucher à leur fin, lorsqu'on apprit que 200 hommes, formant la garde de l'évêque, s'étaient enfermés dans son palais, d'où ils faisaient feu par les fenêtres. Les Français y coururent, et leurs sommations étant restées inutiles, ils brisèrent les portes et passèrent tous ces séides au fil de l'épée.

Jusque-là nos troupes n'avaient agi que d'après les lois de la guerre; la ville et les habitants avaient été respectés; mais en revenant de l'assaut de l'évêché, où ils s'étaient fortement animés, nos soldats aperçurent sur la grande place une trentaine de leurs camarades, que les Portugais avaient pris la veille, et auxquels ils venaient d'arracher les yeux, la langue, et qu'ils avaient mutilés avec un raffinement de barbarie digne de cannibales!... La plupart de ces malheureux Français respiraient encore!... A la vue de ces atrocités, les soldats exaspérés ne respirèrent plus que vengeance et se portèrent à de terribles représailles, que le maréchal Soult, les généraux, les officiers, et même un grand nombre de soldats plus calmes, eurent toute sorte de peine à faire cesser. On porte à dix mille le nombre de Portugais qui périrent dans cette journée, tant à l'avant des retranchements qu'au pont et dans la ville. La perte des Français n'excéda pas cinq cents hommes. Le général Foy fut délivré, à la grande satisfaction de l'armée. Quant à l'évêque d'Oporto, après avoir vu du haut du couvent de la Serra la ruine de ses projets ambitieux sur les provinces du Nord, qu'il voulait, dit-on, séparer du royaume à son profit, il s'enfuit vers Lisbonne. Là, il se réconcilia avec la régence gouvernementale, qui non seulement l'admit dans son sein, mais le nomma bientôt *patriarche* de Portugal.

La chute d'Oporto permit au maréchal Soult d'établir une base solide d'opérations. Le fruit immédiat de la victoire fut la prise d'immenses magasins remplis de munitions de guerre et de vivres. Trente vaisseaux anglais, retenus par les vents contraires, tombèrent aussi entre nos mains. Adoptant une conduite toute conciliatrice, ainsi qu'il l'avait fait à Braga, Soult s'efforça de remédier aux maux de la guerre, et rappela les habitants qui avaient fui de la ville. L'habileté de cette administration produisit un excellent résultat et donna lieu à un fait fort inattendu, que les historiens ont mal expliqué et dont les journaux de l'époque n'osèrent faire mention.

Les Portugais ne pouvaient pardonner au prince régent, chef de la maison de Bragance, de les avoir abandonnés pour transporter le siège du gouvernement en Amérique. Ils prévoyaient que le résultat de la guerre actuelle serait de faire du Portugal une dépendance du Brésil ou de l'Espagne, ou bien une colonie anglaise, toutes choses qui leur répugnaient également, et, pour conserver leur nationalité, ils songèrent à se donner un roi.

La comparaison qu'ils firent entre le gouvernement de Soult et l'horrible anarchie qui l'avait précédé, étant tout à l'avantage du maréchal, le parti de l'ordre se réveilla, ses chefs se rendirent auprès du maréchal Soult et lui proposèrent de se mettre à leur tête, pour former un gouvernement indépendant. Se croyant justifié par les circonstances, Soult ne découragea pas ce parti, nomma aux emplois civils, leva une légion portugaise de cinq mille hommes, et se conduisit avec tant d'habileté, qu'en moins de quinze jours les villes d'Oporto, de Braga, ainsi que toutes celles des provinces conquises

par lui, envoyèrent des adresses signées par plus de trente mille individus de la noblesse, du clergé et du tiers état, exprimant leur adhésion à ce nouvel ordre de choses. Le duc de Rovigo, ancien ministre de l'Empereur, assure, dans les mémoires qu'il publia sous la Restauration, que Soult refusa ces propositions; cependant, un très grand nombre d'officiers français qui se trouvaient alors à Oporto, notamment les généraux Delaborde, Mermet, Thomières, Merle, Loison et Foy, m'ont *affirmé* avoir assisté à des réceptions dans lesquelles les Portugais donnaient au maréchal Soult le titre de Roi et de Majesté, que celui-ci acceptait avec beaucoup de dignité. Enfin, un jour que je questionnais à ce sujet le lieutenant général Pierre Soult, frère du maréchal, qui avait été mon colonel, et avec lequel j'étais fort lié, il me répondit avec franchise : « Comme, en
« envoyant mon frère en Portugal, l'Empereur l'avait
« autorisé à employer *tous les moyens* pour arracher ce
« pays à l'alliance de l'Angleterre et l'attacher à celle de
« la France, le maréchal, voyant la nation lui offrir la
« couronne, pensa que ce moyen n'avait pas été excepté
« par Napoléon, étant non seulement le meilleur, mais
« le *seul* qui pût unir les intérêts du Portugal à ceux de
« l'Empire; il devait donc l'employer, sauf ratification
« de l'Empereur. » Ce qui prouverait que Pierre Soult avait raison, c'est que Napoléon, au lieu d'exprimer le moindre mécontentement de ce que le maréchal eût accepté d'être *roi* de Portugal, lui donna des pouvoirs beaucoup plus étendus que ceux qu'il avait en entrant dans ce pays.

L'Empereur ne fit en cela que céder aux exigences de la situation qui lui rendaient le maréchal Soult indispensable, et est-il vrai que Napoléon lui écrivit : « Je ne
« me souviens que de votre belle conduite à Auster-

« litz »? ... C'est un point qui n'a jamais été éclairci; car le maréchal Bertrand m'a dit que, dans les longs entretiens qu'il avait eus à Sainte-Hélène avec Napoléon, il voulut plusieurs fois amener la conversation sur la royauté éphémère du maréchal Soult, mais que l'Empereur garda toujours le silence à ce sujet. Bertrand en concluait que l'Empereur n'avait *ni encouragé ni blâmé* ce que Soult avait fait pour obtenir la couronne de Portugal, et que le succès de cette entreprise en eût fait absoudre l'audace.

L'Empereur avait d'abord eu la pensée de réunir toute la Péninsule en un seul État, dont son frère Joseph aurait été le roi; mais, ayant reconnu que la haine réciproque des Espagnols et des Portugais rendait ce projet impraticable, et désirant cependant arracher à tout prix le Portugal à la domination des Anglais, il aurait consenti à donner la couronne de ce pays à l'un de ses lieutenants, dont les intérêts eussent été ceux de la France. Puisque le maréchal Soult avait obtenu le suffrage d'une grande partie de la nation, Bertrand pensait que Napoléon se serait déterminé à ratifier ce choix. L'Empereur aurait ainsi assuré l'affermissement du roi Joseph sur son trône et l'expulsion des Anglais de l'Espagne et du Portugal, dont la guerre commençait à le fatiguer, en l'empêchant de porter ses vues sur le nord de l'Europe.

Quoi qu'il en soit, dès que l'offre faite au maréchal Soult par les Portugais fut connue de son armée, elle produisit une grande agitation en sens divers, car la troupe et les officiers subalternes, dont le maréchal était fort aimé, ne blâmaient ce projet que parce qu'ils le croyaient contraire aux intentions de l'Empereur. Cependant, le bruit s'étant répandu que le maréchal n'agissait qu'avec son agrément, l'immense majorité de l'armée, séduite par la gloire que devait lui procurer la conquête du Portugal, se rangea dès lors du côté de Soult et se tint prête à le soutenir dans des projets qu'on lui représentait comme utiles à la France ainsi qu'à l'Empereur. Toutefois, un grand nombre d'officiers supérieurs et quelques généraux craignaient que l'avènement de Soult au trône de Portugal n'engageât l'Empereur à l'y soutenir, en laissant indéfiniment le 2ᵉ corps dans ce pays, pour y coloniser à l'exemple des Romains; ils s'écrièrent qu'on allait les engager dans une guerre sans fin, et, cherchant à faire trêve avec les Anglais, qui occupaient Lisbonne, ils résolurent d'élire un chef, de faire appel aux troupes françaises revenues en Espagne, et de retourner tous ensemble en France pour forcer l'Empereur à conclure la paix.

Ce projet, inspiré par le gouvernement anglais, et du reste plus facile à former qu'à exécuter, aurait-il eu l'assentiment de toutes les armées et de la masse de la nation française? C'est ce dont il est permis de douter. Il reçut cependant un commencement d'exécution. Le lieutenant général anglais Beresford, servant dans l'armée portugaise en qualité de maréchal, était l'âme du complot, et, par l'entremise d'un marchand d'Oporto nommé Viana, il entretint une correspondance avec les mécontents français, qui eurent l'indignité de proposer l'arrestation du maréchal Soult, qu'ils remettraient aux avant-postes. On conçoit dans quelle perplexité la découverte de cette conspiration dut jeter le maréchal Soult, d'autant plus qu'il n'en connaissait pas les complices. Un abîme était ouvert devant lui; néanmoins, sa fermeté ne l'abandonna pas.

CHAPITRE XXXII

Surprise d'Oporto. — Retraite de Soult par les montagnes. — Mauvais vouloir du maréchal Victor. — Mort de Franceschi.

Pendant que Soult était absorbé par les soins qu'il ne cessait de donner à l'administration du pays conquis, les nombreuses troupes anglo-portugaises que sir Arthur Wellesley et lord Beresford amenaient de Lisbonne et de Coïmbre s'approchaient chaque jour du Douro, et en atteignirent bientôt les rives. Le général portugais Sylveira, après avoir repris Chavès sur les Français, descendit la Tamega jusqu'à Amaranthe et s'empara de cette ville ainsi que de son pont, ce qui plaçait le corps portugais sur les derrières de Soult. Celui-ci s'empressa de diriger sur ce point les généraux Heudelet et Loison, qui chassèrent Sylveira d'Amaranthe; mais sir Arthur Wellesley, ayant le projet de tourner l'aile gauche des Français, fit passer le Douro en avant de Lamego à un nombreux corps anglo-portugais, qui se dirigea vers Amaranthe. Le général Loison, malgré les ordres qu'il avait reçus de défendre cette ville à outrance, abandonna le seul passage qui restât à l'armée française pour sortir de la situation périlleuse où elle se trouvait. Le maréchal Soult, voyant qu'une partie des forces ennemies cherchaient à gagner ses derrières, pendant que le surplus, marchant sur Oporto, menaçait de l'attaquer de front, résolut d'abandonner cette ville et de faire retraite sur les frontières d'Espagne. Son mouvement, fixé pour le 12, ayant été retardé de vingt-quatre heures, par la nécessité de réunir l'artillerie et de mettre les convois en route, ce retard lui devint fatal. Les conspirateurs étaient fort occupés ; les ordres du maréchal étaient négligés ou mal compris, et on lui transmettait de faux rapports sur leur exécution. Les choses allaient donc au plus mal lorsque, le 12 au matin, les colonnes anglaises arrivèrent à Villa-Nova.

Soult avait dès la veille retiré ses troupes dans ce faubourg, détruit le pont qui l'unissait à la ville et fait enlever toutes les embarcations de la rive gauche. Le maréchal, ainsi rassuré sur les tentatives de passage du Douro devant Oporto, mais craignant que la flotte anglaise ne débarquât des troupes sur la droite de l'embouchure du fleuve, en faisait exactement observer les rives *au-dessous* de la ville. Du haut du mont Serra, sir Arthur Wellesley planant comme un aigle sur Oporto, sur le Douro et le pays environnant, reconnut de ce point élevé qu'*au-dessus* de la ville les postes français étaient en très petit nombre, éloignés les uns des autres, et négligeaient le service des patrouilles, tant ils se croyaient protégés par l'immensité du fleuve.

Il peut arriver à la guerre qu'un bataillon, un régiment et même une brigade soient surpris; mais l'histoire offre bien peu d'exemples d'une armée attaquée à l'improviste, en plein jour, sans avoir été prévenue par ses avant-postes. C'est néanmoins ce qui advint aux Français dans Oporto, et voici comment.

Le Douro fait au-dessus de cette ville un crochet qui baigne le pied du mont Serra. On conçoit que les Français eussent négligé cette partie du fleuve lorsqu'elle était couverte par les troupes qu'ils avaient à Villa-Nova et sur le Serra; mais, au moment où ils abandonnèrent ces positions pour se concentrer sur la rive droite, ils auraient dû placer des postes en avant de la ville ; cependant, soit négligence, soit trahison, non seulement on avait omis cette précaution, mais on avait laissé sans garde, en dehors de la place, un grand nombre de barques, auprès d'un édifice non terminé appelé le *nouveau séminaire*, dont l'enclos, s'abaissant de chaque côté jusqu'au rivage, pouvait contenir quatre bataillons. En voyant un poste aussi important abandonné, sir Arthur Wellesley conçut le hardi projet d'en faire le point d'appui de son attaque et, s'il pouvait se procurer une embarcation, d'effectuer le passage du fleuve sous les yeux d'une armée aguerrie et d'un de ses plus célèbres généraux !

Un pauvre barbier s'était enfui de la ville la nuit précédente, au moyen d'une petite nacelle, sans être aperçu par les patrouilles françaises. Un colonel anglais, suivi de quelques hommes, traverse le fleuve sur cet esquif et ramène à la rive gauche trois grandes barques sur lesquelles on place un bataillon anglais, qui vient s'emparer du séminaire et de là renvoie une grande quantité de bateaux, si bien qu'en moins d'une heure et demie, 6,000 Anglais se trouvent au milieu de l'armée française, et maîtres d'un poste dont il était d'autant plus difficile de les chasser qu'ils étaient protégés par une nombreuse artillerie placée à la rive opposée, sur le mont Serra.

Les postes français n'avaient rien vu, et l'armée était tranquille dans Oporto, lorsque tout à coup la ville retentit du bruit confus des tambours et de l'appel : « *Aux armes ! aux armes ! voilà les ennemis !* » On put alors juger mieux que jamais de la solidité et de la valeur des troupes françaises, qui, loin d'être découragées par cette surprise, se précipitèrent avec fureur vers le séminaire. Déjà elles avaient arraché sa principale grille et tué un très grand nombre d'Anglais, lorsque, foudroyées par les canons de la rive gauche et menacées sur leurs derrières par un corps anglais qui venait de débarquer dans la ville, elles reçurent du maréchal l'ordre d'abandonner la place et de se replier sur Vallonga, bourgade située à deux lieues d'Oporto, dans la direction d'Amaranthe. Les Anglais n'osèrent pas ce jour-là suivre notre armée plus loin; ils perdirent beaucoup de monde dans cette affaire. Lord Paget, un de leurs meilleurs généraux, fut grièvement blessé, et, de notre côté, le général Foy le fut aussi. Notre perte ne fut pas considérable.

Nos vieilles bandes étaient si expérimentées, si endurcies à la guerre, qu'elles se remettaient plus facilement d'une surprise qu'aucune autre; aussi les historiens anglais conviennent qu'avant qu'elles eussent atteint Vallonga, l'ordre était rétabli dans les colonnes françaises.

Le maréchal eut certainement de bien grands reproches à se faire pour s'être laissé surprendre en plein jour dans Oporto et à l'abri d'un fleuve; mais on doit lui rendre la justice de dire que, dans son malheur, il fit preuve d'un courage personnel et d'une fermeté d'âme qui ne se démentirent jamais dans les circonstances les plus difficiles.

En quittant Oporto, le maréchal faisait reposer tout son espoir de salut sur le pont d'Amaranthe qu'il croyait encore occupé par Loison; mais il apprit le 13 au matin, à Peñafiel, que ce général venait d'abandonner Amaranthe pour se retirer à Guimaraëns!... Cette fâcheuse nouvelle n'affaiblit pas l'énergie de Soult, et voyant que le chemin de la retraite lui était coupé, il résolut de se retirer à travers champs, malgré les difficultés que présentait le pays. Aussitôt, imposant silence à toute observation timide, comme aux murmures de quelques conspirateurs, il détruisit son artillerie et ses bagages, fit mettre sur des chevaux de trait ses malades ainsi que des munitions pour l'infanterie, et, sous une pluie battante, il gravit la sierra ou montagne de Cathalina par un sentier rocailleux des plus étroits et se rendit à Guimaraëns, où il trouva les divisions Loison et Lorge qui s'y étaient transportées par la route qui vient d'Amaranthe.

Les forces principales de l'armée française s'étant réunies à Guimaraëns, sans avoir été attaquées par les Anglais, le maréchal Soult en conclut avec sagacité que ceux-ci avaient pris la route directe pour aller à Braga et y couper toute retraite aux Français, privés désormais de tout chemin praticable pour l'artillerie. Déjà les mécontents, au nombre desquels se trouvait Loison, disaient qu'il fallait faire une capitulation comme celle de Cintra; mais alors, et par une fermeté digne d'admiration, Soult fit détruire toute l'artillerie des divisions Loison et Lorge, et laissant à gauche la route de Braga, il prit encore les sentiers des montagnes. Il gagna ainsi une journée sur les ennemis et atteignit en deux marches Salamonde. Là, coupant à angle droit la route de Chavès à Braga, par laquelle il était entré en Portugal trois mois avant, il résolut d'éviter encore les chemins frayés et de se rendre à Montalegre, toujours par les montagnes. Après une longue marche, les éclaireurs vinrent l'informer que le pont de Puente-Novo, sur le Cavado, était rompu, et que 1,200 paysans portugais, avec du canon, s'opposaient à son rétablissement!... Si cet obstacle n'était pas surmonté, toute retraite devenait impossible!...

La pluie n'avait pas cessé depuis plusieurs jours. Les troupes, harassées, manquaient de vivres, de chaussures, et la plus grande partie des cartouches étaient mouillées. L'armée anglaise devait, sans nul doute, arriver sur l'arrière-garde le lendemain matin. L'heure de mettre bas les armes était donc venue!...

Dans cette fâcheuse extrémité, Soult ne faiblit point. Il fait venir le major Dulong, réputé, à juste titre, pour un des plus intrépides officiers de l'armée française, lui donne 100 grenadiers de choix et le charge de surprendre pendant la nuit les ennemis qui gardent le passage. Une espèce d'assise en pierre n'ayant que six pouces de large était la seule partie du pont qui ne fût point détruite. Dulong, suivi de 12 grenadiers, s'y glisse à plat ventre et s'avance en rampant vers le poste ennemi. Le Cavado débordé coulait avec impétuosité... En se voyant ainsi suspendu au-dessus du torrent, un grenadier perdit l'équilibre et tomba dans le gouffre; mais ses cris furent étouffés par le bruit de l'orage et des flots. Dulong et ses onze hommes atteignirent enfin la rive opposée, et tombant à l'improviste sur les premiers postes des paysans endormis, les tuèrent ou les dispersèrent tous. Les soldats portugais, campés à peu de distance, croyant que l'armée française venait de traverser le Cavado, s'enfuirent aussi. Le maréchal Soult fit sur-le-champ réparer le pont. Ainsi la valeur du brave Dulong sauva l'armée.

Cet officier fut très grièvement blessé le lendemain, en attaquant un retranchement élevé par les Portugais dans un défilé d'un accès très difficile, où les Français essuyèrent quelques pertes; mais ce fut le dernier combat qu'ils eurent à soutenir dans cette pénible retraite. Ils atteignirent le 17 Montalegre, où, repassant la frontière, ils rentrèrent en Espagne, et se réunirent à Orense : là ils se mirent en communication avec les troupes du maréchal Ney. L'intrépide Dulong fut nommé colonel. (Il est mort lieutenant général en 1828.)

Ainsi se termina la seconde invasion des Français en Portugal. Le fer de l'ennemi, les maladies et les assassinats avaient fait perdre au maréchal Soult 6,000 bons soldats. Il avait emmené cinquante-huit pièces d'artillerie : il revenait avec *un seul* canon ; et pourtant, sa réputation de vaillant soldat et de général habile n'en fut point ébranlée, car l'opinion publique lui tint compte, d'une part, de la fermeté qu'il avait déployée, et, d'autre part, des grandes difficultés qu'il avait éprouvées, tant par les intrigues des conspirateurs que par l'abandon dans lequel l'Empereur l'avait laissé, en ne le faisant pas soutenir par le maréchal Victor, ainsi qu'il l'avait promis.

Napoléon, que les campagnes d'Italie, d'Égypte et d'Allemagne avaient habitué à voir ses lieutenants obéir avec exactitude, eut le tort de penser qu'il en serait de même dans la péninsule Ibérique; mais l'éloignement et le titre de *maréchal* les avaient rendus moins soumis. Ainsi, le maréchal Victor, qui de Madrid devait marcher sur Lisbonne, par la vallée du Tage, et se trouver à Mérida le 15 février pour menacer le Portugal de ce côté, resta si longtemps à Talavera-la-Reyna, que son inertie permit au général espagnol de la Cuesta de réunir une nombreuse armée dans les montagnes de Guadalupe.

Victor, sortant alors de son apathie, marcha contre lui, le battit en plusieurs rencontres, notamment à Médellin, sur les rives de la Guadiana, et occupa enfin le 19 mars la ville de Mérida, un mois *après* l'époque fixée par l'Empereur. Le roi Joseph, qui venait d'envahir l'Estramadure, rappela au maréchal Victor l'ordre de Napoléon, qui lui enjoignait d'entrer en Portugal pour se joindre au maréchal Soult; mais comme celui-ci était le plus ancien, Victor, craignant de se trouver en sous-ordre, non seulement ne voulut pas se réunir à lui, mais suspendit la marche de la division Lapisse, qui, se trouvant déjà maîtresse du pont d'Alcantara sur le Tage, pouvait opérer une heureuse diversion en faveur de Soult, avant que les Anglais ne fussent l'attaquer dans Oporto. Après avoir hésité pendant plus d'un mois,

Victor, apprenant que Soult venait de quitter le Portugal, se hâta de battre en retraite, et fit sauter le pont d'Alcantara, le plus beau monument du génie de Trajan !...

Dès son retour en Espagne, le maréchal Soult, après s'être muni d'artillerie dans les arsenaux de la Corogne, eut à Lugo une entrevue avec le maréchal Ney, auquel il proposa de réunir les forces disponibles de leurs deux corps d'armée, pour faire ensemble une nouvelle invasion en Portugal. Mais ces deux maréchaux n'ayant pu s'entendre, Soult, pour refaire ses troupes, les conduisit à Zamora.

En terminant, je dois vous faire connaître le sort des officiers compromis dans la conspiration dont j'ai parlé. Le capitaine adjudant-major du 18e de dragons, Argenton, qui avait été l'âme du complot, fut traduit devant un conseil de guerre et condamné à mort; mais il réussit à s'évader. Son colonel, M. Lafitte, fut mis en retrait d'emploi. Quant au général Loison et au colonel Donnadieu, qu'on accusait sans preuves, ils n'encoururent aucune punition. Toutefois, le maintien du général dans l'armée de Portugal ne pouvait que produire un effet fâcheux.

Afin de mieux faire comprendre au roi Joseph quelles étaient ses vues, Soult envoya le général Franceschi à Madrid. Ce brave et excellent officier, étant tombé dans une embuscade de la guérilla du *Capucino*, fut conduit à Séville, puis à Grenade, où la Junte centrale, le traitant en criminel et non en brave soldat, le jeta dans la prison de l'Alhambra. Il fut ensuite transporté à Carthagène, où il mourut de la fièvre jaune. Ce fut une perte immense pour l'armée, car Franceschi réunissait toutes les qualités d'un général consommé.

CHAPITRE XXXIII

Situation de nos armées en Espagne. — L'armée de Portugal. — Notre parc d'artillerie est menacé. — Réunion de Viseu. — Causes d'insuccès de la campagne. — L'armée devant l'Alcoba.

Vers la fin de 1809, l'Empereur voulant obtenir plus d'unité dans les opérations des divers corps d'armée qu'il avait en Espagne, les plaça sous les ordres du roi Joseph, son frère; mais celui-ci n'étant nullement militaire, Napoléon ne lui accorda qu'une autorité fictive et créa le maréchal Soult major général, afin de lui donner le commandement *réel* de toutes les troupes françaises du midi de l'Espagne, qui, bien dirigées, gagnèrent les batailles d'Ocana, d'Alba de Tormès, forcèrent les défilés de la sierra Morena, envahirent l'Andalousie, s'emparèrent de Séville, de Cordoue, et investirent Cadix, où s'était réfugiée la Junte gouvernementale. Pendant ce temps, le général Suchet dominait et administrait habilement l'Aragon et le royaume de Valence, dont il avait assiégé et pris plusieurs villes fortifiées. Les maréchaux Saint-Cyr et Augereau avaient fait une guerre active en Catalogne, dont la population, la plus belliqueuse de l'Espagne, se défendit avec une grande énergie. La Navarre et les provinces du Nord étaient infestées par de nombreuses guérillas, auxquelles les troupes de la jeune garde de l'Empereur faisaient une petite guerre incessante. Les généraux Bonnet et Drouet occupaient la Biscaye et les Asturies, Ney tenait la province de Salamanque, et Junot celle de Valladolid. Les Français venaient d'évacuer la Galice, pays trop pauvre pour nourrir nos troupes. Telle était, en résumé, la situation de nos armées en Espagne lorsque, après avoir pris Ciudad-Rodrigo et Alméida, le maréchal Masséna pénétra en Portugal.

Les troupes sous les ordres de Masséna se composaient : du 2ᵉ corps, entièrement formé de vieux soldats d'Austerlitz ayant été l'année précédente à Oporto avec le maréchal Soult, que le général Reynier venait de remplacer (ses divisionnaires étaient Merle et Heudelet); du 6ᵉ corps, commandé par le maréchal Ney et ayant fait avec lui les campagnes d'Austerlitz, d'Iéna et de Friedland (ses divisionnaires étaient Marchand, Loison et Mermet); du 8ᵉ corps, commandé par le général en chef Junot et composé de troupes médiocres (il avait pour généraux de division Solignac et Clausel, qui devint plus tard maréchal); d'un corps de deux divisions de cavalerie sous les ordres du général Montbrun, et d'une nombreuse artillerie de campagne dirigée par le général Eblé. Le général Lasouski commandait le génie.

Après avoir défalqué les garnisons laissées à Rodrigo, Alméida et Salamanque, ainsi que les malades, le nombre des combattants de toutes armes s'élevait à cinquante mille, ayant soixante bouches à feu et une grande quantité de caissons de munitions. Ce train était beaucoup trop considérable, car, en Portugal, pays très accidenté, il n'existe presque pas de grandes routes. Les voies de communication sont presque toujours des sentiers étroits, rocailleux et souvent escarpés; aussi les transports s'y font à dos de mulet. Il est même des pays où les routes sont complètement inconnues. Enfin, à l'exception de quelques vallées, le sol généralement aride, n'offre que des ressources insuffisantes pour la nourriture d'une armée. Tout faisait donc un devoir au maréchal Masséna de passer par le pays le moins difficile et le plus fécond. Il fit cependant le contraire !...

En effet, l'armée ayant quitté les environs d'Alméida le 14 septembre 1810, et se trouvant réunie le lendemain à Celorico, voyait s'ouvrir devant elle la riche vallée du Mondego et pouvait, par Sampaya et Ponte de Morcella, se diriger sur Coïmbre par des chemins sinon bons, du moins passables. Cependant, le maréchal, influencé par le commandant Pelet, son conseil, abandonna la contrée praticable, où ses troupes auraient vécu largement, pour aller, vers sa droite, se jeter dans les montagnes de Viseu, dont les chemins sont les plus affreux du Portugal. Il suffit d'ailleurs d'examiner la carte pour reconnaître combien il était déraisonnable de venir passer à Viseu pour se rendre de Celorico à Coïmbre !... faute d'autant plus grande, que Viseu se trouve séparé de la sierra d'Alcoba par de hautes montagnes que l'armée aurait évitées en se dirigeant de Celorico sur cette ville par la vallée du Mondego. Les environs de Viseu ne produisent ni céréales, ni légumes, ni fourrages. Les troupes n'y trouvèrent que des citrons et des raisins, nourriture fort peu substantielle.

Il s'en fallut de bien peu que l'expédition de Masséna se terminât à Viseu, par le manque de prévoyance du maréchal, qui fit marcher son parc d'artillerie à l'extrême droite de la colonne, c'est-à-dire *en dehors* des masses d'infanterie, en ne lui donnant pour escorte qu'un bataillon irlandais au service de France et une compagnie de grenadiers français.

Ce parc marchant sur une seule file, ayant une longueur de plus d'une lieue, avançait lentement et péniblement par des chemins très difficiles, lorsque tout à coup parut sur son flanc droit le colonel anglais Trent, avec quatre à cinq mille miliciens portugais!... Si l'ennemi, profitant de la supériorité de ses forces, eût enveloppé le convoi et attaqué avec résolution, toute l'artillerie, les munitions et les vivres de l'armée étaient enlevés ou détruits. Mais le colonel Trent, ainsi qu'il l'a dit depuis, ne pouvait supposer qu'un maréchal aussi expérimenté que Masséna eût laissé sans soutien un convoi de la conservation duquel dépendait le salut de son armée; pensant qu'une puissante escorte, masquée par les plis du terrain, se trouvait dans le voisinage, il n'osa avancer qu'avec circonspection. Il se borna donc à attaquer la compagnie de grenadiers français qui était en tête; celle-ci répondit par un feu terrible qui tua une cinquantaine d'hommes!... Les miliciens effrayés reculèrent, et Trent, faisant ce qu'il aurait dû faire d'abord, enveloppa une partie du convoi. Cependant, à mesure qu'il s'avançait, il s'aperçut de la faiblesse de l'escorte, et envoya un parlementaire au commandant pour le sommer de se rendre, sinon il allait l'attaquer sur tous les points. L'officier français consentit adroitement à entrer en pourparlers, afin de donner aux Irlandais, qu'il avait fait prévenir, le temps d'arriver de la queue à la tête du convoi. Ils parurent enfin, venant bravement au pas de course!... Dès que l'officier français les aperçut, il rompit la conférence en disant à l'Anglais : « Je ne puis plus « traiter, car voici mon général qui vient à mon secours « avec huit mille hommes!... » Chacun reprit donc sa position; mais Trent s'empressa de quitter la sienne et de s'éloigner, croyant avoir affaire à l'avant-garde d'une forte colonne.

Le parc fut donc sauvé; mais le danger qu'il venait de courir, bientôt connu de toute l'armée, y causa la plus vive émotion. Ney, Junot, Reynier, Montbrun se rendirent sur-le-champ à Viseu, pour adresser de vifs reproches au général Fririon, chef d'état-major, qui déclara que, malgré ses vives réclamations, on ne lui avait même pas donné connaissance de la marche des colonnes, tout se décidant entre Masséna et Pelet. En apprenant un tel état de choses, les chefs des quatre corps d'armée, saisis de stupeur et d'indignation, entrèrent chez Masséna pour lui faire de justes observations. Ney portait la parole, et du salon de service nous l'entendions protester ; mais Masséna, prévoyant que la conversation allait s'animer, entraîna les généraux dans une pièce éloignée de celle qu'occupaient ses aides de camp. J'ignore ce qui fut résolu ; mais il paraît que le généralissime promit d'en agir autrement, car, au bout d'un quart d'heure, nous aperçûmes Masséna se promenant paisiblement dans le jardin, en donnant tour à tour le bras à ses lieutenants. L'union paraissait rétablie, mais ce ne fut pas pour longtemps.

Ainsi que je l'ai déjà dit, des motifs puérils produisent quelquefois de grands et fâcheux résultats. En voici un exemple frappant, car il influa sur le résultat d'une campagne qui devait chasser les Anglais du Portugal, tandis que son avortement accrut au contraire la confiance des Anglais dans Wellington, tout en aguerrissant des troupes qui contribuèrent puissamment aux défaites que nous éprouvâmes les années suivantes.

Toute l'armée savait que Masséna avait amené Mme X... en Portugal ; mais cette dame, qui avait traversé en voiture toute l'Espagne et était restée à Salamanque pendant les sièges de Rodrigo et d'Alméida, voulut suivre Masséna à cheval, quand il se mit en marche dans ce pays impraticable aux voitures, ce qui produisit un fort mauvais effet. Le maréchal, qui mangeait généralement seul avec Mme X..., avait fait ce jour-là placer son petit couvert sous un bosquet de citronniers. La table des aides de camp était dans le même jardin, à cent pas de la sienne. On allait servir, lorsque le généralissime, voulant probablement achever de cimenter le bon accord qui venait d'être rétabli entre ses quatre lieutenants, fit observer que chacun d'eux ayant plusieurs lieues à faire pour regagner son quartier général, le mieux serait qu'avant de partir, ils dînassent avec lui. Ney, Reynier, Junot et Montbrun acceptent, et Masséna, pour prévenir le retour de réflexions sur l'incident du convoi, ordonna, par extraordinaire, de joindre la table de ses aides de camp à la sienne.

Jusque-là tout allait bien; mais quelques instants avant de s'asseoir, Masséna fait appeler Mme X..., qui recule en se voyant en présence des lieutenants de Masséna. Mais celui-ci dit tout haut à Ney : « Mon cher « maréchal, veuillez donner la main à madame. » Le maréchal Ney pâlit et fut sur le point d'éclater... Cependant, il se contint, et conduisit du bout du doigt Mme X... vers la table, où, sur l'indication de Masséna, elle prit place à sa droite. Mais, pendant tout le repas, le maréchal Ney ne lui adressa pas une seule parole, et s'entretint avec Montbrun, son voisin de gauche. Mme X..., qui avait trop d'esprit pour ne pas sentir combien sa situation était fausse, fut prise tout à coup d'une violente attaque de nerfs et tomba évanouie. Alors Ney, Reynier, Montbrun et Junot quittent le jardin, non sans que Ney témoignât à haute voix et très vivement ses impressions.

Les généraux Reynier et Montbrun exprimèrent auss hautement leurs sentiments. Junot fut acerbe; comme il blâmait Masséna, je pris la liberté de lui rappeler la scène de Valladolid et l'accueil qu'il avait fait à Mme X...; mais il me répondit en riant : « Parce qu'un « vieux housard tel que moi fait quelquefois des farces,

« ce n'est pas une raison pour que Masséna les imite;
« d'ailleurs, je ne puis me séparer de mes camarades! »
A compter de ce jour, Ney, Reynier, Montbrun et Junot
furent au plus mal avec Masséna, qui, de son côté, leur
en voulut beaucoup[1].

La discorde établie entre les chefs de l'armée ne pouvait qu'aggraver les causes qui devaient nuire au succès d'une campagne entreprise à cinq cents lieues de France. Ces causes étaient d'abord le manque absolu de connaissance de la topographie des contrées dans lesquelles nous faisions la guerre; car, soit par précautions défensives, soit par apathie, le gouvernement portugais n'a jamais fait lever de bonnes cartes du royaume. La seule qui existât alors était on ne peut plus inexacte, de sorte que nous marchions pour ainsi dire à tâtons, quoiqu'il y eût dans l'armée de Masséna un très grand nombre d'officiers français ayant déjà fait deux campagnes en Portugal avec Soult et Junot; mais les officiers n'étaient point venus dans les provinces que nous traversions, et ne pouvaient être d'aucune utilité pour diriger les colonnes. Nous avions au grand état-major une trentaine d'officiers portugais, au nombre desquels se trouvaient les généraux marquis d'Alorna et comte Pamplona, venus de France en 1808, avec le contingent fourni à Napoléon par la cour de Lisbonne. Ces militaires, bien qu'ils n'eussent fait qu'obéir aux ordres de leur ancien gouvernement, ayant été proscrits par la Junte, avaient suivi notre armée afin de revenir dans leur patrie et rentrer en possession de leurs biens confisqués. Masséna avait espéré que ces bannis pourraient lui donner quelques renseignements utiles; mais, excepté Lisbonne et ses

---

[1] Ces détails et ceux qui vont suivre ne font malheureusement que confirmer les appréciations que donne M. Thiers sur les causes de nos revers en Portugal.

environs, aucun d'eux ne connaissait son propre pays, tandis que les Anglais, le parcourant en tous sens depuis plus de deux ans, étaient parfaitement au fait de sa configuration intérieure, ce qui leur procurait un immense avantage sur nous!...

Une cause non moins importante nuisit encore au succès de notre campagne. Sir Arthur Wellington, auquel la Junte venait d'accorder des pouvoirs illimités, s'en servit pour ordonner à toutes les populations d'abandonner leurs habitations, de détruire les provisions, les moulins, et de se retirer sur Lisbonne avec leurs troupeaux à l'approche des Français, qui se trouvaient ainsi privés de renseignements et réduits à la nécessité de courir au loin pour se procurer des vivres!... Les Espagnols, chez lesquels les Anglais avaient essayé cette terrible mesure de résistance, s'y étaient constamment refusés; mais les Portugais, plus dociles, s'y conformèrent avec une telle exactitude que nous parcourions d'immenses contrées sans rencontrer *un seul* habitant!... De mémoire d'homme, on ne vit une fuite aussi générale!... La cité de Viseu était totalement déserte lorsque nous y entrâmes; cependant Masséna y arrêta l'armée pendant six jours consécutifs, ce qui fut une bien grande faute ajoutée à celle qu'on avait commise en quittant la vallée du Mondego; car si, le lendemain de son arrivée à Viseu, le généralissime français eût marché rapidement et attaqué l'Alcoba, sur lequel sir Wellesley n'avait encore que fort peu de troupes, le maréchal pouvait encore réparer sa faute; mais notre halte de six jours permit aux Anglais de traverser à gué le Mondego au-dessus de Ponte de Murcelha et de réunir leur armée sur les crêtes de l'Alcoba, principalement à Busaco.

Les militaires d'aucun pays n'ont pu concevoir l'inaction dans laquelle Masséna était resté pendant près d'une semaine à Viseu; mais l'état-major du maréchal put constater que les fatigues éprouvées par Mme X... contribuèrent beaucoup à retarder Masséna et à le retenir en cet endroit; car dans ce pays soulevé il eût été impossible de la laisser en arrière sans l'exposer à être enlevée. En outre, quand il prit la détermination de se mettre en route, Masséna ne fit que de très courtes étapes, s'arrêta d'abord à Tondella et le lendemain, 26 septembre, après avoir établi son quartier général à Mortagoa, sur la rive droite d'un ruisseau nommé le Criz, il perdit un temps précieux à assurer le logement de Mme X..., et ne partit qu'à deux heures du soir avec son état-major pour les avant-postes, situés à cinq grandes lieues de là, au pied d'Alcoba.

Cette montagne, d'environ trois lieues de long, aboutit sur la droite au Mondego et se lie à gauche à des mamelons très escarpés, inaccessibles à la marche des colonnes. Il existe au point culminant un couvent de Minimes nommé Sako. Au centre, le sommet de la montagne forme une espèce de plateau, sur lequel était placée l'artillerie anglaise, qui pouvait agir librement sur tout le front de la position, et dont les boulets arrivaient en deçà du Criz. Un chemin qui règne autour de la crête de Busaco fournissait une communication facile entre les différentes parties de l'armée ennemie. Le versant de la montagne qui faisait face au côté par lequel arrivaient les Français est très escarpé et propre à la défense. Les ennemis avaient leur gauche sur les pics qui dominent Barria, le centre et les réserves au couvent de Busaco, la droite sur les hauteurs, un peu en arrière de San Antonio de Cantaro. Cette position, défendue par une armée nombreuse, était si formidable que les Anglais craignaient que le généralissime français n'osât les attaquer.

Lorsque Masséna arriva, le 26 septembre au soir, au pied de la position, son armée établie en son absence par le maréchal Ney était ainsi placée : la droite formée par le 6ᵉ corps au village de Moira; le centre, en face du couvent de Busaco; la gauche, composée du corps de Reynier (le 2ᵉ), à San Antonio de Cantaro; le 8ᵉ corps, commandé par Junot, en marche, ainsi que le grand parc d'artillerie, pour venir se placer en réserve derrière le centre. La cavalerie, aux ordres de Montbrun, se trouvait à Bienfaita.

Lorsqu'une armée a éprouvé un échec, il n'est que trop ordinaire de voir les généraux en rejeter la faute les uns sur les autres, et comme c'est ce qui advint au combat de Busaco, il est nécessaire de faire connaître ici l'avis exprimé avant l'engagement par les lieutenants de Masséna qui, après l'avoir poussé à la plus grande faute qu'il ait commise, critiquèrent sa conduite à la suite de ce fatal événement.

J'ai dit que les corps du maréchal Ney et de Reynier se trouvaient l'avant-veille de la bataille au pied de la montagne d'Alcoba, en présence de l'ennemi. Ces deux généraux, attendant avec impatience le généralissime, se communiquaient par écrit leurs observations respectives sur la position de l'armée anglo-portugaise. Or, il existe une lettre datée du 26 septembre au matin, dans laquelle le maréchal Ney disait au général Reynier : « Si « j'avais le commandement, j'attaquerais sans hésiter « un instant! » Ils exprimaient l'un et l'autre le même sentiment dans leur correspondance avec Masséna : « Cette position est loin d'être aussi formidable qu'elle « le paraît, et si je n'eusse été aussi subordonné, je « l'aurais enlevée sans attendre vos ordres. » Les généraux Reynier et Junot ayant assuré que rien n'était plus facile, Masséna, s'en rapportant à eux, ne fit pas la plus petite reconnaissance des lieux, quoiqu'on ait depuis assuré le contraire, et se bornant à répondre : « Eh bien, « je serai demain ici au point du jour, et nous attaque- « rons..... », il tourna bride, et reprit le chemin de Mortagoa.

Au moment de ce brusque départ, la stupéfaction fut générale, car chacun avait pensé, en voyant Masséna revenir auprès de ses troupes campées à une portée de canon de l'ennemi, qu'après avoir employé le peu de jour qui restait à étudier la position qu'il voulait enlever, il demeurerait au milieu de son armée. Le généralissime, en s'éloignant sans avoir rien vu par lui-même, commit une grande faute; mais ses lieutenants, qui l'avaient poussé à l'attaque, en endormant sa vigilance habituelle, devaient-ils blâmer sa conduite, ainsi qu'ils le firent plus tard? Je ne le pense pas. Ils eurent au contraire des reproches à se faire, car, restés deux jours au pied de l'Alcoba, ils conseillèrent de l'attaquer de front, malgré son escarpement, sans chercher le moyen de tourner cette montagne; cependant la chose était des plus faciles, ainsi que vous le verrez bientôt.

Ce fut un grand malheur pour l'armée que le général Sainte-Croix ne se trouvât pas alors auprès de Masséna, parce que son instinct de la guerre l'aurait certainement porté à user de la confiance que le maréchal avait en lui, pour le faire renoncer à une attaque de front contre une position aussi formidable, avant d'être certain qu'on ne pouvait la tourner; mais Sainte-Croix était avec sa brigade à plusieurs lieues en arrière, escortant un convoi confié à sa garde.

A peine le généralissime et son état-major eurent-ils quitté l'armée, que la nuit nous surprit. Masséna n'avait qu'un œil et n'était pas bon écuyer. De grosses pierres et des quartiers de rochers couvraient le chemin que nous parcourions; il fallut donc marcher pendant plus de deux heures au pas, dans l'obscurité, pour faire les cinq lieues qui nous séparaient de Mortagoa, où le maréchal avait dépêché le commandant Pelet pour annoncer son retour. Pendant ce trajet, je fis de bien tristes réflexions sur les suites que devait avoir la bataille qu'on allait engager le lendemain dans des conditions aussi désavantageuses pour l'armée française!... J'en fis part à voix basse à mon ami Ligniville, ainsi qu'au général Fririon. Nous désirions tous bien vivement que Masséna changeât ses dispositions; mais comme Pelet était le seul officier auquel il fût donné de lui soumettre des observations *directes,* nous résolûmes, tant le cas nous paraissait grave, de lui faire indirectement entendre la vérité, en employant un stratagème qui nous avait quelquefois réussi. Pour cela, après nous être concertés, nous nous approchâmes du maréchal en feignant de ne pas le reconnaître dans l'obscurité; nous parlâmes de la bataille résolue pour le jour suivant, et j'exprimai le regret de voir le généralissime attaquer de front la montagne d'Alcoba avant d'avoir la certitude qu'elle ne pouvait être tournée. Le général Fririon, jouant alors le rôle convenu entre nous, répondit que le maréchal Ney et le général Reynier avaient assuré qu'il était impossible de passer ailleurs; mais Ligniville et moi répliquâmes que cela nous paraissait d'autant plus difficile à croire, qu'il n'était pas possible que les habitants de Mortagoa fussent restés plusieurs siècles sans communication directe avec Boïalva, et obligés d'aller franchir la montagne à Busaco, le point le plus escarpé, afin de gagner la grande route d'Oporto où leurs affaires les appelaient journellement. J'ajoutai qu'ayant fait cette observation aux aides de camp du maréchal Ney et du général Reynier, en demandant lequel d'entre eux avait reconnu l'extrême gauche ennemie, aucun ne m'avait répondu. J'en concluais que ce point n'avait été visité par personne!...

Si la vue de Masséna était mauvaise, il avait en revanche l'ouïe d'une finesse extrême, et, selon nos désirs, il n'avait pas perdu un seul mot de ce qui venait d'être dit. Il en fut tellement frappé que, se rapprochant de notre groupe, et prenant part à la conversation, il convint, lui ordinairement si circonspect, qu'il s'était trop légèrement engagé à attaquer la montagne de front, mais qu'il allait donner contre-ordre, et que si on trouvait un passage pour tourner la position, il laisserait reposer son armée le lendemain, et la réunissant la nuit suivante, à l'insu de ses ennemis, en face du point vulnérable, alors il attaquerait; qu'à la vérité ce serait un retard de vingt-quatre heures, mais avec plus de chances de succès et une moindre perte d'hommes.

La détermination du maréchal paraissait tellement positive, qu'en arrivant à Mortagoa il chargea Ligniville et moi de tâcher de trouver quelque habitant du bourg qui pût nous indiquer un chemin qui conduisît à Boïalva, en évitant de passer par Busaco.

La chose était fort difficile, car toute la population avait fui à l'approche des Français, et une nuit des plus obscures s'opposait à l'efficacité de nos recherches; mais enfin, nous parvînmes à découvrir dans un monastère un vieux jardinier, resté pour soigner un moine gravement malade, auprès duquel il nous conduisit. Ce moine répondit avec candeur à toutes nos questions. Il avait été fort souvent de Mortagoa à Boïalva par une bonne route dont l'embranchement était à une petite lieue du couvent où nous étions, et il s'étonnait d'autant plus que nous ne connussions pas cet embranchement, qu'une partie de notre armée avait passé devant en allant de Viseu à Mortagoa. Conduits par le vieux jardinier, nous fûmes alors vérifier le dire du moine, et reconnûmes en effet qu'une excellente route se prolongeait au loin dans la direction des montagnes dont elle paraissait contourner la gauche; cependant, le maréchal Ney avait séjourné quarante-huit heures à Mortagoa sans avoir recherché cette route, dont la connaissance nous eût évité bien des désastres.

Ligniville et moi, heureux de la découverte que nous venions de faire, courûmes en rendre compte au maréchal; mais notre absence avait duré plus d'une heure, et nous le trouvâmes avec le commandant Pelet, au milieu de plans et de cartes. Ce dernier dit avoir examiné de jour avec un télescope les montagnes, dont la configuration n'indiquait aucun passage vers notre droite. Il ne pouvait croire, d'ailleurs, que pendant son séjour à Mortagoa le maréchal Ney n'eût pas fait explorer les environs, et puisqu'il n'avait pas reconnu de passage, c'était une preuve qu'il n'en existait point. Nous ne pûmes le convaincre du contraire. En vain proposâmes-nous, Ligniville et moi, de tourner et de gravir la montagne que le moine assurait être moins escarpée que celle de Busaco; en vain offrîmes-nous d'aller jusqu'à Boïalva, si on voulait nous donner l'un des trois bataillons de garde au quartier général; en vain le général Fririon supplia le maréchal d'accepter cette offre, tout fut inutile! Masséna, très fatigué, répondit qu'il était près de minuit, qu'il fallait partir à quatre heures du matin pour être rendus au camp au point du jour; cela dit, il alla se coucher.

Jamais je ne passai une plus terrible nuit, et tous mes camarades étaient aussi attristés que moi. Enfin, l'heure du départ sonna, et nous arrivâmes aux avant-postes dès les premières lueurs de l'aurore du 27 septembre, jour néfaste qui devait éclairer l'un des plus terribles échecs qu'aient éprouvés les armées françaises!

CHAPITRE XXXIV

Échec de Busaco. — Épisode. — Nous tournons la position et gagnons la route de Coïmbre.

En se retrouvant en face de la position qu'il avait à peine examinée la veille, Masséna parut hésiter, et, se rapprochant du lieu où je causais avec le général Fririon, il nous dit tristement : « Il y avait du bon dans votre proposition d'hier... » Ce peu de mots ranimant l'espoir que nous avions eu la veille, nous redoublâmes nos efforts pour déterminer le généralissime à tourner la montagne vers son extrême gauche par Boïalva, et déjà nous l'avions ramené à notre avis, lorsque le maréchal Ney, le général Reynier et Pelet vinrent interrompre notre entretien, en disant que tout était prêt pour l'attaque. Masséna fit bien encore quelques observations ; mais enfin, subjugué par ses lieutenants, et craignant sans doute qu'on ne lui reprochât d'avoir laissé échapper une victoire qu'ils déclaraient *certaine*, il ordonna vers sept heures du matin de commencer le feu.

Le 2ᵉ corps, sous Reynier, attaquait la droite des ennemis, et Ney leur gauche et leur centre. Les troupes françaises étaient rangées sur un terrain pierreux, descendant en pente fort raide vers une immense gorge qui nous séparait de la montagne d'Alcoba, haute, très escarpée et occupée par les ennemis. Ceux-ci, dominant entièrement notre camp, apercevaient tous nos mouvements, tandis que nous ne voyions que leurs avant-postes, placés à mi-côte, entre le couvent de Busaco et la gorge, tellement profonde sur ce point que l'œil nu pouvait à peine y distinguer le mouvement des troupes qui y défilaient, et cette sorte d'abîme était si resserré que les balles des carabiniers anglais portaient d'un côté à l'autre. On pouvait donc considérer ce ravin comme un immense fossé creusé par la nature, pour servir de première défense aux fortifications naturelles, consistant en d'immenses rochers taillés presque partout à pic en forme de muraille. Ajoutons à cela que notre artillerie, engagée dans de très mauvais chemins et obligée de tirer de bas en haut, ne pouvait rendre que fort peu de services, et que l'infanterie avait à lutter non seulement contre une foule d'obstacles et une montée des plus rudes, mais encore contre les meilleurs tireurs de l'Europe, car, jusqu'à cette époque, les troupes anglaises étaient les seules qui fussent parfaitement exercées au tir des armes portatives; aussi leur tir était-il infiniment supérieur à celui des fantassins des autres nations.

Bien qu'il semble que les règles de la guerre doivent être semblables chez toutes les nations civilisées, elles varient cependant à l'infini, lors même qu'on se trouve en des circonstances identiques. Ainsi, quand les Français ont une position à défendre, après avoir garni le front et les flancs de tirailleurs, ils couronnent ostensiblement les hauteurs avec le gros de leurs troupes et les réserves, ce qui a le grave inconvénient de faire connaître aux ennemis le point vulnérable de notre ligne. La méthode employée par les Anglais en pareil cas me paraît infiniment préférable, ainsi que l'expérience l'a si souvent prouvé dans les guerres de la Péninsule. En effet, après avoir, ainsi que nous, garni le front de la position de tirailleurs chargés d'en disputer les approches, ils placent leurs principales forces de manière à les dérober à la vue, tout en les tenant assez proches du point capital de la position pour qu'elles puissent fondre rapidement sur les ennemis s'ils venaient à l'aborder; cette attaque, faite à l'imprévu sur des assaillants qui, après avoir éprouvé de nombreuses pertes, se croient déjà vainqueurs, réussit presque toujours. Nous en fîmes la triste expérience à la bataille de Busaco; car, malgré les nombreux obstacles qui ajoutaient à la défense de la montagne d'Alcoba, nos braves soldats du 2ᵉ corps venaient de l'escalader après une heure d'efforts inouïs, exécutés avec un courage et une ardeur vraiment héroïques, lorsque, arrivés haletants au sommet de la crête, ils se trouvèrent tout à coup en face d'une ligne d'infanterie anglaise qu'ils n'avaient point aperçue. Cette ligne, après les avoir accueillis à quinze pas par un feu des plus justes et des mieux nourris, qui coucha par terre plus de 500 hommes, s'élança sur les survivants, la baïonnette en avant. Cette attaque imprévue, accompagnée d'une grêle de mitraille qui les prenait en flanc, ébranla quelques-uns de nos bataillons; mais ils se remirent promptement, et, malgré les pertes que nous avions faites en gravissant la position, et celles infiniment plus considérables que nous venions d'éprouver, nos troupes étonnées, mais non déconcertées, coururent sur la ligne anglaise, l'enfoncèrent sur plusieurs points à coups de baïonnette et lui enlevèrent six canons!

Mais Wellington ayant fait avancer une forte réserve, tandis que les nôtres étaient au bas de la montagne, les Français, pressés de toutes parts et forcés de céder l'espace très étroit qu'ils occupaient sur le plateau, se trouvèrent, après une longue et vive résistance, acculés en masse à la descente rapide par laquelle ils étaient montés. Les lignes anglaises les suivirent jusqu'à mi-côte, en leur tirant souvent des bordées de mousqueterie auxquelles nous ne pouvions riposter, tant nous étions dominés; aussi furent-elles bien meurtrières! Toute résistance devenant inutile dans une position aussi défavorable pour les Français, les officiers leur prescrivirent de se disperser en tirailleurs dans les anfractuosités du terrain, et l'on regagna, sous une grêle de balles, le pied de la montagne. Nous perdîmes sur ce point le général Graindorge, deux colonels, 80 officiers et 700 ou 800 soldats.

Après un tel échec, la prudence ordonnait, ce nous semble, de ne plus envoyer des troupes affaiblies par de nombreuses pertes contre des ennemis fiers de leur succès et occupant toujours les mêmes positions; néanmoins, le général Reynier ordonna aux brigades Foy et Sarrut de retourner à la charge, et Masséna, témoin de cette folie, permit cette seconde attaque, qui eut le même sort que la première.

Pendant que cela se passait à notre gauche, le sort ne nous était pas plus favorable à la droite formée par le 6ᵉ corps, car, bien qu'on fût convenu de faire une attaque simultanée sur tous les points et que Masséna en eût renouvelé l'ordre vers les sept heures, au moment d'engager l'action, le général Ney n'ébranla ses troupes qu'à huit heures et demie. Il prétendit depuis avoir été retardé par les obstacles que présentait la position sur ce point. Il est certain qu'ils étaient encore plus grands que sur la gauche. Les Français venaient de commettre une très grande faute en envoyant le 2ᵉ corps au combat avant que le 6ᵉ fût en mesure d'agir. Le maréchal Ney en fit une pareille en engageant sans ensemble les divisions Loison, Marchand et Mermet. Ces troupes attaquèrent vigoureusement, et malgré la canonnade et la fusillade qui enlevaient des files entières, les brigades Ferey et Simon et le 26ᵉ de ligne, gravissant des rochers escarpés, se jetèrent sur l'artillerie ennemie, dont ils prirent trois pièces. Les

Anglais, ayant reçu de nouveaux renforts, reprennent l'offensive. Le général Simon, la mâchoire brisée, tombe et est fait prisonnier sur un des canons qu'il venait d'enlever. Presque tous les officiers supérieurs sont tués ou blessés, et trois décharges, faites à brûle-pourpoint, achèvent de porter la confusion et la mort dans les masses françaises, qui regagnent en désordre le point de départ. Ainsi se termina le combat principal.

Les pertes des 2⁰ et 6⁰ corps étaient immenses; elles s'élevaient à près de 5,000 hommes, dont 250 officiers tués, blessés ou pris. Le général Graindorge, les colonels Monnier, Amy et Berlier tués, deux autres blessés, le général Simon blessé tombé au pouvoir de l'ennemi, les généraux Merle, Maucune et Foy grièvement blessés; deux colonels et treize chefs de bataillon le furent aussi. Les ennemis, protégés par leur position dominante, éprouvèrent de moins grandes pertes : cependant, ils convinrent avoir eu 2,300 hommes hors de combat. On sut depuis que, si nous eussions attaqué la veille, les Anglais se seraient retirés sans combattre, parce que 25,000 hommes de leurs meilleures troupes se trouvaient encore au delà du Mondego, à une forte marche de Busaco, où ils n'arrivèrent que dans la nuit qui précéda la bataille.

Tel fut le résultat des six jours que Masséna avait perdus à Viseu et de l'empressement qu'il mit le 26 à retourner à Mortagoa, au lieu de reconnaître la position qu'il devait attaquer le lendemain.

Quoi qu'il en soit, les efforts que les Français venaient de faire ayant échoué devant des montagnes si escarpées qu'un homme isolé et sans fardeau avait beaucoup de peine à les gravir, tout faisait un devoir aux chefs des armées françaises de faire cesser un feu désormais inutile. Néanmoins, un vif tiraillement s'était engagé sur la ligne, au bas de la position que nos soldats, exaltés au dernier degré, demandaient à escalader de nouveau. Ces petits combats partiels, soutenus contre des ennemis cachés derrière des rochers très élevés, nous coûtant beaucoup de monde, chacun sentait la nécessité d'y mettre un terme, et personne n'en donnait l'ordre formel.

Les deux armées furent alors témoins d'un incident fort touchant et bien en contraste avec les scènes de carnage qui nous environnaient. Le valet de chambre du général Simon, ayant appris que son maître, grièvement blessé, avait été laissé au sommet de l'Alcoba, essaya de se rendre auprès de lui; mais, repoussé par les ennemis, qui, ne pouvant comprendre le sujet de sa venue dans leurs lignes, tirèrent plusieurs fois sur lui, ce serviteur dévoué, contraint de regagner les postes français, se lamentait de ne pouvoir aller secourir son maître, lorsqu'une pauvre cantinière du 26ᵉ de ligne, attachée à la brigade Simon, qui ne connaissait le général que de vue, prend ses effets des mains du valet de chambre, les charge sur son âne qu'elle pousse en avant, en disant : « Nous verrons si les Anglais oseront tuer une femme !... » Et n'écoutant aucune observation, elle gravit la montée, en passant tranquillement au milieu des tirailleurs des deux partis. Ceux-ci, malgré leur acharnement, lui ouvrent un passage et suspendent leurs feux jusqu'à ce qu'elle soit hors de portée. Notre héroïne aperçoit un colonel anglais et lui fait connaître le motif qui l'amène. Elle est bien reçue; on la conduit auprès du général Simon; elle le soigne de son mieux, reste auprès de lui plusieurs jours, ne le quitte qu'après l'arrivée du valet de chambre, refuse toute espèce de récompense et, remontant sur son baudet, traverse de nouveau l'armée ennemie en retraite sur Lisbonne et rejoint son régiment sans avoir été l'objet de la plus légère insulte, bien qu'elle fût jeune et très jolie. Les Anglais affectèrent au contraire de la traiter avec les plus grands égards. Mais revenons à Busaco.

Les deux armées conservèrent leurs positions respectives. La nuit qui suivit fut des plus tristes pour nous, car on pouvait calculer nos pertes, et l'avenir paraissait bien sombre!... Le 28, au point du jour, les échos de l'Alcoba se renvoient tout à coup d'immenses cris de joie et le son des musiques de l'armée anglaise rangée sur les hauteurs. Wellington passait une revue de ses troupes qui le saluaient de leurs hourras,... tandis qu'au bas de la montagne les Français étaient mornes et silencieux. Masséna aurait dû monter alors à cheval, passer son armée en revue, haranguer les soldats, dont l'ardeur ainsi ranimée eût répondu par des cris, présages de futures victoires, à l'enthousiasme provocateur que l'ennemi faisait éclater. L'Empereur et le maréchal Lannes l'eussent fait certainement. Masséna se tint à l'écart, se promenant tout seul, l'œil incertain et sans prendre aucune disposition, tandis que ses lieutenants, surtout Ney et Reynier, l'accusaient hautement d'imprudence dans l'attaque d'une position aussi forte que Busaco, eux qui la veille le poussaient au combat, en lui répondant de la victoire!... Enfin, ils vinrent joindre le généralissime, et ce fut pour lui proposer de constater notre insuccès aux yeux de l'armée et du monde, en abandonnant le Portugal et en ramenant l'armée derrière Ciudad-Rodrigo et en Espagne! Le vieux Masséna, retrouvant alors une partie de l'énergie qui l'avait illustré à Rivoli, à Zurich et à Gênes, et dans une foule d'occasions mémorables, repoussa cette proposition comme indigne de l'armée et de lui-même.

Les Anglais ont donné à la mémorable affaire de Busaco le nom de *bataille politique,* parce que le Parlement britannique, effrayé des dépenses immenses de la guerre, paraissait résolu à retirer ses troupes de la Péninsule, en se bornant désormais à fournir des armes et des munitions aux guérillas espagnoles et portugaises. Ce projet tendant à détruire l'influence de Wellington, celui-ci avait résolu d'en empêcher l'exécution, en répondant par une victoire aux alarmes du Parlement anglais. Ce fut ce qui le décida à attendre les Français à Busaco. Ce moyen lui réussit, car le Parlement accorda de nouveaux subsides pour cette guerre, qui devait nous être si funeste !

Pendant que le maréchal discutait avec ses lieutenants, survint le général Sainte-Croix, qui s'était momentanément séparé de sa brigade. En le voyant, chacun exprimait le regret qu'il ne se fût pas trouvé la veille auprès du maréchal, dont il était le bon génie. Informé de l'état des choses par Masséna lui-même, qui comprenait enfin la faute qu'il avait commise en ne tournant pas la position des ennemis par la droite, ainsi que nous le lui avions conseillé, Sainte-Croix l'engagea à reprendre ce projet, et, d'après le consentement du généralissime, il partit au galop, accompagné de Ligniville et de moi, pour Mortagoa, où il fit venir sa brigade de dragons campée non loin de là. En passant dans ce bourg, nous prîmes le jardinier du couvent, qui, à la vue d'un quadruple d'or, consentit à nous servir de guide et se mit à rire lorsqu'on lui demanda s'il existait vraiment un chemin pour gagner Boïalva !...

Pendant que la brigade Sainte-Croix et un régiment d'infanterie ouvraient la marche dans cette nouvelle direction, le 8ᵉ corps et la cavalerie de Montbrun les suivaient de près, et le surplus de l'armée se préparait à en faire autant. Masséna, stimulé par Sainte-Croix, avait enfin parlé en *généralissime,* et imposé silence à ses lieutenants qui persistaient à nier l'existence d'un passage sur la droite. Afin de cacher aux Anglais le mouvement de celles de nos troupes qui se trouvaient au pied de l'Alcoba, on ne le commença qu'à la nuit close et dans le plus grand silence. Ils ne tardèrent cependant pas à en être informés par les cris de désespoir que jetaient les blessés français, qu'on était dans la triste nécessité d'abandonner!... Ceux qui n'étaient que légèrement atteints suivirent l'armée. On employa un grand nombre de chevaux et toutes les bêtes de somme au transport des hommes susceptibles de guérison; mais ceux dont on avait amputé les jambes, ou qui étaient grièvement atteints au corps, furent laissés gisants sur les bruyères arides, et les malheureux s'attendaient à être égorgés par les paysans, dès que les deux armées s'éloigneraient; aussi leur désespoir était-il affreux!...

L'armée française avait à craindre que Wellington, en la voyant exécuter aussi près de lui une marche de flanc, ne la fît vivement attaquer, ce qui pouvait amener la défaite et même la prise complète du corps du général Reynier, qui devait quitter sa position le dernier, et allait se trouver seul pendant plusieurs heures en présence de l'ennemi; mais le général anglais ne pouvait songer à tourner l'arrière-garde française, car il venait d'apprendre qu'il était en ce moment tourné lui-même par le passage dont le généralissime français avait si longtemps nié l'existence.

Voici, en effet, ce qui s'était passé. Après avoir marché toute la nuit du 28 au 29, le jardinier des Capucins de Mortagoa, placé en tête de la colonne du général Sainte-Croix, nous avait conduits par un chemin praticable à l'artillerie jusqu'à Boïalva, c'est-à-dire jusqu'à l'extrême flanc gauche de l'armée anglaise, de sorte que toutes les positions de l'Alcoba se trouvaient débordées sans coup férir, et Wellington, sous peine d'exposer son armée à être prise à revers, devait s'empresser d'abandonner Busaco et l'Alcoba pour regagner Coïmbre, y passer le Mondego, et se proposait de battre en retraite sur Lisbonne, ce qu'il fit à la hâte. L'avant-garde, commandée par Sainte-Croix, n'avait rencontré qu'un petit poste de housards hanovriens placés à Boïalva, charmante bourgade située au débouché méridional des montagnes. La fertilité du pays permettait d'espérer que l'armée y trouverait de quoi subsister dans l'abondance; aussi un cri de joie s'éleva dans tous nos rangs, et les soldats oublièrent bien vite les fatigues, les dangers des jours précédents et peut-être aussi leurs malheureux camarades abandonnés mourants devant Busaco!

Pour compléter la réussite du mouvement que nous exécutions, une bonne route joignait Boïalva au village de Avelans de Camino, où passe le chemin d'Oporto à Coïmbre. Le général Sainte-Croix fit occuper Avelans, et, pour comble de bonheur, nous découvrîmes un nouveau chemin reliant Boïalva à Sardao, village situé aussi sur la grande route, ce qui procurait un nouveau débouché par où les troupes, au sortir du défilé, allaient s'établir dans la plaine. Nous avions donc enfin la preuve de l'existence de ce passage, si obstinément nié par le maréchal Ney, le général Reynier et le commandant Pelet!...

Que de reproches dut alors se faire Masséna, qui avait négligé de reconnaître une position des plus fortes, devant laquelle il venait de perdre plusieurs milliers d'hommes et que son armée tournait maintenant sans éprouver la moindre résistance! Mais Wellington fut encore bien plus coupable que le généralissime de n'avoir pas fait garder ce point et éclairer le chemin qui y conduit au sortir de Mortagoa. Vainement il a dit depuis qu'il ne croyait pas que ce passage fût praticable pour l'artillerie, et que, d'ailleurs, il avait ordonné au brigadier Trent de couvrir Boïalva avec deux mille hommes de milice ! Une telle excuse n'est pas admissible pour les hommes de guerre expérimentés. Ils peuvent en effet répondre que, pour ce qui touche l'état du chemin, le généralissime anglais aurait dû le faire reconnaître avant la bataille, et, en second lieu, qu'il ne suffit pas au chef d'une armée de donner des ordres, mais qu'il doit s'assurer s'ils sont exécutés !... Boïalva n'est qu'à quelques lieues de Busaco, et cependant Wellington, ni la veille, ni le jour de la bataille, ne fait vérifier si ce passage important, d'où dépend le salut de son armée, est gardé ainsi qu'il l'a prescrit; de sorte que si Masséna, mieux inspiré, eût, dans la nuit du 26 au 27, dirigé un des corps de son armée sur Boïalva, pour attaquer en flanc la gauche des ennemis, tandis qu'avec le reste de ses troupes il menaçait leur front, les Anglais eussent certainement éprouvé une défaite sanglante !... Concluons de tout cela que, dans cette circonstance, Wellington et Masséna ne se montrèrent ni l'un ni l'autre à la hauteur de leur renommée, et méritèrent les reproches qui leur furent adressés par leurs contemporains et que l'histoire confirmera.

CHAPITRE XXXV

Les Portugais quittent précipitamment Coïmbre. — Marche sur Lisbonne. — Massacre de nos blessés dans Coïmbre. — Lignes de Cintra et de Torrès-Védras. — Mésintelligence entre Masséna et ses lieutenants. — Retraite sur Santarem.

L'armée française étant entièrement sortie du défilé de Boïalva et réunie dans la plaine aux environs d'Avelans, le maréchal Masséna la dirigea sur Coïmbre, par Pedreira, Mealhadu, Carquejo et Fornos. Il y eut sur ce dernier point un combat de cavalerie dans lequel Sainte-Croix culbuta l'arrière-garde anglaise qu'il rejeta dans Coïmbre, où les Français entrèrent le 1er octobre.

Les malheureux habitants de cette grande et belle ville, trompés par le premier résultat du combat de Busaco, et l'assurance donnée par les officiers anglais que l'armée française se retirait en Espagne, s'étaient livrés aux plus grandes démonstrations de joie. Il y avait eu illuminations, bals nombreux, et les fêtes duraient encore, lorsqu'on apprit tout à coup que les Français, après avoir tourné les montagnes de l'Alcoba, étaient descendus dans les plaines et marchaient sur Coïmbre, dont ils n'étaient plus qu'à une journée !... On ne saurait peindre la stupeur de cette population de cent vingt mille âmes qui, longtemps entretenue dans la plus grande sécurité par les Anglais, recevait instantanément l'avis de l'arrivée des ennemis et l'ordre d'abandonner ses foyers sur-le-champ !... De l'aveu même des officiers anglais, ce départ fut un spectacle des plus affreux, dont je m'abstiendrai de raconter les épisodes déchirants.

L'armée de Wellington, embarrassée dans sa marche par cette énorme masse de fuyards, dans laquelle hommes, femmes, enfants, vieillards, moines, religieuses, bourgeois et soldats étaient entassés pêle-mêle avec des milliers de bêtes de somme, l'armée de Wellington, dis-je, se retira dans le plus grand désordre vers Condeixa et Pombal. Il périt beaucoup de monde au passage du Mondego, bien que le fleuve fût guéable en plusieurs endroits.

L'occasion était bonne pour Masséna. Il aurait dû lancer à la poursuite des ennemis le 8ᵉ corps, celui de Junot, qui, n'ayant pas combattu à Busaco, était parfaitement disponible et pouvait, par une brusque attaque, faire éprouver de grandes pertes à l'armée anglaise. Plusieurs de nos soldats pris à Busaco, et récemment échappés de ses mains, nous la disaient dans une confusion inexprimable. Mais, à notre grand étonnement, le généralissime français, comme s'il eût voulu donner aux ennemis le temps de se remettre de leur désordre et de s'éloigner, prescrivit de suspendre la poursuite, et cantonnant son armée dans Coïmbre et les villages voisins, il y séjourna trois jours pleins!...

Pour expliquer cette déplorable perte de temps, on disait qu'il était indispensable de réorganiser les 2ᵉ et 6ᵉ corps, qui avaient tant souffert à Busaco; qu'il fallait établir des hôpitaux à Coïmbre et laisser reposer les attelages de l'artillerie, ce qu'on aurait pu faire, tout en mettant le 8ᵉ corps à la poursuite des Anglo-Portugais, car, jetés dans un désordre affreux et engagés dans une série de défilés, ceux-ci n'auraient ni osé ni pu tenir tête nulle part. Mais les véritables motifs du séjour que l'on fit à Coïmbre furent, d'une part, l'accroissement de la mésintelligence qui régnait déjà entre Masséna et ses lieutenants, et surtout l'embarras dans lequel se trouvait le généralissime de savoir s'il laisserait une division à Coïmbre, afin d'assurer ses derrières et de veiller à la sûreté des nombreux malades ou blessés qu'on y laisserait, ou bien si on abandonnerait ces malheureux à leur fatale destinée, en emmenant toutes les troupes pour ne point affaiblir le nombre de combattants, car on s'attendait à une nouvelle bataille devant Lisbonne. Chacune de ces deux résolutions offrait ses avantages et ses inconvénients; mais il ne fallait cependant pas trois jours pour prendre un parti.

Masséna finit par décider qu'on ne laisserait à Coïmbre qu'une demi-compagnie, dont la mission serait de garder l'immense couvent de Santa-Clara, dans lequel on avait réuni les blessés pour les garantir de la fureur des premiers miliciens qui pénétreraient en ville, et de capituler dès que les officiers ennemis paraîtraient. Si cette résolution eût été communiquée aux chefs de corps la veille du départ, elle pouvait avoir son bon côté; on n'eût laissé à Coïmbre que les hommes vraiment incapables d'aller plus loin, tandis que, faute d'ordres positifs, et d'après les bruits répandus dans l'armée, qu'une forte division devait rester dans la place, les colonels avaient déposé tous leurs éclopés, malades et blessés dans le monastère destiné à servir d'hôpital. Cependant, l'immense majorité d'entre eux pouvait marcher, puisqu'ils étaient venus de Busaco à Coïmbre et ne demandaient pas mieux que de suivre leurs régiments. Le nombre de ces infortunés s'élevait à plus de trois mille, auxquels on laissa pour défenseurs deux lieutenants et quatre-vingts soldats du bataillon de marine attaché à l'armée.

Je m'étonnais que Masséna, prêt à joindre les rives du

Tage, où il allait avoir besoin de matelots, sacrifiât une demi-compagnie de ces hommes précieux et si difficiles à remplacer, au lieu de laisser à Coïmbre de moins bons fantassins, car il était facile de prévoir qu'il ne se passerait pas vingt-quatre heures avant que les partisans ennemis revinssent occuper la ville. En effet, l'armée française s'étant éloignée de Coïmbre le 3 au matin, les miliciens portugais y pénétrèrent le soir même et se portèrent en foule vers le couvent, où nos malheureux blessés s'étant barricadés, après avoir acquis la triste certitude que Masséna les avait abandonnés, se préparaient à vendre chèrement leur vie contre les paysans miliciens qui menaçaient de les égorger. Dans cette pénible situation, les lieutenants de marine tinrent une conduite vraiment admirable; aidés par les officiers d'infanterie qui se trouvaient isolément parmi les blessés, ils réunirent ceux d'entre eux qui, ayant encore des fusils, pouvaient s'en servir, et organisèrent si bien leurs moyens de défense qu'ils combattirent toute la nuit sans que les Portugais parvinssent à s'emparer de l'hôpital. Enfin, le 6 au matin, parut le brigadier Trent, chef des miliciens de la province, avec lequel nos officiers de marine conclurent une capitulation écrite. Mais à peine les blessés français eurent-ils rendu le petit nombre d'armes dont ils venaient de se servir, que les paysans miliciens, se précipitant sur ces malheureux qui se soutenaient à peine pour la plupart, en égorgèrent plus d'un millier!... Le surplus, impitoyablement mis en route vers Oporto, périt dans le trajet : dès qu'un d'entre eux, tombant de fatigue et de besoin, ne pouvait suivre la colonne, les miliciens portugais le massacraient... Ces miliciens étaient cependant organisés et conduits par des officiers anglais, ayant à leur tête un général anglais, Trent, qui, en ne réprimant pas ces atrocités, déshonora son pays et son uniforme... En vain, pour excuser Trent, l'historien anglais Napier prétend qu'il n'y eut que *dix* prisonniers français sacrifiés; le fait est qu'ils périrent presque tous assassinés, soit dans l'hôpital de Coïmbre, soit sur la route d'Oporto ; aussi le nom de Trent est-il devenu infâme, même en Angleterre.

Masséna ayant écrit à l'Empereur pendant que nous étions à Coïmbre, la difficulté consistait à faire passer cette dépêche au milieu des populations insurgées, réunies sur nos derrières et nos flancs. Un Français aurait échoué dans cette mission ; il fallait quelqu'un qui connût le pays et en parlât la langue. M. de Mascareguas, un des officiers portugais qui avaient suivi le général d'Alorna en France et y avaient pris du service ainsi que lui, s'offrit pour porter la lettre de Masséna.

J'assistai au départ de Mascareguas, qui, s'étant déguisé en berger montagnard, portant un petit chien dans son panier, se flattait de gagner sans encombre Alméida, dont le commandant français lui donnerait le moyen de se rendre à Paris. Mais Mascareguas, appartenant à la première noblesse de Portugal, eut beau dissimuler sa taille élégante, ses manières distinguées et son langage d'homme de cour, les paysans ne s'y trompèrent pas. Il fut arrêté, conduit à Lisbonne, condamné à mort, et, bien qu'il réclamât les immunités de la noblesse, c'est-à-dire la faveur d'avoir la tête tranchée, il fut considéré comme espion et pendu en place publique.

Les trois jours que les Français venaient encore de perdre à Coïmbre ayant permis aux Anglais de s'éloigner, il nous en fallut trois autres pour joindre leur arrière-garde à Pombal, jolie petite ville, chef-lieu de l'apanage du célèbre marquis de ce nom. Le corps du marquis reposait, avant notre arrivée, dans un magnifique tombeau, construit sous un immense mausolée, dont l'architecture est fort remarquable. Le monument avait été saccagé par les traînards de l'armée anglaise. Ils avaient ouvert le cercueil, jeté les ossements sous les pieds de leurs chevaux logés dans l'intérieur du vaste mausolée, dont ils avaient fait une écurie. O vanité des choses humaines! C'est là que gisaient dans la boue quelques rares débris du grand ministre destructeur des Jésuites, lorsque le maréchal Masséna et son état-major visitèrent sa tombe désormais vide!

De Pombal, l'armée française gagna Leyria, et, le 9 octobre, notre avant-garde parvint enfin sur les rives du Tage et occupa Santarem, ville importante par son commerce. Nous y trouvâmes d'immenses approvisionnements de tous genres; mais cet avantage fut désagréablement compensé. Après avoir joui jusque-là d'un temps magnifique, nous fûmes assaillis par des pluies d'automne telles qu'on n'en voit que sous les tropiques et sur les côtes du midi de la Péninsule. Cela fatigua beaucoup les troupes des deux armées; néanmoins, les nôtres atteignirent Alenquer, gros bourg situé au bas des petites montagnes, ou plutôt des collines de Cintra, qui forment une ceinture autour de Lisbonne, dont nous n'étions plus qu'à quelques lieues. Les Français s'attendaient bien à livrer bataille avant d'entrer à Lisbonne; mais, sachant que cette ville était ouverte du côté de terre, personne ne doutait du succès.

Cependant, tous les environs de Lisbonne étaient couverts de fortifications, auxquelles les Anglais faisaient travailler depuis un an et demi, sans que ni le maréchal Ney, qui venait de passer une année à Salamanque, ni Masséna, qui depuis six mois se préparait à envahir le Portugal, eussent eu la moindre notion sur ces travaux gigantesques! Les généraux Reynier et Junot étaient dans la même ignorance; mais, chose plus surprenante encore, et vraiment incroyable, si les faits n'étaient aujourd'hui incontestables, le gouvernement français ne savait pas lui-même que les montagnes de Cintra fussent fortifiées ! On ne conçoit pas comment l'Empereur, dont les agents pénétraient dans toutes les contrées, n'en avait pas dirigé quelques-uns sur Lisbonne, ce qui était d'autant plus facile qu'à cette époque des milliers de navires anglais, allemands, américains et suédois portaient journellement sur les rives du Tage les provisions immenses destinées à l'armée de Wellington. Il eût donc été possible de glisser quelques espions parmi les très nombreux matelots et commis employés sur ces vaisseaux : avec de l'argent, on parvient à tout savoir ! C'était par ce moyen que l'Empereur se tenait au courant de ce qui se faisait en Angleterre, ainsi que chez les principales puissances de l'Europe. Néanmoins, il ne donna jamais à Masséna aucun renseignement sur les défenses de Lisbonne, et ce ne fut qu'en arrivant à Alenquer, au pied des coteaux de Cintra, que le général français apprit qu'ils étaient fortifiés et unis entre eux par des lignes dont la gauche touchait à la mer derrière Torrès-Védras; le centre occupait Sobral, et la droite s'appuyait au Tage vers Alhandra.

La veille du jour où nos troupes parurent sur ce point, l'armée anglaise poussant devant elle la population des contrées voisines, c'est-à-dire plus de trois cent mille âmes, venait d'entrer dans les lignes, où le désordre était au comble!... Ceux des officiers français qui devinaient ce qui se passait chez les ennemis éprouvèrent de nouveaux et bien vifs regrets de la résolution prise par Masséna, quinze jours avant, d'attaquer de front la position de Busaco, au pied de laquelle il avait inutilement perdu tant de monde. Si cette position eût été tournée, les ennemis pris en flanc se seraient retirés vers

Lisbonne, et notre armée intacte et pleine d'ardeur eût, dès son arrivée, immédiatement attaqué les lignes de Cintra, dont il est certain qu'elle se fût emparée. La capitale prise, les Anglais se seraient retirés avec précipitation, après avoir essuyé d'irréparables revers... Mais les pertes considérables que les Français avaient faites devant Busaco ayant refroidi l'ardeur des lieutenants de Masséna et semé la discorde entre eux et lui, tous cherchaient à paralyser les opérations du généralissime et représentaient les plus petits mamelons comme de nouvelles montagnes de Busaco, dont la prise devait coûter des torrents de sang !... Cependant, malgré ce mauvais vouloir, Masséna dirigea vers le centre des ennemis le 8e corps, dont une division, celle de Clausel, enleva le bourg de Sobral, point des plus importants pour nous, et l'on s'attendait à une attaque simultanée sur toute la ligne, lorsque le général Sainte-Croix, qui l'avait conseillée, fut tué d'un coup de canon en avant de Villa-Franca ! Cet excellent officier faisait avec le général Montbrun une reconnaissance sur Alhandra, et longeait le fleuve du Tage, sur lequel croisaient en ce moment plusieurs chaloupes portugaises dirigeant leurs feux contre nos avant-postes, lorsqu'un boulet ramé vint couper en deux l'infortuné Sainte-Croix ! Ce fut une perte immense pour l'armée, pour Masséna, et surtout pour moi qui l'aimais comme un frère !...

Après la mort du seul homme qui pût donner de bons conseils au généralissime, celui-ci retomba dans ses perpétuelles hésitations, se laissant ébranler par les clameurs de ses lieutenants pris maintenant de timidité, et présentant toutes les collines de Cintra comme hérissées de canons prêts à nous pulvériser. Pour savoir à quoi s'en tenir, Masséna, qui, depuis l'avis que Ligniville et moi avions ouvert à la bataille de Busaco, nous témoignait quelque bienveillance, nous chargea de parcourir le front des lignes ennemies. Il est incontestable qu'elles étaient d'une force imposante, mais cependant pas telle, à beaucoup près, qu'on voulait bien le dire.

En effet, les retranchements des Anglais formaient autour de Lisbonne un arc immense, dont le développement était de quinze lieues portugaises, qui font au moins vingt lieues de France. Or, quel est l'officier au fait des choses de la guerre auquel on persuadera qu'une position de vingt lieues d'étendue présente partout les mêmes difficultés et n'est pas faible sur quelques points? Nous en reconnûmes plusieurs, en voyant des officiers ennemis, et même des piquets de cavalerie, y monter très facilement avec leurs chevaux. Nous acquîmes aussi la conviction que nos géographes et officiers chargés de lever le plan des collines avaient figuré des redoutes armées partout où ils apercevaient un peu de terre fraîchement remuée!... Or, les Anglais, pour nous induire en erreur, avaient tracé sur les moindres monticules des ouvrages dont la plupart étaient encore à l'état de projet; mais, eussent-ils été achevés, il nous semblait que les accidents de terrain permettant aux Français de cacher les mouvements d'une partie de leur armée composée de trois corps, il serait possible d'en employer un à simuler des entreprises sur le front des ennemis, pendant que les deux autres attaqueraient réellement les points les plus faibles de cette immense ligne, derrière laquelle les troupes anglaises, si elles voulaient tout couvrir, devaient nécessairement être trop disséminées, ou bien avoir leurs réserves fort éloignées des points d'attaque qui ne leur seraient pas connus d'avance.

L'histoire des guerres du siècle de Louis XIV, époque où l'on faisait grand usage des lignes, prouve que la plupart de celles qui furent attaquées furent enlevées parce que les défenseurs ne pouvaient se soutenir mutuellement. Nous pensions donc qu'il serait facile de percer les lignes anglaises sur quelque point de leur immense développement. La trouée une fois faite, les troupes ennemies, placées à plusieurs lieues et même à une journée de cette trouée, par laquelle pénétrerait en masse un de nos corps d'armée, reconnaîtraient qu'elles n'auraient pas le temps d'accourir, si ce n'est en forces très inférieures, et se retireraient, non pas à Lisbonne, d'où les vaisseaux ne peuvent sortir par tous les vents, mais sur Cascaès, où leur flotte militaire et les transports se trouvaient réunis. La retraite des ennemis eût été bien difficile, et se fût peut-être changée en déroute; mais, dans tous les cas, l'embarquement de l'armée anglaise en notre présence lui eût coûté bien cher : c'eût été la seconde édition de celui de sir John Moore à la Corogne! Nous avons vu depuis des officiers anglais, entre autres le général Hill, convenir que si les Français eussent attaqué pendant les dix premiers jours de leur arrivée devant Lisbonne, ils y auraient facilement pénétré pêle-mêle avec la multitude des paysans, au milieu desquels les troupes anglaises n'auraient pu se débrouiller, ni prendre aucune disposition régulière de défense.

Lorsque mon camarade et moi fîmes notre rapport en ce sens à Masséna, les yeux de ce vieux guerrier étincelèrent d'une noble ardeur, et il dicta sur-le-champ des ordres de marche, afin de préparer l'attaque qu'il comptait faire le jour suivant. Cependant, à la réception de ces ordres, les quatre lieutenants du généralissime accoururent chez lui, et la réunion fut des plus orageuses!... Le général Junot, qui connaissait parfaitement Lisbonne, où il avait commandé, assurait qu'il ne lui semblait pas possible de défendre une ville aussi immense, et se prononçait vivement pour l'attaque. Le général Montbrun partageait cet avis ; mais le maréchal Ney et le général Reynier s'y opposèrent avec chaleur, ajoutant que les pertes éprouvées à Busaco, jointes à celles des blessés abandonnés à Coïmbre, et les nombreux malades que les pluies avaient momentanément mis hors de service, ayant infiniment diminué le chiffre des combattants, il n'était pas possible d'attaquer les fortes positions de Cintra; qu'au surplus, leurs soldats étaient démoralisés, assertion inexacte, car les troupes montraient au contraire une très grande ardeur et demandaient à marcher sur Lisbonne. Masséna, impatienté par cette discussion, ayant répété de vive voix les ordres de marche déjà donnés par écrit, le maréchal Ney déclara formellement qu'il ne les exécuterait pas!... Le généralissime eut alors la pensée de retirer au maréchal Ney le commandement du 6° corps, ainsi qu'il fut dans l'obligation de le faire quelques mois après; mais considérant que Ney commandait depuis sept ans les mêmes troupes dont il était aimé, que son éloignement impliquerait celui de Reynier, ce qui achèverait de jeter la discorde dans l'armée, au moment où elle se trouvait à cinq cents lieues de France, environnée d'ennemis, et où elle avait un si grand besoin d'union, Masséna, que les énergiques conseils de Sainte-Croix eussent soutenu, faiblit devant la désobéissance de ses deux principaux lieutenants. Ces derniers, ne pouvant toutefois le déterminer à quitter le Portugal, lui arrachèrent du moins la promesse de s'éloigner des lignes ennemies et de se retirer à dix lieues derrière Santarem et le Rio-Major, afin d'y attendre de nouveau les ordres de l'Empereur!... Je vis avec douleur cette petite retraite qui en pronostiquait, selon moi, une générale et définitive. Mes pressentiments ne me trompèrent point, ainsi que vous le verrez bientôt.

Je m'éloignai donc à regret des collines de Cintra, tant

j'étais persuadé qu'on aurait pu forcer les lignes encore inachevées, en profitant de la confusion jetée dans le camp anglais par les fuyards. Mais ce qui était alors facile ne le fut plus quinze jours après!... En effet, Wellington, obligé de nourrir de nombreuses populations qu'il avait fait refluer sur Lisbonne, utilisa les bras de 40,000 paysans valides, en les faisant travailler à l'achèvement des fortifications dont il voulait couvrir Lisbonne; cette ville acquit dès lors une très grande force.

CHAPITRE XXXVI

Coureurs anglais. — Nous nous établissons à Santarem. — Organisation de la maraude. — Le maréchal Chaudron. — Triste situation et perplexités de l'armée. — Arrivée des renforts du comte d'Erlon.

Pendant le séjour que nous fîmes à Sobral, je fus de nouveau témoin d'une ruse de guerre employée par les Anglais; elle est d'une telle importance que je crois devoir la signaler ici. On a dit bien souvent que les chevaux de *pur sang* sont inutiles à la guerre, parce qu'ils sont si rares, si coûteux, et qu'ils demandent tant de soins, qu'il est à peu près impossible d'en former un régiment, ni même un escadron. Ce n'est pas ainsi non plus que les Anglais s'en servent en campagne; mais ils ont l'habitude d'envoyer des officiers *isolés*, montés sur des chevaux de course, observer les mouvements de l'armée qu'ils ont à combattre. Ces officiers pénètrent dans les cantonnements de l'ennemi, traversent sa ligne de marche, se tiennent sur les flancs de ses colonnes pendant des jours entiers, et tout juste hors de la portée du fusil, jusqu'à ce qu'ils aient une idée précise de son nombre et de la direction qu'il suit.

Dès notre entrée en Portugal, nous vîmes plusieurs observateurs de ce genre voltiger autour de nous. En vain on essaya de leur donner la chasse, en lançant après eux les cavaliers les mieux montés. Dès que l'officier anglais les voyait approcher, il mettait son excellent coursier au galop, et, franchissant lestement les fossés, les haies et même les ruisseaux, il s'éloignait avec une telle rapidité que les nôtres, ne pouvant le suivre, le perdaient de vue et l'apercevaient peu de temps après à une lieue de là sur le haut de quelque mamelon d'où, le carnet à la main, il continuait à noter ses observations. Cet usage, que je n'ai jamais vu si bien employé que par les Anglais, et que je tâchai d'imiter pendant la campagne de Russie, aurait peut-être sauvé Napoléon à Waterloo, car il eût été prévenu par ce moyen de l'arrivée des Prussiens!... Quoi qu'il en soit, les coureurs anglais, qui depuis notre départ des frontières d'Espagne faisaient le désespoir des généraux français, avaient redoublé d'audace et de subtilité depuis que nous étions devant Sobral. On les voyait sortant des lignes, courir avec la vélocité du cerf à travers les vignes et les rochers, pour examiner les emplacements occupés par nos troupes!...

Mais, certain jour qu'il venait d'y avoir entre les tirailleurs des deux partis une légère escarmouche, dans laquelle nous étions restés maîtres du terrain, un voltigeur qui guettait depuis longtemps le mieux monté et le plus entreprenant des coureurs ennemis, dont il avait remarqué les habitudes, contrefit le mort, certain que dès que sa compagnie serait éloignée, l'Anglais viendrait visiter le petit champ de bataille. Il y vint en effet, et fut très désagréablement surpris de voir le prétendu mort se relever à l'improviste, tuer son cheval d'un coup de fusil, et, courant sur lui la baïonnette en avant, lui prescrire de se rendre, ce qu'il fut contraint de faire!... Ce prisonnier, présenté à Masséna par le voltigeur vainqueur, se trouva être un des plus grands seigneurs d'Angleterre, un Percy, descendant d'un des plus illustres chefs normands, auxquels Guillaume le Conquérant donna le duché de Northumberland, que ses descendants possèdent encore.

M. Percy, reçu avec distinction par le généralissime français, fut conduit à Sobral, où il eut la curiosité de monter sur le clocher pour voir comment notre armée était établie. L'autorisation lui en fut accordée, et de ce point élevé, la longue-vue en main, il fut témoin d'une scène plaisante, dont il ne put s'empêcher de rire, malgré sa mésaventure; ce fut la prise d'un autre officier anglais. Celui-ci, revenu des grandes Indes après vingt ans d'absence, ayant appris en arrivant à Londres que son frère servait en Portugal sous le duc de Wellington, s'était embarqué pour Lisbonne, et de là s'était empressé de gagner à pied les avant-postes, pour embrasser son frère, dont le régiment se trouvait de service. Le temps était ce jour-là magnifique; aussi le nouveau débarqué se complut à admirer les belles campagnes et à considérer les fortifications et les troupes anglo-portugaises qui les occupaient, si bien qu'en se promenant, et distrait de la sorte, il dépassa les avant-postes sans les apercevoir. Il se trouvait entre les deux armées, lorsque, avisant des figues superbes, et n'ayant depuis longtemps mangé des fruits d'Europe, il lui prit fantaisie de monter sur le figuier. Il y faisait tranquillement sa collation, lorsque les soldats d'un poste français situé non loin de là, étonnés de voir un habit rouge sur un arbre, s'en approchèrent, reconnurent la vérité et arrêtèrent l'officier anglais, ce qui fit beaucoup rire tous ceux qui de loin furent témoins de cette capture. Mais cet Anglais, mieux avisé que M. Percy, supplia ses capteurs de le retenir à la lisière de l'armée française, dont il ne voulait pas voir l'intérieur, dans l'espoir d'être échangé. Cette prévoyance eut un bon résultat, car Masséna, ne craignant pas que cet officier pût donner des renseignements sur l'emplacement de nos troupes, le renvoya sur parole, en demandant à lord Wellington de lui rendre en échange le capitaine Letermillier, pris à Coïmbre, et qui devint plus tard un de nos bons colonels. M. Percy, qui avait beaucoup ri de son camarade, apprenant l'échange dont il avait été l'objet, demanda à jouir de la même faveur; mais elle lui fut refusée, parce que, ayant pénétré dans l'intérieur de nos postes et vu la force de plusieurs corps, il pouvait en rendre compte aux généraux ennemis. Ce malheureux jeune homme resta donc prisonnier à la suite de l'armée française, dont il partagea les souffrances pendant six mois, et à notre rentrée en Espagne, on le transporta en France, où il passa plusieurs années.

Masséna, n'ayant pu obtenir de ses lieutenants qu'ils le secondassent dans l'attaque des lignes de Cintra, fut obligé, faute de vivres, de s'éloigner le 14 novembre de ces coteaux, où l'on ne rencontrait que des vignes dépouillées de leurs fruits, et de conduire son armée à dix lieues en arrière, dans une contrée productive en céréales et offrant en même temps des positions susceptibles de défense. Il choisit à cet effet l'espace compris entre le Rio-Major, le Tage, le Zezère, les villes de Santarem, Ourem et Leyria. Le 2ᵉ corps fut établi à Santarem, forte position dont la gauche est défendue par le Tage, et le front par le Rio-Major. Le 8ᵉ corps occupa Torrès-Novas, Pernès et le bas du Monte-Junto. Le 6ᵉ corps fut placé à Thomar, le grand parc d'artillerie à Jancos, et l'on cantonna la cavalerie à Ourem, poussant des avant-postes jusqu'à Leyria. Le maréchal Masséna fixa son quartier général à Torrès-Novas, point central de son armée.

En voyant les Français s'éloigner des coteaux qui avoisinent Lisbonne, les Anglais crurent leur retraite prononcée vers les frontières d'Espagne, et ils les suivirent, mais de loin et avec hésitation, tant ils craignaient que ce ne fût une ruse pour les attirer hors de leurs lignes, afin de les combattre en rase campagne. Cependant, en nous voyant arrêtés derrière le Rio-Major, ils essayèrent d'y troubler notre établissement; mais reçus vigoureusement, et comptant bien que le défaut de subsistances nous forcerait bientôt à abandonner cette contrée favorable à la défensive, ils se bornèrent à nous observer. Lord Wellington mit son quartier général à Cartaxo, en face de Santarem, et les deux armées, séparées seulement par le Rio-Major, restèrent en présence depuis la mi-novembre 1810 jusqu'au 5 mars 1811.

Pendant ce long séjour, les Anglais vécurent largement, grâce aux provisions que le Tage leur apportait de Lisbonne. Quant à notre armée, son existence fut un problème des plus incompréhensibles, car elle n'avait aucun magasin et occupait un terrain fort resserré, eu égard au grand nombre d'hommes et de chevaux qu'il fallait nourrir. La pénurie était immense; mais aussi jamais la patience et l'industrieuse activité de nos troupes ne furent aussi admirables!... De même que dans une ruche d'abeilles, chacun contribua, selon ses facultés et son grade, au bien-être commun. On vit bientôt, par les soins des colonels et de leurs officiers, se former dans tous les bataillons et compagnies des ateliers d'ouvriers de genres divers. Chaque régiment, organisant la *maraude* sur une large échelle, envoyait au loin de nombreux détachements armés et bien commandés qui, poussant devant eux des milliers de baudets, revenaient chargés de provisions de toute espèce et ramenaient, à défaut de bœufs, très rares en Portugal, d'immenses troupeaux de moutons, de porcs et de chèvres. Au retour, le butin était partagé entre les compagnies selon leur force respective, et une nouvelle *maraude* allait en expédition. Mais les contrées voisines de nos cantonnements étant peu à peu épuisées, les maraudeurs s'éloignèrent davantage. Il y en eut qui poussèrent leurs excursions jusqu'aux portes d'Abrantès et de Coïmbre ; plusieurs même franchirent le Tage. Ces détachements, souvent attaqués par des paysans exaspérés de se voir enlever leurs provisions, les repoussèrent toujours, mais perdirent quelques hommes. Ils se trouvèrent même en présence d'ennemis d'un nouveau genre, dont l'organisation, jusque-là sans exemple dans les annales des guerres modernes, rappelait celle des *routiers* et *malandrins* du moyen âge.

Un sergent du 47ᵉ de ligne français, fatigué de la misère dans laquelle se trouvait l'armée, résolut de s'y soustraire pour vivre dans l'abondance. Pour cela, il débaucha une centaine de soldats des plus mauvais sujets, à la tête desquels il alla s'établir au loin, sur les derrières, dans un vaste couvent abandonné par les moines, mais encore bien pourvu de meubles et surtout de provisions de bouche, qu'il augmenta infiniment, en s'emparant de tout ce qui était à sa convenance dans les environs. Dans sa cuisine, les broches et les marmites bien garnies étaient constamment devant le feu ; chacun y prenait à volonté ; aussi, tant par dérision que pour exprimer d'un seul mot le genre de vie qu'on menait chez lui, il se faisait nommer le *maréchal Chaudron !...*

Ce misérable ayant fait enlever une grande quantité de femmes et de filles, l'attrait de la débauche, de la paresse et de l'ivrognerie conduisant bientôt vers lui les déserteurs anglais, portugais et français, il parvint à former de l'écume des trois armées une bande de près de 500 hommes, qui, oubliant leurs anciennes rancunes, vivaient tous en très bonne harmonie, au milieu d'orgies perpétuelles. Ce brigandage durait depuis quelques mois, lorsqu'un détachement de nos troupes, chargé de réunir des vivres devenus plus rares chaque jour, s'étant égaré à la poursuite d'un troupeau jusqu'au couvent qui servait de repaire au prétendu *maréchal Chaudron,* nos soldats furent très étonnés de voir celui-ci venir à leur rencontre à la tête de ses bandits et leur prescrire de respecter *ses terres* et de rendre le troupeau qu'ils venaient d'y prendre !... Sur le refus de nos officiers d'obtempérer à cet ordre, le *maréchal Chaudron* ordonna de faire feu sur le détachement. La plupart des déserteurs français n'osèrent tirer sur leurs compatriotes et anciens frères d'armes; mais les bandits anglais et portugais ayant obéi, nos gens eurent plusieurs hommes tués ou blessés, et n'étant pas assez nombreux pour résister, ils furent contraints de se retirer, suivis par tous les déserteurs français qui se joignirent à eux et vinrent faire leur soumission. Masséna leur pardonna, à condition qu'ils marcheraient en tête des trois bataillons destinés à aller attaquer le couvent. Ce repaire ayant été enlevé après une assez vive résistance, Masséna fit fusiller le *maréchal Chaudron,* ainsi que le petit nombre de Français restés auprès de lui. Beaucoup d'Anglais et de Portugais eurent le même sort, les autres furent envoyés à Wellington, qui en fit bonne et prompte justice.

Dès les premiers jours du mois de novembre, Masséna avait fait connaître sa position à l'Empereur, en envoyant auprès de lui le général de brigade Foy, auquel il avait fallu donner *trois bataillons* pour l'escorter jusqu'en Espagne, d'où il se rendit à Paris. Cependant, le généralissime français, incertain de l'arrivée des renforts attendus, craignait que l'armée anglaise réunie sur la rive droite du Rio-Major, franchissant cette petite rivière, ne vînt attaquer à l'improviste nos divisions, dont chaque régiment avait au moins le tiers de ses hommes détaché à la recherche des vivres, et éloigné de plusieurs jours de marche dans toutes les directions. L'arrivée de l'ennemi au milieu de nos cantonnements, lorsqu'un aussi grand nombre de soldats étaient absents, eût certainement amené une grande catastrophe, et les troupes françaises dispersées étaient exposées à être battues en détail, avant de pouvoir se réunir; mais, heureusement pour nous, lord Wellington attendait tout du temps et n'osa rien entreprendre.

Cependant, l'Empereur, qui n'avait d'autres nouvelles de l'armée de Masséna que celles publiées par les journaux de Londres, ayant enfin reçu les dépêches apportées par le général Foy, ordonna au général comte d'Erlon, chef du 9e corps d'armée, cantonné près de Salamanque, de se rapprocher du Portugal et d'y faire entrer sur-le-champ la brigade Gardanne, dont la mission devait être de chercher l'armée française et de lui amener des munitions de guerre et des chevaux de trait, dont on présumait qu'elle avait grand besoin.

De Paris, où l'Empereur se trouvait alors, il ne pouvait, malgré sa perspicacité, apprécier les nombreuses difficultés qui entraveraient l'accomplissement des ordres donnés au général Gardanne, car Napoléon ne put jamais croire que la fuite des propriétaires portugais, à l'approche d'un corps français, fût si générale qu'il devînt totalement *impossible* de rencontrer un habitant, pour savoir où l'on se trouvait et avoir le moindre renseignement! Ce fut néanmoins ce qui advint à Gardanne. Cet officier, ancien page de Louis XVI, que l'Empereur avait fait gouverneur de ses pages, pensant qu'il dirigerait cette institution mieux que tout autre, avait peu d'initiative, et ne servait bien que dirigé par un général habile. Il se trouva donc absolument désorienté. Ne sachant où trouver l'armée de Masséna, il erra dans toutes les directions, et parvenu enfin à Cardigos, à une journée du Zezère, ainsi que ses cartes le lui indiquaient, il ne comprit pas qu'à la guerre, un partisan à la recherche d'un corps ami doit toujours aller pour ainsi dire *toucher* barre aux fleuves, forêts, grandes villes ou chaînes de montagnes; car, si les troupes qu'il a mission de joindre sont dans les environs, elles ont infailliblement des postes sur ces points importants. On a peine à s'expliquer l'oubli de ces règles du métier de la part de Gardanne. Cet officier général perdit même beaucoup d'hommes en rétrogradant précipitamment et sans avoir vu l'ennemi. S'il eût poussé jusqu'au Zezère, dont il n'était plus qu'à trois lieues, il eût aperçu nos avant-postes. Gardanne retourna en Espagne, où il reconduisit les renforts, les munitions et les chevaux que l'armée de Portugal attendait avec impatience.

Le maréchal Masséna, craignant de manquer de vivres sur la rive droite du Tage, résolut de s'ouvrir une nouvelle carrière en portant une partie de son armée sur la rive gauche de ce fleuve, dans la fertile province de l'Alentejo. A cet effet, le généralissime français fit passer le Zezère par une division qui s'empara de Punhete, petite ville située à l'embouchure de cette rivière dans le Tage. Ce lieu paraissait très favorable à l'établissement d'un pont, qui nous mettrait en communication avec l'Alentejo; mais on manquait de matériaux. Le zèle et l'activité du général Eblé, secondé par les officiers d'artillerie dont il était le digne chef, suppléèrent à tout. On édifia des forges et des scieries, on confectionna des outils et des ferrures, des planches, des madriers, des ancres, des cordages; on construisit enfin de nombreuses barques, et ces travaux divers avançant comme par enchantement, on put bientôt se flatter de l'espoir de jeter un pont solide sur le Tage.

Le duc de Wellington voulait s'opposer au passage de ce fleuve et tira des troupes de Lisbonne pour former un camp sur la rive gauche en face de Punhete, ce qui faisait présager que nous aurions à soutenir un combat sanglant avant de nous établir sur la rive opposée du grand fleuve. L'armée française occupait toujours les positions qu'elle avait prises au mois de novembre en s'éloignant de Cintra. Plusieurs divisions anglaises campaient sur la rive droite du Rio-Major. Le duc de Wellington avait son quartier général au milieu d'elles à Cartaxo. Il y manda le célèbre général marquis La Romana, qui mourut chez lui.

Le temps était affreux, et les chemins changés en torrents, ce qui augmentait la difficulté d'aller chercher au loin des vivres et surtout des fourrages. Néanmoins, la gaieté française ne nous abandonna pas. On avait formé dans chaque cantonnement des réunions pour jouer la comédie, et les déguisements ne nous manquaient pas, car les maisons abandonnées par les habitants étaient amplement fournies de garde-robes laissées par les dames portugaises. Nous y trouvâmes aussi beaucoup de livres français, et nous étions très bien logés.

L'hiver se passa donc assez bien. Cependant, nous faisions quelquefois de bien tristes réflexions, tant sur la fâcheuse situation de l'armée que sur la nôtre. Nous n'avions depuis plus de trois mois aucune nouvelle de nos familles, de la France et même de l'Espagne!... L'Empereur nous enverra-t-il des renforts pour nous mettre à même de prendre Lisbonne, ou bien serons-nous contraints de faire retraite devant les Anglais?... Telles étaient nos préoccupations, lorsque, le 27 décembre, le bruit se répandit tout à coup que le général

Drouet, comte d'Erlon, venait de joindre l'armée à la tête du 9⁰ corps, fort de 25 à 30,000 hommes!... Mais cette satisfaction fut grandement diminuée lorsqu'on apprit que l'armée du comte d'Erlon n'avait jamais été de plus de 12,000 hommes, dont il avait laissé la moitié à la frontière d'Espagne, sous les ordres du général Claparède, en se bornant à prendre avec lui la division Conroux, forte seulement de 6,000 combattants, renfort insuffisant pour battre les Anglais et prendre Lisbonne.

Le général comte d'Erlon, au lieu de se rendre sur-le-champ à Torrès-Novas auprès du généralissime, s'était arrêté à dix lieues de là, à Thomar, quartier général du maréchal Ney. Cela choqua infiniment Masséna, qui m'envoya auprès du chef du 9⁰ corps, afin d'avoir l'explication d'un procédé aussi contraire aux convenances qu'aux règlements militaires. En me chargeant de cette mission, le généralissime ne mettait point en doute que le comte d'Erlon n'eût été placé sous ses ordres par l'Empereur; mais il était dans l'erreur. Les instructions données par le major général au chef du 9⁰ corps le chargeaient seulement de pénétrer en Portugal, d'y chercher l'armée de Masséna, de lui remettre quelques centaines de chevaux de trait, ainsi que des munitions de guerre, et de retourner ensuite en Espagne avec les troupes qui l'accompagnaient. On ne comprend pas qu'après les rapports que le général Foy et le colonel Casabianca avaient faits à l'Empereur sur la triste situation de l'armée de Portugal, il se fût borné à lui envoyer d'aussi faibles secours.

Je trouvai le général comte d'Erlon logé depuis vingt-quatre heures chez le maréchal Ney. Désireux de quitter le Portugal, le maréchal avait retenu son hôte, en évitant ainsi que le comte d'Erlon, influencé par le généralissime, ne mît ses 6,000 hommes à sa disposition, ce qui eût encouragé Masséna à repousser les projets de retraite. Le chef du 9º corps se préparait donc à partir le lendemain, sans même faire une visite à Masséna, auprès duquel il me priait de l'excuser, sous prétexte que des affaires importantes le rappelaient vers les frontières, et qu'il lui était impossible d'aller à Torrès-Novas, cette course devant lui faire perdre trois journées.

Les fonctions d'aide de camp sont bien difficiles, parce qu'elles mettent très souvent l'officier qui les remplit en contact avec des supérieurs dont l'amour-propre est froissé par les instructions qu'il leur porte. Quelquefois, cependant, le bien du service force l'aide de camp à prendre sous sa responsabilité d'interpréter les intentions de son général, en donnant au nom de celui-ci des ordres qu'il n'a pas *dictés!*... Cela est fort grave, même dangereux; mais c'est au bon sens de l'aide de camp à apprécier les circonstances!... Celle dans laquelle je me trouvais était on ne peut plus délicate, car Masséna, n'ayant pas prévu que le chef du 9º corps voulût s'éloigner du Portugal, n'avait pu écrire à ce sujet, et cependant, si ce dernier partait avec ses troupes, les opérations de l'armée seraient paralysées, et le généralissime blâmerait la circonspection qui m'aurait empêché de parler en son nom. Je pris donc une résolution des plus hardies, car, bien que je me trouvasse pour la première fois devant le comte d'Erlon, et que le maréchal Ney, présent à notre entretien, appuyât les raisons qu'il opposait à mes observations, je me permis de lui dire qu'il devait au moins donner au maréchal Masséna le temps nécessaire pour prendre connaissance des ordres que le major général l'avait chargé d'apporter, aussi bien que le temps d'y répondre... Mais le comte d'Erlon ayant répété qu'il ne pouvait attendre, je frappai le grand coup et je lui dis : « Puisque Votre Excellence me force « à remplir ma mission dans toute sa rigueur, je vous « déclare que le maréchal Masséna, généralissime des « armées françaises en Portugal, m'a chargé de vous « transmettre, tant en son nom qu'en celui de l'Empe-« reur, l'*ordre formel* de ne faire faire aucun mouvement « à vos troupes et de vous rendre aujourd'hui même « auprès de lui à Torrès-Novas! »

Le comte d'Erlon ne répondit rien et demanda ses chevaux. Pendant qu'on les préparait, j'écrivis au maréchal Masséna pour l'instruire de ce que j'avais été dans la nécessité de faire en son nom. Je sus plus tard qu'il approuva ma conduite. (On trouve à la page 286 du tome VIII des Mémoires de Masséna, par le général Koch, un passage relatif à la mission que je dus remplir auprès du comte d'Erlon, et dont Masséna aura sans doute pris note; mais la scène dont je fais ici mention est imparfaitement racontée.)

Le comte d'Erlon était un homme fort doux et raisonnable; aussi, dès qu'il eut quitté le camp de Ney, avoua-t-il qu'il n'eût pas été convenable à lui de s'éloigner de l'armée de Portugal sans aller saluer le généralissime, et pendant tout le trajet de Thomar à Torrès-Novas il me traita avec beaucoup de bienveillance, malgré la véhémence que j'avais été obligé de mettre dans les observations que j'avais cru devoir lui adresser. Son entretien avec Masséna acheva sans doute de le convaincre, car il consentit à rester en Portugal avec ses troupes, qui furent envoyées en cantonnement à Leyria. Masséna me sut d'autant plus de gré de la fermeté et de la présence d'esprit dont j'avais fait preuve dans cette affaire, qu'il fut informé, peu de jours après, que le duc de Wellington, ayant formé le projet de venir nous attaquer dans nos cantonnements, en avait été empêché par l'arrivée de la division du général comte d'Erlon ; mais que si ce renfort se fût éloigné, les Anglais auraient marché sur nous, et profité de la dispersion de nos troupes pour nous accabler par le nombre des leurs.

CHAPITRE XXXVII

1811. — Aventures d'un espion anglais. — Mauvais vouloir des chefs de corps. — Retraite. — Incidents et combats divers.

Nous commençâmes à Torrès-Novas l'année 1811, dont les premiers jours furent marqués par un fâcheux événement qui affecta vivement tout l'état-major. Notre camarade d'Aguesseau, aide de camp de Masséna, mourut !... Cet excellent jeune homme, portant un nom illustre, possesseur d'une grande fortune, adoré de sa famille, ne pouvant résister au désir d'acquérir de la gloire, avait pris la carrière des armes, que la faiblesse de sa constitution semblait lui interdire. Il avait néanmoins assez bien supporté les fatigues de la campagne d'Autriche, mais celles de la campagne de 1810 en Portugal furent au-dessus de ses forces, et il quitta la vie à la fleur de l'âge, loin de ses parents et de sa patrie! Nous lui fîmes élever un tombeau dans la principale église de Torrès-Novas.

Le major Casabianca, que Masséna avait dépêché auprès de l'Empereur, était revenu à la suite du comte d'Erlon, en portant au généralissime l'assurance que le maréchal Soult, commandant une nombreuse armée en Andalousie, avait reçu l'ordre d'entrer en Portugal pour se joindre à lui.

Les préparatifs que nous faisions inquiétant Wellington, dont les espions subalternes ne pouvaient pénétrer dans l'espace occupé par nos troupes, il voulut savoir où en étaient nos travaux et employa pour cela un moyen extrême, qui lui avait réussi dans d'autres campagnes. Par une nuit fort obscure, un Anglais revêtu de l'uniforme d'officier se jette dans une petite nacelle placée à la rive gauche, un peu au-dessus de Punhete. Il aborde en silence, passe entre les postes français, et dès les premières lueurs de l'aurore s'avance résolument vers nos chantiers de construction, examine tout à loisir, comme s'il avait fait partie de l'état-major de notre armée, en se promenant tranquillement!... Nos artilleurs et sapeurs, en arrivant pour les travaux du matin, aperçoivent cet inconnu, l'arrêtent et le conduisent au général Eblé, auquel le misérable déclare effrontément qu'il est officier anglais; que, indigné d'un passe-droit fait au détriment de son avancement, il a déserté pour venir se ranger sous les drapeaux de la légion irlandaise au service de France. Envoyé devant le généralissime, non seulement le prétendu déserteur reproduit le même conte, mais il offre de donner les renseignements les plus détaillés sur la position des troupes anglaises et d'indiquer les points les plus favorables pour faire traverser le Tage à notre armée!... Le croiriez-vous?... Masséna et Pelet, tout en méprisant ce misérable, ajoutèrent foi à son récit, et, voulant profiter des avis qu'il donnait, passèrent des journées entières avec lui, couchés sur des cartes et prenant note des dires du déserteur! La crédulité du général Fririon et des autres officiers de l'état-major ne fut pas aussi grande, car on ne put nous persuader qu'un *officier* anglais eût *déserté*, et nous déclarâmes hautement que, à notre avis, ce prétendu capitaine n'était autre qu'un habile espion envoyé par Wellington. Mais tout ce que nous dîmes ne put ébranler la conviction de Masséna, ni celle de Pelet! Cependant nos conjectures étaient bien fondées, ainsi qu'on en eut bientôt la preuve!

En effet, le général Junot étant venu au grand quartier général, ses aides de camp reconnurent le prétendu officier anglais comme ayant joué le même rôle de *déserteur* en 1808, lorsqu'une armée française occupait Lisbonne. Le général Junot se rappela aussi parfaitement l'espion, bien que celui-ci eût pris l'uniforme de fantassin anglais au lieu de celui de housard qu'il portait à Lisbonne, et il conseilla à Masséna de le faire fusiller. Mais l'étranger protesta n'avoir jamais servi dans la cavalerie, et, pour constater son identité, il montra un brevet de capitaine, dont Wellington l'avait probablement muni pour le mettre à même de passer pour ce qu'il disait être. Masséna ne voulut donc pas ordonner l'arrestation de cet homme; mais ses soupçons étant éveillés, il prescrivit au chef de la gendarmerie de le faire surveiller de près. L'espion s'en douta; aussi, la nuit suivante, descendit-il fort adroitement par la fenêtre d'un troisième étage, se jeta dans la campagne et gagna les environs de Tancos, où il passa probablement le Tage à la nage, car on trouva sur la rive une partie de ses vêtements. Il fut ainsi démontré que c'était un agent du généralissime anglais qui s'était joué de Masséna!... Celui-ci s'en prit à Pelet, et sa colère monta au paroxysme lorsqu'il s'aperçut que le faux déserteur, si imprudemment admis dans son bureau, y avait escamoté un petit carnet sur lequel on inscrivait l'état du nombre des combattants de chaque régiment!... On sut plus tard que l'adroit fripon n'était point *officier* dans l'armée britannique, mais un chef de contrebandiers de Douvres, rempli de moyens, d'audace, parlant plusieurs langues, et habitué à prendre toutes sortes de déguisements!

Cependant, le temps s'écoulait sans apporter aucun changement à notre position; car, bien que l'Empereur eût prescrit trois fois au maréchal Soult d'aller promptement avec une partie de l'armée d'Andalousie renforcer Masséna, Soult, imitant en cela l'attitude du maréchal Victor à son égard, lorsqu'en 1809 il s'agissait d'aller le joindre à Oporto, s'était arrêté en chemin vers la fin de janvier, pour faire le siège de Badajoz, dont nous entendions très distinctement le canon. Masséna regrettait vivement que son collègue perdît un temps précieux à faire un siège au lieu de marcher vers lui, quand le défaut de vivres allait bientôt nous contraindre à abandonner le Portugal!... L'Empereur, même après la prise de Badajoz, blâma la désobéissance du maréchal Soult en disant : « Il m'a rendu maître d'une ville et m'a fait perdre un royaume! »

Le 5 février, Foy rejoignit l'armée, à laquelle il conduisit un renfort de deux mille hommes laissés à Ciudad-Rodrigo. Ce général revenait de Paris; il avait longtemps conféré avec l'Empereur sur la fâcheuse position des troupes de Masséna, et portait la nouvelle annonce que le maréchal Soult viendrait bientôt se joindre à nous. Mais tout le mois de février s'étant écoulé sans qu'il parût, le général comte d'Erlon, que par une faute inexplicable l'Empereur n'avait pas mis sous les ordres de Masséna, déclara que ses troupes ne pouvant vivre plus longtemps à Leyria, il allait rétrograder sur l'Espagne. Le maréchal Ney et le général Reynier ayant saisi cette occasion pour exposer de nouveau la misère de leurs corps d'armée dans un pays complètement ruiné, force fut au généralissime de se résigner enfin, après plusieurs mois d'une résistance opiniâtre, à battre en retraite vers la frontière, où il espérait trouver les moyens de nourrir son armée, sans abandonner entièrement le Portugal, qu'il comptait envahir dès l'arrivée des renforts promis.

La retraite commença le 6 mars. Le général Eblé avait

à grand regret employé les jours précédents à détruire les barques construites avec tant de peine à Punhete; mais, dans l'espoir qu'une partie de ces immenses préparatifs pourrait un jour être utile à une armée française, il fit enterrer secrètement toutes les ferrures, en présence de douze officiers d'artillerie, et dresser un procès-verbal qui doit être au ministère de la guerre, et indique le lieu où se trouve ce précieux dépôt, dont le gisement restera probablement inconnu pendant bien des siècles!

Les préparatifs de l'armée française furent tenus si secrets et exécutés avec tant d'ordre, pendant la nuit du 5 au 6 mars, que les Anglais, dont les postes n'étaient séparés des nôtres devant Santarem que par la petite rivière de Rio-Mayor, n'eurent connaissance de notre mouvement que le lendemain matin, lorsque les troupes du général Reynier étaient déjà à cinq lieues de là. Lord Wellington, dans l'incertitude de savoir si notre mouvement avait pour but d'aller passer le Tage à Punhete, ou bien de nous ramener vers l'Espagne, perdit douze heures en hésitations, et l'armée française avait gagné une marche sur la sienne, lorsqu'il prit enfin la résolution de la suivre; mais il le fit mollement et de fort loin. Néanmoins, le général Junot, ayant été imprudemment caracoler devant les housards anglais, reçut une balle dans le nez. Cette blessure ne l'empêcha pas de conserver le commandement du 8ᵉ corps pendant le reste de la campagne.

L'armée se dirigea en colonnes diverses sur Pombal. Le maréchal Ney formait l'arrière-garde avec le 6ᵉ corps et défendit vaillamment le terrain pied à pied. Quant à Masséna, réveillé enfin de sa torpeur, il avait, du 5 au 9 mars, gagné trois jours de marche sur l'ennemi et complètement organisé sa retraite, une des opérations les plus difficiles de la guerre!... Aussi était-il, contre son habitude, d'une gaieté qui nous étonnait tous.

L'armée française, continuant sa retraite d'une manière régulière et concentrée, s'éloignait de Pombal, lorsque son arrière-garde fut vivement attaquée par les coureurs ennemis. Le maréchal Ney les repoussa, et pour leur barrer complètement le passage, et préserver nos équipages dont la marche était fort lente, il fit mettre le feu à la ville. Les historiens anglais se sont récriés contre cet acte qu'ils qualifient de *cruauté,* comme si le premier devoir d'un général n'était pas le salut de son armée!... Or, Pombal et ses environs étant un étroit et long défilé que les ennemis devaient traverser, le meilleur moyen de les arrêter était d'incendier la ville. C'était une extrémité fâcheuse, à laquelle sont réduites en pareil cas les nations les plus civilisées, et les Anglais eux-mêmes ont souvent agi de la sorte.

Il y eut, le 12 mars, un combat assez vif en avant de Redinha, où le maréchal Ney, ayant trouvé une position susceptible d'une bonne défense, crut devoir s'arrêter. Lord Wellington, prenant avec raison cette halte pour une provocation, fit avancer des masses considérables. Une action très chaude s'engagea; le maréchal Ney repoussa les ennemis et se retira ensuite lestement, mais après avoir eu deux ou trois cents hommes mis hors de combat. L'ennemi en perdit plus de mille, notre artillerie ayant longtemps foudroyé ses masses, tandis qu'il n'avait que deux petites pièces en batterie. Cet engagement était vraiment inutile pour les Anglais comme pour nous. En effet, puisque Ney avait ordre de se retirer, pourquoi Wellington, qui savait fort bien que la retraite des Français étant prononcée, le corps de Ney se remettrait en marche après une halte de quelques heures, se laissa-t-il emporter à l'attaquer, pour le seul plaisir de le contraindre à partir un peu plus tôt?... J'étais présent à cette affaire et déplorai que le faux amour-propre des deux généraux eût fait périr tant de braves gens sans aucun résultat pour aucun des deux partis.

Le gros de l'armée française prit position entre Condeixa et Cardaxo. Le moment critique de notre retraite était arrivé. Masséna, ne voulant pas quitter le Portugal, avait résolu de passer le Mondego à Coïmbre, et d'aller cantonner ses troupes dans le fertile pays situé entre cette ville et Oporto, afin d'y attendre les ordres et les renforts promis par l'Empereur; mais le partisan Trent avait coupé le pont de Coïmbre, et le Mondego, grossi par les pluies, était infranchissable à gué. Le généralissime français dut, par conséquent, renoncer à son projet et chercher à gagner Ponte de Murcelha, afin d'y passer l'Alva, torrent des plus impétueux. Le quartier général prit donc, le 13, cette direction, et devait aller le jour même à Miranda de Corvo; néanmoins, sans qu'on pût en connaître le motif, le généralissime alla s'établir à Fuente-Cuberta, et, se croyant bien gardé par les divisions qu'il avait prescrit au maréchal Ney de placer à Cardaxo et Condeixa, il n'avait auprès de lui qu'un poste de 30 grenadiers et 25 dragons. Mais le maréchal Ney, sous prétexte qu'il allait être attaqué par des forces très supérieures aux siennes, venait d'abandonner ces deux points, en prévenant Masséna si tard que celui-ci ne reçut la lettre de Ney que plusieurs heures après l'exécution du mouvement, ce qui exposa le généralissime et tout son état-major à être enlevés par l'ennemi.

En effet, dans la persuasion qu'il était garanti par plusieurs divisions françaises, Masséna, trouvant le site de Fuente-Cuberta fort agréable et le temps superbe, avait ordonné de servir le dîner en plein air. Nous étions donc fort tranquillement à table sous des arbres à l'entrée du village, lorsque, tout à coup, on aperçut un piquet de 50 housards anglais à moins de cent pas de nous! Les grenadiers de la garde prirent aussitôt les armes et entourèrent Masséna, pendant que tous ses aides de camp et les dragons, montant promptement à cheval, s'avancèrent vers les ennemis. Ceux-ci ayant pris la fuite sans brûler une amorce, nous pensâmes que c'étaient des hommes égarés cherchant à rejoindre l'armée anglaise; mais nous aperçûmes bientôt un régiment entier, et vîmes les coteaux voisins couverts de nombreuses troupes anglaises qui cernaient presque entièrement Fuente-Cuberta!

Le danger imminent dans lequel se trouvait le quartier général provenait d'une erreur de Ney, qui, croyant le généralissime informé par sa lettre, avait envoyé à toutes ses divisions l'ordre d'évacuer Condeixa et Cardaxo. Fuente-Cuberta se trouvant ainsi découvert, les ennemis s'étaient approchés en silence du quartier général de Masséna : aussi je laisse à penser quel étonnement fut le nôtre! Fort heureusement, la nuit approchant, il s'éleva un épais brouillard, et les Anglais, ne pouvant supposer que le généralissime français se trouvât ainsi coupé de son armée, pensèrent que le groupe formé par notre état-major était une arrière-garde, avec laquelle ils n'osèrent pas s'engager; mais il est certain que si le détachement de housards ennemis qui parut à l'entrée de Fuente-Cuberta, au moment où nous étions dans la plus complète sécurité, eût chargé dans ce village avec résolution, il enlevait Masséna avec tout ce qui était avec lui. Aussi, dès que les Anglais apprirent le danger qu'avait couru Masséna, ils le firent sonner bien haut, et leur historien Napier prétend que le généralissime français n'échappa à leurs housards qu'en arrachant le panache de son chapeau! Conte d'autant plus absurde que les maréchaux ne portaient pas de panache!

A dix heures du soir, le grand quartier général quitta fort tranquillement Fuente-Cuberta, malgré le voisinage de plusieurs régiments ennemis, dont un se trouvait placé sur une éminence traversée par le chemin que nous suivions. Pour l'en éloigner, le maréchal se servit d'un stratagème employé bien souvent par les ennemis contre les Français, dont la langue leur était familière. Le généralissime, sachant que mon frère parlait très bien l'anglais, lui donna des instructions, et Adolphe, s'avançant jusqu'au bas de la colline et se tenant dans l'ombre, cria au chef des ennemis que le duc de Wellington lui envoyait l'ordre d'appuyer vers sa droite, et d'aller gagner un point qu'il indiquait, mais qui se trouvait hors de la direction suivie par nous. Le colonel ennemi, ne pouvant distinguer au milieu de la nuit et dans le brouillard l'uniforme de mon frère, le prit pour un aide de camp anglais; il obéit donc sur-le-champ, s'éloigna, et nous passâmes lestement, heureux d'avoir échappé à ce nouveau danger. Masséna et son état-major rejoignirent avant le jour les troupes du 6ᵉ corps.

Pendant ce long et pénible trajet, Masséna s'était vivement préoccupé des dangers auxquels Mme X... était constamment exposée. Son cheval s'abattit plusieurs fois sur les quartiers de roches qu'on ne pouvait apercevoir à cause de l'obscurité; cette femme courageuse se relevait, bien que cruellement meurtrie; mais enfin ces chutes devinrent si nombreuses qu'il lui fut impossible de reprendre son cheval, ni de marcher à pied, et l'on fut obligé de la faire porter par des grenadiers. Que serait-elle devenue si on nous eût attaqués?... Aussi le généralissime, tout en nous conjurant de ne pas abandonner Mme X..., nous dit-il à plusieurs reprises : « Quelle faute j'ai commise en emmenant une femme à la guerre! » Bref, nous sortîmes de la situation critique dans laquelle Ney nous avait jetés.

CHAPITRE XXXVIII

Je suis blessé à Miranda de Corvo. — Affaire de Foz de Arunce. — Nouveaux projets de Masséna. — Résistance et destitution de Ney.

Le lendemain 14 mars, Masséna, après avoir repoussé une assez vive attaque entreprise contre son arrière-garde, remit le gros de ses troupes dans une forte position en avant de Miranda de Corvo, afin de donner à l'artillerie et aux équipages le temps de traverser le défilé placé en arrière de ce bourg. Lord Wellington, apercevant l'armée française ainsi arrêtée, fit avancer de fortes masses. Tout annonçait donc un engagement sérieux, lorsque Masséna, voulant donner des instructions à ses lieutenants, les fit convoquer auprès de lui. Trois s'y rendirent promptement. Le maréchal Ney seul se faisant attendre, le généralissime prescrivit au commandant Pelet et à moi d'aller l'inviter à venir au plus tôt. Cette mission, qui paraissait très facile à remplir, faillit cependant me coûter la vie!...

L'armée française était rangée en plusieurs lignes sur un terrain en forme d'amphithéâtre, descendant en pente douce vers un fort ruisseau qui séparait deux larges collines, dont les sommets très praticables, bien que garnis de quelques bouquets de bois, servaient de chemins vicinaux conduisant à Miranda. Au moment où Pelet et moi partions au galop, pour exécuter l'ordre du généralissime, les tirailleurs anglais paraissaient au loin, marchant à l'attaque des deux collines que les nôtres se préparaient à défendre. Pour être plus certains de rencontrer le maréchal Ney, mon camarade et moi, nous nous séparâmes. Pelet prit le chemin de gauche, je suivis celui de droite, en passant par une vaste clairière où se trouvaient nos avant-postes.

Ayant appris que le maréchal Ney venait d'y passer depuis moins d'un quart d'heure, je crus de mon devoir de courir à sa rencontre, et avais l'espoir de le joindre, lorsque j'entendis plusieurs coups de fusil dont les balles sifflèrent à mes oreilles!... J'étais peu éloigné des tirailleurs ennemis placés dans les bois qui bordaient la clairière. Bien que je susse le maréchal Ney escorté par un fort détachement, je ne laissais pas d'être inquiet sur son compte, car je craignais que les Anglais ne l'eussent cerné, lorsque je l'aperçus enfin au delà du ruisseau sur la rive opposée. Pelet était auprès de lui, et tous deux se dirigeaient vers Masséna. Certain dès lors que les ordres de ce dernier avaient été transmis, j'allais retourner auprès de lui, quand un jeune officier de chasseurs à pied anglais s'avance au trot de son petit cheval et me crie : « Attendez, monsieur le Français, je veux faire un « peu bataille avec vous! » Je ne crus pas devoir répondre à cette fanfaronnade et tournai bride vers nos avant-postes, placés à cinq cents pas en arrière... L'Anglais me suivit en m'accablant d'injures!... Je les méprisai d'abord, mais alors l'officier ennemi s'écria : « Je « reconnais bien à votre uniforme que vous êtes attaché « à un maréchal de France, et je ferai mettre dans les « journaux de Londres que ma présence a suffi pour « mettre en fuite un *lâche,* un poltron d'aide de camp de « Masséna ou de Ney! »

J'avoue ma faute; j'eus le tort bien grave de ne pouvoir supporter froidement cette impertinente provocation, et mettant le sabre à la main, je m'élançai avec fureur contre mon adversaire; mais, sur le point de le joindre, j'entends un grand frôlement dans le bois, d'où sortent à l'instant même deux housards anglais qui, s'avançant au galop, me coupent la retraite!... J'avais donné dans un guet-apens! Je compris qu'une défense des plus énergiques pouvait seule m'éviter la honte d'être fait prisonnier, par ma faute, à la vue de toute l'armée française, spectatrice de ce combat disproportionné!... Je me précipitai donc sur l'officier anglais... nous nous joignons... il me porte à la figure un coup de tranchant de son épée; je lui plonge mon sabre dans la gorge... son sang rejaillit abondamment sur moi, et le misérable, tombant de cheval, va tomber dans la poussière qu'il mordait avec rage! Cependant, les deux housards me frappaient de toutes parts, principalement sur la tête. En quelques secondes, mon shako, ma giberne et ma pelisse furent criblés, sans néanmoins que je fusse blessé par aucun de ces coups; mais enfin, le plus âgé des deux housards, soldat à moustache grise, m'enfonça de plus d'un pouce la pointe de son sabre dans le flanc droit! Je ripostai d'un vigoureux coup de revers, et le tranchant de ma lame frappant sur les dents de cet homme, et passant entre ses mâchoires, au moment où il criait pour s'animer, lui fendit la bouche et les joues jusqu'aux oreilles!... Le vieux housard s'éloigna promptement, à ma vive satisfaction, car c'était le plus brave et le plus entreprenant des deux. Quand le jeune se vit seul en face de moi, il hésita un moment, parce que les têtes de nos chevaux se touchant, il comprenait que me tourner le dos pour entrer dans le bois, c'était s'exposer à être frappé. Il s'y détermina pourtant en voyant plusieurs voltigeurs français venir à mon secours; mais il n'évita pas la blessure qu'il redoutait, car, poussé par la colère, je le poursuivis quelques pas et lui allongeai un coup de pointe dans l'épaule qui le fit courir encore plus vite!...

Pendant ce combat, qui dura moins de temps qu'il n'en faut pour le raconter, nos éclaireurs s'étaient rapidement élancés pour venir me dégager, et, de l'autre côté, les chasseurs anglais ayant marché sur le point où venait de tomber leur officier, ces deux groupes ennemis tiraillèrent les uns contre les autres, et je fus sur le point de me trouver exposé aux balles des deux partis. Mais mon frère et Ligniville, qui, du haut de la position occupée par l'armée, m'avaient aperçu aux prises avec l'officier et les deux housards anglais, s'étaient empressés de venir me joindre; j'eus grand besoin de leur aide, car je perdais une si grande quantité de sang par ma blessure au côté, que je me sentais défaillir, et il m'eût été impossible de rester à cheval, s'ils ne m'eussent soutenu.

Dès que j'eus rejoint le grand état-major, Masséna, me prenant la main, me dit : « C'est bien, c'est trop bien « même, car un officier supérieur ne doit pas s'exposer « en faisant le coup de sabre aux avant-postes. » Il avait raison! Mais quand je lui eus fait connaître les motifs qui m'avaient entraîné, Masséna ne me blâma plus autant, et le maréchal Ney, plus bouillant, se rappelant l'époque où il était housard, s'écria : « Ma foi, à la place « de Marbot, j'aurais agi comme lui!... » Tous les généraux et mes camarades vinrent me donner des marques d'intérêt, pendant que le bon docteur Brisset me pansait.

La blessure de ma joue n'avait aucune gravité; elle fut cicatrisée au bout d'un mois, et l'on en voit à peine la trace le long du favori gauche; mais le coup de pointe de sabre qui avait pénétré dans mon flanc droit était dangereux, surtout au milieu d'une longue retraite, qui me forçait à voyager à cheval, sans pouvoir jouir du repos dont un blessé a besoin.

Tel fut, mes chers enfants, le résultat de mon combat, ou, si l'on veut, de mon *équipée* de Miranda de Corvo. Vous avez conservé le shako que je portais alors, et les nombreuses entailles dont les sabres anglais l'ont décoré prouvent que les deux housards ne me ménagèrent pas ! J'avais aussi rapporté ma giberne, dont la banderole avait reçu trois coups de tranchant ; mais elle a été égarée.

J'ai dit qu'au moment où j'étais envoyé à la recherche du maréchal Ney, l'armée française, réunie sur la position qui domine Miranda de Corvo, s'attendait à y être attaquée. Ce combat n'eut pas lieu. Wellington, intimidé sans doute par ses pertes des jours précédents, arrêta la marche de ses troupes ; ce que voyant, Masséna résolut de profiter de la nuit, qui approchait, pour faire traverser aux siennes la ville et le long défilé de Miranda de Corvo. Ma situation fut alors bien pénible. J'avais marché les deux jours et la nuit précédents, et à présent, grièvement blessé, et affaibli par la perte d'une grande quantité de sang, il me fallait passer encore la nuit à cheval, par des chemins affreux, qu'encombraient les chariots des équipages, ceux de l'artillerie et de nombreuses colonnes de troupes, contre lesquelles je me heurtais à chaque instant, l'obscurité étant des plus profondes. Enfin, pour comble de malheur, nous fûmes assaillis par un orage affreux ! La pluie traversa mes vêtements, je fus bientôt transi de froid et grelottais sur mon cheval dont je n'osais descendre pour me réchauffer, car je n'aurais pas eu la force d'y remonter. Ajoutez à cela les vives douleurs que me causait ma blessure au flanc, et vous aurez une faible idée des angoisses auxquelles je fus soumis pendant cette cruelle nuit.

Le 15 au matin, l'armée française parvint sur les bords de la Ceyra, en face de Foz de Arunce. Cette petite ville est située sur une colline qui domine la rivière ainsi que la plaine de la rive gauche par laquelle nous arrivions. Je traversai le pont, et vins m'établir momentanément dans une maison, où je comptais enfin prendre quelque repos; mais j'en fus empêché par une scène affreuse qui se passa sous mes yeux. Déjà les corps de Reynier et de Junot étaient dans Foz de Arunce, celui de Ney se trouvait encore sur l'autre rive; mais le généralissime, informé que l'ennemi nous suivait de près, ne voulut pas exposer son arrière-garde à combattre ayant la Ceyra derrière elle. Il prescrivit donc au maréchal Ney de faire passer la rivière à toutes ses troupes, qui, après avoir coupé le pont et placé de fortes gardes en face d'un gué qui l'avoisine, pourraient paisiblement se reposer dans cette bonne position. Le maréchal Ney, attribuant aux fatigues des deux dernières journées la lenteur des ennemis, les croyait encore fort loin, et il crut qu'il serait pusillanime d'abandonner complètement la rive gauche. En conséquence, il y laissa deux divisions d'infanterie, la brigade de cavalerie Lamotte, quelques pièces de canon, et ne fit pas couper le pont. Cette nouvelle désobéissance faillit nous coûter bien cher. En effet, pendant que Masséna s'éloignait pour aller surveiller à Ponte-Murcelha le rétablissement d'un autre pont qui devait assurer le lendemain à ses troupes l'important passage de la rivière d'Alva, et que le maréchal Ney, rempli de confiance, venait de permettre au général Lamotte de traverser le gué de la Ceyra pour aller prendre des fourrages sur la rive droite, lord Wellington paraît à l'improviste et attaque immédiatement les divisions si imprudemment laissées sur la rive gauche de la Ceyra!... Le maréchal Ney, se plaçant alors courageusement à la tête du 39e, repousse à la baïonnette une charge de dragons anglais. Mais le brave colonel Lamour, du 39°, étant tombé mort, frappé d'un coup de feu, son régiment, dont il était fort estimé, s'émeut, perd son aplomb, se jette sur le 59° et l'entraîne!... En ce moment, une batterie ayant par mégarde envoyé un boulet dans cette direction, nos soldats se croyant tournés, et saisis d'une terreur panique, courent en tumulte vers le pont!... Le général Lamotte, qui de la rive opposée aperçoit cette retraite désordonnée, veut conduire ses cavaliers au secours des fantassins; mais, au lieu de repasser le gué difficile par lequel il était venu, il prend le chemin le plus court et encombre avec sa brigade le pont étroit de la Ceyra, pendant que la masse des fuyards s'y présentait en sens contraire!... Il résulta de ce pêle-mêle que personne ne pouvant passer, bon nombre de fantassins, arrivant à la suite de leurs camarades et voyant le pont embarrassé, se dirigent vers le gué et s'y précipitent!... La grande majorité parvint à le franchir, mais plusieurs, se trompant, tombèrent dans des cavités où ils se noyèrent!...

Pendant cette scène déplorable, le maréchal Ney, qui se consumait en efforts pour réparer sa faute, parvient enfin à réunir un bataillon du 27°, fait battre la charge et pénètre jusqu'aux divisions Mermet et Ferey, qui étaient restées fermes à leur poste et combattirent vaillamment. Le maréchal Ney, se mettant à leur tête, reprend l'offensive, et repousse les ennemis jusque dans leur camp principal. Les Anglais, étonnés par cette vigoureuse attaque, ainsi que par les cris de ceux de nos soldats qui se débattaient dans les eaux de la Ceyra, crurent que toute l'armée française s'élançait contre eux; ils sont à leur tour frappés de terreur, jettent leurs armes, laissent leurs canons et s'abandonnent à une fuite précipitée!... Les troupes des généraux Reynier et Junot, placées sur la rive droite, furent alors, ainsi que moi, témoins d'un spectacle bien rare à la guerre, celui de plusieurs divisions de partis différents se fuyant mutuellement dans le plus grand désordre!... Enfin la panique étant calmée de part et d'autre, Anglais et Français revinrent peu à peu sur le terrain abandonné, pour ramasser leurs fusils; mais on était si honteux des deux côtés, que bien que les soldats ennemis fussent très près, il ne fut pas tiré un seul coup de fusil, ni échangé aucune provocation; chacun regagna silencieusement son poste... Wellington même n'osa s'opposer à la retraite du maréchal Ney, qui fit repasser la rivière et couper le pont. Dans ce bizarre engagement, les Anglais eurent 200 hommes hors de combat et nous en tuèrent une cinquantaine; mais nous eûmes 100 noyés, et, malheureusement, le 39e perdit son aigle, que les meilleurs plongeurs ne purent alors retrouver; elle le fut l'été suivant par les paysans portugais, lorsque les fortes chaleurs eurent mis à sec une partie de la rivière.

Le maréchal Ney, furieux de l'échec qu'il venait d'éprouver, s'en prit au général Lamotte et lui retira sa brigade. Lamotte était cependant un bon et brave officier, auquel l'Empereur rendit justice plus tard. Quant à Ney, il était si désireux de prendre une revanche de sa mésaventure que, dans l'espoir d'attaquer Wellington lorsqu'il voudrait à son tour passer la Ceyra, il resta immobile une partie de la journée du 16 sur les bords de cette rivière, et Masséna fut obligé de lui expédier quatre ou cinq aides de camp pour le forcer à lever son bivouac et à suivre le mouvement de retraite. L'armée franchit l'Alva le 17, sur le pont reconstruit à Ponte-Murcelha, et continua pendant cinq jours sa retraite sur Celorico sans être inquiétée.

La vallée que nous venions de parcourir entre le Mondego et la chaîne d'Estrella est très praticable, des plus fertiles, et l'armée y vécut dans l'abondance ; aussi, en nous retrouvant à Celorico, où, à notre entrée en Portugal, Masséna avait eu la malencontreuse idée de quitter cette belle vallée, pour se jeter dans les montagnes de Viseu et de Busaco, l'armée le blâma-t-elle de nouveau, car cette faute avait coûté la vie à plusieurs milliers d'hommes et fait manquer notre campagne. Aussi le maréchal, ne pouvant se résigner à rentrer en Espagne, résolut-il de se maintenir en Portugal à tout prix !... Son projet était de regagner le Tage par Guarda et Alfayates, de prendre position à Coria et Placencia, de rétablir le pont d'Alcantara, de s'y joindre aux troupes françaises commandées par le maréchal Soult devant Badajoz, de pénétrer tous ensemble dans l'Alentejo, et de marcher ensuite sur Lisbonne Masséna espérait forcer ainsi Wellington à rétrograder promptement pour chercher à défendre cette capitale, qui, attaquée à revers par l'Alentejo, n'aurait eu que fort peu de moyens de résistance, car elle n'était pas fortifiée sur la rive gauche du Tage.

Pour rendre la marche des troupes plus facile, le maréchal envoya en Espagne tous les blessés et malades. Je refusai de les suivre, et, malgré mes souffrances, je préférai rester au milieu de l'armée, auprès de mon frère et de mes camarades. Pendant la marche de deux jours faite à Celorico, Masséna ayant communiqué son plan à ses lieutenants, le maréchal Ney, qui brûlait du désir de recouvrer son indépendance, s'opposa à l'entreprise d'une nouvelle campagne, et déclara qu'il allait ramener ses troupes en Espagne, parce qu'elles ne trouvaient plus en Portugal de quoi faire du pain. C'était vrai ; mais l'armée avait d'immenses troupeaux et était habituée depuis six mois à vivre sans pain, chaque soldat recevant plusieurs livres de viande et du vin en quantité.

La nouvelle désobéissance de Ney, encore plus positive que les précédentes, excita l'indignation de Masséna. Il y répondit par un ordre du jour qui ôtait au maréchal Ney le commandement du 6ᵉ corps. Cet acte de vigueur, juste et indispensable, était trop tardif; il aurait fallu le faire à la première rébellion de Ney. Celui-ci refusa d'abord de s'éloigner, en disant que l'Empereur lui ayant donné le commandement du 6ᵉ corps, il ne le quitterait que par son ordre ! Mais le généralissime ayant réitéré son injonction, le maréchal Ney partit pour Alméida et rentra en Espagne, d'où il se rendit auprès de l'Empereur à Paris. Le 6ᵉ corps fut confié au général Loison, que son rang d'ancienneté appelait à ce commandement.

Le renvoi du maréchal Ney produisit sur l'armée une sensation d'autant plus profonde qu'on en connaissait le principal motif, et qu'il avait exprimé le vœu général des troupes, en insistant pour rentrer en Espagne.

Le 24, l'armée, commençant le mouvement qui devait la ramener sur le Tage, occupa Belmonte et Guarda. Cette dernière ville est la plus élevée de la Péninsule. Il y faisait un froid des plus piquants, qui fit mourir plusieurs hommes et rendit ma blessure au côté infiniment douloureuse. Masséna reçut à Guarda plusieurs dépêches du major général, presque toutes ayant deux mois de date ! Cela démontre dans quelle erreur était Napoléon en pensant que de Paris il pouvait diriger les mouvements d'une armée faisant la guerre de Portugal !... Ces dépêches parvinrent au généralissime d'une manière inusitée jusqu'alors dans l'armée française. Le prince Berthier les avait confiées à M. de Canouville, son aide de camp; mais ce jeune officier, un des *beaux* de l'armée, voyant la difficulté de joindre l'armée de Masséna, se contenta de déposer ses dépêches à Ciudad-Rodrigo, et reprit le chemin de Paris, d'où l'on cherchait précisément à l'éloigner à la suite d'une bruyante équipée. Voici l'anecdote dont le fait principal remonte à l'époque où le général Bonaparte commandait en chef l'armée d'Italie.

Plusieurs dames de sa famille étant venues le joindre à Milan, l'une d'elles épousa un de ses généraux les plus dévoués, et comme, selon la mode du temps, elle montait à cheval, ayant une petite pelisse à la housarde par-dessus ses vêtements féminins, Bonaparte lui en avait donné une remarquablement belle par sa fourrure et surtout parce que tous les boutons étaient en diamant. Quelques années après, cette dame, devenue veuve, s'était remariée à un prince étranger, lorsqu'au printemps de 1811 l'Empereur, passant au Carrousel la revue de la garde, aperçoit au milieu de l'état-major du prince Berthier l'aide de camp Canouville portant fièrement la pelisse donnée par lui jadis à sa parente ! La fourrure et les diamants constataient l'identité ! Napoléon les reconnut et s'en montra fort courroucé ; la dame fut, dit-on, sévèrement réprimandée, et l'imprudent capitaine reçut une heure après l'ordre de porter des dépêches à Masséna, auquel il était prescrit de retenir cet officier indéfiniment auprès de lui. Canouville s'en douta, et je viens de dire comment il profita du hasard qui l'empêcha de pénétrer en Portugal ; mais à peine était-il de retour à Paris, qu'on le réexpédia pour la Péninsule, où il arriva tout honteux de sa déconvenue ! La conversation de ce moderne Lauzun nous amusa, en nous mettant au courant de ce qui s'était passé dans les salons de Paris depuis que nous en étions absents, et nous rîmes beaucoup de la recherche de sa toilette, qui contrastait grandement avec le délabrement de nos uniformes usés par une année de campagne, de sièges, de marches et de combats!... Canouville, d'abord fort étonné de la prompte transition qui, des charmants boudoirs parisiens, l'avait jeté au milieu d'un bivouac, parmi les rochers du Portugal, se résigna à ce changement. C'était un homme d'esprit et de courage; il se fit bravement tuer l'année suivante à la bataille de la Moskowa.

CHAPITRE XXXIX

Retraite définitive. — Confusion d'ordres. — Retour offensif sur
Alméida. — Mauvaise volonté de Bessières.

Les dépêches de l'Empereur que M. de Canouville avait laissées à Ciudad-Rodrigo, lors de son premier voyage, étant parvenues à Masséna pendant qu'il était à Guarda, en disposition de garder les rives du Tage supérieur, le généralissime, au lieu d'exécuter son mouvement sur-le-champ, perdit plusieurs jours à répondre à ces lettres datées de deux mois. Ce retard nous fut nuisible. Les ennemis en profitèrent pour réunir leurs troupes et vinrent nous attaquer dans Guarda même. Nous les repoussâmes, et il en fut ainsi dans plusieurs combats partiels que Masséna soutint, pour attendre des officiers envoyés par lui vers Alcantara. Leur rapport ayant constaté l'impossibilité de nourrir l'armée dans une contrée sans ressource, la volonté de Masséna dut fléchir enfin devant une accumulation d'obstacles qu'aggravaient encore la répugnance des généraux et le dénuement des troupes. Il fut donc résolu qu'on rentrerait en Espagne. Mais au lieu de le faire promptement, le généralissime retardait sa sortie du Portugal, et lord Wellington, saisissant l'occasion que lui offrit un faux mouvement du général Reynier, l'attaqua à Sabugal. Les succès furent balancés; néanmoins, nous eûmes encore deux à trois cents hommes hors de combat dans cet engagement glorieux, mais inutile.

L'armée française passa la frontière le lendemain, 1er avril, et campa sur les terres d'Espagne. Elle présentait encore un effectif de plus de quarante mille hommes, et avait envoyé à Ciudad-Rodrigo et Salamanque plusieurs convois de malades et blessés, s'élevant à plus de dix mille. Nous étions entrés en Portugal avec soixante mille combattants, sans compter la division du 9e corps qui vint nous rejoindre. Notre perte avait donc été pendant cette longue campagne d'environ dix mille hommes tués, pris ou morts de maladie!

L'armée prit position autour d'Alméida, de Ciudad-Rodrigo et de Zamora. Masséna se trouva alors dans une situation des plus pénibles; car ces deux places fortes et les pays circonvoisins étaient placés sous l'autorité du maréchal Bessières, auquel l'Empereur avait confié le commandement d'une nouvelle armée dite *du Nord*, entièrement composée des troupes de la jeune garde. Il en résulta un conflit de pouvoirs entre les deux maréchaux, Bessières voulant conserver tous les approvisionnements pour ses troupes, et Masséna soutenant avec raison que l'armée qu'il ramenait de Portugal, où elle venait d'éprouver tant de privations, avait au moins autant de droits à la distribution des vivres. L'Empereur, ordinairement si prévoyant, n'avait donné aucun ordre pour le cas où l'armée de Masséna serait forcée de rentrer en Espagne.

Il régnait donc une grande incertitude sur cette frontière, principalement pour la défense de Ciudad-Rodrigo et d'Alméida. Ces deux forteresses, l'une espagnole, l'autre portugaise, sont tellement voisines que l'une d'elles devenait inutile. L'Empereur avait donc ordonné de retirer la garnison ainsi que l'artillerie de cette dernière place, et d'en démolir les remparts, déjà si fortement ébranlés par l'explosion qui, l'année précédente, nous en avait rendus maîtres. Mais au moment où le général Brenier, gouverneur, allait opérer la destruction d'Alméida, il avait reçu contre-ordre du ministre de la guerre, de sorte que Masséna, arrivant de Portugal sur ces entrefaites, n'osa prendre aucune décision. Cependant, comme ses troupes ne pouvaient subsister dans les environs rocailleux et stériles d'Alméida, il fut contraint de les éloigner et d'abandonner cette place à ses propres ressources, qui consistaient en une très faible garnison, ayant seulement pour vingt-cinq jours de vivres. Si l'on eût eu des ordres positifs de l'Empereur, la présence de l'armée de Portugal eût permis de détruire en une semaine les fortifications d'Alméida, que les Anglais s'empressèrent d'environner dès que l'armée se fut éloignée, et il fallut entreprendre le mois suivant une sanglante expédition pour sauver cette place, ce à quoi l'on ne put même pas parvenir.

L'ordre qui plaçait le comte d'Erlon et le 9e corps sous le commandement du généralissime venait enfin d'arriver : c'était trois mois trop tard !... Le maréchal Masséna, après avoir mis son armée en cantonnement entre Ciudad-Rodrigo, Zamora et Salamanque, alla le 9 avril établir son quartier général dans cette dernière ville. Pendant que nous nous y rendions, il se passa sous les yeux du généralissime un fait peu honorable pour l'armée anglaise. Sir Waters, colonel attaché à l'état-major de Wellington, avait été fait prisonnier par nos troupes, et comme il donna sa parole de ne point s'évader, Masséna prescrivit de lui laisser ses armes, son cheval, et de le loger tous les soirs dans une maison particulière. Cet officier voyageait donc librement à la suite de nos colonnes, lorsqu'en passant dans le bois de Matilla, où elles faisaient une halte, il saisit le moment où chacun se reposait, et mettant son excellente monture au galop,

il disparut! Trois jours après, il rejoignit Wellington, qui parut trouver le tour fort plaisant!... Ce même Wellington répondit à Masséna, qui se plaignait de ce que les miliciens portugais massacraient les prisonniers français, et avaient naguère fait subir le même sort à un de nos colonels d'état-major : « Que se trouvant dans l'obli-
« gation d'employer tous les moyens pour repousser une
« guerre d'invasion, il ne pouvait répondre des excès
« auxquels se portaient les paysans! »

Le repos, joint aux bons soins que je reçus à Salamanque, me rétablit promptement; mais le bonheur que j'en éprouvai fut troublé par un fâcheux incident, qui me fit une peine extrême. Mon excellent ami Ligniville nous quitta à la suite d'une très grave discussion qu'il eut avec Masséna. Voici à quel sujet.

Masséna avait confié à Ligniville les difficiles fonctions de grand écuyer, que celui-ci n'accomplissait, du reste, que volontairement et par obligeance. Amateur de chevaux, Ligniville, qui avait surveillé ceux du maréchal pendant la campagne d'Allemagne, eut la plus grande peine à les nourrir en Espagne et en Portugal. Il s'y résigna cependant. On avait reconnu que, pour transporter la cuisine et les bagages du grand quartier général, il fallait au moins trente mulets, et Ligniville, avant notre entrée en campagne, en avait proposé l'acquisition; mais Masséna, ne voulant pas faire personnellement cette dépense, chargea l'intendant de l'armée de les lui procurer. Masséna conserva constamment ces bêtes de somme, qu'il avait encore à notre arrivée à Salamanque. Les Espagnols ont la bonne habitude de raser le dos des mulets, afin d'empêcher que le poil mouillé par la sueur, se pelotonnant sous le bât, ne blesse ces animaux. Cette opération ne peut être faite que par des hommes spéciaux et coûte assez cher. Masséna proposa donc à mon ami Ligniville d'ordonner à l'alcade de Salamanque de payer cette dépense sur les fonds de la ville; mais Ligniville ayant refusé de se prêter à une mesure qu'il considérait comme une exaction, il s'ensuivit une scène, à la suite de laquelle mon ami déclara au maréchal que, puisqu'il reconnaissait si peu la condescendance qu'il avait eue de remplir les fonctions de grand écuyer, non seulement il y renonçait, mais qu'il lui donnait sa démission et allait rejoindre le 13ᵉ de dragons auquel il appartenait.

Masséna employa vainement tous les moyens pour le retenir : Ligniville, homme très calme, mais très ferme, resta inébranlable. Il fixa donc le jour de son départ. Le commandant Pelet étant en mission, je remplissais les fonctions de premier aide de camp, et en cette qualité je réunis tous les officiers de l'état-major de Masséna, et leur proposai de donner une marque d'estime et de regret à notre ancien et bon camarade, en l'accompagnant à cheval à une lieue de la ville. Cette proposition fut acceptée; mais, afin que Prosper Masséna ne parût pas blâmer son père, nous eûmes soin de le désigner pour rester au salon de service, pendant que nous conduisions Ligniville, auquel nous fîmes l'adieu le plus cordial, car il était aimé de tous. Masséna s'émut de cet acte, cependant très honorable, et m'accusa d'en avoir été le promoteur; il reprit dès lors sa rancune à mon égard, bien que ma conduite dans cette campagne m'eût rendu sa confiance et son intérêt.

Cependant la garnison d'Alméida, cernée par les Anglais et près de manquer de vivres, allait être réduite à capituler, et l'Empereur, afin d'arracher aux Anglais ce triomphe, venait d'ordonner à Masséna de ramener toutes ses troupes sur Alméida et d'en faire sauter les remparts. Mais cette opération, qu'il eût été si facile d'exécuter quelques semaines avant, lorsque l'armée, à sa sortie de Portugal, se trouvait réunie autour de la place et en tenait les Anglais éloignés, était devenue très délicate, à présent qu'ils bloquaient Alméida avec des forces considérables; il fallait livrer bataille. A cette difficulté s'en joignait une autre non moins grave : l'armée de Masséna, répartie dans la province de Salamanque, ne vivait pas dans l'abondance; mais enfin, chaque cantonnement nourrissait tant bien que mal sa petite garnison, tandis que, pour se porter sur les Anglais, il fallait réunir nos troupes, pourvoir dès lors à leurs besoins, et nous n'avions ni magasins ni moyens de transport suffisants.

Le maréchal Bessières, gouverneur de la province, disposait de toutes les ressources, qu'il réservait pour les régiments de la garde. Il avait une nombreuse cavalerie, ainsi qu'une formidable artillerie, tandis que Masséna, dont l'infanterie était encore redoutable, manquait de chevaux, ceux de son armée se trouvant en grande partie hors d'état de faire un bon service. Le généralissime avait donc invité Bessières à lui en prêter, et toutes les lettres de celui-ci étaient remplies des protestations les plus rassurantes; mais comme elles restaient sans effet, et qu'on savait Alméida aux abois, Masséna, ne se contentant plus d'écrire à son collègue, dont le quartier général était à Valladolid, résolut de lui dépêcher un aide de camp qui pût lui expliquer la gravité de la position et le presser d'envoyer des secours en cavalerie, vivres, munitions, etc., etc. Ce fut sur moi que le généralissime jeta les yeux pour remplir cette mission. Fortement blessé le 14 février, je ne pouvais guère être en bonne santé le 19 avril pour courir la poste à franc étrier et m'exposer aux attaques des guérillas dont les routes étaient couvertes. Dans toute autre circonstance, j'en aurais fait l'observation au maréchal; mais comme il me boudait, et que j'avais, par excès de zèle, demandé à reprendre mon service, ne m'attendant pas à avoir quelques jours après une aussi rude corvée, je ne voulus rien devoir à la commisération de Masséna. Je partis donc, malgré les instances de mes camarades et de mon frère, qui s'offrait pour me remplacer.

Pour remplir la mission qui m'était confiée, je dus, en sortant de Salamanque, prendre le galop sur des chevaux de poste. Ma blessure au côté se rouvrit et me causa de très vives douleurs; je parvins cependant à Valladolid. Le maréchal Bessières, pour achever de me prouver qu'il n'avait conservé aucune rancune contre moi, au sujet de la discussion survenue entre le maréchal Lannes et lui sur le champ de bataille d'Essling, discussion où je fus si innocemment impliqué, le maréchal Bessières, dis-je, me reçut parfaitement, et obtempérant aux demandes que Masséna m'avait chargé de lui réitérer, il promit d'envoyer plusieurs régiments et trois batteries d'artillerie légère pour renforcer l'armée de Portugal, ainsi que des vivres en abondance.

J'avais un tel empressement de rapporter ces bonnes nouvelles à Masséna, qu'après quelques heures de repos je repris le chemin de Salamanque. Je crus un moment que j'allais être attaqué; mais à la vue des flammes qui surmontaient les lances des cavaliers de notre escorte, les guérilleros, dont cette arme était la terreur, s'enfuirent à toutes jambes, et j'arrivai sans encombre auprès du généralissime. Masséna, bien que très satisfait du résultat de ma mission, ne m'adressa aucune parole bienveillante sur le zèle dont j'avais fait preuve. Il faut avouer que les grandes contrariétés dont il était entouré contribuaient infiniment à aigrir son caractère déjà vindicatif. Il en éprouva une nouvelle, qui mit le comble à sa perplexité.

La guerre que nous faisions dans la Péninsule étant dirigée de Paris, il en résultait des anomalies vraiment incompréhensibles; ainsi, au moment où le major général prescrivait à Masséna au nom de l'Empereur de réunir toutes les troupes de son armée pour voler au secours d'Alméida, il ordonnait au comte d'Erlon, chef du 9ᵉ corps, faisant partie de cette même armée, de se rendre sur-le-champ en Andalousie pour y joindre le maréchal Soult. Le comte d'Erlon, ainsi placé entre deux destinations contraires, et comprenant que ses troupes seraient mieux dans les belles contrées de l'Andalousie que dans les arides provinces du Portugal, se préparait à partir pour Séville; mais comme son éloignement, en privant Masséna de deux belles divisions d'infanterie, l'aurait mis dans l'impossibilité de secourir Alméida, ainsi que l'Empereur l'avait prescrit, le maréchal s'opposa au départ du comte d'Erlon. Celui-ci insista, et nous vîmes se renouveler les déplorables contestations dont nous avions déjà été témoins l'hiver précédent au sujet du 9ᵉ corps. Enfin, sur les instances de Masséna, le comte d'Erlon consentit à rester jusqu'après le déblocus d'Alméida. Ces sollicitations d'un généralissime envers son inférieur constituaient un véritable contresens, et ne pouvaient qu'altérer la discipline militaire.

Cependant, les renforts promis par le maréchal Bessières n'étant pas encore arrivés à Salamanque le 21, Masséna, ne comptant plus que sur ses propres ressources pour forcer Alméida, se rendit à Ciudad-Rodrigo, où son armée fut concentrée le 26. Mais pour nourrir cette accumulation de forces, il fallut entamer l'approvisionnement de Rodrigo et compromettre ainsi le sort futur de cette place importante.

Nous n'étions qu'à trois lieues des Anglais. Ils entouraient la ville d'Alméida, avec laquelle nous ne pouvions communiquer, et nous ignorions leurs forces, mais on savait que Wellington s'était transporté derrière Badajoz avec un gros détachement de plusieurs divisions, et Masséna, espérant qu'il ne pourrait être de retour avant huit ou dix jours, voulut profiter de son absence et de celle d'une partie de l'armée ennemie, pour opérer le ravitaillement d'Alméida. Mais Wellington, informé du mouvement des Français, revint promptement sur ses pas et se trouva devant nous le 1er mai. Ce fut un grand malheur; car il est probable que sir Spencer, chargé par intérim du commandement de l'armée anglaise, ce qui était au-dessus de ses forces, n'aurait pas osé prendre sur lui la responsabilité d'engager une bataille avec un adversaire tel que Masséna, et celui-ci aurait pu sans peine ravitailler Alméida.

Les soldats français, bien qu'ils ne reçussent depuis plusieurs jours qu'une demi-ration de mauvais pain et un quart de viande, demandaient néanmoins le combat, et leur allégresse fut grande lorsque, le 2 au matin, ils virent paraître une faible colonne des troupes du maréchal Bessières, qu'ils prirent pour l'avant-garde de l'armée du Nord. Mais ce renfort, si pompeusement annoncé et si longtemps attendu, se bornait à 1,500 hommes de cavalerie bien montés, six pièces d'artillerie et trente bons attelages; Bessières n'amenait ni munitions de guerre, ni provisions de bouche!... C'était une véritable déception! Masséna resta stupéfait, mais il se mit bientôt en colère en apercevant Bessières, qui conduisait lui-même un si faible secours! La présence de ce maréchal était en effet blessante pour Masséna. L'armée de Portugal, en rentrant en Espagne, se trouvait, il est vrai, dans les provinces soumises au commandement territorial de Bessières, mais elle était néanmoins indépendante de lui, uniquement aux ordres de Masséna, et parce que le

maréchal Bessières prêtait quelques soldats à celui-ci, ce n'était pas une raison pour qu'il vînt en personne contrôler en quelque sorte la conduite de son collègue. Masséna le comprit, et nous dit en voyant apparaître Bessières : « Il aurait beaucoup mieux fait de m'envoyer
« quelques milliers d'hommes de plus, ainsi que des
« munitions et des vivres, et de rester au centre de ses
« provinces, plutôt que d'examiner et de critiquer ce
« que je vais faire!... » Bessières fut donc reçu très froidement, ce qui ne l'empêcha pas de suivre constamment Masséna pendant cette courte campagne et de donner son avis. L'armée se mit en mouvement dans l'après-midi du 2 mai, et le 3, les hostilités commencèrent.

Ici se déroule une nouvelle série de fautes, provenant du mauvais vouloir de certains généraux envers Masséna, ainsi que de la mésintelligence qui régnait entre les autres.

CHAPITRE XL

Bataille de Fuentès d'Oñoro. — Fatale méprise. — Beau mouvement de Masséna. — Insuccès dû à l'abstention de Bessières.

Lorsque nous rencontrâmes l'armée anglo-portugaise à l'extrême frontière de l'Espagne et du Portugal, elle était postée en avant de la forteresse d'Alméida, dont elle faisait le blocus; les troupes occupaient un très vaste plateau, situé entre le ruisseau de Turones et celui qui coule dans le profond ravin nommé *Dos Casas*. Lord Wellington avait sa gauche auprès du fort détruit de la Conception, le centre vers le village d'Alameda, et sa droite, placée à Fuentès d'Oñoro, se prolongeait vers le marais de Nave de Avel, d'où sort le cours d'eau que les uns nomment Dos Casas et les autres Oñoro; ce ruisseau couvrait son front. Les Français arrivèrent sur cette ligne en trois colonnes, par la route de Ciudad-Rodrigo. Les 6ᵉ et 9ᵉ corps, réunis sous les ordres du général Loison, formaient l'aile gauche placée en face de Fuentès d'Oñoro. Le 8ᵉ corps, sous Junot, et la cavalerie de Montbrun, étaient au centre, au bas du monticule de la Briba. Le général Reynier, avec le 2ᵉ corps, prit position à la droite, observant Alameda et la Conception. Plusieurs bataillons d'élite, les lanciers de la garde et quelques batteries composaient la réserve, aux ordres du général Lepic, célèbre par sa valeur et la brillante conduite qu'il avait tenue à la bataille d'Eylau.

A peine nos troupes étaient-elles à leurs postes respectifs, que le général Loison, sans attendre les ordres de Masséna pour un mouvement simultané, fondit sur le village d'Oñoro, occupé par les Écossais et la division d'élite de l'armée des alliés. L'attaque fut si brusque et si vive que les ennemis, bien que retranchés dans des maisons en pierres sèches très solides, furent obligés d'abandonner leur poste; mais ils se retirèrent dans une vieille chapelle située au sommet des énormes rochers qui dominent Oñoro, et il devint impossible de les déloger de cette importante position. Masséna prescrivit donc de s'en tenir pour le moment à l'occupation du village, et de garnir toutes les maisons de troupes; mais cet ordre fut mal exécuté, car la division Ferey, qui en était chargée, se laissant emporter par l'ardeur d'un premier succès, alla se former tout entière en dehors d'Oñoro et s'exposa ainsi au canon et à la fusillade des Anglais placés autour de la chapelle. Enfin, pour comble de malheur, le désordre fut jeté parmi nos troupes par un déplorable événement que l'on aurait dû prévoir.

Il y avait, dans la division Ferey, un bataillon de la légion hanovrienne au service de la France. L'habit d'uniforme de ce corps était rouge comme celui des Anglais, mais il portait des capotes grises comme toute l'armée française; aussi le commandant des Hanovriens, qui avait eu plusieurs hommes tués par nos gens au combat de Busaco, avait-il demandé, avant d'entrer à Oñoro, l'autorisation de faire garder les capotes à sa troupe, au lieu de les rouler sur les sacs, ainsi que cela venait d'être prescrit. Mais le général Loison lui répondit qu'il devait se conformer à l'ordre donné pour tout le corps d'armée. Il en résulta une méprise bien cruelle; car le 66ᵉ régiment français, ayant été envoyé au soutien des Hanovriens qui combattaient en première ligne, les prit au milieu de la fumée pour un bataillon anglais et tira sur eux, pendant que notre artillerie, induite aussi en erreur par les habits rouges, les couvrait de mitraille.

Je dois à ces braves Hanovriens la justice de dire que, bien que placés ainsi entre deux feux, ils les supportèrent longtemps sans reculer d'un seul pas; mais enfin, ayant un grand nombre de blessés et 100 hommes tués, le bataillon se trouva dans l'obligation de se retirer en longeant un des côtés du village. Les soldats d'un régiment français qui y entraient en ce moment, voyant des habits rouges sur leur flanc, se crurent tournés par une colonne anglaise, et il en résulta quelque désordre, dont les ennemis profitèrent habilement pour reprendre Fuentès d'Oñoro, ce qui ne serait pas arrivé si les généraux eussent garni les fenêtres de fantassins, ainsi que l'avait prescrit Masséna. La nuit vint mettre un terme à ce premier engagement, dans lequel nous eûmes 600 hommes mis hors de combat. Les pertes des ennemis furent à peu près les mêmes, et portèrent principalement sur leurs meilleures troupes, les Écossais. Le colonel anglais Williams fut tué.

Je n'ai jamais compris comment Wellington avait pu se résoudre à attendre les Français dans une position aussi défavorable que celle dans laquelle l'inhabile général Spencer avait placé les troupes avant son arrivée. En effet, les alliés avaient à dos non seulement la forteresse d'Alméida qui leur barrait le seul bon passage de retraite, mais encore la Coa, rivière très encaissée, dont les accès sont infiniment difficiles, ce qui pouvait amener la perte de l'armée anglo-portugaise, si les événements l'eussent contrainte à se retirer. Il est vrai que la gorge escarpée et très profonde du Dos Casas protégeait le front des Anglais, depuis les ruines du fort de la Conception jusqu'à Nave de Avel; mais, au delà de ce point, les berges de ce grand ravin s'affaissent, disparaissent même, et font place à un marais très facile à traverser. Wellington aurait pu néanmoins s'en servir pour couvrir la pointe de son extrême droite, en le faisant défendre par un bon régiment appuyé par du canon; mais le généralissime ennemi, oubliant le tort qu'il avait eu à Busaco en se reposant sur le partisan Trent du soin d'empêcher les Français de tourner son armée par le défilé de Boïalva, retomba dans la même faute; il se borna à confier la garde du marais de Nave de Avel aux bandes du partisan don Julian, incapables de résister à des troupes de ligne.

Masséna, informé de cette négligence par une patrouille de la cavalerie de Montbrun, ordonna de tout préparer pour que ses divisions pussent franchir le marais le lendemain au point du jour, afin de prendre l'aile droite des ennemis à revers. On fit donc confectionner pendant la nuit bon nombre de fascines, et en même temps le 8ᵉ corps et une partie du 9ᵉ, marchant en silence, se dirigèrent vers Nave de Avel. La division Ferey resta devant Oñoro, que l'ennemi occupait toujours.

Le 5 mai, au point du jour, une compagnie de voltigeurs se glissa parmi les saules et les roseaux, franchit sans bruit le marais, et, se passant des fascines de main en main, combla les mauvais pas, dont le nombre était infiniment moins considérable qu'on ne l'avait présumé. Don Julian et ses guérillas, se croyant à l'abri de toute attaque derrière le marais, se gardaient si mal que nos gens les trouvèrent endormis et en tuèrent une trentaine; tout le reste de la bande, au lieu de tirer vivement, ne fût-ce que pour avertir les Anglais, se sauva à toutes jambes jusqu'à Freneda, au delà du Turones, et don Julian, quoique fort brave, ne put retenir ses soldats indisciplinés. Nos troupes, profitant de la négligence de Wellington, s'empressèrent de traverser le marais, et déjà nous avions de l'autre côté quatre divisions d'infanterie, toute la cavalerie de Montbrun, plusieurs batteries, et nous étions maîtres de Nave de Avel, sans que les Anglais se fussent aperçus de notre mouvement, un des plus beaux que Masséna ait jamais conçus!... C'était le dernier éclair d'une lampe qui s'éteint...

Par le fait de notre passage au travers des marais, l'aile droite des ennemis était complètement débordée, et la situation de Wellington devenait extrêmement difficile, car non seulement il devait opérer un immense changement de front pour s'opposer à celles de nos divisions qui occupaient déjà Nave de Avel et Pozo Velho, ainsi que le bois situé entre ce village et Fuentès d'Oñoro, mais le général anglais était forcé de laisser une partie de ses troupes devant Fuentès d'Oñoro et Alameda pour contenir les corps du comte d'Erlon et du général Reynier, qui se préparaient à passer le Dos Casas, afin d'attaquer les ennemis pendant leur mouvement. Lord Wellington avait si bien cru l'extrémité de son aile droite à l'abri de toute atteinte par le marais de Nave de Avel, qu'il n'avait laissé sur ce point que quelques cavaliers éclaireurs. Mais en voyant cette aile tournée, il s'empressa de diriger sur Pozo Velho la première brigade d'infanterie qui lui tomba sous la main. Notre cavalerie, dirigée par Montbrun, culbuta et sabra cette avant-garde!... Le général Maucune, suivant alors ce mouvement en avant, se précipita dans les bois de Pozo Velho, d'où il chassa les Écossais, auxquels il prit deux cent cinquante hommes et en tua une centaine. Tout faisait donc présager aux Français une victoire éclatante, lorsque, par suite d'une discussion élevée entre les généraux Loison et Montbrun, celui-ci suspendit la marche de la réserve de cavalerie, sous prétexte que les batteries de la garde qu'on lui avait promises n'étaient pas encore arrivées! En effet, le maréchal Bessières les avait retenues sans en prévenir Masséna, qui, averti trop tard de cette difficulté, envoya sur-le-champ plusieurs pièces à Montbrun; mais le temps d'arrêt de celui-ci nous fut doublement funeste : d'abord parce que l'infanterie de Loison, ne se voyant plus secondée par la cavalerie de Montbrun, hésita à s'engager dans la plaine; et en second lieu, cette halte fatale permit à Wellington d'appeler toute sa cavalerie au secours des divisions anglaises de Houston et de Crawfurd, les seules qui fussent encore arrivées à se ranger devant nous!...

Cependant, par ordre de Masséna, le général Montbrun, cachant son artillerie derrière quelques escadrons de housards, s'avance de nouveau et, démasquant tout à coup ses bouches à feu, foudroie la division Houston, et, lorsqu'elle est ébranlée, il la fait charger par les brigades Wathier et Fournier, qui sabrèrent presque entièrement le 51ᵉ régiment anglais et mirent dans la plus complète déroute le surplus de la division Houston. Les fuyards gagnèrent Villa-Formosa, la rive gauche du Turones, et ne durent leur salut qu'au régiment des chasseurs britanniques qui, posté derrière une longue et forte muraille, arrêta l'élan de nos cavaliers par des feux aussi nourris que bien dirigés.

Wellington n'avait plus sur cette partie du champ de bataille que la division Crawfurd et celle de cavalerie, le surplus de son armée, pris à revers, n'ayant pas encore terminé l'immense changement de front qui devait l'amener en ligne devant les Français. Comme le terrain sur lequel on combattait en ce moment était, avant notre passage du marais, le lieu le moins exposé à nos coups, les gens attachés à l'intendance de l'armée anglaise, les blessés, les domestiques, les bagages, les chevaux de main, les soldats éloignés de leurs régiments s'y étaient agglomérés, et cette vaste plaine était couverte jusqu'au Turones d'une multitude en désordre, au milieu de laquelle les trois carrés que venait de former l'infanterie de Crawfurd ne paraissaient que comme des points!... Et nous avions là à portée de canon, et prêts à fondre sur les ennemis, le corps du général Loison, celui de Junot, cinq mille hommes de cavalerie, dont mille de la garde, et de plus quatre batteries de campagne!... Déjà le 8ᵉ corps avait dépassé le bois de Pozo Velho; le 9ᵉ attaquait vivement le village de Fuentès d'Oñoro par la rive droite du Dos Casas, et le général Reynier avait ordre de déboucher par Alameda, afin de prendre les Anglais par derrière; il n'y avait donc plus qu'à marcher en avant... Aussi l'historien Napier, qui assistait à cette bataille, convient-il que dans tout le cours de la guerre il n'y a point eu de moment aussi dangereux pour les armées britanniques!... Mais l'aveugle fortune en décida autrement!... Le général Loison, au lieu d'aller par la rive gauche et le bois prendre à revers le village de Fuentès d'Oñoro, attaqué de front par le général Drouet d'Erlon, perdit beaucoup de temps et fit de faux mouvements qui permirent à Wellington de renforcer ce poste important devenu la clef de la position. De son côté, le général Reynier n'exécuta pas les ordres de Masséna, car, sous prétexte qu'il avait des forces trop considérables devant lui, il ne dépassa pas Alameda et ne prit presque aucune part à l'action.

Malgré tous ces contretemps, nous pouvions encore gagner la bataille, tant nos avantages étaient grands! En effet, la cavalerie de Montbrun, ayant battu celle des ennemis, ne tarda pas à se trouver en présence de l'infanterie de Crawfurd. Elle chargea et enfonça deux carrés, dont un fut littéralement haché!... Les soldats du second jetèrent leurs armes et s'enfuirent dans la plaine. Le colonel Hill rend son épée à l'adjudant-major Dulimberg, du 13e de chasseurs, et nous faisons quinze cents prisonniers. Le troisième carré anglais tient toujours ferme; Montbrun le fait attaquer par les brigades Fournier et Wathier, qui pénétraient déjà par l'une des faces, lorsque ces deux généraux ayant eu leurs chevaux tués sous eux et les colonels étant tous blessés dans la mêlée, personne ne se trouva là pour diriger les régiments vainqueurs. Montbrun accourut, mais le carré ennemi s'était remis en ordre; il dut, pour l'attaquer, reformer nos escadrons.

Pendant qu'il s'en occupe, Masséna, voulant achever la victoire, envoie un aide de camp porter au général Lepic, qui se trouvait en réserve avec la cavalerie de la garde, l'ordre de charger! Mais le brave Lepic, mordant de désespoir la lame de son sabre, répond avec douleur que le maréchal Bessières, son chef direct, lui a formellement défendu d'engager les troupes de la garde sans son ordre!... Dix aides de camp partent alors dans toutes les directions à la recherche de Bessières; mais celui-ci, qui depuis plusieurs jours marchait constamment auprès de Masséna, avait disparu, non par manque de valeur, car il était fort brave, mais par calcul ou jalousie contre son camarade. Il ne voulut pas envoyer un seul des hommes confiés à son commandement pour assurer un succès dont toute la gloire rejaillirait sur Masséna, sans songer aux intérêts supérieurs de la France!... Enfin, au bout d'un quart d'heure, on trouva le maréchal Bessières loin du champ de bataille, errant au delà du marais, où il examinait de quelle manière étaient faites les fascines employées le matin pour établir le passage!... Il accourt d'un air empressé, mais le moment décisif, manqué par sa faute, ne se retrouve plus, car les Anglais, s'étant remis du désordre dans lequel la cavalerie de Montbrun les avait jetés, venaient de faire approcher une artillerie formidable qui couvrait nos escadrons de mitraille, pendant que les leurs délivraient les quinze cents prisonniers que nous avions faits. Enfin, lord Wellington, après avoir terminé son changement de front, avait rétabli son armée sur le plateau, la droite au Turones, la gauche appuyée à Fuentès d'Oñoro.

A la vue de cette nouvelle ligne solidement constituée, Masséna suspendit la marche de ses troupes et fit commencer une forte canonnade, qui causa de grands ravages dans les rangs épais des ennemis, qu'une charge générale de toute notre cavalerie pouvait enfoncer. Masséna espérait donc que Bessières consentirait enfin à faire participer les régiments de la garde à ce coup de collier, qui nous eût infailliblement donné la victoire; mais Bessières s'y refusa, en disant qu'il était responsable envers l'Empereur des pertes que pourraient éprouver les troupes de sa garde!... Comme si toute l'armée ne servait pas l'Empereur, pour qui l'essentiel était de savoir les Anglais battus et chassés de la Péninsule!... Tous les militaires, et principalement ceux de la garde, furent indignés de la détermination de Bessières, et se demandaient ce que ce maréchal était venu faire devant Alméida, puisque, pour sauver cette place, il ne voulait pas que ses troupes prissent part au combat. Ce contretemps si inattendu changeait tout à coup la face des affaires, car à chaque instant les Anglais recevaient de nombreux renforts, et une de leurs plus fortes divisions, arrivant du blocus d'Alméida, venait de passer le Turones pour se former dans la plaine!... La position respective des deux armées se trouvant ainsi changée, les combinaisons faites la veille par Masséna devaient l'être de même. Il résolut donc de porter ses principales forces sur Alméida, de s'y réunir au corps de Reynier, pour tomber tous ensemble sur la droite et les derrières des ennemis. C'était la contre-partie du mouvement opéré la nuit précédente par Nave de Avel.

Mais un nouvel obstacle imprévu arrêta tout à coup l'effet de ces dispositions. Le général Eblé, chef de l'artillerie, accourt prévenir qu'il n'y a plus au parc d'artillerie que quatre cartouches par homme, ce qui, avec celles laissées dans les gibernes, donnait à peu près une vingtaine de cartouches par fantassin. Or, c'était insuffisant pour recommencer le combat avec un ennemi qui opposerait une résistance désespérée !... Masséna ordonne donc d'envoyer à l'instant même tous les fourgons à Ciudad-Rodrigo pour y prendre des munitions de guerre ; mais l'intendant déclare qu'il en a disposé pour aller chercher dans la même ville le pain qui doit être distribué le lendemain aux troupes ! Il fallait cependant des cartouches. Masséna, n'ayant plus aucun moyen de transport, invite le maréchal Bessières à lui prêter pour quelques heures les caissons de la garde ; mais celui-ci répond froidement que ses attelages, déjà fatigués dans cette journée, seront perdus s'ils font une marche de nuit par de mauvais chemins, et qu'il ne les prêtera que le lendemain !... Masséna s'emporte, et s'écrie qu'on lui enlève une seconde fois la victoire, qui vaut bien le prix de quelques chevaux ; mais Bessières refuse encore, et une scène des plus violentes a lieu entre les deux maréchaux !

Le 6, au point du jour, les caissons de Bessières partaient pour Rodrigo ; mais leur marche fut si lente que les cartouches n'arrivèrent que dans l'après-midi, et

Wellington avait employé ces vingt-quatre heures à retrancher sa nouvelle position, surtout la partie haute du village de Fuentès d'Oñoro, qu'on ne pouvait enlever désormais sans répandre des torrents de sang français ! L'occasion de la victoire fut donc perdue pour nous sans retour !...

CHAPITRE XLI

Dévouement de trois soldats. — Destruction d'Alméida et évasion de la garnison. — L'armée se cantonne à Ciudad-Rodrigo. — Marmont remplace Masséna. — Fautes de ce dernier.

Masséna comprenant qu'il ne pouvait plus être question de livrer bataille, ni de ravitailler Alméida, dut se borner à tâcher de sauver la garnison de cette place, après en avoir détruit les fortifications. Mais pour arriver à ce but, il fallait pouvoir prévenir le gouverneur de la ville, qu'entouraient de nombreuses troupes anglaises, et les communications étaient, sinon impossibles, du moins fort difficiles. Trois braves, dont les noms doivent être conservés dans nos annales, se présentèrent volontairement pour remplir la périlleuse mission de traverser les camps ennemis et de porter au général Brénier des instructions sur ce qu'il devait faire en sortant de la place.

Ces trois intrépides militaires étaient : Pierre Zaniboni, caporal au 76e; Jean-Noël Lami, cantinier de la division Ferey, et André Tillet, chasseur au 6e léger. Comme ils avaient tous assisté l'année précédente au siège d'Alméida fait par les Français, ils connaissaient parfaitement les contrées voisines et devaient prendre des chemins différents. On remit à chacun d'eux une petite lettre en chiffres pour le gouverneur, et ils partirent le 6 au soir, à la nuit close.

Zaniboni, déguisé en marchand espagnol (il parlait

fort bien la langue du pays), s'insinua dans les bivouacs anglais sous prétexte de vendre du tabac et d'acheter les habits des hommes tués. Lami, vêtu en paysan portugais, joua à peu près le même rôle sur un autre point de la ligne anglaise, et ce petit commerce étant en usage dans toutes les armées, les deux Français allaient d'une ligne à l'autre sans éveiller aucun soupçon, et approchaient déjà des portes d'Alméida, lorsque des circonstances restées inconnues firent découvrir leur ruse. Fouillés et trahis par les lettres accusatrices, ces deux malheureux furent fusillés comme *espions*, d'après les lois de la guerre, qui rangent dans cette catégorie et punissent de mort tout militaire qui, pour remplir une mission, quitte son uniforme.

Quant à Tillet, mieux inspiré et surtout plus habile que ses deux infortunés camarades, il partit pour Alméida en uniforme, armé de son sabre, et prenant d'abord pour chemin le lit profondément encaissé du ruisseau de Dos Casas, où il avait de l'eau jusqu'à la ceinture, il s'avança lentement de rocher en rocher, se blottissant derrière au moindre bruit, jusqu'auprès des ruines du fort de la Conception, où, quittant le Dos Casas, dont les hautes berges l'avaient si bien caché, même sur les points qui touchaient au camp ennemi, il rampa sur ses genoux au milieu des moissons déjà hautes et parvint enfin à l'avancée d'Alméida, où il fut reçu le 7, au point du jour, par les postes de la garnison française!... La lettre transmise au général Brénier par cet intrépide soldat contenait l'ordre de faire sauter les remparts et de se retirer aussitôt sur Barba del Puerco, où les troupes du général Reynier iraient au-devant de lui. Plusieurs salves d'artillerie du plus gros calibre, tirées à des heures indiquées, devaient annoncer à Masséna qu'un de ses émissaires était arrivé.

Le canon d'Alméida ayant fait entendre ces salves, Masséna fit les préparatifs nécessaires pour opérer sa retraite sur Ciudad-Rodrigo, dès qu'il aurait acquis la certitude de la destruction des remparts d'Alméida. Les opérations de ce genre exigent beaucoup de temps, car il faut miner les remparts, charger les fourneaux, détruire les munitions, l'artillerie, briser les affûts, etc., etc.

Il fallut donc attendre que le bruit du canon nous avertît que Brénier évacuait la place; les deux armées restèrent donc en présence toutes les journées des 7, 8, 9 et 10 sans rien entreprendre l'une contre l'autre. Pendant ce temps, les Anglais demandèrent une suspension d'armes pour enterrer les morts. Cet hommage rendu à de braves guerriers devrait toujours être pratiqué chez les nations civilisées. Le nombre des cadavres anglais trouvés dans la plaine fut infiniment plus considérable que celui des Français; mais ce fut tout le contraire dans le village, où les ennemis avaient combattu à l'abri des maisons et des murs des jardins. On releva beaucoup de blessés des deux parts. Au nombre des nôtres était le capitaine Septeuil, aide de camp du prince Berthier, qui avait, comme Canouville, reçu l'ordre de quitter Paris pour venir auprès de Masséna. Le malheur de ce jeune homme fut encore plus grand, car un boulet lui brisa une jambe qu'il fallut amputer sur le champ de bataille! Il supporta cette terrible opération avec courage, et il vit encore.

En voyant l'armée française rester immobile devant lui pendant plusieurs jours, Wellington, dont les salves faites par le canon d'Alméida venaient sans doute d'attirer l'attention, comprit que Masséna avait l'intention de favoriser l'évasion de la garnison de cette place. Il renforça donc la division chargée du blocus et donna au général Campbell, qui la commandait, des ordres tellement bien combinés que s'ils eussent été ponctuellement exécutés, le général Brénier et ses troupes n'auraient pu échapper aux ennemis!... Ce fut le 10, à minuit, qu'une explosion sourde et prolongée apprit à l'armée française qu'enfin Alméida n'existait plus, du moins comme place forte. Le général Brénier, pour donner le change aux Anglo-Portugais, les avait harcelés dans les journées précédentes du côté opposé à celui par lequel la garnison devait effectuer sa sortie, qui eut lieu sans malencontre. Il en fut d'abord de même de la retraite que Brénier dirigeait, en se guidant sur la lune et sur le cours des ruisseaux. Déjà il n'était plus qu'à une petite distance de la division française du général Heudelet, envoyée au-devant de lui par Masséna, lorsque, ayant rencontré une brigade portugaise, il tomba sur elle, la dispersa et continua rapidement sa retraite. Mais le général Pack, averti par la fusillade, accourut de Malpartida, suivit nos colonnes en tiraillant, et bientôt la cavalerie anglaise du général Cotton, attaquant vivement l'arrière-garde de la garnison, lui fit éprouver quelques pertes. Enfin, nos gens, apercevant le pont de Barba del Puerco par lequel s'avançait la division Heudelet venant à leur rencontre, se crurent sauvés et manifestèrent leur joie : mais il était écrit que le sol portugais devait être encore arrosé de sang français !

La dernière de nos colonnes avait à traverser un défilé aboutissant à une carrière située entre des rochers en pointes d'aiguille. Les ennemis accouraient de tous côtés, et quelques pelotons de notre arrière-garde furent coupés de la colonne par la cavalerie anglaise. A cette vue, les soldats français, gravissant avec légèreté les versants escarpés de la gorge, évitèrent la cavalerie anglaise, mais ce fut pour tomber dans un autre danger : l'infanterie portugaise les suivit sur les hauteurs, dirigeant sur eux une fusillade vive et meurtrière ! Enfin, lorsque nos voltigeurs, près d'être secourus par la division Heudelet, espéraient toucher au port, la terre manquant tout à coup sous leurs pas en engloutit une partie dans un précipice béant, au pied d'un immense rocher. La tête de la colonne portugaise qui poursuivait vivement nos gens éprouva le même sort, et roula pêle-mêle avec eux dans le gouffre. La division Heudelet, qui accourut, étant parvenue à repousser les troupes anglo-portugaises bien au delà du point où venait d'avoir lieu cette catastrophe, on fouilla le fond du précipice, qui présentait un spectacle affreux ! Là gisaient trois cents soldats français ou portugais, morts ou horriblement mutilés ! Cependant, une soixantaine de Français et trente Portugais survécurent à cette horrible chute. Tel fut le dernier incident de la pénible et malheureuse campagne que les Français venaient de faire en Portugal, où ils ne rentrèrent plus !...

L'armée de Masséna, abandonnant le champ de bataille de Fuentès d'Oñoro, se replia vers Ciudad-Rodrigo, où elle prit ses cantonnements. Les Anglais ne la suivirent pas. Nous sûmes plus tard que Wellington, exaspéré contre le général Campbell, qu'il accusait d'avoir voulu laisser évader la garnison d'Alméida, faute d'avoir exécuté ses ordres, avait traduit ce général devant un conseil de guerre, et que Campbell s'était brûlé la cervelle de désespoir.

A peine l'armée française fut-elle rendue dans ses quartiers de rafraîchissement, que Masséna songea à la réorganiser dans l'espoir de faire une nouvelle campagne ; mais son travail était à peine commencé, lorsque nous vîmes arriver de Paris le maréchal Marmont. Ce maréchal, qui apportait sa nomination de généralissime, se présenta d'abord comme le successeur du maréchal

Ney au commandement du 6ᵉ corps; puis, quelques jours après, lorsqu'il eut suffisamment connaissance de l'état des choses, il produisit ses lettres de service et remit à Masséna l'ordre impérial qui le rappelait à Paris!

Masséna fut atterré par cette disgrâce imprévue et par la manière dont elle lui était annoncée, ce qui présageait que l'Empereur n'approuvait pas la façon dont il avait dirigé les opérations; mais contraint de céder le commandement à Marmont, il fit ses adieux à l'armée et se rendit d'abord à Salamanque, après avoir eu une très vive explication avec le général Foy, qu'il accusait d'avoir fait cause commune avec Ney pour le desservir auprès de l'Empereur.

En apprenant la vigueur avec laquelle le général Brénier avait dirigé la retraite de la garnison d'Alméida, l'Empereur le nomma général de division. Il récompensa aussi le dévouement et le courage de l'intrépide Tillet, en lui donnant la croix de la Légion d'honneur et une pension de 600 francs. Cette seconde faveur fut plus tard l'objet d'une discussion à la Chambre des députés. Tillet, devenu sergent, avait obtenu, sous la Restauration, une pension de retraite, quand on proposa de la lui retrancher par application de la loi sur le *cumul*. Le général Foy plaida éloquemment la cause de l'héroïque soldat, qui conserva ses deux pensions.

Masséna fit un très court séjour à Salamanque et se dirigea sur Paris, où, dès son arrivée, il se présenta chez l'Empereur, qui, prétextant des affaires importantes, refusa pendant un mois de le recevoir!... La disgrâce était complète!... Il est vrai que Masséna avait commis de bien grandes fautes et mal répondu à la confiance de l'Empereur, principalement dans sa marche sur Lisbonne; mais il faut convenir aussi que le gouvernement eut le tort bien grave d'abandonner son armée dans un pays aussi dénué de ressources que le Portugal, et de ne pas assurer ses communications par des troupes échelonnées entre son armée et la frontière d'Espagne. Quoi qu'il en soit, Masséna se releva dans l'esprit de ses troupes pendant l'expédition entreprise pour secourir Alméida; non seulement il fit de très beaux mouvements stratégiques, mais il se montra fort actif, ne s'inquiétant plus de Mme X..., qu'il laissa sur les derrières de l'armée, et donnant tous ses soins aux opérations de la guerre. Cependant, je me permettrai de signaler plusieurs fautes commises par Masséna pendant son expédition contre Alméida.

La première fut de l'entreprendre avec des moyens de transport insuffisants pour les vivres et pour les munitions de guerre. On a dit qu'il manquait de chevaux de trait : c'est vrai, mais il existait dans la contrée une grande quantité de mulets qu'il aurait dû mettre en réquisition pour quelques jours, ainsi que cela se pratique en pareil cas. Secondement, la fatale méprise occasionnée par les habits rouges des Hanovriens ayant déjà eu lieu à Busaco, Masséna aurait dû faire prendre les capotes grises à ce bataillon, avant de le lancer dans Oñoro pour combattre les Anglais, dont l'habit rouge était pareil à celui des Hanovriens. Par cette prévoyance, le généralissime eût conservé tout le village, dont nous perdîmes la partie élevée, qu'il nous fut impossible de reprendre.

Troisièmement, Masséna étant maître d'une grande partie de la plaine et du cours du Dos Casas, moins le point où ce ruisseau traverse Fuentès d'Oñoro, il eut tort, selon moi, de perdre un temps précieux et beaucoup d'hommes, en cherchant à repousser entièrement les Anglais de ce village fortement retranché par eux. Je pense qu'il eût mieux valu, imitant la conduite de

Marlborough à Malplaquet, dépasser Oñoro, en laissant hors de la portée de son feu une brigade en observation, afin de maintenir la garnison, qui, se croyant prête à être cernée, eût été obligée d'abandonner le poste pour rejoindre Wellington; sinon, elle s'exposait à mettre bas les armes après la défaite de l'armée anglaise. L'essentiel était donc pour nous de battre le gros des troupes ennemies qui était en rase campagne. Mais les Français ont malheureusement pour principe de ne laisser, un jour de bataille, aucun poste retranché derrière eux. Cette habitude nous a été souvent bien fatale, surtout à Fuentès d'Oñoro et à Waterloo, où nous nous obstinâmes à attaquer les fermes de la Haie-Sainte et de Houguemont, au lieu de les masquer par une division et de marcher sur les lignes anglaises déjà fortement ébranlées. Nous aurions eu le temps de les détruire avant l'arrivée des Prussiens, ce qui nous aurait assuré la victoire; après quoi, les défenseurs des fermes auraient mis bas les armes en se voyant abandonnés, ainsi que cela eut lieu pour nos troupes à Malplaquet.

La quatrième faute que l'on peut reprocher à Masséna lors de la bataille de Fuentès d'Oñoro fut de ne s'être pas assuré avant l'action qu'il existait dans ses caissons un nombre suffisant de cartouches, et, dans le cas contraire, il devait en faire prendre dans l'arsenal de Ciudad-Rodrigo, qui n'était qu'à trois petites lieues du point où nous allions combattre. Ce manque de précautions fut une des principales causes de notre insuccès. Cinquièmement, si Masséna eût eu encore la fermeté dont il avait donné tant de preuves à Rivoli, à Gênes et à Zurich, il aurait envoyé arrêter le général Reynier lorsque celui-ci refusa d'obéir à l'ordre qui lui prescrivait de déboucher d'Alameda pour prendre les ennemis à revers; le commandement du 2ᵉ corps fût alors passé au brave général Heudelet, qui eût promptement poussé les Anglais. Mais Masséna n'osa prendre sur lui cet acte de vigueur; le vainqueur de Souwaroff, n'ayant plus d'énergie, se voyait bravé impunément, et le sang des soldats coulait sans qu'il en résultât ni bénéfice ni gloire.

CHAPITRE XLII

Causes principales de nos revers dans la Péninsule. — Désunion des maréchaux. — Faiblesse de Joseph. — Désertion des alliés. — Justesse du tir des Anglais. — Jugement sur la valeur respective des Espagnols et des Portugais. — Retour en France.

Il n'entre pas dans le plan que je me suis tracé, en écrivant ces Mémoires, de relater les phases diverses de la guerre faite pour l'indépendance de la Péninsule; mais avant de quitter ce pays, je crois devoir indiquer les causes principales des revers que les Français y éprouvèrent, bien qu'à aucune époque ni en aucun lieu nos troupes n'aient fait preuve de plus de zèle, de patience et surtout de valeur.

Vous devez vous rappeler qu'en 1808 l'abdication du roi Charles IV et l'arrestation de son fils Ferdinand VII, que l'Empereur détrôna pour placer la couronne d'Espagne sur la tête de son frère Joseph, ayant indigné la nation espagnole, elle prit les armes pour reconquérir sa liberté, et quoique les insurgés aient été battus dans les rues de Madrid, l'impéritie du général Dupont leur donna la victoire à Baylen, où ils prirent entièrement l'un de nos corps d'armée. Ce succès inespéré non seulement accrut le courage des Espagnols, mais enflamma aussi celui de leurs voisins les Portugais, dont la Reine, de crainte d'être arrêtée par les Français, s'était embarquée avec sa famille pour le Brésil. Ses sujets, aidés par une armée anglaise, se révoltèrent alors contre les troupes de Napoléon, et firent prisonniers le général Junot et toute son armée. Dès ce moment, la Péninsule entière étant révoltée contre l'Empereur, il comprit que sa présence était nécessaire pour comprimer les révoltés, et passant les Pyrénées à la tête de plus de 100,000 vieux soldats, couverts des lauriers d'Austerlitz, d'Iéna et de Friedland, il fondit sur l'Espagne, gagna plusieurs batailles et ramena triomphalement le roi Joseph à Madrid. Après ces éclatants succès, Napoléon, se mettant à la poursuite d'une armée anglaise qui avait osé s'aventurer jusqu'au centre de ce royaume, la refoula sur le port de la Corogne, où le maréchal Soult acheva sa victoire, en forçant les Anglais à s'embarquer à la hâte avec perte de plusieurs milliers d'hommes, au nombre desquels se trouvait leur général, sir John Moore.

Il est hors de doute que si l'Empereur eût pu continuer à diriger lui-même les opérations, la Péninsule aurait promptement succombé sous ses coups; mais le cabinet de Londres lui avait habilement suscité un nouvel et puissant ennemi : l'Autriche venait de déclarer la guerre à Napoléon, qui fut contraint de courir en Allemagne, en laissant à ses lieutenants la difficile tâche de comprimer l'insurrection. Ils auraient pu néanmoins atteindre ce but, en agissant avec ensemble et bon accord; mais le maître une fois parti, et le faible roi Joseph n'ayant ni les connaissances militaires ni la fermeté nécessaires pour le remplacer, il n'y eut plus de centre de commandement. L'anarchie la plus complète régna parmi les maréchaux et chefs des divers corps de l'armée française. Chacun, se considérant comme indépendant, se bornait à défendre la province occupée par ses propres troupes, et ne voulait prêter secours, ni en hommes ni en subsistances, à ceux de ses camarades qui gouvernaient les contrées voisines.

En vain le major général et l'Empereur lui-même adressaient-ils les ordres les plus péremptoires pour prescrire aux commandants supérieurs de s'entr'aider selon les circonstances, l'éloignement les rendait indisciplinés; aucun n'obéissait, et chacun prétendait avoir besoin des ressources dont il pouvait disposer. Ainsi, le général Saint-Cyr fut sur le point d'être écrasé en Catalogne, sans que le maréchal Suchet, gouverneur des royaumes d'Aragon et de Valence, consentît à lui envoyer un seul bataillon! Vous avez vu le maréchal Soult abandonné seul dans Oporto, sans que le maréchal Victor exécutât l'ordre qu'il avait reçu d'aller le rejoindre. Soult, à son tour, refusa plus tard de venir au secours de Masséna, lorsque celui-ci était aux portes de Lisbonne, où il l'attendit vainement pendant six mois!... Enfin, Masséna ne put obtenir que Bessières l'aidât à battre les Anglais devant Alméida !

Je pourrais citer une foule d'exemples d'égoïsme et de désobéissance qui perdirent l'armée française dans la Péninsule; mais il faut avouer aussi que le tort principal appartint au gouvernement. En effet, on comprend qu'en 1809 l'Empereur, se voyant attaqué en Allemagne par l'Autriche, se soit éloigné de l'Espagne pour courir au-devant du danger le plus pressant; mais on ne peut s'expliquer comment, après la victoire de Wagram, la paix conclue dans le Nord, et son mariage fait, Napoléon n'ait pas senti combien il importait à ses intérêts de retourner dans la Péninsule, afin d'y terminer la guerre en chassant les Anglais!... Mais ce qui étonne le plus, c'est que ce grand génie ait cru à la possibilité de diriger, de Paris, les mouvements des diverses armées qui occupaient à cinq cents lieues de lui l'Espagne et le Portugal, couverts d'un nombre immense d'insurgés, arrêtant les officiers porteurs de dépêches et condamnant ainsi souvent les chefs d'armée français à rester sans nouvelles et sans ordres pendant plusieurs mois !

Était-il possible que la guerre ainsi dirigée produisît de bons résultats?... Puisque l'Empereur ne pouvait ou ne voulait venir lui-même, il aurait dû investir l'un de ses meilleurs maréchaux du commandement supérieur de toutes ses armées dans la Péninsule, et punir très sévèrement ceux qui ne lui obéiraient pas !... Napoléon avait bien donné le titre de son lieutenant au roi Joseph; mais celui-ci, homme d'un caractère fort doux, spirituel, instruit, mais totalement étranger à l'art militaire, était devenu le jouet des maréchaux, qui n'exécutaient pas ses ordres et considéraient même sa présence à l'armée comme un embarras. Il est certain que l'excessive bonté de ce roi lui fit commettre bien des fautes, dont la plus grave fut de se mettre en opposition avec la volonté de l'Empereur, relativement à la conduite qu'il fallait tenir vis-à-vis des militaires espagnols que les troupes françaises prenaient sur les champs de bataille. Napoléon ordonnait de les envoyer en France comme prisonniers de guerre, afin de diminuer le nombre de nos ennemis dans la Péninsule, tandis que Joseph, auquel il répugnait de combattre contre des hommes qu'il appelait ses sujets, se faisait contre nous le défenseur des Espagnols. Ceux-ci, abusant de sa crédulité, s'empressaient, dès qu'ils étaient pris, de crier : « Vive notre bon roi Joseph ! » et demandaient à prendre du service parmi ses troupes. Joseph, malgré les observations des maréchaux et généraux français, avait une telle confiance dans la loyauté castillane, qu'il créa une garde et une armée nombreuse, uniquement composées de prisonniers faits par nous !... Ces soldats, bien payés, bien nourris et bien équipés, étaient fidèles à Joseph tant que les affaires prospéraient; mais, au premier revers, ils désertaient par milliers, et, allant rejoindre leurs compatriotes insurgés, ils se servaient contre nous des armes que le Roi leur avait données; cela n'empêchait pas Joseph de croire de nouveau à la sincérité de leurs protestations, lorsque, faits prisonniers derechef, ils demandaient encore à s'enrôler dans les régiments joséphins. Plus de 150,000 hommes passèrent ainsi d'un parti dans l'autre, et comme Joseph les faisait promptement habiller quand ils lui revenaient en guenilles, les Espagnols l'avaient surnommé le *grand capitaine d'habillement*.

Les troupes françaises étaient très mécontentes de ce système, sorte de tonneau des Danaïdes, qui éternisait la guerre, en rendant aux ennemis les soldats que nous leur avions pris, et dont ils se servaient constamment contre nous! L'Empereur exprima souvent le mécontentement que lui causait cet abus; il ne put parvenir à le détruire! De son côté, Napoléon contribuait aussi beaucoup au recrutement perpétuel des ennemis qu'il combattait en Espagne et en Portugal, car, ne voulant pas trop affaiblir l'armée française d'outre-Rhin, il avait sommé les alliés de lui fournir une partie des contingents stipulés dans les traités, et dirigé ces troupes vers la Péninsule, afin d'épargner le sang français. Le motif était sans doute fort louable; mais les circonstances rendaient l'application de ce système non seulement impraticable, mais nuisible à notre cause.

En effet, si l'emploi des étrangers peut être utile dans une campagne régulière de courte durée, il n'en est pas de même lorsqu'il s'agit de combattre plusieurs années des ennemis tels que les Espagnols et les Portugais, qui, vous harcelant sans cesse, ne peuvent être joints nulle part. Or, pour supporter les fatigues incessantes de ce genre de guerre, il faut être stimulé par un désir de vaincre et une ardeur qu'on ne trouve jamais chez des troupes auxiliaires; aussi, non seulement celles que l'Empereur obtenait de ses alliés servirent-elles fort mal dans nos rangs, mais une foule de leurs soldats, séduits par la haute paye que les ennemis accordaient à ceux qui venaient prendre du service chez eux, désertaient journellement. Ainsi les Italiens, Suisses, Saxons, Bavarois, Westphaliens, Hessois, Wurtembergeois, etc., formèrent-ils bientôt de nombreux régiments chez nos ennemis; et les Polonais, ces Polonais qui depuis ont fait sonner si haut leur dévouement à la France, passèrent en si grand nombre dans les rangs de l'armée anglaise, toujours bien payée et nourrie, que Wellington en forma une forte légion, qui se battait sans façon contre les Français.

La défection des soldats étrangers dont l'Empereur inondait la Péninsule, ajoutée à celle des prisonniers espagnols si imprudemment réarmés par Joseph, nous devint infiniment préjudiciable.

Mais, à mon avis, la cause principale de nos revers, bien qu'elle n'ait été indiquée par aucun des militaires qui ont écrit sur les guerres d'Espagne et de Portugal, fut l'immense supériorité de la justesse du tir de l'infanterie anglaise, supériorité qui provient du très fréquent exercice à la cible, et beaucoup aussi de sa formation sur deux rangs. Je sais qu'un grand nombre d'officiers français nient la vérité de cette dernière cause; mais l'expérience n'en a pas moins démontré que les soldats pressés entre le premier et le troisième rang tirent presque tous en l'air, et que le troisième ne peut ajuster l'ennemi, dont les deux premiers lui dérobent la vue. On prétend que deux rangs ne présentent pas assez de résistance contre la cavalerie; mais l'infanterie anglaise, doublant ses rangs en un clin d'œil, se trouve sur quatre hommes de profondeur pour recevoir la charge, et *jamais* nos escadrons n'ont pu la surprendre sur deux rangs, disposition qu'elle reprend lestement dès qu'il faut tirer!

Quoi qu'il en soit, j'ai la conviction que Napoléon aurait fini par triompher et par établir son frère sur le trône d'Espagne, s'il se fût borné à terminer cette guerre avant d'aller en Russie. La Péninsule ne recevait en effet d'appui que de l'Angleterre, et celle-ci, malgré les récents succès de ses armées, était si accablée par les envois incessants d'hommes et d'argent qu'engloutissait la Péninsule, que la Chambre des communes était sur le point de refuser les subsides nécessaires pour une nouvelle campagne, lorsqu'à notre retour de Portugal, une rumeur sourde ayant fait pressentir le dessein formé par Napoléon d'aller attaquer la Russie chez elle, le Parlement anglais autorisa la continuation de la guerre en Espagne. Elle ne fut pas heureuse pour nous; car la mésintelligence que j'ai signalée continua à régner entre les chefs de nos armées. Le maréchal Marmont se fit battre par Wellington à la bataille des Arapiles, et le roi Joseph perdit celle de Vitoria, où nous éprouvâmes de tels revers que, vers la fin de 1813, nos armées durent repasser les Pyrénées et abandonner totalement l'Espagne qui leur avait coûté tant de sang!

J'estime que dans les six années qui se sont écoulées depuis le commencement de 1808 jusqu'à la fin de 1813, les Français ont perdu dans la péninsule Ibérique 200,000 hommes tués, ou morts dans les hôpitaux, auxquels il faut ajouter les 60,000 perdus par nos alliés de diverses nations.

Les Anglais et les Portugais éprouvèrent aussi des pertes considérables, mais celles des Espagnols dépassèrent toutes les autres, à cause de l'obstination qu'ils mirent à soutenir le siège de plusieurs villes, dont les populations périrent presque entièrement. La vigueur de ces défenses célèbres, particulièrement celle de Saragosse, a jeté un tel éclat sur les Espagnols, qu'on attribue généralement à leur courage la délivrance de la Péninsule ; mais c'est une erreur. Ils y ont certainement beaucoup contribué ; cependant, sans l'appui des troupes anglaises, les Espagnols n'auraient jamais pu résister aux troupes françaises, devant lesquelles ils n'osaient tenir en ligne. Mais ils ont un mérite immense, c'est que, bien que battus, ils ne se découragent *jamais*. Ils fuient, vont se réunir au loin et reviennent quelques jours après, avec une nouvelle confiance, qui, toujours déçue, ne peut être détruite !... Nos soldats comparaient les Espagnols à des bandes de pigeons, qui s'abattent sur un champ et s'envolent au moindre bruit, pour revenir l'instant d'après. Quant aux Portugais, on ne leur a pas rendu justice pour la part qu'ils ont prise aux guerres de la Péninsule. Moins cruels, beaucoup plus disciplinés que les Espagnols et d'un courage plus calme, ils formaient dans l'armée de Wellington plusieurs brigades et divisions qui, dirigées par des officiers anglais, ne le cédaient en rien aux troupes britanniques ; mais, moins *vantards* que les Espagnols, ils ont peu parlé d'eux et de leurs exploits, et la renommée les a moins célébrés.

Mais revenons pour un moment au mois de juin 1811, époque à laquelle Masséna quitta le commandement. La guerre que les Français faisaient dans la Péninsule était si désagréable et si pénible que chacun aspirait à rentrer en France. L'Empereur, qui ne l'ignorait pas et voulait maintenir son armée au complet, avait décidé qu'aucun officier ne s'éloignerait d'Espagne sans autorisation ; et l'ordre de rappel adressé à Masséna lui enjoignit de n'emmener que deux aides de camp et de laisser tous les autres à la disposition de son successeur, le maréchal Marmont. Celui-ci, ayant son état-major au complet, et ne connaissant aucun de nous, n'avait pas plus envie de nous garder que nous ne désirions rester auprès de lui. Il ne nous assigna donc aucune fonction, et nous passâmes assez tristement une vingtaine de jours à Salamanque. Ils me parurent cependant moins longs qu'à mes camarades, parce que je les employai à consigner sur le papier mes souvenirs de la campagne que nous venions de faire. Ces notes me sont aujourd'hui très utiles pour écrire cette partie de mes Mémoires.

Le ministre de la guerre, prenant en considération la blessure que j'avais reçue à Miranda de Corvo, m'envoya enfin un congé pour me rendre en France. Quelques autres officiers de l'état-major de Masséna ayant aussi reçu l'autorisation de quitter la Péninsule, nous nous joignîmes à un détachement de cinq cents grenadiers qu'on venait de choisir dans toute l'armée pour aller à Paris renforcer la garde impériale. Avec une escorte pareille, on pouvait braver toutes les guérillas d'Espagne ; aussi le général Junot et la duchesse sa femme résolurent-ils d'en profiter.

Nous voyagions à cheval, à petites journées et par un temps charmant. Pendant le trajet de Salamanque à Bayonne, Junot ne manqua pas de faire quelques excentricités qui m'inquiétèrent pour l'avenir. Nous arrivâmes enfin à la frontière, où je ne pus m'empêcher de sourire, en pensant au fâcheux pronostic que j'avais tiré de ma rencontre avec l'*âne noir* sur le pont de la Bidassoa, à ma dernière entrée en Espagne!... La campagne de Portugal avait failli me devenir fatale, mais enfin j'étais en France!... J'allais revoir ma mère, ainsi qu'une autre personne qui m'était déjà bien chère!... J'oubliai donc les maux passés et m'empressai de me rendre à Paris, où j'arrivai vers la mi-juillet 1811, après une absence de quinze mois bien péniblement remplis! Contrairement à mon attente, le maréchal me reçut on ne peut mieux, et je sus qu'il avait parlé de moi en termes très bienveillants à l'Empereur. Aussi, la première fois que je me présentai aux Tuileries, l'Empereur voulut bien m'exprimer sa satisfaction, me parler avec intérêt de mon combat de Miranda de Corvo, ainsi que de mes nouvelles blessures, et me demander à quel nombre elles s'élevaient. « A huit, Sire », lui répondis-je. « Eh bien, cela vous fait huit bons quartiers de noblesse! » repartit l'Empereur.

TABLE DES MATIÈRES

CHAPITRE PREMIER

État du Portugal. — Marche de Junot sur Lisbonne. — La famille royale d'Espagne. — Toute-puissance de Godoy. — Intrigues de Napoléon..................................... 1

CHAPITRE II

1808. — Je suis nommé aide de camp de Murat. — Nouvelles intrigues de Napoléon. — Révolution d'Aranjuez. — Abdication de Charles IV. — Je sauve Godoy du massacre. — Entrée de Ferdinand VII à Madrid et départ pour Bayonne. 12

CHAPITRE III

Ferdinand au pouvoir de Napoléon. — Charles IV et Godoy à Bayonne. — Émeute et bataille dans les rues de Madrid.. 26

CHAPITRE IV

Mission à Bayonne auprès de l'Empereur. — Abdication de Charles IV. — Joseph est nommé roi. — Soulèvement général de l'Espagne... 37

CHAPITRE V

Capitulation de Baylen et ses conséquences. — Nos troupes se retirent sur l'Èbre. — Évacuation du Portugal. — Je suis décoré et attaché à l'état-major du maréchal Lannes...... 48

CHAPITRE VI

Marche sur l'Èbre. — Bataille de Burgos. — Le maréchal Lannes remplace Moncey dans le commandement de l'armée de l'Èbre. — Bataille de Tudela....................... 60

CHAPITRE VII

Mission périlleuse de Tudela à Aranda par la montagne. — Incidents de route. — Je suis attaqué et grièvement blessé à Agreda. — Retour à Tudela........................... 65

CHAPITRE VIII

Nous rejoignons Napoléon. — Somo-Sierra. — Marche sur le Portugal. — Passage du Guadarrama. — Échec de Benavente. — Marche sur Astorga........................... 82

CHAPITRE IX

1809. — Bataille de la Corogne. — Napoléon quitte l'armée. — Lannes est dirigé sur Saragosse. — Siège et prise de cette ville. — Je suis grièvement blessé..................... 94

CHAPITRE X

J'accompagne Lannes à Lectoure, Bordeaux et Paris, en faisant fonction de courrier. — Épisode. — Départ pour Augsbourg. — Mouton à Landshut........................... 111

CHAPITRE XI

Remonte improvisée. — Épisode de la bataille d'Eckmühl. — Combat de cavalerie devant Ratisbonne. — Déroute de l'ennemi... 117

CHAPITRE XII

L'Empereur est blessé devant Ratisbonne. — Je monte le premier à l'assaut avec Labédoyère, et nous pénétrons dans la ville.. 128

CHAPITRE XIII

Une Française nous dirige vers le pont du Danube. — Récits erronés au sujet du siège de Ratisbonne. — Masséna à Ebersberg. — Incertitudes de Napoléon. — Arrivée à Mölk. 140

CHAPITRE XIV

L'Empereur me propose de tenter une expédition des plus périlleuses. — Je l'accepte et me dévoue pour l'armée. — Résultats considérables de mon expédition.............. 149

CHAPITRE XV

Entrée dans Saint-Pölten. — Prise de possession du Prater. Attaque et reddition de Vienne. — Soulèvements partiels en Allemagne.. 165

CHAPITRE XVI

Occupation de l'île Schwartze-Laken. — Établissement des ponts contre l'île de Lobau. — La bataille s'engage entre Essling et Aspern.. 175

CHAPITRE XVII

Rivalité de Lannes et de Bessières. — Vive altercation entre ces maréchaux. — L'Empereur reprend l'offensive contre le centre ennemi... 185

CHAPITRE XVIII

Rupture des ponts du Danube. — Nous conservons nos positions. — Le maréchal Lannes est blessé. — Nous nous fortifions dans l'île de Lobau................................. 195

CHAPITRE XIX

Considérations sur la bataille d'Essling. — Lannes meurt entre mes bras. — Séjour à Vienne.............................. 208

Pages.

CHAPITRE XX

Biographie du maréchal Lannes. — L'Empereur me nomme chef d'escadron et chevalier de l'Empire. — J'entre dans l'état-major de Masséna.................................. 219

CHAPITRE XXI

État-major de Masséna. — M. de Sainte-Croix. — Faveur méritée dont il jouit auprès de Napoléon...................... 230

CHAPITRE XXII

Préparatifs faits en vue d'un nouveau passage du Danube. — Arrestation d'un espion. — Bataille de Wagram. — Prise d'Enzersdorf. — Combat sur le Russbach................. 239

CHAPITRE XXIII

Deuxième journée. — Alternatives du combat et défaite du prince Charles. — Considérations diverses sur la bataille de Wagram.. 253

CHAPITRE XXIV

Le général Lasalle. — Incidents de la bataille de Wagram et observations diverses. — Disgrâce de Bernadotte.......... 263

CHAPITRE XXV

Ce qui m'advint à la bataille de Wagram. — Brouille avec Masséna. — Prise d'Hollabrünn et entrée à Guntersdorf........ 277

CHAPITRE XXVI

Combat de Znaïm. — Les cuirassiers de Guiton. — Je suis blessé en séparant les combattants. — M. d'Aspre. — Nouvelle brouille avec Masséna. — Retour à Paris............ 291

CHAPITRE XXVII

1810. — Mésaventure dans un bal masqué. — Création de l'ordre des Trois Toisons. — Mariage de l'Empereur avec Marie-Louise d'Autriche.............................. 308

TABLE DES MATIÈRES.

Pages.

CHAPITRE XXVIII

Campagne de Portugal. — Mon départ. — D'Irun à Valladolid. — Masséna et Junot. — Fâcheux pronostics sur l'issue de cette campagne... 322

CHAPITRE XXIX

État-major de Masséna. — L'influence de Pelet succède à celle de Sainte-Croix, nommé général. — Casabianca........... 335

CHAPITRE XXX

Attaque et prise de Ciudad-Rodrigo. — Faits d'armes de part et d'autre. — Je tombe gravement malade. — Incidents divers. — Prise d'Alméida................................ 341

CHAPITRE XXXI

Campagne de Soult en Portugal. — Prise de Chavès et de Braga. — Siège et prise d'Oporto. — Le trône de Portugal est offert à Soult... 356

CHAPITRE XXXII

Surprise d'Oporto. — Retraite de Soult par les montagnes. — Mauvais vouloir du maréchal Victor. — Mort de Franceschi. 368

CHAPITRE XXXIII

Situation de nos armées en Espagne. — L'armée de Portugal. — Notre parc d'artillerie est menacé. — Réunion de Viseu. — Causes d'insuccès de la campagne. — L'armée devant l'Alcoba... 376

CHAPITRE XXXIV

Echec de Busaco. — Épisode. — Nous tournons la position et gagnons la route de Coïmbre........................... 390

CHAPITRE XXXV

Les Portugais quittent précipitamment Coïmbre. — Marche

sur Lisbonne. — Massacre de nos blessés dans Coïmbre. — Lignes de Cintra et de Torrès-Védras. — Mésintelligence entre Masséna et ses lieutenants. — Retraite sur Santarem.. 401

CHAPITRE XXXVI

Coureurs anglais. — Nous nous établissons à Santarem. — Organisation de la maraude. — Le maréchal Chaudron. — Triste situation et perplexités de l'armée. — Arrivée des renforts du comte d'Erlon................................ 413

CHAPITRE XXXVII

1811. — Aventures d'un espion anglais. — Mauvais vouloir des chefs de corps. — Retraite. — Incidents et combats divers. 427

CHAPITRE XXXVIII

Je suis blessé à Miranda de Corvo. — Affaire de Foz de Arunce. — Nouveaux projets de Masséna. — Résistance et destitution de Ney.. 436

CHAPITRE XXXIX

Retraite définitive. — Confusion d'ordres. — Retour offensif sur Alméida. — Mauvaise volonté de Bessières............ 448

CHAPITRE XL

Bataille de Fuentès d'Oñoro. — Fatale méprise. — Beau mouvement de Masséna. — Insuccès dû à l'abstention de Bessières.. 458

CHAPITRE XLI

Dévouement de trois soldats. — Destruction d'Alméida et évasion de la garnison. — L'armée se cantonne à Ciudad-Rodrigo. — Marmont remplace Masséna. — Fautes de ce dernier... 469

CHAPITRE XLII

Causes principales de nos revers dans la Péninsule. — Désunion des maréchaux. — Faiblesse de Joseph. — Désertion des alliés. — Justesse du tir des Anglais. — Jugement sur la valeur respective des Espagnols et des Portugais. — Retour en France... 478

FIN DE LA TABLE DES MATIÈRES.

www.ingramcontent.com/pod-product-compliance
Lightning Source LLC
Chambersburg PA
CBHW071619230426
43669CB00012B/2000